"十二五"普通高等教育本科国家级规划教材

新编21世纪档案学系列教材

档案学概论

第三版

主编　冯惠玲

Introduction to Archival Science

中国人民大学出版社
·北京·

图书在版编目（CIP）数据

档案学概论/冯惠玲主编．--3版．--北京：中国人民大学出版社，2023.3

新编21世纪档案学系列教材

ISBN 978-7-300-31514-0

Ⅰ.①档…　Ⅱ.①冯…　Ⅲ.①档案学一高等学校一教材　Ⅳ.①G270

中国国家版本馆CIP数据核字（2023）第040351号

普通高等教育“十一五”国家级规划教材

新编21世纪档案学系列教材

档案学概论

第三版

主编　冯惠玲

Dang'anxue Gailun

出版发行	中国人民大学出版社		
社　　址	北京中关村大街31号	**邮政编码**	100080
电　　话	010－62511242（总编室）		010－62511770（质管部）
	010－82501766（邮购部）		010－62514148（门市部）
	010－62515195（发行公司）		010－62515275（盗版举报）
网　　址	http：//www.crup.com.cn		
经　　销	新华书店		
印　　刷	北京宏伟双华印刷有限公司	**版　　次**	2001年6月第1版
开　　本	787 mm×1092 mm　1/16		2023年3月第3版
印　　张	19.75插页1	**印　　次**	2025年6月第4次印刷
字　　数	465 000	**定　　价**	49.00元

内容简介

本书以档案、档案事业、档案学为基本脉络，搭建了档案学基础理论的框架。作者紧密跟踪国内外档案学术的深化进展和档案实践的变革创新，对档案、档案学、档案种类等基本概念做了新的界定和释义，对若干档案理论调整了表述；加强档案治理现代化研究，反映当代档案法规、政策、标准、制度建设；把档案学理论置于档案工作数字化转型的大背景下，充分关注信息化、数字化、数据化给档案、档案工作、档案理论带来的冲击和变化；加大档案管理基本理论的分量，新增若干逐渐成熟的重要档案理论以及档案学研究方法、档案学史方面的论述，同时大量更新案例，力求全面、深入、厚重、鲜活地揭示当代档案学基础理论的前沿和发展趋势。

作者简介

冯惠玲　中国人民大学信息资源管理学院一级教授，学科带头人，所在中国人民大学档案学专业入选首批国家级一流本科专业建设点。曾任国务院学科评议组图书情报与档案管理学科组召集人，教育部高等学校档案学专业教学指导委员会主任。主要研究方向为档案学基础理论、档案管理、电子文件管理等。主编《档案学概论》（第一版、第二版、第三版）、《电子文件管理教程》（第一版、第二版）等权威教材，担任《中国大百科全书》（第二版、第三版）档案学科主编。近年来关注档案学新兴交叉领域，领衔开创数字记忆、数字人文教育与研究，搭建教学科研平台。承担各类研究项目数十项，出版著作、教材30余部，发表学术论文和资政文章近200篇，获省部级教学科研奖15项。

前言

21 世纪的档案工作和档案学研究驶入了转轨快车道，迎着各种历史性挑战发展前行。重大挑战主要来自两个方面：一是档案工作全面深度的数字化转型，日趋泛在与成熟的数字环境改变了档案的基本状态和特性，我们必须重新审视和探索档案管理活动的每一个环节并提炼新的理论。不断出新的数字技术是档案管理复杂化和智能化的双刃剑，催生出许多新问题与新可能的对撞，塑造着新的档案概念、逻辑与规则。二是世界处于百年未有之大变局之中，变革波及社会生活的方方面面，记录社会活动的档案自然也在其中。多元深刻的观念激荡，多学科思想和方法的交叉浸入，对长久以来的档案理念、原则、立场、方法进行了诸多反思、颠覆或补充，从中孕育出新的档案实践、思想和理论。2021 年中国共产党建党百年之际，习近平总书记对档案工作做出重要批示："档案工作存史资政育人，是一项利国利民、惠及千秋万代的崇高事业。"档案学从来没有如此开阔的存在空间，从来没有与社会和科技如此紧密的对接融合，从来没有遇到如此复杂、全面、深刻的专业挑战，也从来没有像今天这样多维、丰满，充满想象力和成长活力。

在这样的背景下修订《档案学概论》无疑是一项艰巨的学术任务。《档案学概论》第三版的宗旨是使读者概要了解档案在人类文明进程中的独特作用，特别是中国档案对于灿烂悠久的中华文化的传承和传播力，对于提升文化自信和民族认同感的凝聚力，以及对于信息时代社会运行的支撑力。本版力求把上述理念融入档案学术思想的研究与传播中，尽可能全面精要地搭建档案学基础理论知识框架，反映国内外档案学理论的最新变化和发展，让读者从整体上了解档案学基础理论的概要和学术前沿。

《档案学概论》作为档案学的主干科目之一，旨在对档案及档案工作中的基础性、理论性、宏观性、共性问题加以研究和阐释。第三版坚持以中国档案理论和实践为根基和重点，并展现一定的国际视野。它既是档案学的入门课，也是档案学的理论提高课，不同的读者可以从不同的深度阅读、理解和研究。第三版沿用了前两版的内容框架，仍将全书分为档案、档案事业和档案学三篇，在相当程度上保持了内容的延续性。

根据档案事业、档案理论的发展变化，第三版在章节结构和内容阐述上做了较多调整。重点加强的有以下方面：一是加强档案治理现代化方面的内容，全面反映当代档案法规、政策、标准、制度建设，以及治理理念的新进展，特别加强了对2020年修订的档案法的思想和内容的阐释。二是把档案学理论置于档案工作数字化转型的大背景下，充分关注信息化、数字化、数据化给档案、档案工作、档案理论带来的冲击和变化，构建数字时代的档案学。三是加强档案工作国际合作与交流的内容，将原有一节扩充为“国际档案治理”一章，比较详细地介绍了国际档案组织及其活动和计划，对国际档案界高度关注的离散档案问题做了更为翔实的梳理和论述。四是加大档案管理基本理论的分量，新增对档案利用服务理论、文件连续体理论、档案多元论、档案后保管理论和档案记忆观等逐渐成熟的重要档案理论的进展介绍，增加“档案学的研究方法”一节，将档案学的演进与发展扩充为一章，充实了对中外档案学演进脉络的概要梳理，加入了对档案学史要点的介绍，丰富了对学术发展趋势的分析展望。

档案实践的丰富和研究的深化，引发了档案学界对学科基本问题的再思考。本书第三版对很多问题的表述做了不同程度的更新和调整，其中比较大的调整有以下几点：

一是在长期以来根据档案价值性质的不同区分为凭证价值和情报价值的基础上，新增了记忆价值和数据要素价值，主要理由是前两种价值无法涵盖档案价值的新形态和档案界对档案价值的新认知。近年来关于档案价值的讨论很多，有很多新提法。我们把档案之于社会心理方面的价值归结为记忆价值，包含由此引发和表现的身份认同、情感等方面的价值形态，这种价值具有强烈的人文关怀色彩。在社会信息化进程中，信息作为生产要素、无形资产和社会财富的价值日益凸显，在社会资源配置中不可或缺。作为信息资源大家族的重要门类，档案在国家大数据战略、文化生产和经济生产中成为独具特色的数据要素，直接参与社会生产和社会治理过程，形成了新的价值形态。写作小组考虑了多种提法，如再利用价值、数据价值、资产价值等，最终采用了党的十九届四中全会提出，之后多个中央文件深入阐释的“数据要素”概念，来表达档案以要素形态参与国家大数据战略，参与数字政府、数字经济、数字文化、数字生活的价值。我们处在史无前例的数字信息时代，档案的社会价值更加丰富多元，重新提炼和表述是非常必要的。

二是将实现档案价值的规律改为实现档案价值的特点。1988年出版的《档案学概论》（吴宝康）首次较为系统地论述了实现档案价值的规律性，包括档案价值扩展律、档案机密程度递减律和档案科学作用递增律等。后来的两版《档案学概论》（冯惠玲）都有关于此规律的阐述，只是归纳表述有所不同。到目前为止，学界对于这些思想观点已具有基本共识，问题在于作为“规律”能不能完全成立？规律是什么？它是自然界与社会诸现象之间必然、本质、稳定和反复出现的关系，决定着事物发展的必然趋向。规律总是以其铁的必然性发挥作用，不应该有明显的例外情况。我们发现，档案价值实现规律的几条说法都有比较明显的例外情况。先看档案价值扩展律。一些档案从一开始就不存在价值主体的限制，同时具有行政作用和科学作用；一些档案从来就没有机密性；在多种情况下，档案价值存在衰减情况。所以，档案价值的扩展是有条件的，不是必然的，不是铁律。再看档案价值时效律。一些档案在其全生命周期中同利用者的价值关系基本相同，并不是所有档案都要经过“形成之初以行政、业务作用为主，以后转向科学、文化等其他作用”的过程，比如商事登记档案、家谱档案、非遗档案、古村落档案等等；并不是所有档案都有价值时效，一些档案始终具有高价值，甚至价值越来越高。因此，档案价值的时效也是有条件的，不是必然的，不是铁律。在档案价值研究中，不少人发现了档案多种价值形态共存的现象，事实上解构了价值扩展或时效限制的必然。从理论的严谨性出发，我们认为不宜继续说这几条是“规律”，因而改称其为“特点”，不仅承认扩展性和时效性是大部分档案价值实现的特点，也承认各种例外情况的存在。在理论上，并不是“规律”高于“特点”，符合实际和概念本意的提炼才是好的理论。

三是对于一些概念和论述的新表达，比如对于档案、档案学、档案种类、档案词源等做了新的界定和释义，调整了对档案机构的梳理和介绍，重新分析了档案工作效益的主要表现，丰富了档案工作分化与整合规律、制度化和智能化规律的内涵，增加了多元化和开放性规律，论述了在数字环境中档案对象空间正经历着从“模拟态”“数字态”到“数据态”的演变过程，等等。每一部分的论述都参照最新档案法规、政策的口径和最新数据，更新了研究案例，力求反映新的档案理论与实践动向。

在《档案学概论》第三版的修订过程中，写作小组尽可能广泛地阅读有关文献，吸收国内外新的思想观点，收集典型实践案例，对于框架结构和比较重要的理论更新开展了多次研究讨论，广泛向本学科和相关学科专家讨教，力求做出全面、科学、深入的论述。和其他学科一样，在档案学理论发展过程中，国内外学者也存在一些不同观点和争论，本书作为教材，不对这些学术纷争展开评述，而是在认真辨析各种观点的基础上尽量提供比较成熟的、具有共识的知识内容和理论阐述。面对档案事业快速发展、时代转型和深刻变化中涌现的大量新问题、新思想、新挑战，我们深知在理解、认知、提炼方面存在很多滞后、浅表、缺失和偏差之处，有些问题最终也没有得出令人满意的结论。上述欠缺和争议将引发作者和读者共同的关注和思考，促进档案学术新的生长、成熟和繁茂。

主编

2022 年 3 月

于中国人民大学

目录

第一篇

档　案

第二篇

档案事业

第四章 档案事业及其构成

第五章 档案机构

第六章 档案工作的特点、规律与发展

第七章 档案法规标准与职业道德

第八章 国际档案治理

第三篇 档案学

第一篇

档案

第一章
档案概念

本章要点

- 解释档案概念的含义，明确档案的定义。
- 说明档案的实存形态及其形成过程。
- 辨析档案的真实可靠性。
- 探讨档案与信息、数据、文献、文件、图书、资料、文物的关系。
- 介绍档案的种类及其划分意义。

关键词

档案	档案定义	档案本质	原始记录性
信息	数据	文献	文件
图书	资料	文物	公务档案
私人档案	文书档案	科技档案	专业档案

第一节　档案的定义及其分析

认识是实践的理性前提与基础。对档案这一普遍存在的社会事物的理性认识方法与角度是多种多样的。从形式逻辑角度定义档案概念的内涵与外延，即给档案下定义，则是一种最基本的方法。由于形式逻辑方法本身的局限性和事物及其概念具有多维性，人们对某一目标事物的概念进行定义的认识思路、角度又具有多样性，因此具体的定义往往多种多样，甚至会陷入难有定论的学术纷争之中，所定义的事物越复杂，其学术纷争就越严重。档案的定义情况也是如此，具体的档案定义已达数百种之多，其中不少定义在基本认知上多有近似或相同点，因为一事物自有其区别于其他事物的本质特性，而定义的根本目的就在于揭示概念所指事物的本质特性。随着档案范围及人们认知的变化，定义也会发生变化调整，力求更为准确地揭示并确认事物的本质特性问题。

一、对已有档案定义的分析

目前国内外已有的档案定义繁多，其定义角度及具体表述各不相同。这些定义大致可归纳为两大类：一类是直观描述型的定义；另一类是抽象揭示型的定义。这两大类档案定义在认识功能上各有其优势与劣势。

（一）直观描述型档案定义的优势与劣势

直观描述型定义是从档案的形成转化过程、实体存在形态等较具体、直观的角度来描述档案这一概念的内涵和外延的。其中最典型的是用“文书”“文件”“文件材料”等作为属概念。而从档案涉及文件生命周期的不同阶段而论，以“文件”作为属概念的定义基本上可分为三种类型：一是严限制型，强调只有具有永久保存价值，并保存在档案馆等特定场所的非现行文件才是档案。如美国档案学家谢伦伯格在其著作《现代档案——原则与技术》（1956 年）中，将档案定义为“经鉴定值得永久保存以供查考和研究之用，业已藏入或者业已选出准备藏入某一档案机构的任何公私机构的文件”[①]。二是宽限制型，强调具有一定年限保存价值，保存在文件形成机构、档案馆等特定场所的半现行与非现行文件均为档案。中国的档案概念属于这一类型，无论是保存在机关档案室或国家档案馆，还是保存在个人手中，需要短期、长期或永久保存的各种办理完毕的文件都属于档案。机关、团体、企事业单位和其他组织将办理完毕、具有一定保存价值的文件归档保存即成为档案，在本单位档案机构管理一定年限后按照规定向有关档案馆移交。三是宽泛型，强调不限定保存价值和保存地点等因素，保存在任何地方、具有一定保存价值的现行、半现行、非现行文件均为档案。如法国《遗产法典》第 L211－1 条规定：“档案是所有自然人或法人，在其活动中产生或接收的，无论时间、保存地点、存在形式、载体形式的全部文件（也包括数据）的统称。”

直观描述型定义的优势是直观、易理解，能使人在现实中识别什么是档案。它告诉人们一个重要的事实：档案大部分是由文书、文件转化而来的，档案的实存形态主要是过去的文书、文件。其劣势是没有从档案在社会生活中的根本作用、价值等角度去揭示档案的本质所在。因为人们之所以保存档案，并不是因为它是什么实存形态或它过去是什么，而是因为它在社会中有独一无二且不可替代的作用与价值。

（二）抽象揭示型档案定义的优势与劣势

抽象揭示型定义的认识角度与直观描述型定义明显不同，而且是在直观描述型定义的基础上于较晚时出现的。它主要从档案对人类社会的根本性作用、价值等相对性角度来定义档案这一概念的内涵与外延，试图揭示档案这一事物的本质特性。其所用的属概念不再是“文书”“文件”等具体概念，而是“信息”“历史记录”“原始记录”“社会记

---

① SCHELLENBERG T R. Modern archives: principles and techniques. Chicago: University of Chicago Press, 1956: 16.

忆”等抽象度较高的概念，目前档案界及社会上大多使用此类档案定义。如 2020 年修订的《中华人民共和国档案法》（简称《档案法》）第二条规定：“本法所称档案，是指过去和现在的机关、团体、企业事业单位和其他组织以及个人从事经济、政治、文化、社会、生态文明、军事、外事、科技等方面活动直接形成的对国家和社会具有保存价值的各种文字、图表、声像等不同形式的历史记录。”这一条款旨在界定档案法所规范的对象范围，并将之限定于“对国家和社会具有保存价值”，它揭示了档案的本质属性，具备档案定义的基本要素，富有档案定义的理论意义，因而在中国以此为基础进行表述的档案定义较为通用。

虽然目前对以这类定义为主导的档案定义依然存在一定程度的学术纷争，但其优势是显而易见的：理论抽象度较高，有利于人们对档案本质的深入认识与揭示，并以其本质特性而与其他事物尤其是相近事物相区别。这类定义的劣势是因其抽象度较高，理解难度较大、确指性较差，而仍存在一定的学术纷争。

此外，在不同研究范式下，档案的定义也大不相同。目前，档案学研究范式大体可分为两大类：一类是实证主义研究范式。该研究范式基于客观主义的本体论，认为存在一个客观存在的、有序的、稳定的社会现实，等着研究者去发现既存的规则，或得出具有普通性的解释及规律，无论是社会科学还是自然科学都是客观的、价值无涉的，是脱离社会及其结构运行的，理想的实证主义研究者应与其研究对象保持距离并收集价值无涉的事实。该研究范式也是建立在现实主义的认识论基础上的，认为研究者的观察，以及由此得出的概念和理论代表了客观存在的现实。在此研究范式下，通常会认为档案是人类社会实践活动中客观形成的产物，倾向于将档案界定为社会实践活动的残留物、副产品或沉淀物，强调档案是客观的、中立的证据或信息①，强调它们一经形成就不再会有任何的改变，是固化了的证据或信息。另一类是后现代主义研究范式，具体包括建构主义、阐释主义等研究范式。后现代主义研究范式是基于主观主义的本体论和相对主义的认识论，认为社会现实是作为人类经验的一部分而存在的，是社会建构的。客体的任何属性都来自人类主观的意义建构及解释。研究者对社会现实的研究旨在对复杂的社会现象，包括它们的意义、本质及其在社会生活中的角色和影响建立解释性理解。在此研究范式下，则会认为档案“不再是行政活动的自然的残留物或被动的副产品，而是有意识地建构并积极地‘档案化’的社会记忆”②。而且档案并不是固化的信息，就档案的构成要素而言，虽然档案的内容和结构是固定的，但其背景元数据在不断地扩展和丰富，这使得档案会一直处在形成的过程中③。因此，不同研究范式下形成的

① 如英国档案学家希拉里·詹金逊及《档案的整理与编目手册》（简称《荷兰手册》）的作者们都持有这种观点。詹金逊特别强调了档案的客观中立性和真实性，见：JENKINSON H. A manual of archive administration. Oxford：Clarendon Press，1922：11－12.《荷兰手册》的作者们使用了“（职能的）沉淀物”（sediment）这个比喻意指档案，但这个比喻在英文版的《荷兰手册》中被翻译为“（职能的）反映”（reflection），见：HORSMAN P，KETELAAR E，THOMASSEN T. New respect for the old order：the context of the Dutch manual. The American archivist，2003，66（2）.

② COOK T. Archival science and postmodernism：new formulations for old concepts. Archival science，2001，1（1）.

③ 持有这种观点的学者有澳大利亚档案学者苏·麦克米希及荷兰档案学者埃里克·凯特拉等，可见：MCKEMMISH S. Placing records continuum theory and practice. Archival science，2001，1（4）；KETELAAR E. Tacit narratives：the meanings of archives. Archival science，2001，1（2）.

档案定义反映了不同的本体论和认识论。在这两类定义中，前一类定义主要出现于现代档案学形成早期，后一类定义主要是在 20 世纪 80 年代之后受后现代主义思潮影响而随之出现的。但这两类定义之间并不是取代与被取代关系，它们在现今的档案学界仍各有其支持者。

二、档案的本质和定义

学界的一个具有共同性的有趣现象是：人们尽管对定义纷争不已，但对概念所指称的事物的本质特性的认识却是基本一致的。档案学界也是如此。人们尽管对档案的定义仍在争论，但对档案这一事物的本质特性的认识却是基本一致的：档案本质上是社会生活的原始记录，换句话说，原始记录性是档案的本质特性。所以，档案的定义表述就应该揭示并确认“原始记录性”这一档案的本质特性。中华人民共和国档案行业标准《档案工作基本术语》对档案的定义是：“国家机构、社会组织或个人在社会活动中直接形成的有价值的各种形式的历史记录。”参照档案法和档案术语标准，档案的定义可以被表述为：机关、团体、企事业单位和其他组织以及个人在社会活动中直接形成的有价值的各种形式的历史记录。

三、对档案定义的理解

上述定义的档案概念具有几个互相联系的基本含义，它们是理解档案概念的要点。

（一）社会性

档案是人们在社会活动中直接形成的，其内容是对社会活动的内容、过程及结论的原始记录，而非自然界的产物。自然界也存在大量对自然现象及其演变过程具有原始记录作用的东西，如动物的化石、树的年轮、岩石、山川、河流（河床）、森林、沙漠等等。这些东西对于人们进行自然科学研究具有原始记录价值，是重要的凭据与基础。人们借助相应的理论和技术仪器等手段可对其进行研究，发现自然界演化的历史进程和规律，为保护、开发、利用自然资源奠定基础。但档案不是自然界形成的原始记录，而是人类在社会活动中形成的原始记录。虽然其内容会大量涉及自然界，但它毕竟是人类研究、开发、利用自然的社会实践活动的产物，与自然界自然形成的原始记录物不可混为一谈。

（二）历史性

档案是以往社会活动的原始记录，可以把过去带到现在和未来，也就是所谓“让过去告诉现在”“让历史告诉未来”，从而将过去、现在和未来联结在一起，维系人类社会的时空统一性与整体连续性。所以，人们一般由此将档案看作一种历史文化遗产。当然，它不是人类历史文化遗产的全部，而是其中具有基础性支撑意义的重要部分。

（三）关联性

档案形成于特定主体的社会活动，该主体及其活动的时间、地点、形式、内容是档案的来源和形成背景，与档案具有天然、深层的联系，也赋予了档案意义，对档案价值具有实质性影响。《档案学百科全书》（*Encyclopedia of Archival Science*）认为，档案学知识的核心对象是处于背景中的文件，即作为意义的归因和交流过程的一部分的文件。档案学研究主要围绕背景，包括文件中数据的背景，文件形成、管理和利用的背景，以及这些背景中隐含的社会政治、文化和经济背景①。此外，档案作为人类社会活动原始的历史记录，并不是以单份文件的形式孤立地存在的。任何文件只有在与其他反映同一活动过程和结果的文件建立起关联，经鉴定具有价值后，才能成为档案，并再现特定时空的社会活动。因此，中国档案学界也有观点认为档案是文件的集合，而英语中“档案”一词也往往采用复数形式的“archives”。来源原则的提出和应用就是为了维护档案与形成背景的有机联系。关联性是将档案与图书等相区分的重要属性。

（四）原始记录性

档案是人们在社会活动中直接形成的原始的历史记录，对以往的社会活动具有直接的原始记录作用。所以，学界一般认为：原始记录性是档案的本质特性之一，是档案区别于其他事物尤其是相邻事物的独一无二的本质规定性所在。原始记录性包含了原始性和记录性两重属性：档案的原始性是指档案由在特定时空的社会活动中形成的文件直接转换而来，是该特定时空的社会活动的原始的、第一手的记录；档案的记录性则是指将特定时空的社会活动通过文字、语言、数码等符号固定在一定的载体上。

原始记录性在现实中与许多复杂事物的本质特性一样，既具有独立性，也具有相对性、动态性特点，可以在与相关事物及相关因素条件的对照、比较中表现出来。只要是对于人们了解、考证以往的历史事实具有程度最高、最可信赖的保存价值的原始记录，人们就可以将其视为档案，并将其作为档案来收存、使用。这也是档案的实存形态广泛复杂、多种多样的根本原因。如虽然文章、图书不是档案，但其文稿、书稿却是档案；虽然报刊不是档案，但其文稿和发排稿却是档案；虽然电影拷贝、电视节目不是档案，但其脚本、场记、拍摄母片、播发稿等记录物却是档案；等等。因为这些东西都具有原始记录作用，可记录、确证图书、报刊、电影、电视产品内容及形成过程的历史事实，并可将其流传后人、后世，让历史明确无误地告诉现在和未来。从信息理论和人类保存、使用档案的心理根源及实践需求角度讲，档案实际上是人类追求信息的确定性、可靠性的产物，是社会实践必须有确定、可靠的信息支撑方能有效进行的现实需要的产物。假设人类可以跨越时空回到过去去共同确认历史事实，那么人类就不必保存什么档案了。

档案的本质特性——原始记录性，不仅是档案区别于其他事物的根本所在，而且从

① DURANTI L，FRANKS P C. Encyclopedia of archival science. New York：Rowman & Littlefield Publishers，2015：85.

根本上决定着档案的管理方法的基本取向。即对档案的管理方法无论怎样简便、有效，均不能以伤害档案的本质特性为代价，而只能以充分实现其对以往历史事实的原始记录价值为轴心。这也是所有管理活动的基本定律之一：管理方法必须维护管理对象的本质特性。世界各国均将以来源原则为核心的历史主义方法作为档案管理的基本方法，其原因也大都源于此。

四、档案的实存形态及其形成过程

档案是一种在社会生活现实中广泛存在且表现形态多种多样的复杂事物。即使从逻辑上认清了档案的本质，弄清了档案的概念，人们也未必能在现实生活中准确无误地认识并确认什么是档案，什么不是档案。因此对档案这类复杂事物，还有必要从实际现象层面进行认识与分析。当然这种认识与分析不能离开概念，尤其是不能离开事物本质特性的理性坐标去漫无边际地泛泛而谈。

（一）档案的实存形态

档案的实存形态是指档案在现实中的具体存在形式，也就是在各种各样的具体事物中，究竟什么东西具备档案的属性，是档案，什么东西不具备档案的属性，不是档案。根据档案的定义尤其是其本质特性，档案的实存形态是多种多样的，凡是对历史事实具有某种确定的原始记录作用的东西均是档案的实存形态，均可成为档案。从目前的实际情况看，档案的实存形态主要是各种各样的文件，所以，中国档案界有“文件是档案的前身，档案是文件的归宿”的说法。需要指出的是，这里的“文件”既包括文字形式的记录，也包括录音、录像、照片、影片、实验数据，乃至印章、奖杯、胸牌、臂章，等等。这些东西因为均有清晰、明确的原始记录作用，所以也都是档案的实存形态，都在“档案”这一概念的外延之内。

（二）档案的形成过程

档案的形成过程是指各种形态的文件，从被制作出来到被作为档案正式保存并发挥档案作用的过程。档案的形成过程尽管各不相同且很复杂，但从文件制作动机角度可大致划分为两种类型：一是为了日后存档保存，即为了让文件在时间上传递，为了日后的查证、使用，为了给日后的自己或后人留下明确的原始记录，如人事档案、会计凭证、日记、照片、录音、墓碑等等。在这种情况下制作出来的文件，作为档案正式保存的过程较为简单、直接，制作出来后立即妥善保存即可。二是在文件被制作时，其目的、动机并不是让其在时间上传递，而是解决、处理现实生活、工作中的具体问题，如绝大多数的公务文书（法律、法规、通知、请示、批复等）和私人信函。在这种情况下被制作出来的文件，被作为档案正式保存的过程就较为复杂，往往需要经过必要的处理程序，如文书处理、鉴定、立卷归档等，才能成为档案被保存并发挥作用。这两种情况的形成过程，可被简化归结为“有意、无意地制作＋有意地处理保存”这样一个公式。前一个“意”主要指文件制作者是否以直接留存为目的，后一个“意”则主要指档案保存管理者的留存意识。需说明的是，保存备查虽对于档案形成具有重要作用，但不能动摇原始记录性是档案本质特性的共识。因为，人们之所以有意识地将档案保存备查，是因为其有原始记录作用。各种文件并不是因为被保存备查了才是档案，而是因为它具有原始记录作用，人们才将其作为档案保存备查；保存备查并不是档案自身具有的某种属性与功能，而是人们对档案的一种附加行为。这种行为可以使档案更有效地发挥作用，却不能被视为档案的本质特性。

文件在被制作时的“有意”“无意”两种情况，对其成为档案后的管理和功能、价值具有明显不同的效应。二者的优势与劣势正好相反：“有意”制作的文件转化为档案后，其优势是制作材料较好，追求耐久性，格式严格、规范，便于长久保存且留存状况较齐全、完整；其劣势是内容有时难以做到客观、真实，甚至会有虚假不实、有意作伪，或抑恶扬善、报喜不报忧等内容上的偏差、错误。“无意”制作的文件转化为档案的劣势是因直接目的并非保存，所以制作材料的质地、耐久性可能不够好，书写格式也可能不规范，不利于档案的保存和日常管理；但正因为其制作者的直接目的并非留存，也为其带来了内容较客观真实的优势，这对于档案的原始记录作用显然是有利的。二者不同的效应特点，不仅是档案管理工作者必须面对并正确区别对待、把握的客观事实，同时也启示人们对档案的原始记录性应有一个辩证的理解，对档案的真实可靠性应有一个正确的基本认识和态度。

五、对档案真实可靠性的理解

档案是社会生活中最真实可靠的原始记录，这是档案之所以重要、之所以被人们重视并保存的根本原因。但档案的真实可靠性尤其是其内容的真实可靠性并不是绝对的，它只是与其他信息相比较而言是真实、可靠的，不能将其与其所记录的历史事实本身混为一谈，更不能将其与真理意义上的是非对错混为一谈。由于种种原因，制作档案的人不可能绝对忠实无误地记录历史事实，评判是非对错。所以在档案内容中，不准确、不客观、不真实、不正确之处在所难免，甚至还有完全伪造的档案存在。对这些不真实、不可靠、不正确之处，人们应通过种种渠道和方法去伪存真、核实清楚，辨明其真伪和是非曲直，而不能盲从盲信。但也不能因为档案有此类现象，就从总体上全盘否定档案的真实可靠性。此外，即使是确有不真实、不可靠之处的档案也不能对其加以改正，对确为伪造的档案也不能付之一炬。因为这种种不客观、不真实甚至伪造的档案本身也是一种历史的真实，是一种客观存在的事实。若对其动手脚或予以销毁，就会破坏、抹杀这种客观事实意义上的真实性与可靠性，造成更大程度的混乱。所以，档案的真实可靠性至少有两个层面的含义：一是档案的内容若没有失实、歪曲、作伪之处，那么在对同一历史事实均有记载的各种信息中是最真实、最可靠的，因为它是直接的原始记录，承载的是原生信息，但即便如此，也不能将其与所记录的历史事实本身混为一谈；二是若档案有失实、歪曲、作伪乃至伪造之处，那么其失实、歪曲、作伪乃至伪造这一客观事实也恰恰是由档案这一实存形态予以记录、固化并示之世人的，它依然有其另一种意义上的真实性与可靠性。

第二节 档案与相关概念的关系

档案在社会现实中不仅实存形态广泛多样，而且与诸多事物有着较为复杂的关系，使人们往往难以区分，甚至将其混为一谈。因此，在认清档案本质及概念的基础上，有必要进一步从理论上梳理档案与相关概念的关系，弄清它们之间的联系与区别。现实中与档案关系较近且不易分清的概念主要有信息、数据、文献、文件、图书、资料、文物等。

一、档案与信息

虽然信息对人类社会的作用日益重要而深刻，但目前人们对信息的理性认识依然存在许多不同的学术观点。人们在宽泛意义上对信息有基本共识，而在实际生活中往往是在特定意义上使用信息概念、把握和处理信息问题的。就目前人们具有共识性的信息概念而言，档案（主要是档案的内容）是一种信息资源，则是不争的事实。从逻辑上讲，“档案信息”与“信息”是一种概念与属概念的关系，档案信息是信息的一种存在形式，档案是人类社会的一种重要信息资源。

信息是一个外延极广的宽泛概念，其具体的实存形态不仅多种多样，而且表现得极为复杂，所以仅仅明确档案是一种信息资源是不够的，还应进一步明确档案究竟是一种什么样的信息资源，在信息大家族中扮演什么角色、处于何种地位、有何与众不同的特点。认清这些问题不仅对档案和档案工作是必要的，对人们从根本上弄清信息问题，也会有积极意义。

档案信息在信息大家族中的角色、地位，是由档案的本质特性即档案在社会生活中的根本价值、作用决定的，同时也是在档案信息与其他信息的区别中表现出来的。迄今为止的社会现实表明：档案是一种最真实、最可靠、最具权威性与凭证性的原生信息资源。而信息理论告诉人们：信息的确定性与可靠性是信息的根基所在，没有确定性、可靠性或确定性、可靠性程度差的信息没有什么价值，甚至会对人类社会造成负面效应乃至灾难。所谓“错误的信息、混乱的信息、不可靠的信息还不如没有信息”的说法所说的正是这一道理。社会现实中的种种负面信息现象（如谣传、流言蜚语、电脑病毒、“信息垃圾”等）也充分证明了这一点。人类社会对信息的依赖、需求程度越高，对信息的确定性与可靠性的要求程度也就越高，这也是人们重视档案且越发达、文明程度越高的国家越重视档案的重要原因之一。所以，从信息理论的角度可以说，档案信息是一种最重要的信息，档案是人类所拥有的一种非常重要的信息资源。

二、档案与数据

数据一词随着大数据时代的到来成为高频词，但对何谓数据，学界有不同的观点。如 DIKW 概念链模式，将数据（data）、信息（information）、知识（knowledge）、智慧

（wisdom）分成四级，形成一个金字塔形状。数据被置于最底层即基础层，意指事实或观察的结果；第三层是信息；第二层为知识；第一层是智慧，处于顶层。在数据的基础上，信息增加了“时间和空间”，或“进行过加工处理”，或是“有意义、有价值、有关联”的数据；知识则增加了“如何使用信息”；智慧又增加了“怎样使用知识”。该模式认为，数据、信息、知识和智慧之间的关系是数据外延最大，信息次之，知识再次之，智慧外延最小。[①] 但也有观点认为数据不仅是数值型数据，还包括非数值型数据，甚至认为数据逐渐成为数字、文本、图片、视频等的统称，也即“信息”的代名词[②]。在 2020 年发布的《中共中央国务院关于构建更加完善的要素市场化配置体制机制的意见》中，“数据”取代了“信息”，作为一种新型生产要素被写入文件中，与土地、劳动力、资本、技术等传统要素并列为重要的生产要素。国务院印发的《“十四五”数字经济发展规划》也明确提出，“数据要素是数字经济深化发展的核心引擎”。由此可见，在大数据时代，数据和信息的界限已经变得不那么清晰。

从数据处理和存储的角度来看，数据可分为结构化数据、半结构化数据和非结构化数据。结构化数据是指可以使用关系型数据库表示和存储，表现为二维形式的数据。半结构化数据是结构化数据的一种形式，它虽不符合以关系型数据库或其他数据表的形式关联起来的数据模型结构，但包含相关标记，用来分隔语义元素以及对记录和字段进行分层。因此，它也被称为自描述的结构。非结构化数据是指不方便用数据库二维逻辑表来表现的数据，包括所有格式的文本、图片、图像、音频、视频信息等等。故文本、图片、图像、音频、视频等形式的档案属非结构化数据，而关系型数据库文件，或由业务活动、科学研究等活动形成的数据直接转化而来的档案则属结构化数据或半结构化数据，因此可以说档案也是各种形态的数据。

三、档案与文献

文献是一个外延很宽泛的概念，且与档案的关系较为紧密、复杂。文献一般是指前人留下来的历史文化价值较高、内容较系统完整的信息记录，其实存形态有文书、文章、著作（图书）、日记、信函、笔记、照片、音像制品等等。档案与文献的逻辑关系是内涵不同，外延有大面积交叉重合。二者之间的区别主要有两点：一是本质即核心含义不同。档案是社会实践的原始记录，是第一手的原生信息；文献则不管是否是原始记录，非原始记录性的信息记录也可成为文献。这是二者的根本区别。二是文献注重历史文化价值，档案则既注重历史文化价值，又注重现实性的查考、实用价值。

四、档案与文件

中国档案学界按文件生命周期的运动阶段将“文件”分为“大文件”和“小文件”

---

① ACKOFF R L. From data to wisdom. Journal of applied systems analysis，1989，16（1）.

② 涂子沛．数据之巅．北京：中信出版社，2014：257.

两个概念。“大文件”涵盖文件生命周期各个运动阶段的文件，即现行阶段的文件、半现行阶段的文件及非现行阶段的文件。如前所述，中国的档案主要是处于半现行阶段和非现行阶段的有价值的文件。“小文件”则特指处在现行阶段的文件，中国通常也称之为“文书”。因此，“大文件”包括了文书和档案。而文书与档案之间的联系主要是实存形态上的直接转化关系。文书尤其是其定稿具有较强的原始记录性，可转化为档案，成为档案的实存形态之一，且在档案大家族中占据主导地位。但二者之间的区别也很明显，不能因其有转化关系而将其混为一谈。因为第一，档案的实存形态绝不仅是过去的文书，还包括大量非文书类的原始性记录物。过去的文书也并非都能转化为档案，只有原始记录性强、价值高且文书处理程序完毕的一部分文书才能转化为档案，大量的文书并不能转化为档案。第二，二者的概念内涵尤其是本质不同。虽文书有原始记录性，但原始记录性并非文书的本质所在，也不是人们制作、使用文书的根本目的与追求。文书本质上是人们处理、解决现时性具体事务、问题的信息传递工具。它主要在空间上传播交流且具有相当程度的强制性（如公务文书）。而档案的本质则是以往社会实践的原始记录物，主要是在时间上传递，让过去告诉现在，让现在告诉未来，是人们追求、维系时间上的连续性、统一性的产物。从逻辑上讲，二者内涵不同，外延有大面积交叉。

五、档案与图书

档案与图书虽在现实中关系较为密切，管理上也有相通之处，但二者之间的区别是极为明显的。第一，二者的本质不同。档案本质上是人们在社会实践中直接形成的原始记录。图书本质上是系统知识的结晶，是人类对自然及社会现象进行系统认识、研究的结果。图书虽内容会涉及社会实践，但却不是对社会实践的直接记录，而是经过加工、提炼、总结后的观念性、系统性产品。简言之，档案是社会实践的记录，图书是系统认识的产品。当然，人的认识、研究活动，尤其是写作行为也是一种特定的实践，那么这一特定实践活动的直接记录——书稿则是档案，而其最终成果则是图书，是系统的知识产品。第二，二者的社会功能不同。档案与图书的不同社会功能是由其各自不同的本质决定的。档案是历史的原始记录，可供人们查考史实、解决实际问题、研究历史之用。换句话说，人们查档案是为了解决现实中的实际问题，为了了解、研究历史事实；人们看书则是为了学习系统知识，为了陶冶性情。第三，二者内容上的交叉重合部分，其特点也明显不同。即虽然档案内容中也有知识，但这些知识是不系统的知识片段；虽然图书内容中也有对历史事实的记载，但这种记载却不是直接的原始记录，而是经过加工提炼后的系统性知识。如由档案文件内容直接汇编转化而成的图书（文选、文集、文件汇编等）所追求的也是系统性。

六、档案与资料

资料是现实中最接近档案，与档案关系最为密切的概念和事物。人们在现实生活中常常将这两个概念混为一谈，尤其是常常将档案称作资料。从逻辑上讲，这两个概念的外延有大面积重合，且资料的外延一般说来要大于档案。但其内涵上的区别还是比较明显的。资料是一个相对性、动态性很强的概念，其外延极为宽泛。一般说来，凡是对人们研究、解决某一问题有一定价值的相关信息均可被称为资料，而无论其具体是什么——文书、档案、图书、报刊、文章、录音录像乃至文物等等，只要对人们研究、解决某一问题有信息支持价值，都可被看成资料；也无论其处于何种状态——是被集中保存在某处的，还是散存于各处有待人们去搜集、整理的。而档案则没有资料的那种相对性与动态性。所以，档案可以被人们作为资料看待并使用，但资料却不能被作为档案看待并使用。档案部门所保存的资料也具有相对性，是围绕其档案所形成的对了解档案内容及立档单位历史有价值的相关信息，如内部出版物、报刊、文件汇编（图书）等等。

七、档案与文物

文物是与档案在内涵上接近的概念和事物。但若认真分析，其区别也很明显。文物是有文化价值的历史遗留物，其形态主要是过去人们直接使用的实用性物品，如器具、衣服、建筑物等，也包括重要的历史文件。从逻辑上讲，档案与文物在内涵上有部分交叉重合。档案，尤其是重要的档案，因其既有原始记录作用又有突出的历史文化作用，可被看作文物，并作为文物收藏。2020 年修订的《档案法》第十八条规定，博物馆、图书馆、纪念馆等单位保存的文物、文献信息同时是档案的，依照有关法律、行政法规的规定，可以由上述单位自行管理。可见档案和文物具有一定的重叠性。但绝大部分文物却不能成为档案。因为文物中的大部分是实用性物品，并不具备记录性。而档案作为原始的历史记录，其内容信息是清晰、确定的，其主导性实存形态目前仍是各种文件。所以，是否具有记录性是二者之间的根本区别。如毛泽东、周恩来逝世后，其办公室中的所有文字、图片类的东西，包括所谓片纸只字都一律被封存送交中央档案馆，而他们穿过的衣服、用过的器具等却不是档案，可以作为文物交博物馆收藏。档案中的“实物档案”确立的标准也是其是否具有记录性。一般而言，只有那些自身带有文字的实物（如公章或印章、锦旗、奖杯、标牌、钱币、带字的旗帜、牌匾等）才可成为实物档案被档案部门收藏，而无文字的实用物品因不能说明其产生、使用的历史背景等史实，故不能成为实物档案，若其有较高的文化价值，可作为文物被博物馆等文物部门收藏。此外，实物档案的另一必要条件是其技术上的可保存性。那些虽带有文字但却无法收藏的庞然大物（如轮船、飞机等），通常也不作为实物档案被收藏保管。

第三节 档案的种类

档案的种类是人们对档案进行分类认识的结果，这种分类结果不仅有认识意义，对档案管理实践也具有宏观的指导意义。但认识性分类与管理性分类不可混为一谈。认识性分类因其目的在于认识且仅存在于观念之中，所以可同时从多个角度用多种分类标准和方法进行分类，而且允许有认识意义的界限模糊的分法及结果存在；而管理性分类因用于实践操作，所以每次分类只能使用一种方法，不能同时使用多种方法，而且一般不能使用界限模糊的分法，因为界限模糊的分法及其类别结果会使归类操作产生混乱。

分类是人类认识、管理事物的基本方法之一。人们认识、控制形态广泛复杂、数量众多的事物的基本方法，就是对其分而识之、分而治之。但分类本身却是个极为复杂的问题。如人们往往认为分类就是形式逻辑意义上的分类——概念划分的形式，但人们在管理实践层还大量使用着非形式逻辑性的分法，如分割、分解等，而且也将其称为“分类”；再如人们往往按形式逻辑性的类别概念去认识事物，将事物归类，甚至将类别概念与其所指事物本身画等号，但在真实的世界中并不存在所谓形式逻辑意义上的“类”，所谓各类事物之间实际上并没有一条清晰、严格的逻辑性类别界限，大千世界本身并不是个逻辑体；还有，对某一分类对象的分类可用的分法是多种多样的，而且没有哪一种分法是最好的，人们也不可能在技术上将各种分法整合统一成一种分法或一个严密的分法体系；等等。正是由于分类本身的复杂性且分类又恰恰是档案管理最基本的方法之一，所以分类之争就成了档案管理方法、原则、理论纷争的重点问题之一。一般认为，档案分类涉及三个层面：一是对档案的认识性分类，又称概念分类，即对档案的种类认识；二是对档案实体的管理性分类，又称实体分类；三是对档案内容信息的管理性分类，又称信息分类或检索分类。档案界关于分类的学术纷争在这三个层面均有程度不同的表现。本节所讲的是第一层面，即对档案的种类认识及其结果，其目的在于认识档案现象。

档案现象是极为复杂的。为较全面地认识档案，人们往往同时从多种角度，采用多种不同方法对档案进行种类认识。每一角度、每一分法所形成的种类概念均有其特定的认识功能，可揭示、反映档案某一方面的属性或特征，解决某一方面的问题。档案界常用的种类认识角度、方法及其结果主要有以下几个。

一、公务档案与私人档案

这是从档案形成领域的公、私属性角度对档案进行分类认识所形成的两个相对性概念，主要解决档案的归属（即所有权）问题。公务档案是指人们在公务活动中形成的档案，其形成主体主要是公务机关或其他社会组织；私人档案是指人们在私人生活中形成的档案，其形成主体主要为私人、个人。公务档案归“公家”所有；私人档案归私人所有。公务档案的具体实存形态主要是公务文书，如法律、法规、行政公文等；私人档案的实存形态主要是日记、文稿、账单、票据、笔记、信函等私人文书。公务档案主要被各级各类档案机构收藏；私人档案则散存于私人手中。这两种档案在外延上会有小部分交叉重合。如公务机关向私人颁发的证件、票据、奖状、判决书等同时具有私人档案性质；而私人向公务机关递交的申请、申诉、建议、信函等只要被受理、接受，就同时具有公务档案性质。因为公务活动与私人生活在现实中肯定要发生实际关系，产生交叉重合。

应指出的是，虽然公务档案归“公家”所有，私人档案归私人所有，但公务档案与“公有档案”、私人档案与“私有档案”并不完全是同一概念。公有档案的概念范畴要大于公务档案；私有档案的概念范畴要大于私人档案。因为私人若将其有国家历史意义的私人档案，比如名人档案捐献或卖给了国家档案机构，这些档案就归国家所有，成了公有档案的一部分；而某些公务档案由于种种原因被私人占有且这种占有具有某种合法性、合理性，也就成了私有档案的一部分。

另外，公务档案与私人档案的概念还有一个“中间地带”不大好处理，即私有组织，如私营企业或事业单位的档案究竟应算是公务档案还是私人档案。这部分档案从所有权角度看应为私有，但其与私人所有者的纯私人生活中形成的私人档案不是同一性质。所以一般认为，这部分档案是私有档案中的“公务档案”，应归其私营组织（法人）所有。因此，公务档案不能仅仅理解为国家公务机关的档案，将其界定为社会组织即法人形成的档案似乎更准确些，而国家公务机关形成的且被保存在各级国家机构中的档案，叫作“公共档案”更恰当些。公务档案与私人档案的实质可进一步明确为社会组织（法人）在其活动中和个人在其活动中形成的档案。

二、文书档案、科技档案与专业档案

这是中国档案界及社会上应用最为普遍的三个档案种类概念。其并不是一次划分的结果，而是人们自然而然地逐渐形成的三个概念。所以，其逻辑上的划分标准并非很一致、很严格。但这三个概念之所以被人们普遍使用，是因为它们有较好的理论涵盖功能，即通过这三个概念，人们可以对社会上各种各样的档案有一个较全面、较简洁的总体认识与把握。

文书档案实际上是指行政管理档案，即在社会的行政管理活动中直接形成的一个档案门类，其实质是突出强调了行政性或曰政治性档案在档案大家族中的主导地位。因为古往今来人们所说的档案主要就是指国家及社会组织在管理国家和组织的活动中形成并被保存下来的档案。这种档案目前仍在档案大家族中占据统治地位。所以，“文书档案”的概念是最早出现的。

科技档案是指人们在科技、生产活动中直接形成的，具有一定保存价值的科技文件。它也是档案大家族中的一个重要的档案门类，如图纸、设计任务书、科研报告等等。科技档案的内容与文书档案明显不同，它不是人类自我管理活动的记录，而是人类面对自然进行科学研究、进行物质生产活动的记录。科技生产活动虽是人类赖以生存、发展的基础，但却直到近现代才获得了充分的、突飞猛进的发展，而且对人类社会的重要性也日益深刻而明显。在近现代的档案大家族中，科技档案异军突起，显得越来越重要，大有与文书档案平分秋色之势。所以，在人们的观念中形成了“科技档案”的概念。

专业档案是人们通过创造性劳动选留并保存下来以备查考的各种专业文件有机体系的总称。专业文件是指机关、企业、事业单位及其他社会组织，在从事某些专业性活动时，为了实现相关的职能目标而制作和使用的，具有比较稳定的文种和记录目的的各种载体类型的数据和信息记录。国家档案局印发的《国家基本专业档案目录（第一批、第二批）》将专业档案分为以下几类：人事类，如干部档案、流动人员档案等；民生类，如婚姻登记档案、病历档案、城乡居民健康档案等；政务类，如人民检察院诉讼档案、公证档案等；经济类，如会计档案、城建档案、房屋产权登记档案等；文化类，如艺术档案、非物质文化遗产档案等。这些档案虽也有明显的行政管理性质，但与主要由官方正式文件转化而成的文书档案相比有所不同。它形成于特定的业务活动，具有显著的自我独立性和规律性。所以，“专业档案”概念的出现时间更晚。从逻辑上讲，它采用的是排除法，且自身是一个由若干具体档案种类构成的集合概念。

尽管文书档案、科技档案、专业档案的分法在逻辑上确实有不足，但这三个概念却不仅反映了人们对档案现象的认识过程，也反映了这三种档案在档案大家族中的地位。尤其因为它有较好的理论涵盖与把握功能，所以它仍然被当今中国档案界普遍使用。

三、中华人民共和国成立后的档案、革命历史档案和旧政权档案

这是中国档案界普遍使用的一种官方划分所形成的三个档案种类概念。即中国档案行政管理机关从行政管理角度，将归国家所有的全部档案划分成三种档案类型，准确地说是三大部分：中华人民共和国成立后的档案又称中华人民共和国时期档案，是指 1949 年 10 月 1 日中华人民共和国成立之后，在中国形成的归国家所有的档案；革命历史档案又称革命政权档案，是指 1949 年 10 月 1 日中华人民共和国成立之前，由中国共产党及其所领导的军队、政权、企事业单位、社团等社会组织及个人所形成的归国家所有的档案；旧政权档案是指 1949 年 10 月 1 日中华人民共和国成立之前，除了革命历史档案之外的所有归国家所有的档案。这种划分方法是为了便于国家从行政管理角度对全国归国家所有的全部档案进行宏观控制与管理，为制定规划、政策，进行统计、分析提供概念框架与依据。在全宗目录的编制中，有些档案馆将其简化为“建”“革”“旧”三个字头。“建”字头的档案还在源源不断地产生新的档案，而“革”字头和“旧”字头的档案则是不会再产生新档案的档案种类，因此对其应格外重视并保护、收藏好。

档案的种类除上述分法外，当然还有许多其他分法和种类概念。如按载体形态来分，档案可分为传统的纸质档案、新型载体档案、电子档案等。新型载体档案又称声像或音像档案，是指非纸质或非文字形式的档案，如以照片、影片、录音、录像、光盘等为载体的档案。这种档案因其载体和管理技术的特殊性而受到人们的重视。电子档案（或电子文件）是指以数码形式记录于磁带、磁盘、光盘等载体，用计算机系统阅读、处理并可在通信网络传输的文件。这种档案因其技术上的特性及其所引发的一系列问题，已引起档案界和相关学界的高度重视。这些不同载体的档案的管理方法、技术等也有所不同。

总之，每组或每一个被人们提出并被经常使用的档案种类概念，实质上均反映了人们对档案现象的一种认识角度，反映了档案的某种特性与表征，映射出现实中所存在的某个值得人们重视的问题。随着社会生活和档案及档案管理活动的发展变化，肯定还会有新的种类概念出现。已有的种类概念中有些可能会淡出人们的视野，退出认识的历史舞台。

复习思考题

1. 研究档案定义的理论意义和实践价值是什么？

2. 国内外档案学界比较典型的档案定义有哪些？你对这些定义有何评价？

3. 如何理解档案的“原始记录性”？

4. 电子文件的出现，对人们认识档案的本质有何影响？

5. 有人认为档案的真实性是指其“内容的真实性”及“档案承载事实的客观性”，对于这种观点你有何评价？

6. 认识到“档案是社会的一种核心信息资源”，对做好档案工作有何意义？

7. 如何理解档案数据？档案在国家大数据战略中可以有所作为吗？

8. 档案与文献之间是一种什么关系？如果认为“文献是一切知识的载体”，那么档案在整个知识大家族中应当占有一种什么位置？

9. 同其他的信息产品和知识产品相比较，档案具有哪些方面的优势和劣势？

10. 档案与图书的本质区别是什么？为什么不能用管理图书的方法来管理档案？

11. 档案与资料的概念有何不同？认识档案同一般资料之间的区别，对做好档案工作有何意义？

12. 档案与文物的关系是怎样的？谈谈你对“所有的档案都有可能成为文物，但并不是所有的文物都能成为档案”这一观点的认识。

13. 划分档案种类的意义是什么？

14. 在中国档案管理实践中，引入“公务档案”与“私人档案”的概念有何积极意义？

15. 将档案划分为“文书档案、科技档案与专业档案”，这种认识有无局限性？

16. 你对档案种类的划分有何建议？

17. 有人把档案的种类划分为“文书档案、科技档案和企业档案”，你认为这种划分是否恰当？

第二章

档案的源流

本章要点

- 说明档案起源诸说。
- 阐述中外档案起源的基本历程。
- 介绍古今中外档案的主要类型。
- 探讨和说明中外“档案”一词的词源。

关键词

档案起源	结绳	刻契	编贝
结珠	仓颉	甲骨档案	金石档案
钟鼎文	毛公鼎	简牍档案	居延汉简
长沙吴简	缣帛档案	舆图档案	泥板档案
纸草档案	羊皮纸档案	棕榈树叶档案	纸质档案
音像档案	电子文件	杨宾	《柳边纪略》

档案是档案管理活动的物质对象，也是档案学研究的主要对象之一。档案的起源和演变发展与人类社会物质文明、精神文明的发祥和进步程度密切相关，反映了人类记忆的发展脉络和水平。考察档案的起源、演变发展及其历史条件，对于我们用辩证唯物主义和历史唯物主义的方法论认识和研究档案，科学地管理档案，了解人类文明史以及世界灿烂悠久的历史文化都具有重要的意义。

第一节　档案的起源

一、档案起源诸说

关于档案的起源及其历史背景历来众说纷纭。要搞清这个问题，不仅需要借助考古学、文字学、历史文献学、社会发展史、民俗学等相关学科中相关课题的研究进展，对有关历史资料进行充分的查证、分析和研究，而且需要对档案本质属性的正确认识。1947 年，四川大学教授毛坤在为黄彝仲所著《档案管理之理论与实际》一书所作的序中写道：“周官外史掌三皇五帝之书，老子为柱下史，今日胥谓图书馆之滥觞，实则所掌皆档案也。”同年，许同莘的《公牍学史》认为，“唐虞以前已有档案”。在 20 世纪 50 年代，我国档案界曾有档案是阶级社会产物还是社会产物的论争，此后又有进一步的研究，至今仍有多种观点并存。

中外学者关于档案起源的观点归纳起来大致有三种：第一种观点认为文字是产生档案的必要条件。自从人类发明了文字，就开始用文字记录社会活动，并将这些记录保存下来，成为档案。第二种观点认为文字和国家的出现是产生档案缺一不可的条件。随着阶级的出现和国家的形成，为了管理大规模的生产，进行国与国之间的交往或战争，国家需要文字记录作为管理和交际的工具，于是产生了文书，文书保存起来便形成了档案。第三种观点认为以原始记事方法，如结绳、刻契、编贝、结珠、图画等形成的记录就是档案。这些研究，对于探索档案的起源，从而了解档案的性质，都有一定的学术价值和实际意义。

历史事实表明，档案是人类社会发展到一定阶段的文明产物，是人们社会实践活动的历史记录。人类在原始群和原始公社前期的漫长时代里，既没有也不可能创造记录和表达语言的书写符号，作为扩大语言交际功能的文化工具。远古人只能靠语言和动作表达思想，凭人脑记忆和存储信息。但是，语言声音的传达受到时间和空间的极大限制，不能直接通达远处，无法准确地存储起来备用，更难以流传后人。人脑记忆和口传，也是难免遗忘和失真的。为了弥补这些缺陷，人们创造了图画、“结绳记事”、“刻木为契”等记事方法。图画或岩画（见图 2－1）是古代人类最早采用的一种记录事实和表达思想的方法，发展水平较高的图画已有一些“语言符号”的作用，曾在许多部落和部族中被广泛使用。现在，五大洲一百多个国家发现了岩画。例如，西班牙阿尔塔米拉洞窟壁画和法国封德高姆洞穴岩画，反映了旧石器时代各种野兽的形象和日常狩猎活动。在阿塞拜疆的戈布斯坦发现了 6 000 多幅岩画，上面刻有猎牛的场面等。结绳记事是古代流行很广的一种记忆方法，唐朝李鼎祚在《周易集解》中引《九家易》写道：“古者无文字，其有约誓之事。事大，大其绳；事小，小其绳。”“结之多少，随物众寡，各执以相考，亦足以相治也。”古代秘鲁、埃及、日本等，我国的高山族、哈尼族、独龙族等少数民族都有过结绳之事[1]。刻契就是在竹、木、骨等材料上刻上各种痕迹和记号，以记事、记数或传达信息。我国很多地区古时都有刻契记事的做法，一些少数民族，如独龙族、怒族、基诺族、瑶族等直至新中国成立前夕还保留有刻契记事的方法。所谓“编贝”“结珠”就是把各色的贝壳磨成扁圆形的小珠或者直接把穿孔的贝壳按各种习惯的方式穿在绳子或树皮之类的纤维上，编成各式花纹，记载不同的事情。我国台湾土人曾使用过编贝或结珠记事的方法，美洲的若干印第安人部落也用过这种方法，并称之为“万普穆”。

图 2－1　岩画

① 王凤阳．汉字学．吉林：吉林文史出版社，1989：47－48.

图画、结绳、刻契等原始记事方法与一定思想联系了起来，在一定范围内有约定俗成的含义，可以保存，可以传递，起着记录和备忘、凭证和信守的作用。但它们毕竟都是标记和符号，没有记录语言，与有声语言不相联系，因此具有记事人的随意性，其意义是不确定的。这些记事方法只能帮助有关人唤起某些对具体事物的记忆，不能表达确切、完整、抽象的思想和语义，需要辅以一定的口头说明才能明确其含义。因此，图画、结绳、刻契等原始记事材料还不是一般意义上的档案，历史学家、语言学家把依靠此类原始记事方法记忆的时代称为“助记忆时代”。

社会生产的发展，人际交往的扩大，人类智力的提高，文字的发明，特别是作为记录语言的文字——表音字的出现，为准确地记录事实提供了条件，为档案的产生提供了客观可能性。在人类历史的复杂过程中，不同国家、不同地区文字的产生和应用情况不尽相同。从世界历史发展过程看，特别是从一些有着古老文明的国家和地区的早期历史来考察，文字一般产生和应用于原始公社制度解体的时期，即国家形成之前的原始社会后期。

二、中国档案起源

中国是世界文明的发祥地之一。中国古代文字的产生和应用，不仅标志着中国古代社会文明的发展水平，而且为产生文字记录的档案提供了重要的条件。关于中国文字起源最为流行的传说，是黄帝时期仓颉始造文字。文字是人类在长期生产和生活实践中，出于记事和传递信息的需要，在人类群体创造的基础上逐渐形成和完善的，不可能主要是某个人的独创。《荀子·解蔽》认为：“好书者众矣，而仓颉独传者，壹也。”仓颉可能是古代特别是黄帝族整理文字和保存文书的代表人物的象征。

在古文献中，关于保存和传留书契典籍的记载不绝于史。《尚书正义》称：“上世帝王之遗书有三坟、五典、训、诰、誓命。孔子删而序之，断自唐虞以下，讫于周，凡百篇，以其上古之书，故曰尚书。”现在一般也认为，《尚书》是上古历代文书的汇编，后世保存下来的只有《尧典》至《秦誓》29 篇，其中有些是后人补充进去的。《尚书》保存了有关虞、夏特别是商周的重要史料，是迄今我国最古老的历史文件汇编和部分追述古代事迹著作的文集。

古代传说的各种记载虽未必完全准确，但总的看来，还是大致反映了从黄帝到尧、舜时代前后，“炎黄子孙”发明文字并将之应用于记录和保存文书、档案的某些情景。现在我们将这些传说与考古发掘的实物联系起来考察，则更能显示出这些记载的文献价值。

仰韶文化是中国先民所创造的重要文化之一，属于新石器时代晚期。其中，西安半坡村出土的距今 6 000 年左右的陶器上，有二三十种刻划符号。郭沫若的《中国史稿》和《古代文字之辩证的发展》认为：“这些刻记符号，可以肯定地说就是中国文字的起源，或者中国原始文字的孑遗。”在陕西临潼姜寨等仰韶文化遗址中，也曾多次发现刻在陶器上的符号。仅姜寨遗址就发现了 100 多件刻划符号陶器，约有 40 多种符号，有的与半坡遗址的符号相同。上述遗址分布的范围，达 3 万平方公里之广。上述材料说明，仰韶文化遗址的刻划符号，是原始先民在比较广泛的地区里和较长的时期内，比较普遍使用的、带有某些规范性的记事符号。虽然对这些记事符号，至今尚未有更多识读，但是可以看出，中国原始文字记录的产生时间，可能距今已有 5 000 多年，这也可认为是中国古代档案起源的大致时期。文字的产生、文字记录的应用、档案的产生，中间不可能有很长的空白，有了文字就会使用，使用的记录保存下来，就其性质来说就是古代的档案。

属于龙山文化时代晚期的文字今已有发现。陕西省考古工作者于 20 世纪 80 年代在西安市西郊斗门乡花园村发掘了一个原始社会遗址，内有一批原始先民刻写的甲骨文。它们被分别刻写在骨笄、兽牙和兽骨上，现已清理出一批单体字。这批甲骨文，字体与殷代甲骨文字体接近。有关专家分析认为，这里出土的甲骨文，大约是距今 4 500 到 5 000 年的文字。对已出土的各种文化遗迹进行综合分析可知，在这一时期出现文字和保存文字记录也是比较可信的。山东大汶口文化中发现的刻在陶尊上的文字符号，大约出现于公元前 3000 年。有关专家认为，陶尊文字是我国文字的远祖，属于意符文字，大汶口文化已经是有文字可考的文明时代了。

国家形成之后，为了适应继续发展的社会生产和更为广泛的社会生活，特别是进行国家的管理，需要比较条理系统的文书，记录和传递各种信息。这些文书记录，又被比较系统地保存起来，形成了数量可观的古代王朝档案。1899 年在河南安阳小屯村殷墟发现的甲骨文，就是商王朝使用的一种文书，属于公元前 14 世纪到公元前 12 世纪的遗物。此后历经多次发掘，共得 15 万余片甲骨。商代甲骨文，是迄今我国大量发现的最早的较为系统的文字和古代档案。

多年来，经过深入研究，甲骨文的字数，据现今不完全的统计约有 4 500 字，说明商代晚期的文字已相当发达。从其文字结构分析，后人所谓的“六书”，或称为“六义”，即指事、象形、形声、会意、转注、假借这六种构成文字的原则，在甲骨文中都已具备，甲骨文已经形成比较严密的文字系统。显然，这样较为完善的文字是经过长期发展形成的，因而殷商时期的甲骨文书当然不是历史上最初始的文书和档案。据郭沫若的研究，中国文字的发展，到商代后期已经基本成熟，殷商的甲骨文字，毫无疑问经过了至少两三千年的发展。所以说，由于中国原始社会后期社会生产力的发展，人们之间社会交往的扩大，社会管理和生产管理的加强，以及人们智力的提高，在向阶级社会过渡时期，产生文字记录和保存早期档案是合乎历史逻辑的。

三、外国档案起源

古代埃及是世界文明的摇篮之一，大约在公元前 3000 年，即早期王国以前就发明了文字。有材料表明，古埃及在第一王朝以前，史官们便用墨水把文字写到了储物罐上，而且这些文字的笔迹已有比较流利和稳健的特色。到第一王朝和第二王朝时期（约公元前 3000—前 2700 年），用墨水写在器皿上的象形文字，笔画越来越流利了。大约出自公元前 21 世纪的埃及纪年石刻，碑文上载有前王朝至古王国第五王朝（公元前 4000—前 2420 年）各法老的名字、他们进行的远征等活动，以及尼罗河水位的标记。这部分石刻断片，现藏于意大利西西里的巴勒莫博物馆，因而被称为巴勒莫石刻。它是现存的埃及最古老的石刻，是研究埃及早期历史的重要史料。

世界古代文明的另一个摇篮是幼发拉底河和底格里斯河流域，希腊文为“美索不达米亚”，意即两河之间的地方。两河流域有亚述、巴比伦、阿卡得和苏美尔。最古老的奴隶制国家是产生在两河流域南部的苏美尔，大约公元前 3000—前 2500 年，苏美尔地区开始了最初国家的形成过程。考古学和世界史材料表明，两河流域最古老的文献（约公元前 4000 年），就是供奉祀神费用的农场的文件。苏美尔人在乌鲁克后期（约公元前 3200 年）产生了最早的图形文字，它是后来两河流域楔形文字的前身。最初时期是图形符号，后来发展为表音符号和指意符号，并一起组成词组。这种文字笔画如楔形，因此被称为楔形文字（因其形似箭头，又称箭头文字），把这种文字用芦管刻画在泥板上晒干后便成为可以长久保存的文书。

世界上最古老的文字有象形文字和楔形文字。古代埃及、腓尼基、印度、中国等使用象形文字，古代两河流域的苏美尔、巴比伦、亚述、波斯等使用楔形文字。这些古老文字，不仅是人类积累经验、扩大智慧、推动社会进步的重要工具，也是产生档案必不可少的条件。

最早的古代档案是通过考古发掘出来的。从这个意义上说，考古是人们窥视古代档案和档案工作的窗口。17 世纪，从古波斯（今伊朗境内）王宫废墟中发掘的刻写在泥板上的文字记录，引起了一名意大利商人的好奇。他复制了一份拓片带回欧洲，引起了欧洲一些史学家的兴趣。1799 年，入侵埃及的法国军队在罗塞达挖战壕时，发现了一块石碑，上面刻有三种文字：上部为古埃及僧侣体象形文字，中间是古埃及世俗体象形文字，下部是希腊文。19 世纪初，法国学者托马斯·杨和法国青年埃及学家商博良译解成功，使世人了解到它是公元前 196 年孟斐斯城僧侣为埃及法老托勒密五世立的颂德碑。这块石碑引起了学者们的更大兴趣，按发掘地点被命名为罗塞达碑（Rosetta Stone，也译作罗塞塔碑，见图 2－2），现存于英国不列颠博物馆。

图 2－2　罗塞达碑

罗塞达碑的发现和解译成功，促进了考古学的发展，19 世纪成了考古的盛行时期。英、法、德、荷、意等欧洲国家及美国都派遣了考古队或探险队到古代东方各国进行考古发掘。他们不仅发现了大量文字遗物，还发现了不少古代档案库。

在埃及发现最多的是石刻档案、纸草档案和泥板档案。如 1885 年在开罗以南 287 公里处发现的阿马尔奈档案库遗址，曾是一座法老档案库，考古工作者从中清理出许多楔形文字泥板档案。在两河流域发现最多的是泥板档案。从 1846 年起，英、法等国的考古队陆续在古亚述首都尼尼微进行考古，发掘出公元前 10 世纪至公元前 6 世纪的泥板档案两万余块。1875 年，考古队在古罗马帝国庞贝古城的遗址（在今意大利那不勒斯东南方）发掘出一箱蜡板档案，共 127 块。1900 年以来，英国、意大利等国的考古人员在希腊克里特岛克诺索斯新石器时代遗址发现了米诺斯王宫档案库，从中清理出 4 000 多块泥板档案——它们被分门别类地保存在木箱和石膏箱子里。

总之，自 18 世纪末以来的考古发掘，不仅促进了考古学的发展，而且为史学研究挖掘出大量用文字书写的古代档案。它们记载了人类第一个阶级社会——奴隶社会的发展历史，从而证明了古代埃及、古代两河流域等古代东方奴隶制国家不仅是人类文明的最早发祥地，也是最早产生档案和档案工作的地方。

从中外档案起源的过程可以看出，档案是人类历史发展到一定阶段的产物，它的形成经历了相当长的历史过程。它以社会生产的发展和人类交往的扩大以及文字发明为基础，产生于原始公社向奴隶制过渡时期。由石器时代进入金属时代以后，生产力空前提高，阶级和国家的雏形逐渐产生，强化社会关系和社会管理的实践要求使用文书以记录和传递信息，而文字的出现又为文书记录提供了工具。同时，社会各种实践活动的继续和发展，需要人们存储有价值的文字信息，以资查考和充作凭证，被保存起来的文书则成为档案。随着国家的出现和社会持续发展，逐渐形成了比较有条理的文书，进而保存积累成较有系统的档案。因此，档案是有史以来最早的文字信息记录，是社会发展中的第一代文献。

第二节 档案形态的演变

人类拥有璀璨的文化典籍，其中档案文献浩瀚瑰丽。自进入文明时期以来的几千年中，档案内容日益丰富，档案的形态和名称也不断地发展变化。考察档案形态和种类的演变，对于研究人类历史，了解档案的产生和发展规律，以及档案的性质和特点等具有重要的学术价值。

一、纸张使用之前的中国古代档案

从总体说来，我国古代档案的年代之久远，数量之庞大，内容之广泛，价值之珍贵，堪为举世罕见。在纸张使用之前，甲骨、金石、简牍、缣帛等多姿多彩的古代档案为我国和世界留下了极为宝贵的历史文化遗产。

（一）甲骨档案

商周时期的档案，从出土实物和可靠的记载来看，已有甲骨文、铜铁钟鼎铭文、石刻、帛书和简册等等。中国对文书和档案最早的称呼，按现有资料来说，叫作“册”“典”。据《尚书·多士》篇记载：“惟殷先人，有册有典。”甲骨文也有册字和典字。所以，至少商代已有简册档案是可信的，只是至今未得发现实物，详情无从考证。甲骨档案主要集中于商代，现在收藏的甲骨，多为盘庚迁殷到纣亡的 273 年间的遗迹。商代甲骨档案（见图 2－3、图 2－4），从其载体材料和记录方式来研究，可以看出已达到相当可观的程度，反映了当时社会发展的水平。甲骨档案的文字是用铜刀或石刀刻在坚硬的龟甲兽骨上的。其文字大者径逾半寸，小字小如芝麻，篆刻得规整美观。刻契甲骨文字的人，想必是具有很高技巧的书家。甲骨文也偶有用笔写的字，从文字的不同笔体，以及在甲骨文中就有“筆”（“聿”）字来看，甲骨文字是用刀笔刻或毛笔写的。

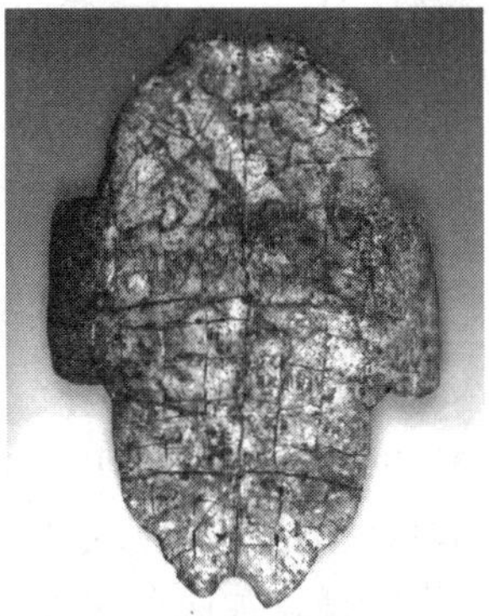

图 2－3　商代甲骨档案（1）

图 2－4　商代甲骨档案（2）

甲骨文多是王室占卜及有关的记事文字，所以又叫“卜辞”。因这些文字刻写在龟甲和兽骨上，所以被称作甲骨文，又因甲骨文多是王室占卜的记录，以及与占卜有关的记事文字，所以又叫“卜辞”。占卜虽然是迷信性质的活动，但在当时的历史条件下，却是商王朝的一种重要活动。举凡祭祀、军事、农耕、牲畜，或者关于风雨、年成、疾病等事，都要卜问吉凶，并且用龟甲或牛骨记下占卜人的名字、占卜时间、占卜事项，以及后来的效验。因此，甲骨文的内容相当丰富，记载了商王朝的许多事迹，反映了王令、臣仆、巡游、征战、犁田、渔猎、天象、医药等各方面的情况。这些甲骨文书，多是比较集中地保存于宗庙所在地，有的按朝代排列，有的把龟甲和牛胛骨分别保存，有的龟甲还被穿孔编连成册，可见是被有意识地收集起来、保存在库房的档案。

商代甲骨档案的内容及其管理，显示了当时人们的智慧，闪耀着中华民族的文明之光。中国有近 4 000 年文字可考的历史，主要是以这些内容丰富的甲骨档案为最早的信证的。它为研究我国奴隶制社会，比如考证商代的经济、政治制度、帝系、京邑、卜法、文字及其有关的许多领域，提供了比较系统的最直接的史料。这些古老的档案，不仅是我国的文化瑰宝，也是人类文明的历史珍品。

周代的甲骨文也曾陆续有所出土。在陕西长安、扶风、岐山一带的周原等地，曾发现一些西周时期的甲骨，刻制的文字与殷商甲骨文相似。西周甲骨档案记载了周初不少重大历史事件，诸如“周人伐商”“牧野之战”“周公东征”和“营洛邑”等都在甲骨档案中有所反映。但是，出土的数量较之殷代显著减少，甲骨已逐渐成为残迹，这是由当时的历史条件决定的。西周时期的农业、手工业远比商代发达，古代文化蓬勃发展，典籍也逐渐丰富。孔子所说的“郁郁乎文哉吾从周”，也反映了这种情况。周人懂得“敬鬼神而远之”，不像殷人迷信那么严重。由于用甲骨占卜习俗的变化，作为这种活动记录的甲骨档案，便在社会进步中退出了历史舞台。而今所见到的周代的文字记录，则以金文为多。

（二）金石档案

关于金文、钟鼎、金石的称呼，在古今一些文献中曾有不同的理解和特指范畴。广义地理解，金石可以包括金属铭器和石刻，如《吕氏春秋·求人》中“故功绩铭乎金石”，有注为“金，钟鼎也；石，丰碑也”。《墨子》则将金石与钟鼎、盘盂分列。关于钟鼎铭文，其指也有所异，或只指金文，或又包括青铜彝铭与铁铸钟鼎铭辞，如《周代彝铭进化观》将铁铸刑鼎也纳入鼎铭。在中国近现代档案学研究中，对金石和钟鼎多取广义之称，对专指的则取特称。如对周代青铜铭文特称金文或金文档案，但在语言环境明确的条件下也以钟鼎文称之；而泛指的钟鼎铭文档案，则亦包括铁鼎之类的记事契文。

金文是铸刻在金属鼎彝器上的一种铭文，也称钟鼎文。它一般是指冶铸在青铜器上的文字。古人称铜为金，故常称钟鼎文为金文。有铭文的青铜器始于商代，但数量较少，金文字数也不多。最初的青铜器，是供人制作物件使用的，传说大禹建立夏朝以后，用天下九牧所贡之铜铸成九鼎，在鼎上刻画九州图，后来的器物上逐渐开始铸有几个字，以铭志制作人或物主，但一般说来它们还不具有档案的性质。到了西周时期，青铜器手工业大有发展，不仅冶炼技术相当高，分布也很广，这给金文提供了物质技术条件。据今不完全统计，已出土的周代青铜器至少达 5 000 多件。周代奴隶制的发展和疆土的扩大，国家权力的加强，分封和征伐，以及科学文化活动等社会实践的发展，使周代的许多青铜铭文具有了档案的性质。西周时期，许多青铜器的铸造，主要不是为了欣赏，而是为了勒明记事，以至于作为“法律上的契约”①。在钟鼎彝器中，作为记事和凭信的金文，无疑具有古代档案的性质，即为金文档案。

周代金文档案的内容相当广泛，字数也大为增多。根据现存青铜器来看，铭文记有祀典、册命、赏赐、志功、征伐、诉讼和契约等各个方面的事迹，从不同的侧面反映了周代的阶级关系和社会制度。出土于陕西岐山的毛公鼎，铭载周宣王对其臣下毛公𢓊的诰命，长达 499 字。为了统治广阔的被征服地区，周初曾大规模“封邦建国”，即分封诸侯，这种制度在金文档案中有许多原始的载录。如江苏丹徒出土的宜侯夨簋，记述了西周初期周康王封夨为宜侯，被授予土地、人口以及“彤弓”“彤矢”等详细情况。西周后期，贵族之间的土地争夺加剧，如周厉王时期的夨人盘（散氏盘）铭文中就有记载：夨人侵扰了散人的地方，后来又用大片田地赔偿散人，两国核定疆界，双方誓盟并画成地图。这类金文，实际上是古代划定国界的契约。如此翔实的大批金文记录，反映了我国奴隶制发达时期社会各方面的史实。承载金文的钟鼎器，质地坚硬，铭铸技术精巧，虽历尽沧桑，耐几千年的磨损，但许多仍然保持基本面貌。这些金文丰富了我国历史档案的宝库，为古代社会以及许多方面的研究提供了珍贵的史料。

金文档案随着青铜铭鼎的进化经历了一个兴衰的过程。郭沫若的《周代彝铭进化观》一文，对青铜器的发展做了一番有趣的深刻分析。以岁时的春夏秋冬和人生的幼壮老死，比喻了彝铭的四个阶段：第一，铸器之意本在实用，兼或施之以铭，于本器无足轻重。第二，文化递进，器铭加详。之后更喧宾夺主，乃有专为勒铭而作器之事，有书史之性质，指有事须书，有言须记，并非后来的著书。此阶段以西周遗器为最著。第三，书史之性质变而文饰。第四，铭辞之书与文饰性质俱失，复返粗略之自名或“物勒工名”。这一规律性的概括，对我们研究金文档案颇有启迪。并非一切带有文字的铭器都是档案，

① 郭沫若．中国史稿．北京：人民出版社，1976.

以记事为主要目的或主要起记事作用的钟鼎文被保存下来，才具有档案性质。金文档案的鼎盛时期在于西周。东周以后，由于其他记录材料的使用，社会信息的增加，钟鼎文一般已不适应，因而逐渐衰微。但是，金文被称为历史档案，和甲骨文一样，是我国独有的古代文献和人类文化珍品。

我国古代具有代表性的铁质钟鼎文档案，大致产生于冶铁业发展和成文法公布的春秋时期。古代冶铁业的兴起使铁器的使用逐渐普遍，为铁鼎铭文创造了物质条件。从社会条件来说，铁鼎铭文的出现则出于当时社会政治斗争的需要。据《左传·昭公六年》记载："三月，郑人铸刑书。"这就是历史上有名的郑国大夫子产首创刑鼎。此即将严厉的刑法公布出来，让人不敢违犯，同时也削减了贵族任意独掌法律的特权。因在铁鼎上铭以法律条文，故称刑鼎。之后过了20多年，晋国也铸刑鼎。刑鼎是在奴隶制向封建制过渡时代，为适应新兴地主阶级利益的需要，由国家采取的文件公布形式。在子产之后，各国大多相继制定和发展了成文法。在中国历史上，成文法公布的兴起大致就在这一时期。刑鼎被作为国家的法律文件发布，可以存查并留传后世，无疑具有档案的性质。

由于金属工具的使用及其他社会背景，在中国曾有一段时期石刻比较流行，其中有些可称为石刻档案。据有关资料记载，殷代有极少数石刻，西周尚未发现，东周以后逐渐增多。最著名的当首推东周初年的10块"石鼓文"（见图2-5）。其形有如圆桌，前人说它像鼓，故别称为"石鼓"。对于石鼓成文的年代说法不一，据郭沫若的《石鼓文研究》等考证，其为秦襄公八年（公元前770年）所作，主要记述了秦襄公因伐戎救周之功而受封的事迹，以及歌诵当时游猎的情景，所以又被称作"猎碣"。这是我国现存最早的内容较有系统的刻石文字记录。

图2-5 石鼓文旧拓

秦汉以后，石刻碑碣大量出现。随着铁器时代以及秦汉统一帝国活动的发展，石刻档案进入盛行阶段。它不仅数量增加，内容也较丰富，有对帝王出巡、狩猎、宣扬功德、生产活动、社会重要事件的记述，颁发的政令，规定法纪的文告，等等。据《史记·秦始皇本纪》记载，琅琊台石刻，就有诏令"普天之下，抟心揖志，器械一量，同书文字"等内容。地方政府也采用碑刻形式记载要事，或发布文告，并镌以官印。采用这种形式传知的范围广大，又有利于长久留传，因而直到明清、民国时期仍有所见。几千年来，我国石刻档案保存下来许多难得的历史资料。

现在人们所称的金石档案，还包括诸如铁券、金册等一些金属载体形式的档案。它们多是王朝对有功臣官和有关首领人物的册封。这在民间传说中常有出现，如《水浒传》里有取铁券以证功免罪的故事，也是对这类历史事实的一种反映。迄今，我国有些档案馆和博物馆还保存有古代铁券和金册等实物。例如，明朝皇帝赐给右军督都府右都督李文的铁券誓书，券中记有战功、特封"高阳伯，食禄一千石"，以及"若犯死罪免尔本身一次”等内容，镏金的阴文，金光闪闪（见图2-6）。又如清政府颁发给五世达赖和十一世达赖的金册，至今光彩夺目。这些都是当时的贵重文书，现在则成为稀世的古代档案和文物珍品。

（三）简牍档案

图 2-6　明代铁券免死牌

金石档案虽然坚固耐久，但其载体比较笨重，制造铭刻也比较费工，且不便于传递。所以自商周直至东晋时期，特别是从周代到汉代1 000余年之间，多用竹片和木板撰写文书与保存档案，它们通常被称作“简策”“简牍”“简书”等等。《诗经·小雅·出车》中有“王事多难，不遑启居。岂不怀归？畏此简书”的记述。对于这些载体的叫法和当时的使用方法，后人的考证和所得结论有所不同。这里以较有代表性的文献为主，作为研究档案沿革的参考。晋人杜预的《春秋左传集解序》说：按春秋时的制度，“大事书之于策①，小事简牍而已”。唐人孔颖达的《春秋左传注疏》说：“简之所容，一行字耳。牍乃方版，版广于简，可以并容数行。”至于简片是因数字和片数多少而成册，还是根据事之大小而成册，则说法不一。但有一点是可以肯定的，即“单之一札谓之简，连编诸简，乃名为策”。根据许多出土的简书和有关文献分析，一般来说，为了记述和传达一定的事务，须将竹木简片编连成册。例如，有些法令、户口、赋税、器物数量，以及有关的活动，就写在简册上，并由中央和地方政府等有关机构作为档案保存，有的还要上报。现在说的“造册上报”，就是从那时传下来的。

多年来，我国各地曾先后大量出土古代简牍，其中有相当一部分是当时活动的直接记录，属于古代档案性质。20世纪30年代在西北居延（今内蒙古境内）汉代烽燧遗址中发现1万余枚汉简，称作居延汉简（见图2-7）。后来在湖南、山东、江苏连云港等地，也有汉简出土。50年代从长沙楚墓和信阳出土了战国时期的简册。1973—1974年，考古工作者在居延地区又发掘出汉简约19 000枚。1975年在湖北省云梦县秦墓出土的1 000多枚竹简中，有秦始皇时期南郡守腾的文书，秦代的律法原文和释文，以及其他方面的书籍（见图2-8）。90年代初在敦煌汉代悬泉置遗址发掘简牍约两万枚。1996年10月，湖南长沙文物工作队在长沙市走马楼西侧的古文化遗址的第22号古井内发现了三国孙吴纪年简牍数万枚，共20余万字。这批吴简详细地记录了当时人们的社会生活和经济关系等，对于研究中国古代史，特别是三国时期的政治制度、社会关系、经济关系及赋税制度等具有非同寻常的意义。因此，长沙吴简的出土被认为是20世纪以来具有重大历史、科学、艺术价值的考古成果之一，被一些学者称作继殷墟甲骨、居延汉简、敦煌经卷和明清档案之后我国近代史料的第五大发现。我国至今仍能保存有2 000多年前的如此丰富的竹木载体的古代档案，乃为世界所罕见，也是人类文化史上的一大奇迹。

---

① 策就是册，古时二字通用。

图 2－7 居延汉简

图 2－8 云梦睡虎地秦简

简牍取材和书写比较容易，编连篇幅比较灵活，也较便于保存和传递。但是对普通的竹木材料，也需要一番制作的功夫。对新竹要先行烘干“杀青”，也叫“汗青”，就是“以火炙简令汗，取其青易书，复不蠹”，既好写又防腐。后来“汗青”又成为简策书史的同义语，如“留取丹心照汗青”一类的名句就源于此。我们现在还能得见古代大量的简册，也和当时的技术处理不无关系。

在当时的条件下，简书是一种比较进步的记录方式和信息载体。它在十多个世纪的岁月里充当文书、档案乃至书籍的主要载体形式，发挥了重要的历史作用。从皇帝诏令御书、政府文告到民间文书信件，都写在这些竹、木片上，存留至今，具有宝贵的史料价值。在出土的简牍档案中，有记录汉代近百个医方的“武威汉代医简”，有记录 6 种烽火警戒信号、从长安到张掖郡之间驿站里程和站名、烽火速度——“每时行百里，昼夜约千八百汉里”的“烽火简”，有我国最早的通缉令，内容为广陵王大姊的婢女私逃民间，后有要案牵连，丞相发令全国进行通缉，还有我国最早的官民经济诉讼案卷简册，完整地提供了汉代刑狱诉讼的宝贵资料。国内外学者对简牍档案做了大量的研究和编辑公布工作，如 1980 年出版的《居延汉简甲乙编》囊括了新中国成立前出土的全部简牍。除中国外，在日本、英国等地亦有木简档案出土。

（四）缣帛档案

与简牍几乎同时产生的还有缣书、帛书。据有关专家推测，帛书可能与典册一样，在殷商时期即已有之。从考古发掘的材料可知，商代织物除麻布之外，还有丝织品绮和刺绣，说明丝织业在商代已发展到一定的水平，这就为使用丝织载体的文书和档案提供了可能性，但是迄今未见实物。春秋战国之际，纺织业较前更为发达，丝帛麻葛逐渐遍布城乡，既可做衣着，又可做书写绘画材料。因而出现了“帛书”“缣书”“缯书”等称呼，兼指文书、档案和书籍。《墨子》中的《鲁问》《兼爱》和《非命》等篇都有“书于竹帛”“书之竹帛”一类的记载。随着生产力的提高，秦汉以后，在简牍仍然被大量使用的同时，一些用丝织的缣帛书写的贵重文书逐渐多起来。比如人们所熟悉的苏武牧羊的故事，《汉书·苏武传》记有："天子射上林中，得雁，足有系帛书，言武等在某泽中。"用缣帛书写的文书因可以舒卷，所以又被称作"卷""卷轴"。现在保存下来的缣帛档案，有从长沙楚墓中出土的帛书，它属于战国时代的古文书。汉墓中发现了较多的帛书，其中有关于天象记录的《天文气象杂占》，还有我国迄今所见的最早的舆图档案，包括《地形图》《城邑图》《驻军图》，它们也是世界上迄今为止发现的最早的地图。

缣帛作为文书和档案的载体材料，比起竹木简牍显然更为进化（见图 2-9、图 2-10）。使用简牍的奏章，竟有多达 3 000 片的。秦始皇处理公文也有"衡石量书"的记载，一天要读几十斤甚至上百斤的文件（秦时一石相当于今天的 30 公斤左右），批阅如此重量的公文多么不便是可想而知的。帛为丝织品的总称，缣是双丝的细绢，以比较精制的丝绸为书文和存档的材料，轻便柔韧，剪裁灵活，传递和保管都比较方便。文书、档案的载体形式，对其承受的信息量和文种体式等都有一定的制约作用。如春秋战国特别是秦汉以后舆图档案的产生与发展，显然是缣帛为之提供了良好的载体条件。所以直到近现代，仍有以帛书形式撰文和绘图的。

图 2-9 马王堆帛书（1）

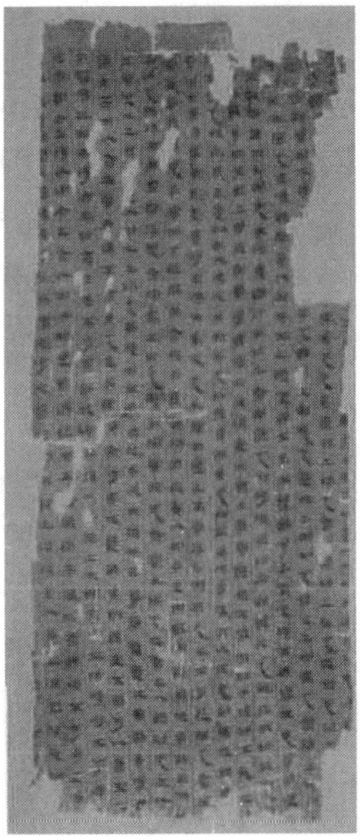

图 2-10 马王堆帛书（2）

我国现存的甲骨文以及一些钟鼎文、石刻、简牍、帛书、铁券、金册等古代档案，现在多保存在博物馆、图书馆等文化部门，有的流散在异国他乡。但是，由于历史原因所形成的这种保存现状，并不影响它在历史上确属文书乃至档案的固有属性，也不失其今为文物、图书和档案的多重属性。由于这些材料当时是为直接记录和传递信息而使用的，其目的在于"备忘""约剂""信守""诰命""上报"，或存录而"传遗后世"，因此具有明确的档案性质。

《档案法》第十八条规定："博物馆、图书馆、纪念馆等单位保存的文物、文献信息同时是档案的，依照有关法律、行政法规的规定，可以由上述单位自行管理。档案馆与前款所列单位应当在档案的利用方面互相协作。"这条规定从法律上明确了部分文献具有文物、图书资料和档案的双重或多重属性。

二、纸张使用之前的外国古代档案

在漫长的古代文明中，世界各国人民创造了种类繁多、特色各异、内容丰富的档案，这里只介绍其中使用比较普遍、流传下来较多的八种档案：石刻档案、泥板档案、纸草档案、羊皮纸档案、蜡板档案、金属档案、棕榈树叶档案和桦树皮档案。

（一）石刻档案

石刻档案在世界各地分布甚广。外国的石刻档案最早出现在古代埃及。约公元前3000年时，埃及人把象形文字刻在各种形状的岩石上，以记录他们的活动或颁布法律。石刻档案在古代幼发拉底河和底格里斯河流域以及古希腊也有发现，它们是研究上古时代历史的重要史料。目前留存于世的著名的石刻档案有：

1. 梅腾自传

这是迄今所知道的最早的传记性石刻档案。梅腾是古代埃及的贵族，大约生于埃及第三王朝末至第四王朝初。梅腾自传是刻在他墓室里的象形文字铭文，记述了他的公职生涯，列举了他一生中接受法老恩赐所获得的财富。这是一份研究古代埃及国家机关的组织和财产结构的重要史料，现存柏林博物馆。

2. 巴勒莫石刻

这是埃及最古老的纪年石刻档案，因1877年出土后一直保存在意大利西西里岛巴勒莫博物馆而得名。该石刻今只残存部分断片，为一小方黑色的闪缘岩，高432毫米，宽241毫米，厚64毫米。该石刻两面刻字，内容是古王国第五王朝（约公元前25世纪—前24世纪）以前的法老名单，以及法老们远征努比亚、腓尼基等事件。这些事件是用法老在位的年份来纪年的。该石刻是研究古埃及国家早期历史的重要史料。

3. 汉穆拉比法典

它是两河流域阶级社会的第一部最完备的成文法典。古巴比伦王国第六代国王汉穆拉比在位（公元前1792—前1750年）时刻制，原文刻在一圆柱形黑色玄武岩石上（见图2-11），亦称“石柱法”。它于1901年被法国考古学家雅克·戴·莫尔根在古代埃兰都城苏萨（今伊朗迪兹富勒西南）遗址发现。该石柱高2.25米，上部有71厘米高的浮雕，表现太阳神沙马什端坐在神台，将权杖授予国王汉穆拉比的情形。浮雕下面是用楔形文字刻的法典正文，所用语言为古巴比伦方言，共282条，发现时已有35条被磨损，无法辨认。后因在两河流域北部的古代亚述首都尼尼微遗址发现了一份完整的《汉穆拉比法典》泥板副本，从而补全了石刻中的缺损部分。法典分序言、条文和结语三部分。序言表明国王对诸城之神的虔诚和众神对他统一王权的信任，结语部分是对国王的歌功颂德和对企图破坏法典者的诅咒。条文实际是案例汇总，内容涉及诉讼和司法、财产、兵役、商业、婚姻、租赁和雇佣、奴隶买卖和处罚等各种社会生活。它是迄今收藏的最完整、最古老的一部奴隶制法典，是研究古巴比伦社会历史和法权史的珍贵史料，现藏于法国巴黎卢浮宫博物馆。

（二）泥板档案

泥板档案主要发现于古代两河流域，在埃及、西亚和希腊克里特岛等地也有出土。古代两河流域的苏美尔人在公元前 3000 年左右开始使用黏土制成各种形状的泥板，再用细绳在泥板上压出格线，用削成三角形的木棒、骨棒或者尖石棒，把文字刻在或压在泥板上。需要长期保存的泥板，用火焙烧，只需短期保存的则放在太阳下晒干。起初，文字是从上往下、从右往左书写，以后改为从左往右横写。它最早使用象形文字书写，后来改用楔形文字。泥板大小不等，如在尼尼微出土的泥板档案，大块的长 2.7 米、宽 1.95 米，小块的长和宽还不到两厘米（见图 2－12）。

图 2－11 《汉穆拉比法典》

图 2－12 尼尼微泥板档案

楔形文字泥板上的文字符号是极难辨认的。英国人詹姆士·司密斯在解读楔形文字方面有重要贡献。他从西亚的发掘废墟中收集了几千块泥板档案碎片，整理后译成英文。楔形文字的译解成功，使学者们获得了说明古代两河流域各族人民经济、社会制度、政治史及文化的最珍贵史料。

使用泥板制作文件，大约延续了 2 000 多年，有资料记载，最后一件泥板档案是在公元前 75—前 60 年制成的。泥板的使用从两河流域扩及埃及、赫梯、希腊、波斯等广大地区。世界各国通过考古发掘的泥板档案已有 100 多万块，其大小不一、形状各异，多散存在各国的博物馆并以出土地点命名。

（三）纸草档案

纸草是古代埃及人在公元前 3000—前 2000 年发明的一种书写材料。纸草又名纸莎草，是一种水生纤维植物，生长在尼罗河畔的沼泽地带，它最大的用途是造纸。纸草吸水性极佳，质地柔软，表面平滑，易于书写，既可展平存放，也可卷成卷轴保存。有些卷轴是由若干张纸草粘接而成的，有的长达数十米。书写的墨水用乌贼汁液或煤黑的混合物制成，笔则用芦苇或灯芯草制成。公元前 3 世纪以后，纸草纸与羊皮纸并用，到 11 世纪停止使用，使用时间长达 4 000 多年。起初，只有埃及使用纸草纸，后来传到腓尼基、希腊、罗马等地。纸草纸作为一种书写材料，对人类文化的发展做出了重要贡献。现存于世的著名的纸草档案有以下几种。

1. 哈里斯大纸草

它是公元前 1164 年埃及法老拉美西斯四世为追记其父法老拉美西斯三世的功绩而写成的（见图 2－13）。1855 年，它在埃及底比斯近郊一座墓中被发现，因被英国人哈里斯买去而得此名。该纸草档案由 79 张纸草纸粘接而成，长约 40 米，宽约 1 米，呈卷轴形，是已出土的纸草档案中最大的一件。文中详尽地列举了拉美西斯三世给予各神庙的一切赠品，以及埃及最大神庙的全部财产，还绘有彩图及法老在神前祈祷的图像。这份纸草是研究公元前 12 世纪古代埃及新王国末期经济史的宝贵史料，现存不列颠博物馆。

图 2－13　哈里斯大纸草

2. 伊浦味陈辞

它亦称伊浦味箴言，因藏于荷兰莱丁博物馆，故又称莱丁纸草。它是古代埃及上层代表人物伊浦味目睹公元前 1750 年左右埃及发生的一次奴隶起义的情景之后，写给法老的一份报告，写成于新王国末第十九或第二十王朝，被发现于开罗附近的萨卡拉墓地。全片虽首尾已毁，但仍是研究古代埃及史的宝贵史料。

纸草档案的大量发掘，引起了各国学者的重视，形成了研究纸草文献的热潮。到 19 世纪下半叶，便产生了历史学的一个新的分支学科——纸草学，专门研究古代纸草文献。

（四）羊皮纸档案

羊皮纸并非都是由羊皮制成的，除羊皮外，还有小牛皮等几种经过加工的兽皮，因羊皮居多，故取名羊皮纸。相传在公元前 3 世纪，羊皮纸由帕加马王国最先发明，继而帕加马成了羊皮纸贸易的集中地。Parchment（羊皮纸）一词是从 Pergamos（帕加马）

转化而来的，现已成为英、法、德、意、俄等西方文字的通音词。

羊皮纸具有耐用、柔软、磨光后可两面书写的优点。它一般分为普通羊皮纸和羔皮纸。普通羊皮纸是指经过加工可以用来书写的绵羊皮、小牛皮和山羊皮。羔皮纸则是从小牛皮、小羊皮或羔羊皮中选取的优质皮，较普通羊皮纸美观、洁白和光滑，在中世纪欧洲，各国常用它书写重要文件。古希腊最早使用羊皮纸的记载，大约是公元前 189 年—公元 4 世纪；古罗马人用羊皮纸代替了蜡板；英国人从 1199 年起把重要文件以全本或节本形式抄录在羊皮纸上保存，形成了数量十分可观的副本。羊皮纸是公元前 3 世纪—公元 13 世纪欧洲各国长期使用的一种主要书写材料，11 世纪之前一直与纸草纸并用，14 世纪以后，由于中国造纸技术的传入，羊皮纸逐渐被纸张取代，但到了 18 世纪，欧洲人仍用它书写重要法典，以示庄重。比如美国的第一部宪法（见图 2-14）、《独立宣言》、《权利法案》均书写于羊皮纸上。

目前，许多欧洲国家以及北美国家的档案馆都保存有羊皮纸档案。法国和俄罗斯收藏有 7 世纪的羊皮纸档案，南斯拉夫收藏有 1022 年的羊皮纸档案。意大利和俄罗斯还有专门机构研究羊皮纸档案的修复和保护技术。

（五）蜡板档案

蜡板即涂了蜡的薄木片。古希腊和古罗马除使用纸草纸作为书写材料之外，还使用蜡板，故形成蜡板档案（见图 2-15）。蜡板的制作方法是，先加工好薄木片（一般为长方形），然后把蜡涂在上面，为防止损坏字迹，木片四边涂的蜡要厚于中间，最后在蜡板的一端打上供穿绳用的洞孔。一份蜡板档案一般由三块蜡板串成。蜡板因易于磨损，所以主要用于书写临时性文件，如信件、统计材料等。需长久保存的文件要抄写在纸草纸或羊皮纸上。蜡板档案虽存留下来的不多，但使用时间却相当长，直至欧洲中世纪末才停止使用。

图 2-14　羊皮纸档案：美国宪法

图 2-15　蜡板档案

（六）金属档案

金属档案包括铅板、铜板、金片等金属材料。古希腊曾用铅板书写信件。1983 年，罗马尼亚的考古学家在黑海培雷桑岛上的一个古代居民点遗址，发现了一片火柴盒大小的铅片书信，用古希腊文字书写，属公元前 6 世纪下半叶的金属文字遗物。古罗马有“十二铜表法”之说，就是将民法刻写在 12 个铜表上加以公布，时间约在公元前 450 年。20 世纪 80 年代初，斯里兰卡的考古人员在本国进行考古发掘时，发现了一份刻写在金片上的档案，共 7 片，重 2 000 克，属 1 500 年以前的档案。

（七）棕榈树叶档案

棕榈树叶档案在古代印度、斯里兰卡、缅甸、泰国等一些国家和地区曾广为使用。棕榈树叶有扇形和非扇形两种，经蒸煮、刮平、涂上麻油加以浸润，便可用于书写。棕榈树叶档案一般用细绳串连起来，用两片木板夹好，再用布包好捆起来保存。棕榈树叶，梵文为 Pattra，音译贝多罗，在我国称贝叶。书写在棕榈树叶上的佛经被称为贝叶经，我国西藏、青海、云南等地的一些著名佛寺均藏有贝叶经。在印度、缅甸、日本等亚洲国家，以及德国的官方和私人收藏机构中，都保存有棕榈树叶档案文献。

（八）桦树皮档案

桦树皮较坚固耐用，而且本身含有可以防虫蛀的保护剂——桦树油，所以世界上许多国家收藏有这种档案。桦树皮必须经过加工才可用于书写，其尺寸大小和保管方法，类似于棕榈树叶档案。印度现收藏有产生于公元 450 年的桦树皮档案，被称为婆罗门手稿。俄罗斯收藏有几百卷 11 世纪—15 世纪的桦树皮档案，包括书信、控告状、账目等，出土于古代罗斯城诺夫哥罗德。美国收藏有印第安人拉德瓦尔族在 1849 年送交给美国总统的白桦树皮请愿书，请求准许他们从苏必利尔湖迁徙到别处。

三、纸质档案、音像档案和电子档案

（一）纸质档案

我国是世界文化发达最早的国家之一。我们祖先的四大发明，在世界历史上写下了光辉的一页，特别是造纸技术的发明，对人类的贡献尤其重大。可以说，纸是人类文明的标志之一。

我国第一批专门制造的植物纤维纸出现在东汉时代，距今已有 1 900 多年。在植物纤维纸出现以前，中国的书写材料是甲骨、简牍、缣帛等。简帛档案固然有其当时历史条件下的优点，但是如《后汉书》所说，“缣贵而简重，并不便于人”。公元 105 年，东汉蔡伦率领手下工匠发明了植物纤维造纸术，为人类社会做出了巨大贡献。纸这种既轻便又便宜的书写材料，使文书、档案和其他文献的载体和记录方式逐渐发生了空前的大变革。这次变革始于中国，后传到西方。

虽然我国在东汉时期已有“自是天下莫不从用”的“蔡侯纸”，但在社会上比较普遍地以纸书取代简帛文书，却经过了一段很长的时间。据《太平御览》引《桓玄伪事》称，在东晋安帝（公元 404 年）时太尉桓玄曾下令说：古无纸，故用简，“今诸用简者，皆以黄纸代之”。从汉到晋数百年间，处于简、帛、纸并用的过渡时期。由于逐渐改用纸张撰写文书和保存档案，又因多在案几上办理公文，所以档案此后又称“文书”“簿书”“文簿”“案卷”“文案”“案牍”“文牍”等等。汉代多用“文书”之称，有时也用“簿书”“文案”。如《汉书·刑法志》说：“文书盈于几阁，典者不能遍睹。”“文书”一词，自汉代一直沿用下来，唐宋以后，在沿用上述多种称呼的同时，则较多使用“案牍”“文牍”的称呼。

我国至今存有 1 300 多年前的唐代纸制档案，从中可以看到官府某些活动记录的原始墨迹（见图 2-16）。它是在亚洲以外的各大洲尚未传入造纸术的时期形成的，这种古代纸张档案实为世界上无与伦比的历史珍藏。其后，如明清时代保存下来的纸张档案，其载体和文印的耐久性等方面也让今人赞叹。

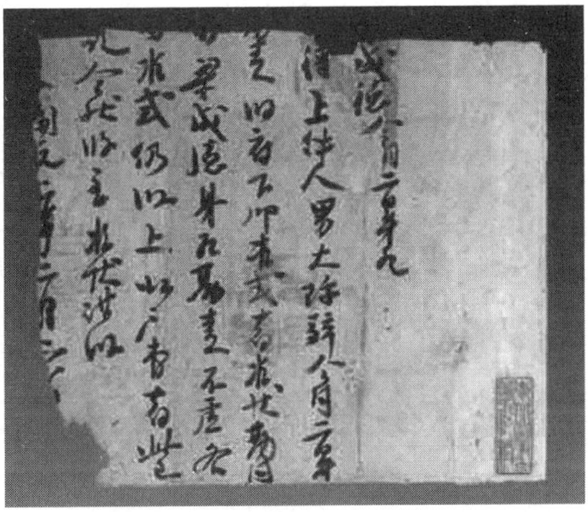

图 2-16 纸质档案：唐开元档

植物纤维纸在中国诞生和被使用之时，欧洲国家还在沿用纸草和羊皮纸。从公元 3 世纪起，中国的造纸技术开始西传，这一过程持续了 1 700 多年，传播的路线大致为东亚—西亚—北非—欧洲—美洲—大洋洲。最早是向周边国家传播，如越南、朝鲜等曾为中国“藩属国”的国家，7 世纪初期（610 年），朝鲜和尚昙征把造纸术引入日本。8 世纪中叶（751 年），唐王朝与阿拉伯大食国交战败北，被俘士兵中有造纸工匠，将造纸术传入阿拉伯国家，至 10 世纪时阿拉伯国家开始普遍用纸，并将造纸技术进一步西传至北非的埃及（900 年）和欧洲。12 世纪中期（1150 年），西班牙开设了欧洲第一家造纸厂，至 14 世纪欧洲普遍使用纸张。17 世纪末期（1690 年）造纸技术传入美洲，直至 19 世纪中期（1868 年）才传入大洋洲的澳大利亚。在造纸技术西传的过程中，各国根据本国条件对造纸技术加以改造，使之得以不断完善。纸张出现和普及后逐渐取代了原来多种档案载体形式，纸张档案几乎一统天下。纸张作为档案载体材料，给档案和档案工作带来了重大而深远的影响。首先，由于经济实用、书写和印刷方便，档案的数量大为增长。例如据法国统计，在造纸技术传入（1189 年）前后，1180—1223 年间每年约产生 2 500 件文件，而到了纸张普及的 1285—1314 年间每年产生文件约 15 000 件；又如 1276 年造纸技术传入意大利，此前 1243—1254 年的 12 年间罗马教皇每年平均形成文件 730 件，此后 1294—1303 年的 10 年间每年平均形成文件 5 万件左右，增幅惊人。其次，随着档案数量增加和传递频繁，档案管理活动的复杂程度也加大了，这对档案分类、鉴定、保管、编目等工作都提出了新的要求，很多国家档案管理的科学化、规范化程度迅速提高。

（二）音像档案

音像档案也被称为声像档案或视听档案，是指机构和个人在各种社会活动中形成的记录声音或影像的档案，可分为视觉、听觉、视听综合等不同形式，包括照片、影片、唱片、录音带、录像带等。

1826年，法国人尼埃普斯拍摄了世界上第一张照片，这是世界上最早的照片档案。在我国，19世纪中叶摄影技术才开始流传，声音档案则更迟，出现于20世纪初。随着照相、摄影、录音等技术的发展和普及，各国的机关、团体、企事业单位，在社会实践活动中形成了大量的音像档案。为了保护纸质档案或减少库房压力，许多国家还为纸质档案制作了缩微复制件。音像录制技术的发展使音像档案的数量和种类不断增加，质量不断提高；信息技术的发展使一些声音和图像信息以数字代码形式存储于计算机存储器中，成为声音电子文件、图像电子文件、影像电子文件或多媒体电子文件。

与纸质档案相比，音像档案具有更强的直观性。如照片档案记录了生动的可视形象，声音档案可以再现原声语言和音乐，影片、录像片等能够如实地录制历史人物和事件，以及当时的环境和气氛，成为当时社会活动真实、可靠的可视、可听记录。

音像档案载体有磁性材料、感光材料或其他合成材料，成分复杂、质地脆弱，较之纸张更易受光、热、潮湿、污染物等环境因素的影响，记录在其上的音像信息会随载体的损坏而失真、减弱甚至消失。除了照片档案之外，其他音像档案大多不能直接阅读，需要使用专门的设备将音像信息转换为人的感官能直接接收的声音、图像或文字信号后才能读取。音像档案易于复制，对母本的认证以及对文件原始性、真实性的鉴别需要专门的程序和技术。音像档案的管理方法和要求与纸质档案有所不同，有的需要辅之以文字说明，有的需要采用专门的清洗、翻录设备和技术，通常还需要专门的库房和装具。

（三）电子文件/电子档案

电子文件是20世纪中期以后出现的新名词，是伴随着计算机技术的发展而产生的一种新型文件。它早期曾有“机读文件”之称，后来逐渐为“电子文件”或“数字文件”所取代。按信息存在形式来划分，电子文件包括文本文件、数据文件、图形文件、图像文件、影像文件、程序文件、多媒体文件、超文本文件等多种类型。

各国对于电子文件的定义有不尽相同的表述。国际标准《信息与文献　电子办公环境中文件管理原则与功能要求　第一部分：概述和通则》（ISO 16175—1：2010）对电子文件的定义为：“借助数字设备生成、传递、保存、访问、存储于数字载体上的文件。”我国档案行业标准《电子档案管理基本术语》（DA/T 58—2014 ）对电子文件的定义为：“国家机构、社会组织或个人在履行其法定职责或处理事务过程中，通过计算机等电子设备形成、办理、传输和存储的数字格式的各种信息记录。”中外定义的要点大多集中于如下三条：一是用计算机生成和读取；二是用数字代码记录信息；三是符合“文件”的要求。

在我国文件、档案管理领域，对于文件有两种理解：一种是狭义的理解，也称为“小文件观”，即“文件”特指处于业务活动过程中的记录，归档之后的文件则被称为“档案”；另一种是广义的理解，也称为“大文件观”，涵盖文件从生成到最终永久保存或销毁的全过程，其中具有保存价值的文件被称为“档案”，在这种观点中，文件包含档案。本教材电子文件的概念以“大文件观”为基础，涵盖文件生命周期全过程。其中具有保存价值的电子文件被称为“电子档案”或“归档电子文件”。

电子文件/电子档案由内容（content）、背景（context）和结构（structure）三要素构成。其中，内容指文件中所包含的表达作者意图的信息。文件的背景信息包括文件之间的相互关系、形成文件的过程与状态、业务活动、技术环境，以及表示文件来源与传送目的地的信息及与文件形成和存在相关的其他信息。结构是指电子文件的内容组织和存储方式，包括物理结构和逻辑结构。物理结构是指电子文件在存储设备或载体中的存储位置和文件格式；逻辑结构是电子文件内容各信息单元之间关系的描述，即文件信息的组织方式。

电子文件/电子档案作为现代信息技术的产物，具有与传统纸质文件完全不同的特征，归纳起来主要包括：数字信息的非人工识读性、计算机软硬件系统的依赖性、信息与特定载体之间的易分离性、信息的易变性、信息存储的高密度性、多种信息媒体的可集成性、信息组织的多维性、物理结构与逻辑结构的分离性以及信息的可操作性等。电子文件问世的时间还不长，计算机软硬件技术及其通信、网络等相关技术的发展都会对它的生成、保存和利用方式产生直接的影响。今天描述的电子文件特性，只能是对今天情况的近似反映，随着时间的推移，它可能在一些方面发生变化，但现有的许多特征是会长期存在的。

电子文件/电子档案在我国、在全世界的应用领域、应用范围日益广泛，数量日益增加，对档案管理工作、档案学研究提出了全方位的挑战。机关、企事业单位的文件、档案管理流程要重构，档案馆的馆藏组织方式要变化，档案机构的角色和职能要转变，由此还将导致档案学某些基本理论的发展和变革。

综上所述，从世界各国档案形态的演变中可以看出档案文化源远流长。档案是历史的真实记录，是人类社会文明进步的鉴证。这不仅反映在档案的内容上，而且表现在档案的载体、形态等外在特征上。以中国为例：周代青铜器制造技术的成熟、奴隶制的发展、疆土的扩大，以及国家权力的加强，使许多青铜钟鼎具有了档案的性质；我国具有代表性的铁质钟鼎文档案，大约始于冶铁业发展和成文法公布的春秋时期；秦汉以后石刻碑碣的大量出现与金属工具的普遍使用及其他社会背景直接相关；纺织业的发达使纺织品有可能成为书写材料而有了缣帛档案；造纸术的发明使我国拥有了最早的纸质档案；摄影、录音、录像技术的发明和进步造就了各种类型的音像档案；电子文件更是现代信息技术的结晶。从档案的出现到每一次变化，都是人类记忆的一次进步，人类的记忆从大脑中独立出来之后，其变化由记录载体和记录方式的转化，不断向高密度、易传递、易查找、多媒体的方向转化，越来越丰富、准确地反映社会生活的真实面貌，成为连接过去、现在与未来的纽带。

四、档案的词源

中国古代对档案没有特定的称谓，有典、册（策）、中（册字的省形）、简牍、文书、簿书、案卷、文案、案牍等称谓。根据现有材料，“档案”一词，在明末清初就已被使用，目前发现最早见诸文字的是《清太宗皇帝实录》崇德三年（公元 1638 年）正月甲午日的记载，其中有三处出现“档案”一词，是指仓库财务的登记簿。在顺治年间的官府文件中也出现了“档案”一词。现存清代档案康熙十九年（1680年）的《起居注册》中亦曾谈及“档案”。关于“档子”“档案”的说明，康熙十四年（1675年）汪琬在其《钝翁类稿》中记述：“国家肇基，东海奄有，四方所谓熊罴之士、不二心之臣，麕集森列而公，独起家布衣致身佐命卒。与宁远伯之威名风采异世，相望三十余年之间，凡七改官阶三膺世爵，纪功档子。本朝用薄版五六寸，作满字其上以代簿藉（籍），每数片辄用牛皮贯之，谓之‘档子’，播之、制诰。与古人所赐丹书金券何异？”[①] 大约成书于康熙四十六年（1707年）的杨宾的《柳边纪略》说：“边外文字，多书于木，往来传递者，曰牌子，以削木片若牌故也。存贮年久者曰档案，曰档子，以积累多贯皮条挂壁，若档故也。然今文字之书于纸者，亦呼为牌子、档子。”[②] 上述两条是迄今所见最早对“档案”这一名词的说明。

从语义学方面来研究，“档”，《康熙字典》解为“横木框档”，就是木架框格的意思；“案”，《说文解字》释作“几属”，就是像小桌子一类的东西。由此引申，把处理一桩事件的有关文书叫作“一案”，并通称收存的官文书为“案”，或“卷案”“案卷”。学界一般认为，“档”字和“案”字连用，就是存入档架收贮起来的文书案卷，而且把放置档案的架子称作“档架”，把一格称为“一档”。近年来有学者对此说有疑义，有观点认为“档案”一词来源于满文或蒙文，也有观点认为，清代的“档案”“档子”“档册”等用语很可能来自汉语“帐（账）”，主要是指政务过程中建立的公文账和记事账，是清点和检索工具，与中国古代经济活动中的“账册”“账簿”“账案”相类似，有时也泛指档册、文书和案卷。现代意义的“档案”则主要是文书、案卷等原件概念的延伸和发展。有关中国“档案”的词源，需要通过文献考据、汉语训诂等方法进一步深入研究。

据考证，外文“档案”一词最早来自希腊文 APXEIÓV，意为官署所在地，后来演变为专指档案机构及其所藏档案文件。拉丁文 Archivum（档案）一词来自希腊文。由于斯拉夫语系发端于希腊文，英、法、德、意、西等语种起源于拉丁文的原因，欧美很多国家的“档案”一词具有相同的词根，发音也十分接近。1995年国际档案理事会组织出版的七种文字对照的《档案术语词典》中收录的“档案”一词分别为：英语——Archives；法语——des Archives；德语——Archiv；意大利语——Archivio；西班牙语——Archivo；荷兰语——Archief；俄语——Архив。这七种文字的“档案”一词有档案、档案馆和档案库房多种含义，在不同国家不尽相同，需要根据语境和前后文加以判别。

复习思考题

1. 目前档案学界关于档案起源问题的研究形成了哪些有代表性的思想观点？
2. 研究档案的起源问题对于档案学理论建设有何意义？

---

① 丁海滨，丁思聪．谈清代笔记中所记载的“档案”“档子”“档册”：兼论《柳边纪略》之误．档案管理，2018（2）.

② 周雪恒．中国档案事业史．北京：中国人民大学出版社，1994：277.

3. 有的学者认为档案的起源应当具备两个必要条件，即“文字条件”和“阶级、国家条件”。对于这种观点你有何评价？

4. 研究档案起源问题对于弘扬民族文化、增强民族自信心和文化自信有何作用？

5. 什么是“甲骨档案”？它是我国现知最早的档案吗？

6. 什么是“金石档案”？说明金石档案的基本历史源流。

7. 什么是“简牍档案”？我国发现的具有重要史学研究价值的简牍档案是什么朝代的？三国时期“吴简”的发现，对于历史研究有何价值？

8. 历史上各种载体的档案记载了哪些领域的史实？

9. 说明泥板档案、纸草档案、羊皮纸档案的基本历史源流。

10. 纸制档案的出现是在什么时代？我国目前保存比较完整的纸制档案是什么朝代的档案？纸制档案今后的发展命运如何？

11. 电子文件的出现对我国档案管理实践有何影响？

12. 研究档案的词源问题有什么价值？中国档案词源研究中有哪些代表性观点？

第三章

档案的价值与作用

本章要点

● 说明档案价值与作用的概念。

● 阐述档案的各种价值形态。

● 揭示档案的典型作用形式。

● 分析档案价值实现的主要特点。

● 阐明社会环境、社会档案意识及档案管理水平对档案价值实现的影响作用。

关键词

档案价值	档案价值形态	档案作用	凭证价值
情报价值	记忆价值	数据要素价值	现实价值
长远价值	行政作用	业务作用	科学作用
文化作用	法律作用	教育作用	档案价值的扩展性
档案价值的时效性			

第一节　档案价值与作用概述

各个国家、各类社会组织和个人之所以世世代代保存档案，传给后人，是因为档案具有其他事物不可替代的价值和作用。在档案学和档案工作术语中，档案的价值和作用经常被作为近似或基本等同的概念理解和使用，但从严格的科学意义上看，这两个概念既有联系，又有差别。

档案价值，是指档案对国家、社会组织或个人的有用性。它是主体（档案利用者及其利用需求）与客体（不同时代产生的各种类型、载体、内容的档案）之间的关系范畴。档案价值作为一种关系，是主体需要与客体属性的统一和结合。主体需要是构成档案价值的前提条件，而客体属性是构成价值的客观基础。只有当客体属性满足主体需要时才会形成价值关系，两者都不能单独决定档案的价值。

档案价值关系在社会活动中的具体体现就是档案的作用。档案的作用通常是指档案对人们所从事的社会实践活动的影响。二者在一般意义上都属于主客体之间的关系范畴，而价值具有较高的抽象性，作用则比较具体。也就是说，价值通常是从总体的、抽象的、一般的意义上表示档案的有益性、有用性，而作用往往是从具体的、个别的意义上表述档案的有益性、有用性，可以看作价值的体现和扩展。一般说来，价值具有比较稳定的特征，而作用则可以根据社会的发展、需求的变化呈现出多种形式和样态。比如档案具有证据价值，具体可用于印证历史事件、确认国家和社会组织权益、证明个人履历、科技和设计复用等很多方面。此外，价值一般是指档案所发挥的积极作用，是主体需求对客体属性的肯定，而作用则可以包括正、负两个方面。从哲学价值概念本源而言，形成价值关系的主体专指人和人类组织，而产生作用的主体则更加多样，一个事物的作用有些来自其价值，有些则来自该事物自身的特性。比如水具有支持人的生命存在的价值，具体可用于身体补水，以及浇花、灭火、滋养水生动植物等很多方面。因此，尽管档案的价值和作用有着极为密切的联系，但在进行理论研究时，还是应该将二者区别开来，分别进行论述。档案作用问题可以属于档案价值理论的研究范畴，但二者的含义、特征是有所差异的，本章从档案满足利用主体需要的性质方面阐述档案的价值，从档案形成效益的领域阐述其作用。

古今中外对档案价值和作用曾有各种各样的看法和说法。对于档案的价值，有观点偏重客体属性，有观点则偏重主体需求，但是二者实际上都包含了档案及其属性、主体及其社会需要两个方面，失去其中任何一个方面都无法构成档案的价值。对于档案的作用，不同研究者、利用者的认识也不尽相同。黄彝仲编著的《档案管理之理论与实际》（1947 年）一书中说："档案之功用，多因观点与立场不同，持论见解互有差异，各以其自己之主观，强调其作用。历史家视档案为史料，可供编纂史籍之根据与参考。收藏家视档案为古物。行政家则视档案为治事之工具。"因此，对档案价值与作用的研究需要辩证的、多维的视角，从主体和客体的统一性，从抽象和具体的不同层面来把握，才能得出科学、全面、深刻的认识。

这里所讲的档案价值基于哲学价值概念，是指从各种具体的价值形态和价值现象中抽象、概括出来的一般的、普遍的价值。经济学中的劳动价值指的是人通过劳动创造的劳动产品的价值，主要限定于商品范畴，是一种交换价值。哲学价值与经济价值的关系是一般与特殊的关系，哲学价值是普遍价值。

档案价值是档案学的重要理论问题，涉及档案价值的一般概念、档案价值的结构形态、档案作用的主要表现、档案价值的评价标准和方法、实现档案价值的特点等一系列问题。搞清楚这些问题，是理解档案和档案管理活动的重要前提。

第二节　档案的价值形态

档案价值形态，就是指档案价值的具体表现形式。研究档案价值形态，对于正确地理解和把握档案价值，完善档案价值理论体系乃至科学地鉴定档案价值，有重要的理论和实践意义。

从不同的角度剖析和划分，档案价值具有不同的表现形式。本章对几种主要的档案价值形态加以分析和研究。

一、凭证价值、情报价值、记忆价值和数据要素价值

根据性质的不同，档案价值可分为凭证价值、情报价值、记忆价值和数据要素价值。

（一）凭证价值

档案是历史的真凭实据，它的这种可资为凭的特性，构成了档案的基本价值之一——凭证价值。

档案的凭证价值，是档案不同于和优于其他各种资料的最基本的特点。档案是确凿的原始材料和历史记录，它可以成为查考、研究和处理业务与现实问题的依据，认定法律权利、义务与责任的凭证，确认历史事实的证据，以及政治斗争、外交斗争和教育人民的工具。国际档案理事会发布的《档案共同宣言》指出："档案是行政管理、文化与思维活动的唯一可靠证据，是社会演变的特有反映。"第十二届国际档案理事会主席、原加拿大国家档案馆[①]馆长让-皮埃尔·瓦洛认为："档案是契约文件、行动记录和议事记录，是已做或计划要做的事，是所体验和表达的思想感情和社会重大争论的可靠证明和根据。没有这样的档案文件，就没有什么家庭、社会和人群能够理解和证明各种事实，并将之与虚构假设相区分。"[②]

档案有凭证价值，是由档案形成过程及其结果的内容和形式特征决定的。首先，从档案的内容看，它是从当时当事直接使用的文件转化而来的，并非事后为使用而另行编制的，它客观地记录了以往的历史情况，是令人信服的历史证据。正如恩格斯所说："对于事态的真相，现在不可能提出文件来作证据。只有在事件本身成为历史陈迹的时候，这些证据才会出现。"[③]作为历史陈迹的档案，具有无可置辩的证据作用。例如，我国保存的历史档案雄辩地证明了自元朝以来我国中央政府一直对西藏实施了有效的管辖，西藏是中国领土不可分割的组成部分，从而有力地驳斥和打击了少数分裂分子和某些国家策划的"西藏独立"的阴谋活动。

其次，从档案的形式特征看，文件上保留着真切的历史标记。有些文件的全文是当事人的亲笔手稿；不少文件上留有负责人和有关人员的亲笔签署或批示；很多文件上盖有机关或个人的印信；还有一些文件是原来形象的照片、录像和原声的录音。电子文件的形式特征有的可以存在于文件之中，如将手写签名嵌入文件；有的则以元数据的方式记录下来，如文件起草者、修改者、发件人、收件人等。这些原始标记和原始数据成为档案原始性、真实性的印记。2014年7月，卢沟桥事变77周年之际，中央档案馆从馆藏档案中选出经最高人民法院审判的45名日本战犯的亲笔供词，包括笔供原文、补充、更正、附言等，以及当时的中文译文，并附有中英文的提要，一并在国家档案局网站上向

---

① 2003年，加拿大国家图书馆和加拿大国家档案馆合并，成立加拿大国家图书档案馆。

② 瓦洛．在第十三届国际档案大会开幕式上的致词．中国档案，1996（S1）．

③ 马克思，恩格斯．马克思恩格斯全集：第13卷．北京：人民出版社，1962：672．

社会公布，用历史档案、用当事人的笔供，回击了日本右翼势力否认日本侵华种种恶行、暴行、罪行的谎言，揭露了日本侵华期间的反人道、反人类、反文明的暴行①。马克思和恩格斯在通信中谈到获取警官一批文件原件时说，这“是一种发现，比一切澳大利亚的金矿还更有价值”，“一切文件、宣誓书等……构成一批卓越的辩护证件”②。毛泽东同志在修改中央起草的一份文件时，曾在一处专门增写了一句话：社会实践是检验真理的唯一标准。在修改《人的正确思想是从哪里来的?》一文时，他最后又特别加上了“此外再无别的检验真理的办法”③。这些手迹清楚地表明了毛泽东同志对实践的重视，以及他对马克思主义认识论所做的科学论述。这对于解决真理标准问题的某些论争，具有充分的说服力。

（二）情报价值

档案是事实、知识和经验的记录，它的这种可靠的、广泛的、可资参考的特征，构成了档案的另一基本价值——情报价值。

档案记录了历史活动的事实和经过，以及人们在各种活动中的思维过程，所以它能给人以系统广泛、真实可靠的情报信息。档案的这种情报价值，体现在不同层次的档案集合体中：第一，体现在一个档案馆（室）乃至国家档案馆网的档案材料中，完整、真实地记录了一个机关、企业、社会组织乃至国家的历史进程；第二，体现在一定数量文件的单元组合中，比如有关某项工作或某一事件的若干案卷，可以提供关于该事实始末的重要信息；第三，体现在同一文件的不同稿本或同一稿本的修改痕迹中，比如某一份文件的历次文稿，可以提供讨论研究与认识变化过程的详细信息。此外，根据需求查询的专题组合，以及有助于研究和工作查考的单份文件也具有丰富的情报信息，比如：第一个五年计划至第十四个五年计划的系列档案，可以提供新中国数十年经济社会发展的历史过程、经验举措和许多规律性信息，1978 年安徽省凤阳县小岗村 18 位农民按下鲜红手印的实施“大包干”的土地承包责任书，是研究我国改革开放历史的生动资料。习近平总书记高度评价档案的这种情报价值，指出：“档案工作是一项非常重要的工作，经验得以总结、规律得以认识、历史得以延续，各项事业得以发展，都离不开档案。”④ 法国前总统弗朗索瓦·密特朗认为：“每个国家的档案既保留了过去活动的踪迹和走过的道路，又启发和指导当今的现实生活。”⑤

档案和报纸、杂志、书籍、文章等等，都可作为情报资料来参考，其情报价值和参考作用各有所长。而档案作为一种信息资源，其主要特点在于它的原始性和可靠性。恩格斯在谈论俄国沙皇政府的对外政策时说：波兰起义者缴获的康斯坦丁大公在华沙的一批外交档案，是揭露沙皇政府力图分裂和统治西欧各国的“那些阴谋的历史的主要资料之一，至少是最可靠的资料”⑥。我国语言文字学和文献学专家沈兼士先生称誉档案是

---

① 《日本战犯的侵华罪行自供》首次于互联网全文发布．(2014-07-03)[2022-03-23]. http://www.gov.cn/xinwen/2014-07/03/content_2711779.htm.

② 马克思，恩格斯．马克思恩格斯通信集：第1卷．北京：三联书店，1957：481，485.

③ 毛泽东．毛泽东文集：第8卷．北京：人民出版社，1999：321.

④ 习近平关于档案工作的讲话．(2017-08-22)[2022-03-23]. http://www.zjda.gov.cn/art/2017/8/22/art_1380934_12555063.html.

⑤ 第十一届国际档案大会报告集．北京：档案出版社，1990：1.

⑥ 马克思，恩格斯．马克思恩格斯全集：第22卷．北京：人民出版社，1965：41.

“未掺过水的史料”。在许多工作中，档案是宝贵的资料，甚至是不可缺少的参考依据。比如，中国是世界上保存地震记录最早、连续积累最多的国家，这些地震档案，为我国研究地震的规律和提高地震预报水平提供了可靠的基础，对世界也有重要的贡献。

（三）记忆价值

档案沉淀了人们生活的过往，这些原始“痕迹”不仅可以为凭、备考，还具有重要的记忆价值。

档案是一种被记录、被存储的记忆。档案的记录性使之将过去的事实和认知加以定格，通过从刻写、印刷到数字代码，固着于一定的媒介，不可更改，成为一种用媒介支撑的记忆。档案的存储性使之携带过往穿过时间长廊和事件屏障，为世代后人提供旧时的印迹。

很多学科的学者重视档案与记忆的密切关系，法国思想家雅克·德里达认为档案可以防止个体和集体有意或无意地遗忘，社会主体使用各种技术来固化、存储记忆并让这种记忆变得具有永恒性。“档案化”是指利用技术结构来将信息作为行动证据的记忆存储于（或记录在）有形物质载体之上的行为或过程。[①] 德国文化学者阿莱达·阿斯曼认为，对于后世的记忆来说，档案提供了一个中间存储器；档案可以作为潜伏的记忆，或者未来文化记忆的物质前提；对档案的控制就是对记忆的控制[②]。法国历史学家皮埃尔·诺拉认为档案是一种非常重要的“记忆之场”，是失落记忆有意识、有组织的分泌物，以第二种记忆或曰增补记忆强化了经验。因此，“归档，归档，总要留下点什么”。[③]

国际档案界长期关注档案的记忆功能。1950 年第一届国际档案大会上，法国国家档案局局长夏尔·布莱邦指出：“档案是一个国家、省、行政机关的记忆，档案馆保存的是一个国家最宝贵的东西，即一个国家的历史证据和作为国家灵魂的材料。”[④] 1982 年加拿大档案学家休·泰勒明确指出，档案是一种定格于时空的集体记忆[⑤]。2004 年第十五届国际档案大会以“档案、记忆与知识”为主题，使档案记忆进一步成为全球档案领域广泛关注的重要议题。2011 年，联合国教科文组织通过的《档案共同宣言》指出：“档案守护并服务于个人和团体的记忆，在社会发展中扮演重要角色。”加拿大档案学家特里·库克将记忆从档案功能延伸到价值层面加以阐释。他形象地把证据和记忆比作一枚硬币的两面，是“档案行业最核心的对抗性二分法”，缺少一方，另一方也失去价值[⑥]。美国档案学者布劳因认为：“档案正在成为理解、恢复和表达社会记忆这一挑战的中心问题。”[⑦] 21 世纪初以来，我国档案界以档案记忆为主题召开了多次研讨会，不少学者对此进行了专题研究，发表了多部论著，提出了“档案记忆观”等有关理论，利用档案开展了各类记忆建构项目。这些都表明记忆逐步成为档案的一种独立价值而存在和扩展。

---

① DERRIDA J. Archive fever：a Freudian impression. Chicago：University of Chicago Press，1996.

② 阿斯曼．回忆空间：文化记忆的形式和变迁．北京：北京大学出版社，2016：343，400，415.

③ 诺拉．记忆之场．南京：南京大学出版社，2017：14－15.

④ 黄坤坊．第一届国际档案大会（连载一）．档案，1995（1）.

⑤ TAYLOR H A. The collective memory：archives and libraries as heritage. Archivaria，1982.

⑥ 库克，李音．四个范式：欧洲档案学的观念和战略的变化：1840 年以来西方档案观念与战略的变化．档案学研究，2011（3）.

⑦ 布劳因，晓牧，李音．档案工作者、中介和社会记忆的创建．中国档案，2001（9）.

档案的记忆价值有多种表现。首先，它是集体记忆建构的重要资源和素材。集体记忆通过记述和表达过往行为、事件的符号、仪式、叙事等渗透凝结而成，这个过程即为建构。档案是一种经过沉淀的最基本、稳定、深层的叙事与符号，提供事实、关联和依据，渗入每个时代的集体和个体记忆之中，对于功能记忆和存储记忆的组织都具有基础支持性。其次，记忆建构与身份认同紧密相连，档案参与建构的集体记忆对于个体和集体身份认同的建立具有不可替代的价值。深层的共识性身份认同根植于具有合法性、真实性的记忆和认知，而档案对于这种记忆和认知的形成具有直接有力的支撑性。特里·库克说，没有档案，记忆会摇摇欲坠，过去的知识会消退，共同经验所带来的荣誉感也会消散[①]。2012 年第十七届国际档案大会中有关档案与身份认同的大会议题引导全球档案界关注并持续提升档案在身份认同中的重要作用。最后，记忆具有情感特征，档案在记忆中能够引发人们的情感活动和共鸣。记忆来自过往的经历、经验感受和认知，无论是荣耀还是屈辱，成功还是失败，温暖还是冷漠，热烈还是平淡，都具有人性的色彩和情感的温度。亚里士多德认为，记忆以情感为特征，正是情感使记忆不同于回忆。[②] 美国学者史蒂文·罗斯认为："人类记忆、人类行为需要的不只是认知，还有情感。记忆除了是一种认识活动外，还是一种情感体验行为。"[③] 档案参与建构的记忆可以成为人们情感的寄托，引发人们情感的释放和升华。

（四）数据要素价值

随着数字技术的广泛应用和数字环境的泛在化，各类数据越来越普遍地参与生产过程、管理过程、科学技术活动过程和公民生活等，成为数字政府、数字经济、数字文化、数字科技、数字生活的基础资源要素。档案包含大量记录和反映数字活动的数据（包括结构化、半结构化和非结构化数据），在社会各领域的数字化进程中，独立地或与其他类型的数据资源相集成，直接参与和支持各项数字活动，获得更加多元的应用场景和利用形态，形成数字时代特有的数据要素价值。

2004 年，中共中央办公厅、国务院办公厅在《关于加强信息资源开发利用工作的若干意见》中指出，信息资源作为生产要素、无形资产和社会财富，与能源、材料资源同等重要，在经济社会资源结构中具有不可替代的地位，已成为经济全球化背景下国际竞争的一个重点[④]。在全球不可逆转的信息化进程中，数据的资产化、市场化不断推进，数据中蕴含的信息、知识、规律和智慧，数据要素为数字生产、生活赋值、赋能的特性使之成为各类社会资源的核心要素并不断累加增值[⑤]。档案是一种具有原生性、广泛性特征的信息资源，蕴含内容丰富、形式多样的数据，在文明延续与传承、社会运行与管理、经济繁荣与发展、科技创新与进步、公民物质与文化生活中都是不可或缺、不可替代的

---

① SCHWARTZ J M，COOK T. Archives，records，and power：the making of modern memory. Archival science，2002，2（1-2）.

② 利科．记忆，历史，遗忘．上海：华东师范大学出版社，2018：20.

③ 法拉，帕特森．记忆：剑桥年度主题讲座．北京：华夏出版社，2006：132.

④ 中共中央办公厅 国务院办公厅关于加强信息资源开发利用工作的若干意见．(2010-11-05)[2022-03-27]. http://www.isl.cas.cn/xxhgz/xxhgzzd/201011/t20101105_3004108.html.

⑤ 梅宏．大数据与数字经济．求是，2022（2）.

基础资源。进入数字时代，档案信息状态发生了很多变化，比较突出的有以下两点：一是文件转化为档案的节点有所提前，有的甚至在文件生成时就赋予其档案性质；二是对档案信息的加工度逐步深化，一部分原始记录以结构化数据状态生成，档案人员对半结构化、非结构化档案进行数字化、数据化转换加工，使档案信息以计算机可以读取、识别、关联、计算的细颗粒数据单元加入大数据，成为支持数字时代生产、管理和生活的数据资源要素。

档案数据的特点使其在数据资源家族中不可或缺。一是原生性，档案数据是各项数字业务和数字生活的原始记录，特别是数字环境中各类业务系统实时生成、各种传感器等电子设备实时捕获的原生数据，天然具有参与数字活动的要素特征；二是完整性，档案数据除了对活动内容进行记录之外，还包括根据规则捕获、记录其背景和结构的元数据，这些元数据有助于证实和解读档案内容；三是普遍性，档案数据产生于各类机关、团体、企事业单位、其他社会组织和公民个人，数据量大且覆盖面广，满足大数据的丰富性特征；四是关联性，档案数据的有机联系性使之成为各领域大数据的优质成分。

作为生产要素，档案数据独立地或与其他数据集成后，通过数据分析、处理和挖掘等手段，进入生产过程，实现知识生产和资产增值。这里的“生产”指广义的社会生产，即人类创造社会财富，包括物质财富和精神财富的活动和过程。习近平总书记指出：“数据作为新型生产要素，对传统生产方式变革具有重大影响。”[①] 2022 年 1 月，国务院印发《“十四五”数字经济发展规划》，指出数字经济是以数据资源为关键要素，以现代信息网络为主要载体，以信息通信技术融合应用、全要素数据化转型为重要推动力的新经济形态。要充分发挥数据要素作用，大力推进传统产业全方位、全链条数字化转型，提高全要素生产力[②]。在数字经济中，包括档案数据在内的各种数据是关键性资源要素，数据驱动是数字经济的动力机制。在数字生产线上，数据是“神经元”，3D 打印的基本要素是“数据＋材料”；人工智能现阶段的技术内核是“大数据＋深度学习”，互联网产业更是以数据为主要价值来源，把数字资源看作 21 世纪的石油就是从其要素禀赋方面类比阐释的。

作为管理要素，包括档案数据在内的数字信息、大数据的价值也越来越重要。各种原生数据为政府管理、企事业单位管理、城市管理、个人健康管理等提供了丰富的基础信息，为决策、组织、协调、执行提供了参考、监督等手段，成为各类管理系统流动的“血液”和指挥中枢，成为智慧组织建设的核心要素。例如，上海市将社会运行档案信息应用于智能化城市治理，通过 1.8 亿个感知端以及广大市民“随申拍”实时捕获的城市运行数据，建立了“城市数字体征系统”，当系统发现城市运行中的突出问题时便自动发出预警，相关部门则迅速、精准地加以解决。这些被记录在后台的系统体征数据档案是城市运行管理的基本资源要素，对于发现城市运行规律具有良好的支撑作用。[③]又如，中建一局集团建设发展有限公司的信息档案管理部门开发大数据电子档案智能分析系统，

---

① 习近平．不断做强做优做大我国数字经济．求是，2022（2）.

② 国务院印发《“十四五”数字经济发展规划》．(2022-01-12)[2022-03-27]. http://www.gov.cn/xinwen/2022-01/12/content_5667840.htm.

③ “一网统管”形成数字治理“上海方案”：科技之智、规则之治、人民之力．(2022-01-09)[2022-03-27]. https://wenhui.whb.cn/third/baidu/202201/09/443188.html.

整合14年来多个业务系统产生的100多万条档案数据，建立多维度、多主题的联机在线分析模型，实时进行企业人力资源分析、经营指标分析、成本管控分析等，成为企业风险管控、经营管理、信息化建设的常规管理平台和智能手段。

除上述两方面之外，数字档案信息作为新型数据要素，还可以参与信息战、数字医疗、市场营销、物联网、数字创作、智能训练、个人健康管理等各种数字活动，发挥重要的建构和支撑作用，成为创造物质财富和精神财富的新型资源、资本和资产。

档案是真实的历史记录，具有凭证价值、情报价值、记忆价值和数据要素价值，这是从档案的形成过程和利用实践中得出的理性认识，同时还应该辩证地理解档案的真实性和可靠性。一方面，档案大部分是由历史上特定活动的原始记录转化而来的，档案信息在反映历史活动的客观过程方面是真实的，在反映史实内容方面，一般也比其他资料可靠。另一方面，由于生成档案时特定的历史背景、档案形成者认识的局限或其他原因，档案所记述的信息内容也有些是不真实或不完全真实的。比如对于当时虚假社情、舆情的记录，当政者或记录者出于粉饰、掩盖事实的目的所做的不实记录，等等。在战争、社会动乱、体制不合理不完备等非正常政治、社会环境中，档案内容失真的现象常有出现。但是，即使档案内容有虚假部分甚至完全违背事实，它也或是反映了当时的历史情况，或是反映了档案形成者的认识水平和本来意图，留下了当事人行为的痕迹，从这个意义上说，档案仍不失为其形成者活动的真实的历史记录。因此，档案工作者和利用者应该辩证地、历史地认识档案价值，既不能毫无分析地一律采信，也不能因为某些档案内容有问题，就简单地视之为不可信，或者把错误的内容随意修改为自认为正确的内容，甚至轻率地毁弃不存，造成一段历史空白。保存原始的历史记录是档案管理的重要准则，对于确认内容失实的档案，可以卷内备考表或其他形式附加说明。在日常管理和提供利用方面应审慎从事，适当加以控制，加强咨询工作，为档案价值实现奠定基础。

档案的凭证价值、情报价值、记忆价值和数据要素价值并不是截然分开的，它们相互之间有交叉叠加。从发展趋势而言，档案价值随社会发展发生变化，数字时代档案信息与媒介的变化导致档案价值形态发生了新的变化。董必武在《题赠档案工作》题词中写道："典谟训诰，宝之无佚；只字片言，亦所珍惜。……创业扩基，前轨可迹；察往知来，视兹故帙。"① 这些题词寓意深长，对我们认识档案的价值是很有教益的。

二、现实价值和长远价值

根据实现时间的不同，档案价值可分为现实价值和长远价值。

档案的现实价值又可以称为现行价值，是指档案对现实的社会实践活动所具有的有用性。档案现实价值的主体包括档案形成单位和其他单位，其社会实践活动包括生产建设、行政管理、文化艺术、外交军事、科学研究等等。档案的长远价值，是指档案在相当长的时间中能够满足社会各方面利用者的需要的性质。无论是现实价值还是长远价值，都包括凭证价值、情报价值、记忆价值和数据要素价值等不同形态。对具体的档案而言，

① 董必武．题赠档案工作．档案工作，1959（8）．

有的兼有现实价值和长远价值，有的则侧重于或仅有其中的某一方面。如有些档案只在现实工作中具有行政有效性和法律凭证性，时过境迁就会失效；有些档案虽现实作用并不显著，却可能在未来成为重要的史料。

关于档案的现实价值和长远价值的思想，在党和国家的早期档案工作实践中就已经被体现出来了。1931 年，党中央起草了《文件处置办法》，周恩来同志在这个文件上亲笔批示：试办下，看可否便当。这个文件的最后写道："如可能，当然最理想的是每种二份，一份存阅（备调阅，即归还），一份入库，备交将来（我们天下）之党史委员会。"新中国成立以后，周恩来总理一再强调：档案和档案工作要为今天、也为未来服务。周总理的思想涉及两个方面：一是保存档案是为了利用档案；二是强调档案不仅要为今天所利用，而且要为未来服务。为今天所利用就是实现档案的现实价值，为未来服务指的是实现档案的长远价值。

对档案的现实价值比较容易认识和把握，因为档案价值的主体——利用者及其需求是现实的，档案可以满足这些需求的属性比较容易判断；而全面、准确地认识和把握档案的长远价值则难度较大，因为人们难以准确地预测和估量未来的利用者对现今档案的利用需求，或者说哪些档案可以满足无法准确预测的未来需求。因此，一些档案学者不赞成以预测利用需求为前提确定档案的长远价值，认为记录机构主要职能活动的档案可以反映该机构的主要历史面貌，不仅可以与现实的需求构成档案现实价值，也易于满足未来利用者的档案需求，从而构成档案长远价值。认识档案的现实价值与长远价值的联系和区别，有利于我们全面把握档案的价值，不以一时或短期的利用率论价值，树立为子孙后代保存档案财富、保留社会记忆的历史责任感。

三、对于形成者的价值和对于社会的价值

根据主体的不同，档案价值可分为对于形成者的价值和对于社会的价值。

文件双重价值学说是由美国著名档案学家谢伦伯格提出来的。他认为，文件的第一价值是文件对其形成机关的价值，它是文件的原始价值，包括行政管理价值、法律价值、财务价值和执行价值；文件的第二价值是文件对其他机关和个人利用者的价值，又称从属价值或档案价值，包括证据价值和情报价值。谢伦伯格在这里使用的"文件"概念，包括文件从生成到永久保存或销毁的整个生命周期。在我国，文件归档即转化为档案，机关档案室保管的档案大多处于半现行期，有的甚至还处于现行期就归档了。而在欧美很多国家，通常文件在进入非现行期、被移交档案馆保存后才转化为档案，因此，档案在文件生命周期中的阶段比我国要短一些。文件双重价值学说对于我国研究档案价值具有可借鉴性，为表示与谢伦伯格的文件双重价值学说的区别，这里以档案价值关系的不同主体来表述。

档案对于其形成者所具有的价值类似于文件的第一价值，其价值主体是档案形成者；档案对于社会，即除档案形成者之外的其他利用者所具有的价值类似于文件的第二价值，其价值主体是非档案形成者。两种价值主体的划分，体现了档案具有对形成者的作用和对社会的作用的双重性及过渡性。在我国，档案对于形成者价值的实现一般是在档案室阶段，而对于形成者之外的社会价值的实现主要是在档案馆阶段。据此，我国《机关档案工作条例》和《档案馆工作通则》规定：省以上机关应将永久保存的档案在本机关保存

20年左右；省辖市（州、盟）和县级以下机关应将永久、长期保存的档案在本机关保存10年左右，向有关档案馆移交。划分档案对于形成者的价值和对于社会的价值，有助于我们把握档案价值实现的特点，方便档案形成机构和社会公众利用档案，提高档案的社会效益。

不同种类的档案从对于形成者的价值向对于社会的价值的过渡具有不同特点。例如，某些科技档案价值的时效性很强，从对于形成者的价值向对于社会的价值的转化时间往往比文书档案要短一些；由于很多科技档案不向国家综合性档案馆移交，因而实现其社会价值的任务也大多由档案室（或企事业单位档案馆）承担；科技档案社会价值的实现过程可能会伴随一些经济行为（如科技档案信息的专业性开发或有偿转让等），而不像文书档案社会价值的实现具有较为明显的公益性；等等。又如，一些档案的过渡期很短甚至没有过渡期，大部分商事登记档案、非遗档案、古村落档案等从建立之初就具有公开性，同时具有对于形成者和社会公众的双重价值。私人档案是否向公众开放，是否发生从形成者价值到社会价值的转化取决于档案所有者的意愿。关注不同种类的档案从对于形成者的价值向对于社会的价值转化的差异性有助于完善档案价值理论，把握档案价值的转化时机和转化方式，充分发挥档案的作用，为科学技术进步、经济社会全面发展和公众权益维护提供及时有效的服务。

第三节 档案的作用

档案是人类文明的伴生物。在人类漫长的文明史中，无论各个国家的政权性质如何，发达程度如何，都无一例外地在日积月累地形成和保存档案，并将其流传后世。之所以如此，是因为档案具有独特的、重要的、广泛的社会作用。随着社会进步和人们认识的发展，档案的作用还在不断得以发掘，目前比较集中和主要地表现在行政、业务、科学、文化、法律、教育等若干领域。

一、行政作用

档案是各级各类机构、社会组织行使职能、从事管理活动的真实记录，这些记录对于该机构、地区乃至国家工作人员察往知来，保持政策、体制、秩序、工作方法的连续性、有效性，以及决策的科学性具有不可或缺、无可替代的凭证和参考作用，这种作用可以被称为行政作用。

明代内阁大学士邱濬奏议建“皇史宬”档案库的上疏认为：“经籍图书者乃万年百世之事”，“今世赖之以知古，后世赖之以知今者也”，应“立为案卷，永远存照”[①]。谢伦伯格认为，档案是“一个政府借以完成其工作的基本行政工具”，“它是政府机构赖以建立的基础”[②]。国际标准《信息与文献 文件管理 第1部分：通则》中指出，文件可以“以有序、高效、负责的方式开展业务活动”，“保证宏观管理与微观管理的一致性、连贯

① 参见《明实录·明孝宗敬皇帝实录》卷六十三。

② 谢伦伯格．现代档案：原则与技术．北京：档案出版社，1983：15.

性和效率”，“为法律诉讼提供保护和支持，包括对与机构活动证据存在与否相伴随的风险管理提供的保护和支持”①。因为档案中包含机关、企事业单位行使职能的法律依据，处理事务的结果，重要事实的记录和大量的工作经验，所以各级机构需要借助这些依据和经验去制定政策，处理决策、组织、程序等方面的问题。没有这些记录，任何机构都难以保证其政策和管理上的连续性、科学性。大至制定党和国家的方针政策，小至处理每一件具体事务，都应该有理有据，而这个“据”就是既定政策和事物的本来面貌，它在很大程度上来自档案。机关领导和业务工作人员，在熟悉情况、总结经验、制订计划、研究案例、处理问题时，常常需要从档案中查考先前的记载，从中获取依据和重要的参考信息，保证工作的顺利进行。例如，党的十一届六中全会通过的《关于建党以来党的若干历史问题的决议》，党的十九届六中全会通过的《中共中央关于党的百年奋斗重大成就和历史经验的决议》就是在大量利用档案的基础上写成的。国家和各级组织的五年计划编制也都要查阅此前五年的计划、进展、措施和有关数据。在机关、企事业单位的决策和管理活动中，对档案的利用和分析，有助于对现实状况和未来发展做出准确的判断，实现对人、财、物、信息等资源的有效管理。相反，如果“无案可查”，则可能因盲目而导致错误的决断，给政治活动、行政管理和经济工作带来被动和损失。

档案的行政作用还表现为是监督、监察、审计、问责以及风险管理的依据。国际档案理事会的《2008—2018 年战略方向》指出，档案管理是实现基于证据的政府治理、商业治理的重要保障；档案关乎良治、行政透明和民主问责。根据宪法和法律，政府及其公务员必须承担应有的责任，包括道义责任、政治责任和法律责任等，同时必须接受来自内部和外部的监督、监察和审计，以保证责任的实现，如果发生失职、渎职现象，则需要问责。上述行政手段的实施以及风险管理，都需要以记录事实及过程的档案作为根据。例如，本钢集团 ERP 系统的八个专业子系统全部被纳入归档范围，归档的电子文件表单达 364 种。这些关键业务系统数据为中高级管理人员以及企业风险管控、专项审计等工作提供了较为完备的集成信息。② 国泰君安证券股份有限公司电子档案管理系统保存了客户开户时填写的个人信息材料、签订的合同协议以及录音录像等，各个档案相互印证并形成了客户业务办理过程的“证据链”，有力地协助了公司的合规风险管控③。

事实证明，档案是行政工作的重要工具之一，充分发挥档案的作用，有助于计划和决策科学化，管理工作合法合规，管理者履责到位，工作效率和管理水平提高。

二、业务作用

档案作为历史的记录，就其宏观而言，纵贯古今诸多历史阶段，横穿自然和社会的各个领域。就其微观而言，它记述了人们改造客观世界和主观世界的实践过程，涉及生

---

① 参考中华人民共和国国家质量监督检验检疫总局和中国国家标准化管理委员会发布的《信息与文献　文件管理　第 1 部分：通则（GB/T26162.1—2010/ISO15489—1：2001）。

② 本钢集团电子文件归档和电子档案管理试点案例//国家档案局经科司．企业电子文件归档和电子档案管理试点案例集（管理系统卷）．北京：中国文史出版社，2021：182－231.

③ 国泰君安证券股份有限公司电子文件归档和电子档案管理试点案例//国家档案局经科司．企业电子文件归档和电子档案管理试点案例集（管理系统卷）．北京：中国文史出版社，2021：232－256.

产经营、金融贸易、工程设计、教育卫生、文学艺术、军事外交等各个方面。档案在每一个业务领域都具有重要的凭证、情报、记忆和数据要素价值，成为业务活动的信息支持和保障。

档案记载了各行各业运营、发展的情况、成果、经验和教训，是以往业务活动的记录和继续开展业务活动的条件。这是因为：第一，人类的生产、经营等各种业务活动与行政管理一样都是一个连续的过程，是以部分地继承前人的成果、经验为条件的。没有这种连续和继承，社会生产力就难以发展，各项业务就失去了根基。因此，在各项业务活动中经常需要查阅以往的记录作为继续工作的依据。第二，在业务活动中常常需要前人精确的记录，这是人脑记忆和口头传达难以满足的。有时，缺少一个数据或数据不准确，就会妨碍业务活动的正常进行。而各种专门业务档案中除了以文字表达的定性记录外，还有大量以数字表达的定量记录（如统计数据、会计报表等）和以图形、图像表达的形象记录（如设计图纸、勘测图、观测图、照片等），这些记录是业务活动须臾不可离开的基础和条件。例如，会计档案是编制国家、地方和单位预算的重要依据，是各项经济核查的可靠证明；诉讼档案是各类案件审结和再审、复审的可靠凭证；商标档案是确定商标专用权、开展商标评审工作、监督产品质量、查处商标侵权行为，以及进行商标咨询工作的基本依据。例如，深圳证券通信有限公司用档案支持全程业务活动，在项目招投标时查核乙方营业执照，在开展基建活动时查阅工程图纸档案，在和外部单位开展证券业务时查阅电子合同，利用和外部单位召开的会议纪要督促外部单位落实其职责，利用内部会议纪要确认各部门的职责和业务要求，等等。

在数字环境中，很多业务活动在计算机业务系统中完成，其间生成的电子业务文件、业务数据是业务活动的基本要素，一经归档即具有电子档案属性。“电子文件是信息时代国家治理、政府管理、经济运行、社会运转和历史传承的重要工具和载体，是国家的重要战略信息资源。”[①] 这些电子文件/档案直接参与机构的现实业务活动，如 CAD 文件、CAM 文件及技术数据归档后仍然参与生产活动，城市管理数据归档后仍然是管理活动的基础和参考等，在智慧企事业单位、智慧城市等组织运行中更是不能脱离电子档案数据的参与，电子档案数据成为社会组织和各级政府大数据的重要组成部分，在业务活动中发挥着不可或缺的作用。

案例 1

国家电网公司通过“三集五大”的信息化体系来支撑业务，其中 ERP（涵盖人力资源管理、财务管理、物资管理、设备管理、项目管理）、协同办公、生产管理、营销管理、基建管理、省调运行、科技管理、经法、安监、大规划、电子商务、电子市场交易等 12 个业务系统已经接入了电子文件管理平台，截至 2014 年年末已存储 2 亿条电子文件数据，全方位地支持了公司的生产和运行。[②]

① 《国家电子文件管理知识与政策干部读本》编委会．国家电子文件管理知识与政策干部读本．北京：人民出版社，2019：序言．

② 资料来源于课题组对国家电网公司的访谈（2014 年 12 月）。

案例 2

中国石油天然气集团公司截至 2020 年 8 月，通过在线方式完成了所属 126 家单位 4 521 个组织机构的 1.12 亿件电子会计文件材料的归档工作，数据量达 5 016 GB，日均在线归档量达 117.6 万件。基于电子会计档案的采购行为、销售行为、用户行为分析等已成为财务共享业务新的增长点。如通过发票内容数据化后的分析利用优化了资源采购；通过销售单据数据化后的分析利用，敏锐洞察客户行为习惯，实现精准营销。电子会计档案的数据资产价值正在显现。①

档案是各种业务组织资质认证、重大工程和项目验收的重要依据。1980 年 12 月国务院批准发布的《科学技术档案工作条例》规定："各单位在对每一项科研成果、产品试制、基建工程或其他技术项目进行鉴定、验收的时候，要有科技档案部门参加，对应当归档的科技文件材料加以验收。没有完整、准确、系统的科技文件材料的项目，不能验收。"② 2006 年，国家档案局、国家发改委联合发布的《重大建设项目档案验收办法》规定："项目档案验收是项目竣工验收的重要组成部分。未经档案验收或档案验收不合格的项目，不得进行或通过项目的竣工验收。"《国家电子政务工程建设项目档案管理暂行办法》规定：档案验收是电子政务项目竣工验收的重要组成部分。未进行档案验收或档案验收不合格的电子政务项目，不得通过竣工验收③。

案例

2008 年，党中央、国务院决定新增 1 000 亿元中央投资，主要用于民生工程、重大基础设施、生态环境、自主创新和产业结构调整等方面建设。国家档案局要求各级档案部门高度重视，认真贯彻中央部署，所有工程项目无一遗漏地规范建档，这不仅是为项目建设管理和运行使用提供保障，也是为实施对项目的监督管理提供依据。④

在各项业务活动中形成的档案不仅可以维持业务活动的正常进行，有时还可以产生明显的社会效益和经济效益。中国第一历史档案馆所藏明清时期的水文档案为建设长江三峡水利枢纽工程和治理黄河、海河提供了重要的依据和参考。交通银行股份有限公司对公授信业务审批系统电子文件归档促进、提升了银行业务营运效率，通过电子流代替纸质流，实现了银行业务的线上"秒办秒批"，大大缩短了银行业务办理的时间，无纸化授信审批项目推广前后，分行上报总行的授信审批用时分别为 32.36 天和 19.52 天，减

① 王强．助力企业数字转型与价值创造．中国档案报，2020-09-03.

② 科学技术档案工作条例．(1980-12-27)[2022-03-27]. https://www.saac.gov.cn/daj/xzfg/198012/5739ffb6b8a64233a63bfbd6508ed2a9.shtml.

③ 国家档案局 国家发展和改革委员会关于印发《国家电子政务工程建设项目档案管理暂行办法》的通知．(2015-07-28)[2022-03-27]. https://www.npc.gov.cn/zgrdw/npc/zt/qt/rdxxhjs/2015-07/28/content_1942056.htm.

④ 国家档案局关于加强新增中央投资项目档案管理的通知．[2022-03-27]. https://www.saac.gov.cn/daj/gfxwj/201910/83ae20cec6394487a26377d74f6299e8/files/c67d17c71da1442ca30b51e028dd2012.pdf.

少了 39.68%[①]。档案可以为工程设计和施工提供重要依据，对于避免重复劳动，企事业单位挖潜、革新、改造，取得经济效益都具有重要作用。在 1991 年居庸关及古长城遗址的修复工程、1999 年天安门广场修整工程，以及 21 世纪以来的嫦娥四号、月球背面着陆、大飞机研制、南京长江大桥维修、港珠澳大桥建设等重点产品研发和重点工程建设中，档案都提供了有力支撑。[②]一些信息化先进企业进入“数据驱动”时代，包括档案在内的各类数据成为企业运行、生产建设的基础资源和引擎。

案例

在“天鲲一号”研制关键技术攻关过程中，一批档案提供了珍贵的实验参考数据和分析结论，高效助力解决困扰项目团队的关键问题，缩短了攻关周期约 3 个月，节约了人力资源 96 人/月，节约了 400 余万元人力成本，实现了规避风险、降本增效的双重效果[③]。

三、科学作用

科学是人类文明的重要组成部分，科学与技术的发展是人类文明进步的标志，是在长期的继承和创新中逐步实现的。在这个梯式进阶中，过去的经验成为新的研究成果乃至文明高度的基础。中外科技发展史表明，从早期对于自然现象的观察认知，到生产生活实践中科学原理的发现、先进技术的发明，再到人类对于天体宇宙、自然社会万象的探索探究，高新科技的不断出现，科学技术在一步一个台阶中向上攀登，每一个阶段的成果都是下一个阶段的台阶，而这些成果只有经过记录、留存，才能被确认和证实，才能有效地传承下去。我国早期的天文、地理、气象、水文方面的观测记录，以及逐步产生的医药、工程、测绘、建筑、制造、工艺等方面的记录成为我国科技文明的传承薪火，世界上科技记录对于科学技术发展的支撑作用也多有实例。

案例 1

古时图书档案没有清楚的划分，古埃及最重要的文献——法典是用古埃及象形文字书写记录的，这种文字在 4 世纪死亡后，古埃及文明也就进入了严重的断代，直至 1799 年罗塞达碑出土后，古文字学家托马斯·杨和商博良将石碑上的古埃及象形文字破译出来，1 000 多年以来的古埃及记录才得以识读，使人们有可能了解许多古埃及的真实历史，因此这块著名的石碑档案被称为“通往古埃及文明的钥匙”。

---

① 交通银行股份有限公司电子文件归档和电子档案管理试点案例//国家档案局经科司．企业电子文件归档和电子档案管理试点案例集（管理系统卷）．北京：中国文史出版社，2021：1－66.

② 6·9 国际档案日档案文化宣传普及｜档案工作服务经济社会民生成效显著．(2020-06-09)[2022-03-27]. http://czt.ah.gov.cn/czdt/tzgg/141751831.html.

③ 航天档案闪耀太空，让档案“带你飞”//全国企业档案信息资源开发利用优秀案例汇编．中国档案，2020：86.

案例 2

公元前 3 世纪前后建造的亚历山大图书馆收藏了记载西方文明的大量图书手稿，包括人类文化和科技发展的珍贵资料。3 世纪末前后该图书馆毁于战火，导致人类文明在很多方面的停止甚至倒退。例如古希腊时人类已经计算出地月间距是大约 40 万公里，随着这些科技记录的灰飞烟灭，在长达十几个世纪的时间里人类似乎不知道古希腊文明的研究结论，直到牛顿出现之后，科学的高度才全面回到古希腊时期的水平。

档案对于科学技术活动、结论、成果及知识产权归属等具有记录和证实作用，这是档案在科学技术领域各类价值的基础。若没有记录或记录不精确，人们就无法确认某些科技活动和成果的存在，也无法以此为基础推进科技发展。

案例 1

1916 年提出的黑洞理论是天体物理学方面的重大发现，最初是基于广义相对论计算推测出的结论。由于不能直接观测，缺乏清晰详尽的数据，黑洞对人类而言有许多未解之谜，这也是反对黑洞理论者的主要理由。科学家不断探索观测和记录黑洞的方法，直至 2017 年由全球各地的 8 个射电观测台组成“事件视界望远镜”，拍摄到距离地球 5 500 万光年、质量约为太阳的 65 亿倍的 M87 星系黑洞照片，以其“真容”证实了黑洞的存在，并为破解黑洞之谜提供了很多高价值的信息。

案例 2

关于阿波罗登月的真伪之争历经很长时间，其中阿波罗 11 号登陆月球原始录像带的丢失是引起人们怀疑的重要理由之一。科学家从很多方面力求证实登月的真实性，其中最强有力的证据来自美国亚利桑那州立大学科学团队利用“月球侦察轨道器”独立拍摄的照片，上面能清晰地看到登月舱下降级、放置在月面的仪器以及宇航员和月球车留下的印迹等。此外，中国的“嫦娥二号”拍摄到了阿波罗 17 号着陆点的痕迹，日本通过处理“辉夜姬”探测器的照片得到了阿波罗 15 号着陆点附近的地形分布，与阿波罗 15 号的实拍照片基本一致，印度的“月船 1 号”拍下了阿波罗 15 号着陆点附近被月球车搅动过的土壤印迹，这些照片成为证实阿波罗登月最有力的证据。2010 年，美国宇航局“搜寻录像带行动小组”公布了找到并加以修复的登月录像，进一步证实了阿波罗登月的真实性。

科学技术成果与科学研究范式密切相关，关系型数据库的鼻祖吉姆·格雷将科学研究分为四类范式，依次为实验归纳、模型推演、仿真模拟和数据密集型科学发现。科学研究范式的演进方向与对于基础信息的依赖程度及应用水平直接关联，这些基础信息中最有价值的无疑是前人研究过程和成果的真实记录。档案在科学发展中的作用不可或缺，无可替代。这里的研究范式主要针对自然科学，而人文社会科学同样是在继承中发展的，同样建立在大量前人经验和成果的基础之上，同样需要数据驱动和支持，档案成为人类科学技术前后相继的重要桥梁。

案例

“中国天眼”六塔的选址利用了大量的勘察和测绘档案，包括各种比例的地形图、岩土工程勘察报告和图纸等。在“中国天眼”调试期间，通过查阅大量前期图纸，人们厘清了反射面、反射面底部中心孔位置的结构件、机构的基本情况，掌握了“天眼”反射面与研发项目的准确接口关系以及相关技术要求，为研发提供了准确的技术支持。在运行和维护期间，建设档案又提供了重要参考。①

在社会科学研究中，档案也是重要的资源，例如史学研究人员常借档案记载了解历史事件的来龙去脉、前因后果、内外关系，把握历史事件的真相。我国的许多史学名著，如《史记》《汉书》等都是利用档案写成的。胡绳所著的《从鸦片战争到五四运动》一书，也是在对大量档案史料和其他文献资料进行深入研究的基础上完成的，据统计，该书直接引用的档案史料就达 843 处之多。章开沅教授在商会史研究和侵华日军大屠杀史研究中有独到建树，是因为他大量利用了苏州大学档案馆所藏完整的苏州商会档案，以及耶鲁大学收藏的金陵大学档案中包含的南京大屠杀期间的重要史料。

案例 1

威尼斯时光机项目应用威尼斯州档案馆收藏的大量档案进行知识关联，还原了数百年前威尼斯城市风貌，以及市政民生、经济贸易、公共卫生的运行情况和重大事件，重建了当时的社会网络，为欧洲多领域的学者提供了新的宝贵研究资料。

案例 2

浙江大学陈红民教授利用档案，在民国史研究中形成了大量的研究成果。他在国民党宣传部的档案中发现了抗日战争期间华侨和外国民众写给蒋介石的信，写信者来源于各个国家，身份各异，信的内容五花八门。作者认为这符合民间外交的特点，于是撰写出论文《外国民众对中国抗战的支持（1937—1941）——以国际宣传处档案为中心》，揭开了一段历史事实。②

① 刘娜．大科学工程档案的特点及其价值研究．北京档案，2021（7）．

② 陈红民．档案多情似故人：漫谈利用档案研究民国史．民国档案，2021（3）．

四、文化作用

档案的文化作用主要指档案是人类所创造的一种宝贵的精神文化财富，以及对于人类社会文化的积累、传播、发展与进步所发挥的各种功能。档案与文化紧密相连，档案是人类文明的产物，是历史文化遗产中不可缺少的组成部分。社会文化的发展是具有历史连续性的，而档案的存在和发展是文化发展连续性的重要条件之一。

档案是民族文化的集中体现。档案是一个民族、一个国家历史的真实记录，内容广泛而丰富，既包括朝政国法、军事经济，也含有风土民情、自然景观，在一定意义上，档案是民族文化的“根”和民族文化心理的情感寄托。越是民族的，越是世界的，各民族文化的精华成为世界文化宝库的源泉。截至 2017 年，中国已有 13 项档案文献遗产名列《世界记忆名录》，包括中国传统音乐录音档案、清代内阁秘本档、纳西东巴古籍、清代科举大金榜、清代“样式雷”建筑图档、《本草纲目》、《黄帝内经》、元代西藏官方档案、侨批档案、南京大屠杀档案、甲骨文、近现代中国苏州丝绸档案，以及清代澳门地方衙门档案（1693—1886），这些内容、载体、形制各异的档案典籍是中华文化的传世珍宝。

档案是历史文化的积累。档案与人类文化活动同生同在，是人类文化活动的伴生物与副产品。档案中记录了人类思想和活动的成果，这些知识和经验使得人类社会走向文明。美国著名民族学家摩尔根认为，人类是“通过经验知识的缓慢积累，才从蒙昧社会上升到文明社会的”。社会的发展、科学的进步都是建立在一定的文化积累基础之上的，而档案正是人类社会绵延不断的文化的重要载体。

档案是历史文化传承的手段。档案中凝聚了历史经验，蕴涵着社会和事物的发展规律，档案的保存和流传实质上是人类文化的延续。这种文化传承有时借助于档案本身的流传，有时则以档案作为历史研究和其他科学研究的第一手资料转载于其他著述和学术成果之中。2021 年中国共产党建党百年之际，中央档案馆联合中央人民广播电视总台新闻新媒体中心，隆重推出百集微纪录片《红色档案——走进中央档案馆》，精选中央档案馆大量馆藏珍贵档案，生动讲述档案背后的人物和故事，从多个角度呈现中国共产党始终秉承的初心和使命，在社会上引起极大的反响，对于弘扬主旋律、传播先进文化具有显著的效果。

档案是文化创新的基础。这不仅表现为人们可以从档案中吸取历史文化的精髓，作用于社会意识形态，形成新的文化价值判断，也表现为人类可以在借鉴已有文化成果的基础上创造新的文化。如一些档案具有较高的文学艺术价值，可供欣赏和收藏；一些档案资料为文化产品、文艺作品的创作提供了生动可信的素材和生活原型，被直接或间接应用到各种文化成果中。如北京京剧院在创作京剧《风雨同仁堂》时利用了大量的档案，同仁堂和其他许多老字号的原始档案资料成为编剧、导演构思剧本的基础。上海市档案馆推出的音乐剧《忠诚》以 20 世纪守护“中央文库”的多位地下工作者为原型，讲述了他们在白色恐怖中秘密保护、保存数万份党中央核心机密文档的故事①。

---

① 守护“一号机密”的他们，我们始终铭记：原创音乐剧《忠诚》在沪首演．(2021-07-12)[2022-03-27]. https://www.thepaper.cn/newsDetail_forward_13530794.

案例

被称作“万园之园”的圆明园是中国文化建筑史上的一大奇迹，1860 年被英法联军焚毁，如今只留下一座遗址公园。清华大学的郭黛姮团队用高科技数字技术再建“数字圆明园”。为了真实再现原来的场景，他们利用圆明园样式房遗图、文献档案，对园中每栋建筑的造型特点、景区空间构成进行分析，利用《圆明园内工则例》《内务府奏销档》，帝王《穿戴档》《起居注》，以及《御制诗》等档案记载，对圆明园的场所空间进行分析。该团队历经 15 年，查阅各类历史档案 10 000 余件、建造 2 000 余座数字建筑模型，复原了圆明园的几大核心景观，终于让圆明园跨越时光，以数字方式展现在今人面前。①

五、法律作用

档案的法律作用是指档案在解决争端、处理案件等活动中所发挥的证据作用。法律作用是档案凭证价值的重要体现。从档案的形成来看，它是当时、当地、当事人在社会活动中形成的原始记录，真实性、可靠性强，是令人信服的真凭实据。

一方面，在政治斗争、军事斗争、经济斗争、外交斗争、解决领土争端等方面，档案的法律作用表现得十分突出。为此，从古至今，各国政府都把档案作为一种斗争的武器。在我国大量的档案中，记载着国内外不同时期和各个方面的活动以及我国人民进行革命斗争的情况和有关历史事实。例如，近年来，日本右翼势力不断否认自己的侵略行径，1994 年，辽宁省档案馆发现了一组记载南京大屠杀情况的日文档案，这些日本侵略者自己形成的档案还历史本来面目，可以说是铁证如山。南京市档案馆馆藏中的崇善堂埋尸档案、南京伪政府档案等原始档案记录，完全可以作为法律证据，将日本侵略者推上历史的审判台。根据中外档案馆的有关史料、国际军事法庭和中国军事法庭对此案的审判记录、参战日军官方和私人留下的罪行证据，以及当年西方目击者提供的证言材料和幸存者的血泪控诉等档案编辑出版的《侵华日军南京大屠杀》光盘，有力地驳斥了日本军国主义关于“南京大屠杀是虚构的”的疯狂叫嚣，使人们能够更加确切地了解历史真相，认清侵略者的本质。

另一方面，档案在维护国家、集体、个人合法权益方面的法律作用也十分突出。因为在档案中，有关立法性质的文件规定了各种社会关系、国家关系、经济关系和政治关系的组成；契约、合同、协议、单据等社会团体、个人之间交往中形成的文件，记载了各方在政治、经济、劳务等方面的权利和义务。当在这些问题上产生疑问、争执、纠纷时，档案最能够说明权益的归属，具有无可辩驳的证据作用。

① 清华大学郭黛姮团队花 15 年 用数字技术详细“复原”圆明园 .（2017-04-18）[2022-03-27]. https://www.guancha.cn/culture/2017_04_18_404271.shtml.

案例 1

2001 年，美国钢铁协会和美国商务部对上海埃力生钢管有限公司提起反倾销诉讼。埃力生公司凭借齐全完整、内容翔实的反映该新产品的成本、生产总量、国内销售价格、出口价格及数量等信息的档案资料，据理力争，打赢了这场“中国入世后中国企业在国际贸易争端中的第一案”。[①]

案例 2

1990 年海湾战争爆发后，中国建筑集团有限公司在伊拉克的 50 多个项目的资料未能及时撤运至国内，资料涉及经济合同额 100 多亿元人民币。公司档案人员在此后的 10 余年间，6 次冒着生命危险赴伊拉克转移档案，以整理、编辑的 35 卷 7 000 页档案为依据，根据国际法律规则，通过追回经济赔偿、债务重组等方式主张债权索赔，为中国建筑集团有限公司挽回经济损失 9 亿美元，所获赔偿款总额名列国际索赔前茅。

在我们的日常生活中，档案作为法律凭证维护正当合法权益的例子也不胜枚举，如档案在解决房地产纠纷，证实个人学历、经历等方面都发挥了很大的作用。据原铁道部 11 个铁路局 16 个铁路分局和 30 条铁路线的统计，从 1983 年至 1987 年利用档案作为原始凭证，解决与地方之间的土地产权纠纷，仅为铁路建设避免重复征用土地一项，就减少费用 9.74 亿元。再以知识产权为例，我国自 1980 年 6 月加入世界知识产权组织以来，坚持收集、保存与各类知识产权相关的准确、系统、完整的档案，如商标档案、技术合同档案、著作档案、专利档案等，为解决知识产权纠纷、维护知识产权人的合法权益提供了可靠证据。据有关资料统计，2017 年，人民法院共受理各类知识产权案件 237 242 件，其中著作权案 137 267 件，商标权案 37 946 件，专利权案 16 010 件，这些案件都是通过利用档案取得证据而最终审结的[②]。

六、教育作用

教育，指的是按照一定的社会要求，对受教育者的身心施以影响的一种有目的、有计划的活动。除了学校教育外，人们还要有意无意地接受家庭教育和社会教育，其中，社会教育是终身教育。在社会教育的诸多素材中，档案以其独特的历史性、直观性和原始性，成为宣传教育的重要材料。

档案是一种重要的教育资源。它以第一手原始材料见长，翔实地记录了人们创造历

---

① 吴端端．反倾销案的启示．中国档案，2003（1）.

② 最高法：2017 年知识产权案件数量持续增长　新类型不断涌现．(2018-04-19)[2022-03-27]. https://baijiahao.baidu.com/s?id=1598149156540853675.

史的曲折历程和奋斗足迹，形象生动地反映了社会生活的方方面面，因其原始性和真实性而具有较强的说服力和感染力，能够在强化公众的国家认同、民族认同及个人身份认同，促进公众了解社会各方面的发展史，感受世界与民族文化底蕴方面发挥无法估量的作用。

将档案用于学校教育和公众教育已经有很长的历史。“档案与学校”是 1950 年在法国巴黎举行的第一届国际档案大会的议题，同年，法国国家档案馆设立了教育处，自 1952 年起，法国各省档案机构也相继设立了这样的部门，为学校的历史教学提供服务。2018 年，法国国家档案馆档案工作者年会鼓励档案馆与教育机构等实体机构开展密切合作，从而推动档案馆的创新发展。

美国国家档案馆开展了丰富多彩的档案教育活动，包括吸引学生到档案馆进行专题学习，在线分享教学工具和教案，展示新开放的档案，提供多媒体信息资源和其他网络内容，创建“档案教学”网站，等等。教师可以注册免费账户，在该网站为学生创建或定制教育项目。例如，美国国家档案馆利用相关档案开展“扩大妇女选举权”系列教育活动，针对 7～12 年级学生，由教师带领学生阅读档案，引导学生思考相关问题，并以小游戏的形式，将有关这段历史的档案打乱，由学生根据活动进程对文档进行排序，同时列出各自反对或支持扩大妇女选举权的论据进行分享，用体验式历史学习取代了用课本进行单向知识传输，提高了学生的历史素养。根据美国国家档案馆官方统计，2015 年社会公众参与档案馆教育项目的人数达到 55 万。[①]

英国国家档案馆也积极利用档案开展教育活动，在其官网开设了专门的教育栏目，面向学校和公众提供丰富多样的教育资源。2017 年，英国国家档案馆和萨塞克斯大学联手制订教师学者计划，提供在线资源支持现代英国和世界历史的教学。[②]

我国档案部门通过生动活泼的多种形式发挥档案教育作用，效果突出。2011 年，教育部和国家档案局共同发布《关于建立中小学档案教育社会实践基地开展档案教育的通知》，认为档案教育已经成为普及全民教育的一种有效形式。2019 年，国家档案局发布《国家档案馆爱国主义教育基地工作规范》，要求挖掘馆藏档案的社会教育价值，深化其教育效果。江西省档案馆先后与华东交通大学、南昌大学等四所高校签订协议，共建党史与思政教育基地[③]。云南省档案馆推出原创环境戏剧《红色档案室之一触即发》，由观众和专业演员配合完成战争年代保护红色档案的剧情演绎，让观众获得“沉浸式＋角色扮演＋任务游戏”的多种体验，成为党史学习教育热门项目[④]。各级各类档案馆建立各种教育基地，举办丰富多彩的青少年活动和专题教育活动，如开办档案公众号，开展演讲报告，拍摄档案专题视频、微电影，以及进行各种艺术创作，一些档案馆还编写档案乡土教材

① 王玉珏，张晨文，陈洁．美国国家档案馆公众教育服务的发展．档案学研究，2017（5）．

② 相关内容请参考英国国家档案馆网站：http://www.nationalarchives.gov.uk/education/teachers/professional-development/sussex-teacher- scholar-scheme/。

③ 吴丛．峥嵘岁月铸丰碑　红色基因永传承：江西省档案馆国家重点档案保护与开发项目“红旗漫卷江西：革命历史档案文献展”纪实．中国档案，2021（5）．

④ 云南打造首个红色主题环境戏剧　沉浸式体验让党史学习教育“活起来”．(2021-12-30)[2022-03-27]．https://baijiahao.baidu.com/s?id=1720556548079790849&wfr=spider&for=pc.

和通俗读本、举办档案夏令营，努力扩大档案受众面，让更多的人用或严肃或轻松的方式了解真相，接受历史文化教育。苏州中国丝绸档案馆设计了《第 7 档案室》实景解谜书和游戏，集“思”“玩”“学”“教”于一体，将档案知识融入沉浸式书本中，通过趣味探索，让人们在解谜书中接触档案、了解档案，达到“不言之教”的效果。①

档案作用的领域非常广泛，除上述六个方面之外，档案在政治、经济、军事、公民休闲寻根、心理建设等很多方面都会发挥重要的作用，而且随着档案开发的深化，还会发生新的扩展。

第四节　实现档案价值的特点与条件

档案的价值是客观存在的，档案价值的实现有其特点，需要一定的条件保障。研究和掌握实现档案价值的特点与条件，是为了更合理、更有效地发挥档案的作用。根据多年来档案界的探讨，实现档案价值的特点与条件可简要概括为以下几个方面。

一、档案价值的扩展性

由于档案具有原始记录性、内容与版本的唯一性等特点，因此档案价值是可以扩大和发展的。档案价值的扩展主要表现为两种形式。

（一）由于价值主体扩展而导致的档案价值扩展

这是指随着时间的推移，可能与档案发生关系的人群逐渐扩大，档案利用者及其需求的范围呈拓宽趋势，由此导致档案价值的扩展。造成档案价值主体扩展的主要原因有：

第一，档案作用从形成机关扩展到全社会。大部分档案在形成后一段时期内，作为机关工作和生产活动的必要条件，发挥作用的对象主要是本机关（含各类企事业单位）。本机关了解既往情况、处理现实工作以及进行未来预测，都离不开自身形成的档案信息。而在这段时期内，社会上其他机关单位对利用这些档案的需要并不突出，一般也难以实现，因此档案的利用者主要限于档案形成机关内。档案在这一时期的作用主要表现为对行政工作、业务活动的信息支持，价值主体受到一定的限制，利用者及其需求局限在一定的范围内，比较单一、明确。

经过一段时间，档案的现行作用逐渐淡化直至完结，尽管有些还为本机关所需要，但作为社会财富和社会信息系统的组成部分，其长远价值和全面作用会冲破其形成机关的范围，而使社会各个方面的利用需求凸显出来。利用者的范围从档案形成机关扩展到全社会，档案价值主体突破了初期的各种限制，形成了丰富的多样化的价值形态。

第二，档案机密程度递减。档案是社会生活的真实记录，不同国家、政党、集团、

---

① 江苏书展｜在书展就能玩的实景解谜游戏，《第 7 档案室》首发 .（2021-07-07）[2022-03-27]. https://k. sina. com. cn/article _ 1653603955 _ 628ffe73020014itv. html.

机关、企事业单位以及个人还存在各自的政治和经济利益，因此，必然有一部分活动记录不能公开，这就使一部分文件，即使转化为档案后也具有一定的机密性，分为绝密、机密、秘密等不同密级。所谓保密，就是限制利用。档案的保密程度，实质上是档案准许利用的范围和程度的问题。世界上从来没有任何时候对任何人都保密的档案，只不过是在某些时间内限制某些人使用而已。处在保密期的文件或档案，被允许利用、与这些文件或档案发生关系的人就比较少，档案价值的实现被限制在可以接触这些档案的利用者范围内。

档案的机密性随着时间的推移和条件的改变发生变化：有些档案涉及国家政治、军事和科学机密，在若干年以后仍须保密；有些档案经过一定的时间便降低了机密程度；有的档案经过一定的时间则失去其机密性。例如，解放战争中“三大战役”的有关文件，在形成初期无疑是十分机密的，而到新中国成立后其中大部分便无须保密，公之于众更有益于学习和研究。

案例

1963 年 11 月 22 日，美国第 35 任总统约翰·肯尼迪遇刺身亡，围绕这一案件调查形成的大量档案在事件之初处于严格保密状态。伴随美国民众对公布有关遇刺事件档案的强烈呼声，1992 年美国国会通过了《肯迪尼遇刺档案记录收藏法案》，规定肯尼迪遇刺档案集的所有档案必须在该法案生效 25 周年，即 2017 年 10 月 26 日之前解密并向公众开放，除非当届美国总统确认这些档案的开放会对美国军事、情报、执法以及外交等造成危害，并且这种危害已经超过了档案开放代表的公共利益。根据该法案规定，除少部分档案经特朗普总统签署备忘录延期解密半年之外，美国国家档案与文件署依法如期解密并开放了肯尼迪遇刺档案集的档案。①

一般说来，档案机密性逐渐弱化、递减是一种总的趋势，档案机密性的强弱与保存时间的久暂成反比。随着时间的推移，过去利益攸关的重大问题逐渐成为历史陈迹，保守机密的必要性也逐渐丧失了。档案机密程度的逐渐减退，表明限制放宽，档案利用者的范围得以扩大，这必将导致档案价值的更广泛实现。

（二）由于档案作用性质变化而导致的档案价值扩展

档案对于利用者的有用性是多方面的，而这些用途并不是同时显现出来的。随着时间的推移和条件的变化，不仅利用者的范围得以扩大，档案的作用性质也会发生变化，呈现出档案价值的多元性特征。

一般说来，档案在形成之初主要发挥行政或业务方面的作用，随着现行期的结束，档案的作用逐步从单纯的行政、业务的信息支持扩展到科学、文化、教育、司法、休闲等各个方面。这是因为档案的前身——文件是以处理现行事务为目的的，在文件转化为

① 祁天娇．从“约翰·F. 肯迪尼遇刺档案”看美国档案解密与开放．北京档案，2018（4）.

档案之初，档案与现行事务还有着多方面的关系，其中有些政策、法令性文件还具有现行效用，现行机关在日常工作中经常需要查考这些档案，因此，这时档案的行政、业务作用是主要的。随着时间的推移，保存时间较长的档案与现行事务的联系越来越少，行政、业务查考的必要性逐步减少，对档案利用的限制逐步减少，利用者可以从科学文化、历史研究的不同角度利用档案，从而使档案的多方面作用凸显出来。

档案作用性质的扩展表现为档案不仅可以用于与其相应的活动，如行政档案用于行政工作查考、基建档案用于房屋维修等。同时，档案可以发挥多种作用，有些甚至超出档案形成者的预想。如行政管理活动中形成的档案可为人口研究提供微观数据，账本和房地契可成为经济史研究的素材，等等，从而增加了档案价值实现的领域、形式与可能性。

了解档案价值扩展性，对于处理好档案管理中当前与长远、局部与整体、保密与开放的关系具有科学的指导作用。具体表现为：第一，正确认识单位内部档案机构和公共档案馆的服务方向和职能定位，内部档案机构一方面要服务于本单位，促进档案对形成者自身的价值的实现，同时要积极积累具有长远利用价值的档案，为档案社会价值的实现创造条件。公共档案馆要采取各种措施，面向广大公众，扩大服务范围，促进档案价值的扩展。第二，确定合理的档案归档、移交时间，建立合理的馆藏结构，以适应不同时期档案价值实现的特点和要求。第三，在档案鉴定工作中以全面的、历史的、发展的观点来分析档案的价值，避免片面性。第四，坚持正确的保密观念，对具有保密要求的档案采取相应的保密措施，同时制定和实施降密、解密制度，根据客观实际情况的变化适时地调整档案密级，降密解密，扩大利用范围。第五，树立服务观念，依法积极开放档案，促进档案工作由封闭型、半封闭型向开放型转变，更合理、更广泛地开发档案信息资源，为社会各方面服务，研究不同时期档案的作用领域，适时推进档案价值的合理扩展。

二、档案价值的时效性

时效，指的是某一事物在一定时间内发挥作用的特性。档案价值的时效性是指档案对社会的有用性是有时限的，某些档案在一定时期内对利用者是有价值的，超过这个时间限制后则降低或丧失了价值。档案价值的时效性主要表现在两个方面。

（一）档案与利用者需求之间关系的时效性

并不是所有文件的生命期都一样长，姑且不论其自然寿命，仅就其有用性而言，有些在文书处理过程完结后就被淘汰，有些在现行期或半现行期内有利用价值，有些则在进入非现行期乃至永远都可能因有用而被保存。从一定意义上说，档案的价值鉴定就是认识和确定档案价值的时效期，档案保管期限就是档案时效期的具体体现。搞清档案的时效期，划分档案的保管期限是一项十分复杂、十分重要的工作。

不同种类档案的时效性有不同的特点。文书档案的时效期通常取决于人们对其记录内容的认知和需求程度，有一定的不确定性、弹性或跨度。其中一些类型的档案的时效性比较明确，如一般事务性通知在通知事项被执行之后其作用便基本消失，合同、协议类文件的时效性与其有效期直接相关，等等。科技档案的时效期因其门类有所不同。天文、水文、勘测、气象等类档案积累得越多，越容易找出其中的规律，因而时效期长。相当一部分工程技术档案的时效期与其记录和反映的实体对象的寿命是直接相关的。比如，基建档案所反映的对象是某一建筑物、构筑物，设备档案所反映的是某一设备，一旦实体对象报废或不复存在，这些档案的凭证作用就大大降低甚至消失了。技术的飞速进步，导致此类档案所承载的静态知识老化周期变短，其参考作用也会变小，甚至变得微不足道。一种新产品、新技术、新工艺的档案材料，如果能够及时地有偿转让给他人参考，人们就可吸取其科技成果；省时省力地制造出新的科技成果；如果封闭几十年，就可能一文不值了。

从价值主体方面看，利用者的某些需求也具有时效性。如果未能使档案适时地满足利用者的需求，有些档案价值就会失效，或变得毫无意义。当人们需要利用某些档案信息进行决策、判断而未能获得时，一旦做出错误决断，有些后果是难以挽救的，这些可资为凭的档案就错过了实现凭证价值的时机。下述两个实例所反映的情况如果等到几十年后档案开放时才发现，就毫无意义了。

案例 1

2020 年年初新冠肺炎疫情在武汉肆虐期间，国家电网公司、中国建筑股份有限公司、中国中元国际工程有限公司等第一时间调阅相关图纸档案，为迅速建成火神山、雷神山医院发挥了重要作用。[①]

案例 2

1987 年，上海宝钢原料码头引桥被轮船撞断，主副原料输送系统全部中断。档案部门闻讯后在 20 分钟内调出有关图纸急送现场，在抢修引桥过程中为有关部门查找和提供底图近 2 500 张，复印蓝图 13 000 余张，修复任务按常规工期为 6 个月，但仅用 85 天就完成了，节省费用 6 000 余万元。

（二）档案价值形态的时效性

从档案价值的扩展性可知，档案对于利用者有多方面的作用，因而具有各种不同的价值形态。而这些作用往往是在不同的时间段中发挥出来的。例如，档案形成之初以行政、业务作用为主，后来转向科学、文化等其他作用。如一些具有行政和法律效力的文件，在其有效期过后失去了行政、法律约束力，但可能依然具有参考、研究、记忆和数

① 陆国强．推动档案事业在高质量发展轨道上迈出坚实步伐：在 2020 年全国档案局长馆长会议上的报告．四川档案，2021（1）．

据要素价值。不同作用的此消彼长说明档案在不同的时间内可与不同的利用需求形成不同的价值，社会政治、经济、文化状况对于不同形态档案价值的实现也具有直接的影响。档案工作者在了解这种变化趋势的同时，也应把握变化的时间和阶段性，以防错失某些价值实现的最佳时机。比如文书档案中一些反映行政和业务管理活动的原始记录，如果及时加以整理研究，常常可以从中总结出有益的经验教训，作为现实工作的借鉴。而等到几十年后再去研究它，档案的资政作用已基本消失，剩下的主要是史料作用了。

了解档案价值的时效性，有利于档案工作者以辩证的思维认识时间对于档案价值和作用的影响，正确地判断不同档案的时效性，不失时机地开发档案信息资源，积极地提供利用，防止本应被适时利用的档案因提供过晚而丧失部分或全部价值。

三、实现档案价值的条件

档案价值关系不是天然存在的，而是通过主体与客体之间的相互联系、相互作用而形成的，这种联系和作用就是档案利用活动。档案利用是档案价值产生和实现的中介和必要条件。没有利用活动，利用者与档案之间便无法结成价值关系，档案价值的实现也无从谈起。

档案利用活动的可能性、广泛性及其效果取决于一定的条件。当档案没有为利用者提供有用性时，它的价值是潜在的。在一定的条件下，档案被利用者有效利用，产生社会效益或经济效益，它的潜在价值才能转化为现实价值。对档案价值实现产生影响的条件涉及很多因素，可主要概括为以下三个方面。

（一）社会环境

社会制度、国家有关法规政策、政治经济形势等对档案利用需求，以及档案机构可能提供档案的程度有很大的制约作用，从而对档案价值关系的形成和实现具有直接的影响。

在奴隶社会、封建社会，对档案的封锁是十分严格的，除少数统治者外，其他人无权接触档案。社会民主化程度的提高，赋予更多的人以更多的利用档案的机会，档案价值的实现范围便扩大了。

一个国家的信息法规、政策，档案工作的法规、方针、政策、制度对档案价值的实现具有重要的甚至决定性的影响。如果档案工作指导思想有偏差、重管轻用，或利用政策不明确、封闭期长等，没有制定或实施降密、解密制度，那么都会对利用活动产生不合理的限制，影响档案价值的实现。例如，在我国没有制定档案开放政策时，档案利用的限制较大，1980 年国家提出了开放历史档案的方针，1987 年通过的《档案法》中又明确提出了开放档案的条款，随之而来的是全国前所未有的档案利用热潮。2020 年修订通过的《档案法》将档案的开放期从形成之日起满 30 年提前为满 25 年，有利于档案的进一步开放利用。现代以来，世界各国普遍出现缩短封闭期限、提前开放档案的趋势，20 世纪 50 年代以前一般封闭期为 50～60 年，后来逐渐缩短为 30～50 年，21 世纪以来进一步缩短。1966 年美国《信息自由法令》公布后，很多国家在其影响下加快了档案开放进程。我国的档案法律、政策规定也逐步缩短封闭期，简化利用手续，旨在扩大利用范围，促进档案的潜在价值向现实价值的转化。积极的档案利用和开放政策，有利于引导、鼓励和保障档案利用，通过各种方式开发档案信息资源，使档案最大限度地发挥作用。如果让档案长年沉睡于库房，档案价值沉寂其中，这种宝贵的信息资源就会浪费殆尽。

国家的政治形势、经济形势、科技水平对档案利用环境是否宽松、利用需求是否旺盛、提供利用服务的手段是否先进便捷等也会产生直接或间接的影响。

（二）社会档案意识

广大公众对档案的普遍认识水平可称为“社会档案意识”。社会对档案的需求程度以及档案工作能够满足需求的程度与社会档案意识密切相关。社会档案意识是一个国家、一个地区文明程度的标志之一，既取决于社会文明程度，反过来又对其产生正面或负面的影响。社会档案意识对档案价值实现的影响主要表现在三个方面：档案利用需求、档案利用政策和档案服务观念。在社会档案意识比较强的地方和单位，档案利用需求较大，档案利用政策明确，档案部门服务意识强，档案价值实现得就比较好；相反，在不了解和不重视档案的地方和单位，人们既不注意保管档案，也不注意利用档案，档案的完整齐全尚难保证，开发利用更是开展不利，档案价值是难以形成和实现的。提高社会档案意识，从根本上讲有赖于社会文明程度的提高，开展广泛深入的档案宣传、做好服务工作使人们从档案中受益，也是卓有成效的。

（三）档案管理水平

档案管理水平的高低，直接影响到档案管理部门提供档案服务、满足社会需求的能力，以及利用者获取所需档案信息的可能性。从宏观而言，档案管理是指对国家或地区档案工作的统筹规划、组织协调、监督、检查和指导，包括档案管理体制的确立、调整和完善，档案机构网络和信息网络的布局设计和组织建设，档案法规、政策的制定和实施，等等。从微观而言，档案管理主要是指制定和实施档案业务的具体原则和方法，设计和建立档案实体和档案信息管理系统，实施对档案的收集、整理、鉴定、保管、统计、检索、提供利用、编研，以及建立档案信息库和查询系统，开展网络信息服务等具体业务。这些工作做好了，利用者可以方便、顺利地获取档案信息，满足已有的需求，还可能诱发新的利用动机，扩大社会档案需求，促进档案价值的实现。相反，如果档案网络布局不合理，收集不齐全，整理不科学，鉴定有所偏差，保管不善，拒借率高，查询烦琐，手段落后，那么，许多利用者将降低或失去利用档案的欲望和需求，档案的价值只能停留于潜在状态而无法实现。因此，提高档案的科学管理水平，深入开发档案信息资源，提供优质高效的利用服务，是促进档案价值实现的重要条件。

复习思考题

1. 为什么要研究档案的价值与作用问题？
2. 目前档案学界关于档案价值问题的研究，有哪几种具有代表性的学术理论观点？

对这些观点你有何评价？

3. 什么是档案的作用？它与档案的价值之间是一种什么关系？

4. 如何理解“档案价值形态”这一概念？

5. 档案的基本价值形态有哪几种？

6. 档案为什么具有凭证价值、情报价值、记忆价值和数据要素价值？

7. 档案的现实价值是什么？档案的长远价值是什么？

8. 档案对于形成者的价值和对于社会的价值的研究，有何理论和实践意义？

9. 档案的作用主要表现在哪些方面？认识档案的各种作用对档案工作有何实践意义？

10. 说明档案为什么具有行政和业务作用。

11. 认识档案的法律作用有何现实意义？

12. 说明档案为什么具有科学作用、文化作用和教育作用。

13. 为什么要研究档案价值实现的特点？

14. 试述档案价值扩展的形式和原因。

15. 试述档案价值的时效性的主要表现。

16. 试述档案价值的扩展性和时效性的适用范围以及相互关系。

17. 档案的机密性递减特点在档案利用政策和制度中应该如何体现？

18. 你对档案价值的实现特点有什么新认识？

第二篇

档案事业

第四章

档案事业及其构成

本章要点

● 介绍我国档案管理工作、档案行政管理工作、档案教育工作、档案宣传工作、档案科学技术研究工作及档案国际合作与交流工作的主要内容。

● 说明我国档案工作基本原则的形成过程及其基本内容构成。

● 介绍档案事业管理体制的基本类型及我国档案事业管理体制的发展沿革情况。

关键词

档案事业	档案管理
档案行政管理	档案教育
档案宣传	档案科学技术研究
档案国际合作与交流	档案工作基本原则
《关于加强国家档案工作的决定》	管理体制
分散制	集中制

第一节　档案工作的内容

档案工作，从广义上说，包括档案管理工作、档案行政管理工作、档案教育工作、档案宣传工作、档案科学技术研究工作、档案国际合作与交流工作等，相当于档案事业；从狭义上说，主要是指档案管理工作。本章主要从广义上来谈档案工作。

一、档案管理工作

档案管理工作是指用科学的原则和方法管理和利用档案，为党和国家各项事业服务的工作，侧重于围绕档案开展的一系列业务操作，基本内容包括：档案的收集、整理、鉴定、保管、编目与检索、编辑与研究、统计和利用服务等。上述档案管理业务内容的划分只是相对的，我国档案界长期以来将档案管理业务分为“六个环节”或“八个环节”。随着档案管理现代化的发展，档案管理业务的内容与结构还将发生新的变化。

档案管理业务的诸环节是适应社会实践的需要而产生和发展的。党政机关、企事业单位、社会组织和个人在参与社会活动时形成了大量文件，社会活动的延续又需要经常使用这些文件。文件形成后的自然状况并不能完全适应社会对其实际利用的需要，为此，必须按照科学的原则和方法对这些文件进行专门的管理，这就形成了档案管理业务的各项内容。

（一）档案收集工作

在社会活动过程中，文件在形成之初多呈现分散状态，且数量浩繁，而文件形成者与社会对档案的利用则要求其在一定程度上有所集中。为了解决档案的分散形成与集中利用之间的矛盾，就形成了档案的收集工作。档案的收集工作包括档案室按规定接收归档文件、档案馆按规定接收各单位移交档案进馆和面向社会公开征集档案进馆。

（二）档案整理工作

收集起来的档案数量庞大且零乱，不便于日常管理和实际利用。为了解决档案的零乱无序与管理和利用的系统化要求之间的矛盾，就形成了档案的整理工作。

（三）档案鉴定工作

不断增长的档案具有不同的保存价值。为了使有保存价值的档案能够得到优先保管并发挥最大作用，以满足社会利用的需要，就形成了档案的鉴定工作。

（四）档案保管工作

由于自然和社会的各种原因，档案总是处于渐变性的自毁过程中，或者可能会遭到突变性的破坏，而社会利用则要求档案在长时期内保存完好。为了解决档案自然寿命的有限性与社会长远利用需要之间的矛盾，就形成了档案的保管工作。

（五）档案编目与检索工作

数量庞大的档案实体，通常是按照它的自然形成规律进行整理存放的。为了解决档案馆藏体系的单向线性排列与社会多样和变化的利用需要之间的矛盾，为档案的查找提供手段，就形成了档案的编目与检索工作。

（六）档案编辑与研究工作

档案部门收存的档案内容十分丰富，为了方便社会各方面对档案的利用，需要对档案进行研究，汇编出版各种档案参考资料，如年鉴、大事记、组织沿革、专题档案汇编等，这就形成了档案的编辑与研究工作。

（七）档案统计工作

为了了解档案工作的基本情况，分析档案工作的普遍规律，以此为依据提高档案管理水平，需要对档案和档案管理的状态进行数量观察和分析研究，进而形成了档案的统计工作。例如，国家档案局每年都组织编制《全国档案事业统计年报》。

（八）档案利用服务工作

对档案进行一系列的管理活动，其最终目的是发挥档案的价值。为了满足用户对档案的多样化需求，通过各种方式将档案资源及相关服务输送至用户端至关重要，这就形成了档案的利用服务工作。

上述档案管理业务的各个环节，可以被划分为两个基本的组成部分，即档案基础工作和档案提供利用工作。档案基础工作为档案提供利用工作创造条件；档案提供利用工作则反映了档案基础工作的成果，同时也向基础工作提出了新的要求。

二、档案行政管理工作

档案行政管理工作是指对全国、地方以及各单位档案工作进行统筹规划、组织协调、统一制度、监督指导的活动。《档案法》第八条规定："国家档案主管部门主管全国的档案工作，负责全国档案事业的统筹规划和组织协调，建立统一制度，实行监督和指导。县级以上地方档案主管部门主管本行政区域内的档案工作，对本行政区域内机关、团体、企业事业单位和其他组织的档案工作实行监督和指导。"目前，国家档案主管部门为国家档案局，地方档案主管部门为地方档案局（一般由地方党委办公厅/室加挂档案局牌子）。

档案行政管理工作的目的是不断调节档案系统的内部关系和外部关系，促进档案事业循着科学发展之路前行，进而推进国家治理体系与治理能力现代化。档案行政管理工作的主要内容是：以法律法规为依据，以现代治理理念为指引，以档案主管部门为核心，以培训和提高档案工作人员的行政能力和水平为手段，通过调查研究和加强管理，完成规划制定、统一制度、行政监督、执法检查、组织协调、业务指导和咨询服务的任务，提高档案行政效率，从而促进档案事业整体水平的提高。

三、档案教育工作

（一）我国档案教育的历史与现状

档案教育是档案事业的重要组成部分。档案事业建设需要发展档案教育，培养档案专业人才。

我国档案教育始于 20 世纪 30 年代。1934 年，私立武昌文华图书馆专科学校设立档案管理特种教席，标志着我国档案教育的问世。1939 年该校兼办一年制的档案讲习班，1940 年正式改为两年制的档案专科，1947 年后又改为三年制。1946 年 3 月，殷钟麒等人在重庆创办了一所私立崇实档案函授学校（后改名为崇实档案学校）。可见，我国的档案教育始于 20 世纪 30 年代，于 20 世纪 40 年代有了一定的发展。尽管当时并未形成系统的档案教育体系，但已有了第一批档案教育师资，先后培训了 2 000 多名档案管理人员，这对当时档案工作的开展无疑起到了一定的推动作用。同时，旧中国档案教育的多层次性、专业课程设置上的实用性等亦为新中国档案教育积累了一定经验。

中华人民共和国成立后，随着我国档案事业的发展，档案教育也取得了较快发展。1950 年 9 月至 1951 年 1 月，中南军政委员会和湖北省人民政府曾联合委托武昌文华图书馆学专科学校开设档案训练班，1951 年北京大学图书馆专科办过档案专科班，1952 年辽西省委（后并入辽宁省）曾举办过档案工作短期研究班。上述多种类型的档案教育的尝试，为创建新中国的档案教育进行了开拓性探索。

1952 年 11 月 15 日，中共中央和政务院联合做出决定，批准中国人民大学设立档案专修班，这标志着新中国档案教育事业的正式创立。中国人民大学档案专修班于 1953 年 7 月改为专修科；1955 年 9 月扩充为历史档案系；1974 年被迫停办；1978 年重新恢复并更名为档案系；1985 年，经原国家教委批准成立了中国人民大学档案学院，成为全国档案教育与档案学研究中心，以及培训高等学校档案师资的重要基地。

进入 20 世纪 80 年代后，随着我国档案事业的发展，我国档案教育进入了一个大规模、实质性发展的阶段。如今，我国已基本形成一个多层次、多渠道的较为合理的全国档案教育网络体系。随着信息技术运用的普及和社会对档案管理人才需求的变化，在今后一段时期内，我国档案教育还会在培养目标、课程设置等方面有新的发展。

（二）档案教育结构

档案教育结构是指档案教育的诸因素及其相互关系。档案教育的目的是培养不同水平、不同层次的各类档案专门人才。档案教育结构是一个多层次、多系列的复合结构。

从宏观上看，我国档案教育体系主要包括高等教育、中等教育、在职教育和社会教育四个部分。

档案高等教育是我国档案教育的核心部分，是培养中高级档案管理人才、档案研究人才、信息开发人才和档案事业管理人才的主要途径。我国档案高等教育包括研究生（含博士研究生和硕士研究生）教育和本科生教育。目前全国已有中国人民大学、武汉大学、南京大学、云南大学、上海大学、湘潭大学等 38 所高校开设了不同层次的档案学专业，其中 34 所开设了本科生教育、33 所开设了硕士生教育、8 所开设了博士生教育。

档案中等教育是培养初级档案管理人员、技术人员的主要途径，是我国档案教育体系结构中的重要组成部分。它的办学形式主要有中等专业学校和职业学校两种。档案中等教育以四川省档案学校为代表。

档案在职教育是对已从事档案工作的人员进行档案专业知识的提高性教育。它包括两个方面：一是对受过档案专业教育的人员进行继续教育，以新理论、新技术、新方法的传授为主要目的；二是对未受过档案专业系统教育的档案人员进行培训，以档案基础理论、基本管理方法的普及为主要目的。国家档案局下设档案干部教育中心，许多地方档案部门也设有类似机构，负责档案在职教育。2018 年，国家档案局、人力资源社会保障部联合印发《档案专业人员继续教育规定》（档发〔2018〕19 号），以规范和推进档案专业人员的继续教育工作。

档案社会教育是指向社会各方面宣传档案学知识，增强社会的档案意识。这种类型的档案教育采取举办档案展览、编写各类通俗读物等多种方式进行。

我国档案事业的发展需要数量充足、结构合理的高、中、初级档案专业人才，一个国家、地区或专业系统的档案人才的能级结构是否合理，直接关系到人才的使用效益。因此，档案教育也必须根据一定时期一个国家、地区或专业系统的档案人才需求状况，合理确定档案高等、中等及在职教育的发展比例。

档案事业的发展需要不同专业知识结构的人才。从事档案学研究、档案业务管理、档案事业组织管理等工作的各类人才所需专业知识结构各不相同。因此，档案教育应根据档案事业发展所需要的各类人才比例结构，合理设置各类人才的专业知识结构。

四、档案宣传工作

（一）档案宣传的含义

档案宣传是向人们传播档案内容信息、介绍档案工作进展情况、宣传档案人员先进事迹，以提高大众档案意识，从而推动档案工作发展的过程。具体而言，一方面是向广大档案工作者宣传党和国家有关档案工作的法规与政策，对其进行思想教育，使其保有正确的工作理念与高度的职业认同；另一方面是向社会公众宣传档案和档案工作，使其了解和支持档案工作。总体而言，档案宣传是以提升社会档案意识为核心的一种舆论引导和舆论监督性质的工作。它既是党和国家整个宣传工作的一个方面，又是档案事业的一个重要组成部分和发展档案事业的一个重要条件。同时，它也是对档案事业实行宏观管理、进行监督指导的一种手段。

档案宣传工作的目的是通过广泛动员、大力教育、适度激励的方式，使档案工作者积极投身于本职工作，使社会大众全面认可且乐于支持档案事业建设。通过宣传扩大档案工作的社会影响，在强化档案人员的职业认同感的基础上争取社会各方面对档案工作的关心、重视与支持，是档案事业同其他社会事业协同发展的重要途径。

（二）档案宣传的内容

档案宣传的内容由以下几个方面构成。

1. 宣传档案

一方面，通过展览、图书、报刊、社交媒体等形式推介档案中有普遍价值、特殊意义的信息，使用户能直接获取并享受该档案资源。另一方面，介绍档案机构及其他部门、个人保存档案的状况、价值，以及用户通过利用它们所实现的社会效益和经济效益，使人们更好地认识、了解和熟悉档案，从而获得线索或启示，激发自身利用档案的需求和动力。

2. 宣传档案工作

宣传档案工作的内容极其广泛，从宏观层面来看，党和国家有关档案工作的方针政策、法规制度是档案宣传的主线；从微观层面来看，档案工作的重要意义、基础知识、现有成就、先进经验等构成档案宣传的主要内容。随着档案事业的发展，档案宣传工作的内容也将不断开拓新的领域。

3. 宣传档案人员

一方面，着眼于过去，挖掘并宣传与档案领域渊源较深且做出重要贡献的人物及其事迹；另一方面，着眼于当下，介绍并推广档案行业中优秀的档案工作者及其事迹，以此激发全体档案人员乃至广大人民群众的工作热情。

（三）档案宣传的形式

档案宣传的形式有如下几种。

1. 口头宣传

口头宣传包括：向领导和有关部门口头汇报档案工作的情况和成就，请示、反映急需解决的问题和困难；举办各种座谈会、讲座、报告会等活动；结合收存档案、接待用户、业务监督与指导等工作进行宣传。

2. 运用大众传播媒介

大众传播媒介指报纸、期刊、广播、电视等传播手段。运用大众传播媒介，可采取多种形式，如邀请新闻记者采访，档案机构与人员向新闻机构投稿，与有关部门协作拍摄制作介绍档案和档案工作的影片、录像片，等等。

3. 档案陈列与展览

档案陈列与展览是以档案实物、图表、照片等进行宣传的一种复合型的档案信息传播形式。档案陈列与展览按照时间长短可以分为长期陈列与展览、短期陈列与展览；按照形式又可分为流动展览和固定展览等。

4. 档案专业报刊

利用档案专业报刊宣传档案工作和档案学的最新成果，从而达到指导工作、传播信息、交流经验和普及专业知识的目的。国家级档案专业报刊包括《中国档案》《中国档案报》《档案学通讯》《档案学研究》，地方档案专业报刊如《北京档案》《浙江档案》《档案与建设》《档案管理》等。

5. 档案网站

通过专业网站传播与推广档案和档案工作是档案宣传的重要渠道。档案网站作为具有平台性质的宣传媒介，具有传播速度快、影响范围广、交互功能强等特点，其可承载内容之广有目共睹。档案馆藏现状、档案内容、档案工作政策与法规、档案人员的先进事迹、档案数字展览等均可以在档案网站上进行宣传介绍。

6. 档案社交媒体

近年来，通过微博、微信公众号等社交媒体开展档案宣传成为一种时尚，具有传播及时、形式多样、受众广泛等特点，为人民群众所喜闻乐见。比较有影响力的微信公众号包括“金山记忆”“档案春秋”“档案那些事儿”“兰台之家”等。

五、档案科学技术研究工作

档案科学技术研究工作，是通过调查、观察、实验、比较、分析等手段，对档案工作实践的感性材料加以研究、提炼、总结，进而上升为理性成果的一项创造性工作。在我国档案事业体系中，档案科学技术研究工作是其中重要的组成部分，是档案事业建设与发展的重要条件。

在现阶段，我国档案科学技术研究工作的主要指导思想与根本任务是：运用科学的世界观与方法论，理论联系实际，总结我国档案事业发展的经验与规律，批判继承中外档案领域的先进理念与科技遗产，深入探索实现档案管理现代化的理论、技术与方法，为走中国特色的档案事业发展之路献智献策、开拓创新。

我国档案科学技术研究工作按其研究对象的性质划分，主要包括以下内容。

1. 档案科学的基础理论研究

档案科学理论基于档案工作实践，同时又高于档案工作实践。因此，理论研究具有前瞻性和引导性的特点。我国档案科学的基础理论研究包括对档案现象的认识、对档案工作客观规律的理性揭示和对档案事业发展的理论探索等几个方面。

2. 档案科学的应用理论研究

档案工作是一项管理性、操作性较强的工作，档案管理的各项业务工作需要以科学的理论作为指导。我国的档案学应用理论主要是针对档案收集、鉴定、保管、检索、编研、统计和利用等一系列业务操作进行的管理理论研究。

3. 档案科学的应用技术研究

档案科学的应用技术研究的核心内容是档案建筑与保护技术研究和档案现代化管理技术研究。档案建筑与保护技术研究，涉及档案馆库建筑设计规范研究、档案库房温湿度控制与调节研究、档案载体防护研究、档案虫害防治研究、档案修复与字迹加固技术研究等。档案现代化管理技术研究涉及电子计算机辅助档案管理技术研究、电子文件管理研究、数字档案馆研究、档案缩微复制技术研究、档案标准化技术研究等。尤其是，当前云计算（cloud computing）、大数据（big data）、人工智能（artificial intelligence）、区块链（blockchain）、物联网（internet of things）、5G等先进信息技术飞速发展，对档案管理产生了深远影响，要求我们加快这些技术在档案管理中的应用研究。

六、档案国际合作与交流工作

档案国际合作与交流工作，是我国档案事业的一个重要组成部分，是发展我国档案事业的外部条件。同时，它又属于国家外事活动的组成部分，是国家对外文化与科技交流活动的一个重要方面。新中国成立后，我国档案界国际合作与交流工作主要是通过参加国际档案组织的活动、国家间双边档案工作的交流与合作，以及国际档案学术交流与合作等形式展开的。代表性的国际档案组织或国际档案项目包括国家档案理事会、联合国教科文组织世界记忆工程等。

第二节　档案工作的基本原则

1987 年 9 月 5 日第六届全国人大常委会第二十二次会议通过的《档案法》第五条规定："档案工作实行统一领导，分级管理的原则，维护档案完整与安全，便于社会各方面的利用。"这是用国家法律的形式确定了我国档案工作的基本原则，是新中国成立以来我国档案工作基本经验的总结，也是我国档案工作基本原则的进一步发展与完善。该原则随着《档案法》的历次修正、修订，一直沿用至今，2020 年 6 月 20 日第十三届全国人大常委会第十九次会议修订通过的《档案法》第四条仍保留了该表述。

一、我国档案工作基本原则的形成过程

列宁关于集中统一管理苏联档案工作的思想，对新中国建立初期制定档案工作原则起到了重要的指导作用。1918 年 6 月 1 日，列宁签署颁布了《关于改革与集中统一管理档案工作的法令》。该法令规定："从现在起组成统一的国家档案全宗。"这一法令和其后颁布的其他有关法令，废除了档案私有制，实行档案国有化。"档案由国家集中统一管理"这一思想奠定了社会主义国家档案工作管理的政治原则和组织原则。

1950 年年初，我国就开始研究列宁关于集中统一管理苏联档案工作的基本原则。1951 年 2 月，中共中央各部门第一次档案工作座谈会明确指出，档案管理必须集中统一。同年 9 月，中央人民政府政务院公布施行的《公文处理暂行办法》规定了机关档案工作以集中管理为原则。

1954 年 11 月，国务院设立了直属的国家档案局。国务院常务会议批准的《国家档案局组织简则》中明确指出，国家档案局的任务是"统一管理国家档案工作"。1955 年 1 月 27 日，中共中央批准的《中国共产党中央和省（市）级机关文书处理工作和档案工作暂行条例》规定："档案工作的基本原则，是集中统一地管理机关档案，维护档案的完整与安全，便利机关工作；反对分散保存。"它同时指出："这一暂行条例的原则，对国家机关和军事机关也是基本上适用的"。这是我国第一次提出档案工作的基本原则，它对明确我国档案工作的组织原则、基本要求和根本目的具有十分重要的历史意义。但是，由于当时国家规模的档案馆事业尚未建立起来，因而这一原则的适用范围只限于党、政、军机关的档案工作。

随着档案工作从机关范围向全国规模发展，1956 年 4 月 16 日，国务院颁发《关于加强国家档案工作的决定》明确指出："档案工作的基本原则是集中统一地管理国家档案，维护档案的完整与安全，便于国家各项工作的利用。"这是根据国家档案事业发展的形势，从全局出发考虑和确定的国家档案工作的基本原则。

1959 年 1 月 7 日，中共中央《关于统一管理党、政档案工作的通知》又确定了对党政档案和党政档案工作实行统一管理的原则，这就进一步充实和发展了我国档案工作基本原则的内容。

《档案法》中关于我国档案工作基本原则的规定，是在新的历史时期对我国档案工作基本原则的科学概括和创新发展。

二、档案工作基本原则的内容

我国档案工作基本原则的内容，是由三个互相联系的有机部分构成的。

（一）全国档案工作实行统一领导、分级管理

统一领导、分级管理，既是由我国社会主义制度决定的，又是档案工作发展的客观需要。它决定了我国档案工作的组织原则和管理体制。其具体内容主要包括三个方面：

第一，国家档案按规定分别由各级、各类档案保管机构集中管理。

现阶段，我国存在三种档案所有权，即国家所有、集体所有和个人所有。对三种不同所有权的档案，要按照有关档案法规规定，采取不同的管理办法。国家机关、国有企业及事业单位形成的档案，应按照有关规定定期向本单位档案机构或者档案工作人员移交，集中管理，任何个人不得拒绝归档或者据为己有。同时，国家机关、国有企业及事业单位应按照规定定期向有关档案馆移交需要长久保管的档案。中央各机关团体需长远保存的档案应向中央档案馆移交；地方各级机关团体需长远保存的档案应向地方各级综合性档案馆移交；一些新型载体档案或专业性较强的档案，按照国家有关规定由有关专门档案馆或部门档案馆保管。至于集体所有和个人所有的档案管理问题，《档案法》第二十二条规定："非国有企业、社会服务机构等单位和个人形成的档案，对国家和社会具有重要保存价值或者应当保密的，档案所有者应当妥善保管。"

第二，全国档案工作在中国共产党的领导下，由各级档案主管部门统一、分级、分专业管理。

所谓统一管理，是指国家档案主管部门主管全国档案工作，负责全国档案事业的统筹规划和组织协调，制定统一的档案法规和业务标准，提出统一的方针政策，进行业务指导和监督。

所谓分级管理，是指县级以上地方档案主管部门主管本行政区域内的档案工作，可按照国家有关档案工作的统一规定和要求，结合本地区的情况，制定本地区的档案工作规划、制度和办法，对本行政区域内机关、团体、企事业单位和其他组织的档案工作实行监督和指导。

所谓分专业管理，是指中央国家机关根据档案管理需要，在职责范围内指导本系统的档案业务工作。针对本专业系统的特点，制定本专业系统档案工作的规划、制度和办法，对本专业系统的档案工作进行指导和监督，保证国家有关档案工作的方针政策在本专业系统的贯彻执行。

第三，对党政档案和党政档案工作实行统一管理。

在 1959 年以前，我国党和政府的档案工作是分别管理的。1959 年 1 月 7 日，中共中央下发了《关于统一管理党、政档案工作的通知》，把党的档案工作和政府的档案工作统一起来，实行各级党委直接领导的体制。尽管这种领导体制经历了几次变动，但党政档

案、党政档案工作统一管理的管理体制没有变化。

（二）维护档案的完整与安全

维护档案的完整与安全，是档案工作的基本要求。只有维护档案的完整与安全，才能维护党和国家的历史真实面貌，才能充分发挥档案的作用。

1. 维护档案的完整

档案的完整性包括档案材料收集齐全和整理系统两个方面。收集齐全是指凡有保存价值的档案，都要尽量收集齐全，实现一个单位、一个系统、一个地区，直到整个国家真正有保存价值的档案的完整。只有这样，才能完整反映一个单位、一个系统、一个地区和整个国家社会基本活动的历史面貌。整理系统是指凡有保存价值的档案，必须按照它的形成规律，组织成有机联系的整体。只有按档案的形成规律将其组织成一个有机联系的整体，才能全面反映出一定社会活动主体从事社会活动的真实过程和本来面貌。

2. 维护档案的安全

档案的安全包括档案的实体安全和档案的内容安全两个方面。维护档案的实体安全，是指在管理和技术上采取相关措施，使档案不受损坏，尽量延长档案的寿命。维护档案的内容安全，是指对机密档案和需要控制利用范围的档案实行严格的管理，确保机密档案不丢失、不泄密、不超范围扩散。

（三）便于社会各方面的利用

便于社会各方面对档案的利用，满足社会对档案的广泛、多样需求，是档案工作的根本目的。因此，是否便于社会各方面对档案的利用，是检验档案工作效果的重要标准。档案工作做得是否有成效，主要是用档案工作的社会效益和经济效益来衡量的。同时，便于社会各方面对档案的利用，也是保证档案工作得以发展的重要条件。从我国现有的关于档案工作基本原则的三个不同表述中可以看到，我国档案工作中“便于利用”的范围是一个逐步扩大的过程。《档案法》中明确的“便于社会各方面的利用”的规定，是对我国档案工作基本原则的发展，体现了我国档案工作改革开放的精神。

我国档案工作基本原则的三个组成部分，是辩证统一的有机整体。统一领导、分级管理是核心，没有统一领导、分级管理的组织保证就不会有档案的完整与安全，便于社会各方面利用的目的也就很难实现；维护档案的完整与安全是手段，没有档案的完整与安全就不可能有档案的方便利用；便于社会各方面的利用是目的，离开了这个根本目的，维护档案的完整与安全也就失去了意义和方向。所以，应该全面地理解和贯彻执行档案工作的基本原则。

第三节　档案事业的管理体制

一、档案事业管理体制的基本类型

档案事业管理体制是指档案事业管理的体系和组织制度，包括档案行政管理部门的设置及其隶属关系、权限划分等。从世界范围看，按照中央、地方档案机构之间的关系，档案事业管理体制一般可分为分散式和集中式两种基本类型。

（一）分散式档案事业管理体制

分散制，指一些国家的地方档案机构不接受中央档案机构的领导、指导和监督。采用分散制的大多为联邦制国家。分散制主要有以下几种形式：一是英国式。英国、德国等国家在中央不设立国家档案行政管理部门，只设立国家档案馆。国家档案馆与地方档案馆之间权力基本均等，没有强制性的监督与被监督关系。但是，从 2011 年开始，英国国家档案馆对地方档案馆承担领导责任，并与各个档案馆及图书馆、博物馆等建立合作关系。[①] 二是瑞士式。中央不设立国家档案行政管理部门，只设立联邦档案馆，它与各州档案馆之间没有任何领导、指导和监督的关系，由档案工作者协会协调档案馆之间的关系。三是美国式。与上述略有不同的是，美国在首都设立联邦政府的档案业务管理机关——美国国家档案与文件署，通过其管辖的国家档案馆对联邦政府内各机构的档案实行集中统一管理。但该署与各州档案机构之间没有隶属关系，对各州档案工作不起任何领导、指导和监督作用。

（二）集中式档案事业管理体制

集中制，指一些国家的地方档案机构接受中央档案机构的领导、指导和监督。按照档案行政管理中心的设置及其性质，集中制的形式主要有：一是中国式。实行执政党和政府的档案、档案工作集中统一管理原则下的管理体制，在全国各级政府机构中设立档案主管部门，分级统一掌管全国档案事务。二是法国式。法国、意大利、罗马尼亚等国家在首都设立中央档案行政管理部门，即国家档案局，负责全国公共档案馆和公共档案事业建设，指导和监督中央、地方国家档案馆工作，但又尊重地方档案机构的自治权。三是瑞典式。瑞典、芬兰、挪威、丹麦等国家不单设档案行政管理部门，所设立的国家档案馆具有档案保管机构和档案行政管理部门的双重职能，国家档案馆同作为其分馆的地方档案馆之间，形成有隶属关系的档案馆网络。

应当指出，无论是分散制还是集中制下的各类档案机构，都是继承各国相应的历史传统，适应各自的国家政治、经济和档案事业发展需要的产物。从总体上说，虽然两种管理体制各有千秋，但相对而言，集中制比分散制更有利于档案工作以及档案事业的发展。当然，各国究竟适宜采用何种管理体制，应当从各国的不同国情出发，只要因地制宜，就是比较合适的档案事业管理体制。

二、我国档案事业管理体制的发展变化

新中国的档案事业管理体制经历了几次改革和变动。档案事业管理体制变动的主要

---

① 参考英国国家档案馆网站，网址：https://www.nationalarchives.gov.uk/archives-sector/our-archives-sector-role/our-leadership-role/。

特点是：档案事业由分散管理逐步向集中统一管理的管理体制发展过渡，集中式档案事业管理体制也处在不断完善之中。

（一）分散式档案事业管理体制

在新中国成立初期，我国各机关、团体、企事业单位和其他组织的档案工作基本处于“各自为政”的状态。全国档案工作没有统一的管理体制，中国共产党各级机关、国家政权机关、军事各部门的档案工作，虽然在总的指导思想和原则方面是一致的，但是三个系统实行分别管理，各自制定规章制度，各自进行业务指导与监督。因此，可以认为，在新中国成立初期，我国档案事业管理体制属于分散式的管理体制。

（二）集中式档案事业管理体制的发展

1954 年 11 月国务院设立国家档案局以后，国家逐步加强了档案工作的统一管理。1958 年 11 月，中共中央办公厅秘书局和国家档案局向中央提交了党、政档案工作统一管理的报告。次年，中共中央批准了这个报告，指出：把党的档案工作和政府的档案工作统一起来是完全必要的。从此，全国档案事业管理便完全集中统一起来，党加强了对档案工作的领导，档案工作实行各级党委直接领导的体制。这是档案事业管理体制的一次重大改革。

从 20 世纪 50 年代后期我国确立了档案事业集中统一管理体制以后，我国档案事业管理体制在集中统一管理这一基本原则下又进行了逐步发展与完善。

1978 年中共十一届三中全会以后，中共中央和国务院重申了各级档案工作机构既是党的机构，又是政府的机构，应由各级党委直接领导的管理体制，并且指出：要坚持中央、国务院确定的档案工作的原则、体制与方针。

1980 年，国务院批准的《科学技术档案工作条例》专门规定了科技档案工作管理体制，强调科技档案工作必须按专业实行统一管理。

1982 年全国档案工作会议讨论制定的《机关档案工作条例》进一步明确规定了机关档案工作体制：机关档案部门受办公厅（室）领导，其业务工作受同级和上级档案业务管理机关的指导、监督与检查；中央和地方专业主管机关的档案部门，应根据本专业的管理体制，负责对本系统和直属单位的档案工作进行指导、监督与检查；对驻地方的上级直属单位的档案工作，实行以专业主管机关为主、地方档案管理机关为辅的管理体制。

1983 年，随着国家改革开放政策的实施，档案工作也进入了改革和开创新局面的时期。由于中国共产党和政府档案工作统一管理、由党委直接领导的体制，是适应 20 世纪 50 年代档案工作情况确定下来的，这种档案管理体制在那时比较合理，起到了推动全国档案事业发展的重大作用。但是，经过 20 多年，全国档案工作发生了很大变化，各级各类档案馆普遍建立，企业、事业单位的科技档案工作和各种专门档案工作迅速发展，档案专业教育、理论与技术研究、宣传与出版以及外事活动也逐步发展起来。档案工作已大大超出党、政机关档案工作的范围，开始形成以机关、团体和企业、事业单位档案工作为基础，以各级各类档案馆工作为主体的具有全国规模的档案事业。档案工作的一些实际问题，如经费、编制、人员培训、外事工作等，都要与政府的许多部门协商解决，大量的业务工作都要由政府组织实施。在这种情况下，如果各级档案机构仍然是设在党委下的一个工作部门就很不适应。特别是有些地方（主要是地、市、县）档案管理机关，长期作为办公厅（室）的内部机构，很难行使它本身的职能，影响了档案事业的发展。因此，对原来的档案工作管理体制进行改革势在必行。

经国家档案局建议，中共中央办公厅和国务院办公厅向中共中央和国务院提出了调整全国档案工作领导体制的报告。1985 年 2 月 8 日，中共中央、国务院批准了调整档案工作领导体制的意见。

根据 1985 年中共中央和国务院批准的调整档案工作领导体制的意见，我国集中式档案事业管理体制的主要内容是：实行党、政档案工作统一管理的原则，适合中国的情况，各级档案管理机构性质上仍既是党的机构，又是政府的机构，列入政府编制序列；国家档案局由中共中央办公厅领导改归国务院领导，统一掌管全国（包括党、政、军各系统）档案事务；中央档案馆仍是中共中央和国务院直属的事业机构，日常工作仍由中共中央办公厅直接领导，在业务上受国家档案局指导；地方各级档案局是各级人民政府直属局，其领导关系是否做相应调整，根据实际情况确定；地方各级档案馆归口各级档案局管理；等等。这次档案事业管理体制的调整，进一步加强了各级人民政府对档案事业的领导，同时，也进一步促进了档案事业的健康发展。

1993 年，根据党中央、国务院有关档案机构改革方案的规定，中央档案馆与国家档案局合并，作为党中央和国务院的直属机构，由中共中央办公厅管理。这次改革，目的在于精简机构、完善职能，加强党对档案事业的统一领导。

2018 年以来，根据《中共中央关于深化党和国家机构改革的决定》和《深化党和国家机构改革方案》，我国档案机构进行了改革。改革后，在国家层面，仍是国家档案局、中央档案馆“两块牌子、一套人马”，保留不变。在地方层面，绝大多数地方的档案行政职能划归党委办公厅（室），党委办公厅（室）加挂档案局的牌子，而档案馆成为党委或党委办公厅（室）下属的文化事业机构，部分地方还因地制宜，对档案馆和史志办、方志办及其他资料馆等具有相近功能的机构进行了整合。这次档案机构改革呈现出从以“局馆合一”的管理体制为主导转换为以“局馆分立”的管理体制为方向，从以精兵简政提高效率为重点转向以有效发挥档案局馆职能为核心，从以实现档案部门资源的单一整合利用为动力转变为以实现档案职能相近部门资源的综合整合利用为目标的趋势。这次档案机构改革的优点是：第一，局馆分立、权责明确，有助于档案局、档案馆各司其职，明确自身的职能定位。第二，政事分开、管办分离，有助于档案馆克服“行政化”倾向，集中精力做好档案业务工作、提升档案服务能力。第三，整合职能相近部门、加强协同，有助于提高档案工作的整体效率。①

综上所述，我国档案事业尽管领导体制经历过几次变化，但始终坚持党政档案工作统一管理的基本原则，重视党对档案事业的领导，重视政府部门对档案事业建设与发展的支持，这对我国社会主义档案事业的顺利发展具有重要意义。

---

① 徐拥军．省级档案机构改革的特点、影响与展望．求索，2019（2）．

复习思考题

1. 什么是档案管理工作？它同“文件管理工作”的关系是什么？目前造成文件管理和档案管理脱节的主要原因有哪些？

2. 在社会转型变革时期，我国的档案行政管理工作应当进行哪些方面的变革？

3. 你对完善和发展我国的档案教育结构和教学内容有何建议？

4. 档案宣传工作在信息网络时代应当有哪些方面的新思路？

5. 如何加强国际档案学术交流活动？可以选择哪些有效的方式？

6. 说明我国档案工作基本原则的思想形成过程。

7. 你认为目前法律条文中对“档案工作基本原则”的表述是否可以进一步完善和发展？

8. 如何理解档案工作基本原则的思想含义？

9. 我国现行的档案事业管理体制是什么？

10. 你认为应当如何完善和发展我国的档案事业管理体制？

11. 集中式和分散式档案事业管理体制各有什么优缺点？

12. 2018 年档案机构改革对档案事业发展有何利弊？

第五章

档案机构

本章要点

● 介绍档案行政管理机构的起源，以及我国档案主管部门的设置与职责。

● 说明档案馆的历史与发展、属性与功能，介绍我国档案馆的主要类型。

● 介绍我国档案室的历史与发展，说明机关档案工作组织架构的构成，阐述机关档案工作的基本任务。

● 阐述文件中心的产生过程、职责与特点。

● 介绍档案社会化服务机构的业务类型。

关键词

档案机构	档案行政管理机构	档案主管部门
档案馆	综合档案馆	专门档案馆
部门档案馆	企业、事业单位档案馆	内部档案机构
档案室	机关档案部门	机关档案工作组织架构
文件中心	档案社会化服务机构	

第一节　档案行政管理机构

档案行政管理机构是对档案事业进行指导、监督和管理的各级机构的总称，是档案事业管理的领导和指挥中心。档案行政管理机构在档案机构体系中具有重要的地位和作用，其基本职责是：负责对档案事业进行统筹规划、组织协调，制定政策和制度，指导和监督档案馆和其他档案机构的工作，对档案工作进行监督和指导。

一、档案行政管理机构的起源

法国开创了近代档案事业，早在 18 世纪末即开展了档案事业行政管理工作。法国于

1794 年通过《穑月七日档案法令》，将档案行政管理权授予国家档案馆，使之担负起档案管理机构和档案行政管理机构的双重职责，行使对地方档案馆的业务指导和监督职能。在法国的影响下，荷兰、意大利、瑞典、丹麦等欧洲国家相继由国家档案馆兼而行使档案事业的行政管理职责。随着档案工作的逐步发展，有些国家设立了统一管理全国档案事业的专门行政管理机构，最早设立的是西欧国家，如德意志普鲁士王国（1831 年）、意大利（1874 年）。法国也于 1884 年颁布法令成立了统一管理全国档案事业的专门机构——档案局。

档案行政管理机构的出现形成了档案管理机构与档案行政管理机构并立的新格局。档案行政管理机构的设立是近代档案机构变革的重要产物，是档案工作上升为国家的一项独立事业的重要标志。

二、我国档案主管部门的设置与职责

我国采用集中式档案事业管理体制，档案主管部门的设立是国家档案事业开始统一领导的重要标志。

（一）我国档案主管部门的设置

新中国成立前，我国没有全国性的档案行政管理机构。新中国成立后，于 1954 年 11 月正式设立了国务院直属的国家档案局，统一掌管全国档案事业。随后，在多个省（自治区、直辖市）、地（市、盟、自治州）、县（旗、自治县）相继设立了各级政府直属的档案局。各级档案局统一且分层负责地对档案工作进行指导和监督，分别管理各级档案馆，在全国形成了完备的档案事业管理体系。

我国档案行政管理体制进行了多次调整，目前，中央档案馆与国家档案局一个机构两块牌子，履行档案保管、利用和全国档案事业行政管理职能，为副部级，列入中共中央直属机关的下属机构序列。在地方层面，档案机构大多采用“局馆分立”的管理体制，绝大多数地方的档案行政职能划归党委办公厅（室），党委办公厅（室）加挂档案局的牌子，而档案馆成为党委或党委办公厅（室）下属的文化事业机构，履行档案保管利用的职责。

（二）我国档案主管部门的职责

我国档案主管部门的基本职责是：在统一管理党、政档案工作的原则下，分层负责地掌管全国档案事务，对全国档案工作进行监督、检查与指导。《档案法》对其职责具体规定如下：“国家档案主管部门主管全国的档案工作，负责全国档案事业的统筹规划和组织协调，建立统一制度，实行监督和指导。县级以上地方档案主管部门主管本行政区域内的档案工作，对本行政区域内机关、团体、企业事业单位和其他组织的档案工作实行监督和指导。”

第二节 档案馆

一、档案馆的历史与发展

档案馆是负责收集、管理具有长久保存价值的档案并提供利用的机构。

无论中国还是西方，早在奴隶制时期，国家就设立了专门的机构以保管档案，实为档案馆的前身。因其具有封闭性，仅有极小范围的人可查看档案，故后世习惯称其为“档案库”。

中国古代最早的档案库源于商代，经考古发掘，堆积大量甲骨档案的窖穴，即可被视为当时的档案库。中国有文献可考的最早的档案库出现于西周，当时收藏档案的机构被称为天府。进入封建社会，档案库建设得到很大发展，汉代有石渠阁、兰台、东观，唐代出现了甲库，而宋代从中央到地方都设立了架阁库，明代有后湖黄册库和皇史宬，清代建立了内阁大库。鸦片战争以后，中国逐步沦为半殖民地半封建国家，档案馆（库）的建设发展缓慢，直至 20 世纪 20 年代才建立了中国第一个具有近代意义的档案馆——故宫博物院文献馆，它是中国第一历史档案馆的前身。新中国成立后，我国的档案馆事业开始迅速发展。

在西方，古代埃及、希腊和罗马的奴隶制时期，神庙是保管档案的主要处所，于是出现了神庙档案库，如古埃及的拉美赛神庙档案库。此外，各王国修建的图书馆也履行档案库的职责，如古埃及托勒密王朝的亚历山大图书馆、帕加马王国的档案图书馆。进入封建社会后，出现了庄园档案馆、教会档案馆、城市档案馆和社团档案馆等。封建社会末期，随着国家机器的强化和欧洲各国的殖民扩张，还出现了机关档案馆和殖民地档案馆。

无论在中国还是西方，奴隶制和封建制时期的档案馆（库）主要都以收藏和保管档案为职责，服务对象仅限于统治阶级或其他档案形成者，并不向社会公众开放。这种情况在近代发生了重大变革。1790 年法国资产阶级档案工作改革之后，建立了真正意义上的综合性的、向公众开放的国家档案馆，并设置了从中央到地方的国家档案馆体系，揭开了世界档案事业史近代时期的序幕。在法国的带动下，其他欧洲国家也相继建立了综合性国家档案馆，并设置了中央到地方的国家档案馆体系。20 世纪初，随着资本主义向垄断阶段发展，欧洲还出现了经济档案馆。进入现当代时期，苏联建立了社会主义性质的国家档案馆。另外，档案馆的类型进一步丰富，出现了私人档案馆、企业档案馆、教会档案馆、政党档案馆、大学档案馆等。

二、档案馆的属性与功能

近现代以来，国家档案馆成为档案馆的主体，其特点和功能如下。

（一）档案馆的特点

档案馆主要有社会性、服务性、文化性、政治性、专业性等特点。具体表现如下。

1. 社会性

档案馆拥有的档案深深植根于人类社会之中，渗透到人类活动的方方面面。档案馆是社会大系统中的一个组成部分，是整个档案事业中与社会、与公众联系最为密切的部分。

2. 服务性

档案馆是一个服务机构，档案和档案研究成果是其为社会提供服务的主要内容。虽然在历史上和现今，每个档案馆（库）在服务对象和服务范围上存在差异，但总体上讲，凡档案馆皆要发挥服务作用。特别是近现代以来的国家档案馆的服务对象是社会的广大公民，服务性是其生存和发展的基础。

3. 文化性

档案馆的馆藏是汇积起来的国家记忆，是国家文化遗产的基本组成部分，也是传承人类文化遗产、发展人类文明的阶梯。《档案法》第十条规定，“中央和县级以上地方各级各类档案馆，是集中管理档案的文化事业机构，负责收集、整理、保管和提供利用各自分管范围内的档案”，从法律上肯定了我国档案馆的文化性。

4. 政治性

国家档案馆收藏的主要是政府机构和社会组织形成的档案，与现实政权机关有着不可分割的联系。在各国政务公开化进程中，档案馆成为向公众公开政务、保障公民权益的一个重要场所，这也是政治性的一个表现。

5. 专业性

档案馆是专业的文化事业机构，档案管理工作具有很强的专业性，档案工作者有特定的专业技术职务。随着档案工作数字化转型和社会化扩展，档案馆的专业性越来越突出。

（二）档案馆的功能

功能，即功效、能力，是事物在一定环境或条件下产生的有利的作用。档案馆的功能可以分为基本功能和派生功能。

1. 基本功能

基本功能不随社会的发展变化而发生质的变化，是不同时代、不同国家和不同类型的档案馆所共有的功能。档案的收集、管理和提供利用便是档案馆的三项基本功能。

（1）档案收集。

档案收集主要包括文件形成单位按制度有序地向档案馆移交档案，以及档案馆对散存在社会上乃至国外的档案的征集工作。

（2）档案管理。

档案管理是一个广义概念，指自档案进馆后到提供利用之前所要进行的一系列工作，如档案整理、鉴定、保管、长期保存等。

（3）档案提供利用。

档案提供利用是指档案馆为档案利用者提供服务的一系列工作。

2. 派生功能

基本功能是派生功能的基础和前提，派生功能是基本功能的延伸和在一定社会环境下的外在实现形式，受一定时期社会制度和发展阶段的影响。以现当代档案馆为主要观察对象，其派生功能主要有以下几个方面。

（1）保存人类文化遗产。

档案馆将人类实践活动中的丰富经验和知识作为文化遗产保存下来，世代流传。尽管图书馆和博物馆也具有同样的功能，但是档案馆在其中的作用是独特和不可替代的，这种独特和不可替代性主要由档案的原始记录性决定。

（2）维护历史真实面貌。

档案是历史的见证。档案馆（库）千百年来的绵延建设，使历史的真实面貌不被岁月掩埋，使更多历史长河中的人物和故事呈现在后人面前。

（3）资治襄政。

国家档案馆的档案多来源于行政机关，是行政工作的记载，可以为从政者提供历史经验借鉴，帮助其提高行政效率和质量。在信息社会，科学决策离不开功能齐全、真实确凿的档案信息的支持，档案馆及其档案的资治襄政功能越发明显和突出。

（4）繁荣科研。

档案馆中的档案，尤其是科技档案，可以为科学研究提供直接或间接的参考。

（5）发展经济。

档案馆对经济建设的作用是多方面的，可以通过文化与经济联动共振，促进经济的发展。

（6）推进民主。

档案馆的档案是公民了解政府作为、知悉国家机关工作情况的一面窗户，是保证人民依法享有广泛的民主权利和自由落到实处的一个途径。

（7）社会教育。

档案馆丰富多彩、真实生动的档案材料是档案馆社会教育工作的基础和后盾，主要有历史普及、文化传承、道德教化、思想养成和知识传播等社会教育功能，可用以进行爱国主义教育、基本国情教育、科学文化知识教育等。

（8）传播知识。

档案馆所存档案来源于人类认识世界和改造世界的实践。与图书馆和博物馆中的知识相比，档案馆所藏知识的独特性在于，档案中的知识直接来源于活生生的实践，真实、生动、具体。档案馆通过档案信息服务、档案资源开发、档案文化推广、档案社会教育等活动传播档案中蕴藏的丰厚知识。

（9）休闲消遣。

休闲文化需求的攀升，文化需求的多元化，为档案馆功能的开发提供了更多的用武之地。据不少国家档案馆的统计，在利用要求方面，档案馆参观的人流中也往往汇进怀着“偶尔的单纯的好奇心”的观众，可称之为“休闲消遣”一族。虽然档案馆具有休闲消遣功能，但并不意味着档案馆文化整体上属于消遣文化，也并不妨碍档案馆的社会教育等严肃功能的发挥。

正确认识档案馆的派生功能，有助于我们科学把握档案馆的性质和工作原则，也有助于避免档案馆功能开发的单一，从而完整、全面地发挥出档案馆的作用。

三、我国档案馆的主要类型

根据我国现有的档案馆设置情况，可以将其分为如下几种类型：国家综合档案馆、国家专门档案馆、部门档案馆，以及企业、事业单位档案馆。

（一）国家综合档案馆

国家综合档案馆，是集中保存、管理党和国家在各方面管理活动中形成的档案，并提供社会利用的文化事业机构。国家综合档案馆既是党的机构，又是政府的机构，是我国国家档案馆和档案事业的主体。

国家综合档案馆的基本职责是：集中统一管理党和国家需要长远保管的各种档案和有关资料，维护历史的真实面貌，为现实的社会主义现代化建设和历史的长远需要服务。国家综合档案馆是永久保管档案的基地，是科学研究和各方面利用档案史料的中心。

我国的国家综合档案馆按国家行政区划普遍设立，形成了从中央到地方的国家档案馆系统。根据综合档案馆所处层次的不同，可将其分为中央级和地方性两种类型。具体如下。

1. 中央级综合性档案馆

中央级综合性档案馆主要有中央档案馆、中国第一历史档案馆和中国第二历史档案馆。

中央档案馆是党中央、国务院直属的科学文化事业机构，于 1959 年 10 月在北京正式开馆。它集中保管自五四运动以来的，具有全国意义的革命历史档案和中华人民共和国成立后党和国家中央机关的具有永久保存价值的档案。1993 年，中央档案馆与国家档案局合并，一个机构挂两块牌子，履行档案保管、利用和全国档案事业行政管理两种职能，为党中央和国务院直属机构，由中共中央办公厅管理。

中国第一历史档案馆的前身是故宫博物院文献部。1955 年，故宫博物院文献部正式划归国家档案局领导，并改名为中国第一历史档案馆。该馆负责保管明清两代中央王朝及其政权机构的档案。

中国第二历史档案馆的前身为南京史料整理处。1964 年 4 月，南京史料整理处正式划归国家档案局领导，并更名为中国第二历史档案馆。该馆负责保管中华民国中央政权机关（包括中华民国临时政府、北洋军阀政府、国民党政府以及汪伪政权）的档案。

2. 地方性综合档案馆

地方性综合档案馆，指地方各级行政区域内的综合性档案馆，包括省级（自治区、直辖市）、市级（市、自治州）和县级档案馆。地方性综合档案馆接受地方档案主管部门的监督和指导。

各级综合档案馆开展档案的科学管理与开放利用，为国家建设和社会发展服务。截至 2021 年年底，全国有国家综合档案馆 3 320 个。随着我国社会政治、经济、科技、文化等的全面发展，综合档案馆正向建设成为档案安全保管基地、爱国主义教育基地、档案利用中心、政府信息查阅中心、电子文件中心的“五位一体”公共档案馆的目标迈进。

（二）国家专门档案馆

我国在坚持统一领导、分级管理，重点发展原有各级国家综合档案馆的原则下，根据需要适当建立某些国家专门档案馆。国家专门档案馆指收集和管理某一专门领域或特定载体形态的专门档案并提供利用的档案馆。我国国家专门档案馆的建立始于 20 世纪 50 年代初期。截至 2021 年年底，全国有国家专门档案馆 256 个。从我国现有的国家专门档案馆的设置形式来看，既有全国性的专门档案馆，也有地方性的专门档案馆。

最早建立的全国性专门档案馆是 1952 年成立的集中管理全国地质档案资料的地质资料馆。1958 年，中国电影资料馆成立；同年，国家测绘资料馆成立。20 世纪 60 年代至 80 年代，我国又陆续建立了气象档案馆、中国照片档案馆、中国人民解放军档案馆等全国性专门档案馆。例如中国照片档案馆归属国家档案局和新华通讯社双重领导，除了接收新华通讯社自身和所属系统的照片档案外，对全国有关部门和各级机关、企事业单位形成的具有全国意义和重要价值的照片档案，也进行接收和征集。

地方性的专门档案馆主要有城市建设档案馆，通常简称城建档案馆。城建档案馆是集中统一管理一个城市或一个城市区域范围内在城市规划、建设和管理活动中形成的具有重要价值的档案材料的档案馆。它集地域特征与专业特征于一身，是我国筹建较早、发展较快的一种科技专业档案馆类型。1960 年 6 月，辽宁省抚顺市建立的城市基本建设档案馆是我国第一个城建档案馆。根据国务院 1980 年颁布的《科学技术档案工作条例》的要求，大中城市应当建立城建档案馆。城建档案馆通常由市政府委托城市规划或城市建设主管部门领导。城建档案馆是党和国家永久保存城建档案的基地，对城建档案集中保管以及综合开发利用，对城市的规划、建设、管理，都具有重要的作用。

（三）部门档案馆

部门档案馆是中央和地方某些专业主管部门所属的，收集管理本部门档案的事业机构。我国在坚持统一领导、分级管理，重点发展原有各级国家综合档案馆的原则下，根据需要建立了若干部门档案馆。截至 2021 年年底，全国有部门档案馆 130 个。例如，因国家外交、安全工作的特殊需要设立的外交部档案馆、国家安全部档案馆，以及由原中央专业主管部门设立的管理专门业务和科技档案的档案馆，如交通运输部档案馆。

部门档案馆虽然被称为档案馆，但一般没有永久保管本部门及所属机构形成档案的职能，应当按规定定期向国家综合档案馆移交档案。有些部门档案馆不仅是一个保管档案的业务机构，同时还负责对本系统的档案工作进行指导、监督和检查。

（四）企业、事业单位档案馆

在我国，企业、事业单位档案馆是 20 世纪 80 年代中后期出现的档案馆类型，是我国档案馆事业发展和改革过程的产物。企业、事业单位档案馆是指依据国家统一标准确定的大型企业和部分建立时间长的中型企业经企业领导批准，以及中国科学院、中国社会科学院、原国家教委直属的院校经主管部门批准，向同级档案主管部门备案后成立的，收集管理本单位及其所属机构形成的档案的档案馆。截至 2021 年年底，全国有企业档案馆 118 个，有省、部属事业单位档案馆 312 个。

一般来说，企业、事业单位档案馆属于内部档案机构的范畴。企业、事业单位档案馆通常有两种工作模式：一是企业、事业单位档案馆同时承担档案行政和档案管理双重职能，企业、事业单位档案馆即为机构的档案部门；二是企业、事业单位档案馆只承担档案管理职能，而由专业主管部门的“档案处”“档案科”承担档案行政职能，在这种情况下，企业、事业单位档案馆与承担行政职能的“档案处”“档案科”一样，是机构档案部门的组成部分。

四、我国国家档案馆网

所谓国家档案馆网，是指纵横交织、布局合理、既有分工又有协作的档案馆群体结构。一个国家比较完整的档案馆网系统，应包括各级各类档案馆。

新中国成立后，党和政府十分重视档案馆事业的建设。1956 年国务院发布的《关于加强国家档案工作的决定》，就明确要求国家档案局根据国家集中统一与分级负责管理档案的原则，对全国档案馆建设进行全面规划。1992 年制定的《全国档案馆网设置原则和布局方案》提出：“在坚持统一领导、分级管理，重点发展原有各级国家综合档案馆的原则下，根据需要适当建立某些部门档案馆和企业事业档案馆，把国家档案馆网建设成为结构合理、分工明确、关系协调、管理科学、具有安全保管与充分开发档案信息能力、为社会各方面提供优质服务的有机整体。”根据该方案，国家档案馆网包括：各级国家档案馆，含综合档案馆和专门档案馆；部门档案馆；企业、事业单位档案馆；中国人民解放军系统设置的档案馆。其中，各级国家综合档案馆应是国家档案馆网的重点。

档案馆网设置得是否合理，不但关系到国家档案资源是否齐全与完整，而且关系到国家档案资源配置是否合理，以及国家档案资源的作用能否得到最大限度的发挥。国家档案馆网建设应随着实践的发展不断调整和优化。

第三节　内部档案机构

内部档案机构主要是指在某一机关、团体、企业事业单位和其他组织内部设立的，保管本单位形成的档案，并主要为本单位提供服务的档案机构。

内部档案机构的历史悠久，许多国家都设置了类似机构，但名称不尽相同。在我国宋代，各级国家机关已普遍设立架阁库，金、元、明、清均沿袭宋制，亦设架阁库。中华民国时期开始把管理本机关档案的机构称为档案室。新中国成立后，档案室制度作为我国档案事业建设和发展的一项重要制度逐步建立起来，档案室成为一种普遍的内部档案机构类型。在此基础上，根据实践的发展和需要，内部档案机构不断发展和完善。《档案法》规定，“机关、团体、企业事业单位和其他组织应当确定档案机构或者档案工作人员负责管理本单位的档案，并对所属单位的档案工作实行监督和指导”，为内部档案机构的建立提供了法律保障。内部档案机构是我国档案事业系统的基层组织。在全国档案工作组织体系中，内部档案机构不仅是档案形成后大量发挥现实作用的场所，也是先期保管具有长久价值档案的过渡性机构，为档案馆工作提供了基础。

一、我国档案室的历史与发展

新中国成立后，党和国家十分重视机关档案工作建设。各级行政机关在工作中形成和积累了大量的文件材料，有建立组织机构支撑机关档案工作的需求。1951 年 4 月，中共中央办公厅召开全国秘书长会议，要求各级党委建立机关档案室。1954 年 12 月和 1956 年 4 月，中共中央办公厅又先后召开党的第一次、第二次全国档案工作会议，反复强调了档案工作的重要性，并对党的机关档案室的设置、职责和任务做出了统一规定。此后，全国县以上各级党委机关档案室普遍建立起来。同时，政府机关、军事机关和企事业单位也把档案工作提上议事日程。1956 年 4 月，国务院做出《关于加强国家档案工作的决定》，要求县和县级以上各机关、团体和企事业单位都建立档案室，全面推行文书处理部门立卷并定期向机关档案室统一归档的制度。1959 年 1 月，中共中央颁发了《关于统一管理党、政档案工作的通知》，要求各级各类机关建立统一的档案室，集中管理本机关的党、政、工、团档案。由此，档案室作为我国档案事业建设和发展的一项重要制度得以建立。

《机关档案工作条例》（1983 年发布）的颁布实施，将机关档案机构明确为机关档案部门，并将机关的档案工作明确为机关档案工作。在实践中，机关、企事业单位内部设立档案处、档案科或档案室，配备若干专职档案工作人员，行使机构内档案行政和档案管理职能。

档案室的基本任务包括：指导、监督本单位文件材料的归档工作；负责管理本单位的全部档案，并积极提供利用；定期把对国家和社会具有长久保存价值的档案向档案馆移交。

我国档案室数量多、分布广、类型复杂，归纳起来主要有以下类型。

（一）机关档案室

机关档案室也称文书档案室，主要负责管理机关的党、政、工、团文书档案。这种档案室在全国数量最多、设置最为普遍。党政机关、团体、学校等单位的档案室大多属于这一类。

（二）科技档案室

科技档案室是指保管科技档案（一般也管理科技资料）的专门档案机构。在工厂、设计院、科学技术研究院等单位可设有科技档案室。科技档案室主要为本单位生产和科研服务，同时，在确保国家技术信息秘密的前提下，也可组织科技档案情报的交流，对外实行有偿服务，为技术转让提供档案资料。

（三）声像档案室

声像档案室即保存影片、照片、录音带等特殊载体的档案室。电影公司或制片厂、新闻摄影部门、广播事业部门等单位一般设有这种档案室。其他各类机关也会在日常工作中形成一些照片、录音带等特殊载体的档案，但由于数量十分有限，因此，一般不专设这种档案室，而是由普通档案室统一管理。

（四）人事档案室

人事档案室是机构人事部门设立的专门管理职工的履历、自传、考核、奖惩、任免、职称等个人材料的档案室。这种档案室的设置较为普遍。人事档案由于自身的特殊性，因而通常与其他各类档案分开管理，这就有必要专门设立人事档案管理部门。其较多依附于机构的人事管理部门或组织部门。

（五）综合档案室

综合档案室负责统管本单位形成的各种类型的档案。综合档案室有利于加强对本单位档案工作的统一管理，有利于档案信息资源的综合开发与利用，有利于降低管理成本。

（六）联合档案室

20 世纪八九十年代，随着机关档案工作的发展，在甘肃、河北、黑龙江、陕西等省的一些地、县、乡等地的机关单位出现了一种新型的机关档案工作的组织管理形式，它的突出特点是将两个以上驻地集中或业务相近的现行独立机关的档案工作联合起来，设立一个管理机构，集中统一管理档案。这种组织管理形式被称为联合档案室。

对一些机构小、经费匮乏、档案数量有限、难以配备专职档案人员、不具备单独设立机关档案室条件的基层机关而言，联合档案室可以集中发挥现有人力、物力、财力的作用，保障机关档案工作的质量。然而，由于体制、政策及思想认识等多方面的原因，联合档案室这种形式在八九十年代并未普遍发展起来。

二、机关档案工作组织架构

根据《机关档案工作条例》的规定，“机关必须建立档案工作，成立相应的档案工作机构。不需要建立档案机构的机关，应配备专职或兼职的档案人员。机关档案部门受办公厅（室）领导”，“机关应定期对已超过保管期限的档案进行鉴定。鉴定档案必须在机关办公厅（室）主任的主持下，由档案部门和有关业务部门组成鉴定小组共同进行”。按照这一规定，机关应成立由办公厅（室）领导的档案工作机构，并组成鉴定小组开展相关工作。从多年的实践来看，这种机关档案工作组织卓有成效，但一些单位也存在档案工作协调机制不健全、责任不明确、网络不完善等问题。

按照《机关档案工作条例》的规定并针对上述问题，国家档案局 2018 年发布的《机关档案管理规定》，要求机关建立档案工作协调机制、确定机关档案部门、组成档案工作网络，形成较为合理的决策、管理、执行三级组织架构（如图 5－1 所示）。

（决策）	档案工作协调机制	由分管档案工作的单位负责人、办公厅（室）（或承担该职能的其他综合办事机构）及相关部门负责人组成。
（管理）	机关档案部门	机关应当按规定设立档案工作机构。不具备档案工作机构设立条件的机关，应当指定档案工作负责部门。
（执行）	机关档案工作网络	以机关档案部门为中心，由专职档案工作人员和机关文书或业务部门指定人员组成。

图 5－1　机关档案工作组织架构

（一）档案工作协调机制

机关应当建立由分管档案工作的单位负责人、办公厅（室）（或承担该职能的其他综合办事机构）及相关部门负责人组成的档案工作协调机制，负责协调处理本机关、本系统档案工作重大事务和重要事项。

（二）机关档案部门

机关档案部门的设立分两种情形。一是机关应当按照《档案法》《机关档案工作条例》等规定设立档案工作机构；二是不具备档案工作机构设立条件的机关，应当指定档案工作负责部门且档案工作负责部门的名称应当反映档案工作属性，如机要档案处、信息档案处、文秘档案处等。机关档案工作机构或档案工作负责部门统称为机关档案部门。按照《机关档案工作条例》的规定，机关档案部门受办公厅（室）领导。

（三）机关档案工作网络

按照《机关档案管理规定》的要求，机关档案部门应当配备与工作量相匹配的专职档案工作人员，具体承担机关档案业务工作；机关文书或业务部门应当指定人员，承担相应部门文件材料的收集、整理和归档工作。机关档案工作网络即以机关档案部门为中心，由专职档案工作人员和机关文书或业务部门指定人员构成的工作组织形式，是机关档案工作的具体承担主体。

档案工作协调机制、档案工作网络是从实践中总结出来的、行之有效的经验做法，也是应对新形势下机关档案工作新挑战、新要求的重要举措。机关档案工作可以由此拓展到机关各个部门、各个岗位，回归机关档案工作的本意。不过，档案工作协调机制、档案工作网络是对工作机制的描述，并非实体意义上的机构形式，因而需要各机关在档案管理的基本制度中予以明确，并根据实际情况采取适当的实现方式。比如，档案工作协调机制可以以领导小组、委员会等多种形式开展。

进入 21 世纪以来，出于机关机构改革、部门精简、提高工作效率的需要，一些改革开放的前沿地区和经济社会相对发展较为迅速的地区出现了联合档案工作机构。例如，2001 年北京市西城区建立了机关档案管理中心，作为区委、政府、人大常委会、政协等机关的档案资料管理部门，除文书立卷、归档工作仍由各部门负责外，原机关档案室的业务职能已全部转到机关档案管理中心。随后，上海市、哈尔滨市、深圳市、珠海市等陆续建立了类似机构，只是名称有所不同，如机关文档管理中心、机关档案集中管理中心、文档服务中心、文件管理中心等。面对实践中出现的新情况，《机关档案管理规定》在档案机构设置上提出了建设性要求，规定“经同级档案行政管理部门同意，办公地点相对集中且条件成熟的县级或形成档案数量较少的多个机关可以成立联合档案工作机构，对相应机关的档案进行集中管理”，为联合档案室、档案管理中心等机构的设置提供了政策依据。

三、机关档案工作的基本任务

根据《机关档案管理规定》，机关档案工作的基本任务有八项，概括来说就是遵章建制、科学规划、监督指导、档案管理、信息化建设、档案移交、培训宣教和奖惩建议。具体而言：

（1）贯彻执行档案工作的法律法规和方针政策，建立健全档案工作规章制度，并将规范本单位、本系统档案管理的基本制度报档案主管部门备案。一般来说，机关档案工作规章制度应当包括文件材料收集和归档制度、档案保管制度、档案鉴定和销毁制度、档案保密和安全制度、机关档案利用制度以及档案工作人员岗位责任制度等。档案管理的基本制度指的是各机关制定的，规定本单位或本系统档案工作体制机制、机构人员、职责分工，以及基础设施、档案管理、信息化建设等基本内容的综合性规范。将档案管理基本制度报档案主管部门备案，是把档案主管部门的监督、指导和检查职责前置，有助于保证机关档案基本制度符合法律法规和方针政策规定。

（2）制订并组织实施档案工作发展规划或计划。机关应当根据国家和本地区档案工作规划或计划，结合本单位或本系统工作实际，制订本单位或本系统档案工作发展规划或计划，并予以组织实施。

（3）对机关各种文件材料的形成、积累和归档工作进行监督和指导，对所属机构的档案工作进行监督和指导。确保机关所有门类档案的齐全和完整，确保档案质量。具体包括对文件的载体、格式等提出质量要求，对文件的形成与传递过程进行监督，协助并指导文书或业务部门进行整理，对档案质量进行审核把关，等等。

（4）负责管理机关的全部档案并提供利用，协助做好机关政府信息公开工作。按照《机关档案管理规定》，机关档案的管理工作包括形成与收集、整理与归档、保管与保护、鉴定与销毁、利用与开发、统计与移交等，机关要按照管理工作内容和要求做好机关的全部档案的管理和利用工作。另外，机关档案部门虽然不是政府信息公开工作机构，但可以借助档案管理便利对政府信息公开工作予以协助。

（5）负责机关档案信息化工作并统筹机关及所属机构档案信息一体化工作，推动传统载体档案数字化和电子文件、电子档案规范管理。

（6）接受档案行政管理部门监督、指导和检查，执行年度报告制度，定期向同级国家综合档案馆移交档案。

（7）负责组织档案业务交流和档案工作人员培训，开展档案宣传、教育活动。机关应定期组织业务交流和业务培训，通过观摩、交流和学习，不断增强档案意识，更新档案工作知识，提升档案业务工作技能。

（8）对在档案工作中取得突出成绩的部门或个人，向机关提出表彰奖励建议；对违反档案管理要求的部门或个人，向机关提出处理建议。

档案主管机构、档案馆和内部档案机构是我国档案机构的三种基本类型，三者之间的相互关系是：国家档案局统管全国档案事业；上级档案主管部门对下级档案主管部门有业务指导和监督的职责；档案主管部门对同级档案馆和机关档案部门等内部档案机构有业务指导和监督的职责；机关档案部门等内部档案机构与同级综合档案馆之间，具有档案移交和接收关系；各级各类档案馆之间，虽无隶属关系，但有一定的协作关系。

第四节　其他类型档案机构

一、文件中心

（一）文件中心的产生与发展

文件中心不隶属于某一文件形成机构，而是按地区或按系统建立的，介于文件形成机构与综合性档案馆之间的一种过渡性文件管理机构。

文件中心最早诞生于美国。第二次世界大战期间，美国政府机关的文件量迅速膨胀，大大加重了文件管理的负担，加之办公空间日益紧张，各部门对自己的文件不是束手无策就是漠不关心，致使大量文件没有得到有组织、有制度的妥善保管，国家宝贵的档案遗产处于严重的危险之中。这种情况引起了美国档案界的关注。于是，在档案界的倡导和协助下，美国军事部门创建了一种新型的文件管理机构——文件中心，把使用次数不多但又必须保管一段时期的文件集中存放在造价较低的专门库房里。1950 年，美国《联邦文件法》以法律形式肯定了文件中心这种新型管理机构，并把设置和管理文件中心的权力赋予了美国国家档案与文件署。

美国政府系统的文件中心分为两类。第一类为联邦政府文件中心，目前共 18 个，其中包含 4 个全国性的文件中心，分别是位于伊利诺伊州瓦尔迈耶市的国家人事档案中心、位于密苏里州圣路易斯市的国家军队人事档案中心、位于马里兰州苏特兰城的华盛顿国家涉密业务文件中心，以及同样位于马里兰州苏特兰城的华盛顿国家非涉密业务文件中心。其余 14 个为地区性文件中心，从阿拉斯加州到加利福尼亚州，从波士顿到亚特兰大，这些遍及整个美国的地区性文件中心保管着各级联邦机构和联邦法院的文件，构成了全国性的文件服务网络。联邦文件中心是联邦档案系统的重要组成部分。第二类为地方政府（包括各州、市、县）文件中心，地方政府设立文件中心大多仿照联邦政府的做法，地方档案行政管理部门承担管理职责。①

---

① 参见美国国家档案馆官方网站，网址：https://www.archives.gov.

与美国一样，第二次世界大战后，许多其他国家的政府机构堆积了大量未到移交档案馆年限和未到销毁年限的半现行文件。它们在探索存储和处置这些文件的策略时，受到了美国文件中心的启发，认为文件中心是集中保管半现行文件的经济、有效的组织形式，于是纷纷效仿美国建立文件中心或类似机构，如加拿大建立的文件中心、英国建立的中间档案馆等。

（二）文件中心的职责

文件中心介于文件形成机构与档案馆之间，是连接文件形成机构与档案馆的“中转站”。文件中心是兼具文件保管、提供利用和处置三种功能的管理机构，其职责主要包括三个方面：

（1）负责对半现行文件进行廉价的贮存和有效的保管。

（2）负责为文件形成机构及时提供优质和高效的服务，并经文件形成机构同意为其他用户提供服务。

（3）负责对半现行文件进行最终处置，即将其移交档案馆永久保存或按规定程序进行销毁。

文件中心的建立不仅可为文件形成机构提供安全、廉价的保管库房，确保其对文件的及时利用，还可为档案馆提供稳定、高质量的馆藏来源。

二、档案社会化服务机构

档案社会化服务机构指承接其他机构外包的档案业务，为其提供相关服务的机构。不同档案社会化服务机构的业务侧重点不同，开展一种或多种业务。档案社会化服务机构的主要业务类型通常包括以下方面：

（1）档案寄存服务，指接受档案服务外包需方的档案委托保管业务，不改变档案所有权和处置权，提供档案保管的库房、设备，进行日常保管、安全防护，并按需要提供利用的服务过程。

（2）档案数字化服务，指利用计算机技术对档案服务外包需方的纸质档案、音像档案、缩微档案等进行数字化加工，将其转化为存储在磁带、磁盘、光盘、固态硬盘等载体上并能被计算机识别的数字图像或数字文本的服务过程。

（3）档案整理服务，指按照一定原则对档案服务外包需方形成的档案进行系统分类、组合、排列、编号和编目等，使之有序化的服务过程。

（4）档案管理咨询服务，指通过口头或书面形式为档案服务外包需方提供意见、建议，指导、帮助档案服务外包需方解决档案工作遇到的问题的服务过程。

（5）档案开发利用服务，指帮助档案服务外包需方将其保存的档案通过多种途径、手段和技术、方法进行开发，形成各种形式的信息、知识产品，提供利用，发挥档案价值的服务过程。

（6）档案销毁服务，指帮助档案服务外包需方将经过鉴定、需销毁的档案做毁灭性处置的服务过程。

《档案法》第二十四条对档案馆和机关、团体、企业事业单位以及其他组织委托档案整理、寄存、开发利用和数字化等服务的行为进行了专门规定，要求其“应当与符合条件的档案服务企业签订委托协议，约定服务的范围、质量和技术标准等内容，并对受托方进行监督。受托方应当建立档案服务管理制度，遵守有关安全保密规定，确保档案的安全”。国家档案局于2020年颁布的3个档案行业标准也对档案服务外包工作的多个方面进行了规范，这些标准是《档案服务外包工作规范　第1部分：总则》（DA/T 68.1—2020）、《档案服务外包工作规范　第2部分：档案数字化服务》（DA/T 68.2—2020）、《档案服务外包工作规范　第3部分：档案管理咨询服务》（DA/T 68.3—2020）。

案例

铁山公司（IRM）是一家由存储纸质档案起家的全球性的信息管理服务公司。它成立于1951年，总部位于美国马萨诸塞州波士顿，致力于帮助客户降低管理纸质和电子档案的存储成本和风险，提高效率。它的客户遍布北美、欧洲、拉丁美洲和亚洲，是许多大机构的信息管理合作伙伴。

作为存储和信息管理服务的行业领导者，铁山公司的业务范围广泛，主要包括数字服务、安全销毁与IT资产处置、安全存储与物流、云存储与迁移等。[①]

铁山公司的具体业务内容如表5-1所示：

表5-1　铁山公司的具体业务内容

业务大类	具体子项
数字服务	文档扫描与数字存储
	信息治理咨询服务
	智能内容服务平台
	库存管理与报告
	政策中心
	工作流程自动化
安全销毁与IT资产处置	安全销毁
	IT资产安全处置
安全存储与物流	业务信息存储与传输
	应急响应存储与传输
	纸质档案库
	美术品与珍贵文物存储
	离线档案备份
	离线磁带备份
	项目服务
	安全磁带传输
云存储与迁移	数据中心
	数据保护
	数据恢复与迁移
	铁山数据管理
	对象存储

① HISTORY.［2021-08-10］. https://www.ironmountain.com/cn/en/about-us/history.

复习思考题

1. 档案行政管理机构的类型有哪些？
2. 我国档案主管部门的职责是什么？
3. 档案馆的功能是什么？
4. 我国档案馆主要有哪些类型？
5. 谈谈你对我国国家档案馆网结构的认识。
6. 机关档案工作的组织架构是什么？
7. 机关档案工作的基本任务是什么？
8. 谈谈你对机关内部档案机构发展趋势的看法。
9. 我国档案主管机构、档案馆、内部档案机构之间的关系是什么？
10. 你认为我国的联合档案工作机构与国外的文件中心是同类机构吗？
11. 谈谈你对我国档案社会化服务机构发展趋势的看法。

第六章

档案工作的特点、规律与发展

本章要点

- 说明档案工作的主要特点。
- 阐明档案工作的社会地位及其社会影响力。
- 阐明档案工作的效益的概念和基本特征。
- 探讨档案工作的发展规律与趋势。
- 说明数字环境下档案信息化工作的新发展。

关键词

档案工作性质	档案工作地位
档案工作的效益	分化与整合规律
多元化与开放性	制度化与智能化
文档一体化	档案、图书、情报工作一体化
信息资源集成管理	档案管理与业务流程集成
大数据	云计算
区块链	人工智能
公众参与	档案开放利用
档案数字资源	档案信息化

第一节　档案工作的特点与效益

档案工作的特点是指档案工作区别于其他事物的内在规定性。档案工作就其本质来说，是管理和开发档案为各项社会活动服务的工作。档案管理和开发水平的有限性与社会多样、变化的档案需求之间始终是一对矛盾，这一基本矛盾决定了档案工作的本质，以及与其他工作的区别。就其基本特点，从宏观视角出发，档案工作是一项社会性、文化性与政治性的工作；从微观视角出发，档案工作是一项管理性、科学性与服务性的工作。

一、档案工作的特点

（一）宏观视角：社会性、文化性、政治性

1. 档案工作的社会性

档案工作的社会性是指档案工作与社会各领域、各系统、各行业，以及各个组织、群体、个体的关系和联系。关系越密切，联系越紧密，社会性就越强、越广泛。[①] 档案工作涉及社会生活的方方面面，具体表现在档案的形成、档案的内容和种类以及档案工作的服务对象等方面。

一是档案的形成非常广泛。档案形成者不仅包括党政机关、社会团体、企事业单位和其他社会组织，还包括家庭和个人；形成领域涵盖了经济、政治、文化、社会、生态文明、军事、外事和科技等各方面。二是档案的内容和种类非常丰富。档案记录了人类各项社会实践活动的依据、过程和结果，不仅包括党政机关的文书档案、财务部门的会计档案、人力资源部门的人事档案、科研院所的科技档案、建设部门的基建工程档案，还包括农业、金融、交通、教育、文化、艺术、气象等领域的各种各样的专业档案，以及近年来越来越受到关注的家庭档案、个人档案等。三是档案工作的服务对象广泛。档案除了对其形成者具有第一价值之外，还对形成者之外的其他组织和个人具有第二价值。档案馆的服务对象是全体社会公众。

档案工作的社会性是一个逐渐递增的过程，这一趋势的出现与科学技术、政治体制和社会发展等因素相关。档案与社会之间是一个相互作用的过程，一方面档案是社会的产物，另一方面随着社会的不断发展，档案在社会中的作用将愈加凸显出来。在提高各项社会活动效率目的的驱动下，档案工作在强大的技术支持下也变得更加社会化。

2. 档案工作的文化性

档案工作的对象和档案馆的机构属性，决定了档案工作具有很强的文化性。档案工作的对象——档案，是人类重要的文化遗产。没有档案，历史将因失去证据而变成传说，文明可能中断，历史的发展和社会的进步也将受到影响。正如挪威档案学家列维·米克伦在第十二届国际档案大会的报告《从职业到专业：档案工作者的职业特性》中所指出的："档案的重要性在于它不仅仅是一种信息，而是人类进行各种活动的记录，反映人类所获得的知识和经验，是反映人类文化和文明的基础。"没有档案的世界，是一个没有记忆、没有文化、没有法律权利、没有历史的世界。[②] 为此，联合国教科文组织在1992年发起了"世界记忆工程"，其目的就是保护世界文化遗产，提高人们对文化遗产的认识。联合国教科文组织世界记忆项目中国国家委员会于1996年成立，目前中国已有13组档案入选《世界记忆名录》。2000年我国又正式启动了"中国档案文献遗产工程"，目前已

① 孙嘉焯．浅议档案工作的社会性．档案学通讯，1986（6）．

② 方立霏．档案的文化价值及其历史表现．北京档案，2003（3）．

有142件（组）档案被纳入《中国档案文献遗产名录》。

作为档案工作主体的档案馆是文化事业单位。1983年国家档案局发布的《档案馆工作通则》明确规定："档案馆是党和国家的科学文化事业机构，是永久保管档案的基地，是科学研究和各方面工作利用档案史料的中心。"在我国档案法治建设进程中，档案工作的文化性得到了明确和延续。2020年修订的《档案法》沿用了1987年颁布的《档案法》的规定："中央和县级以上地方各级各类档案馆，是集中管理档案的文化事业机构，负责收集、整理、保管和提供利用各自分管范围内的档案。"这为档案馆坚持文化事业机构的性质定位提供了有力指引。2018年地方档案机构改革后，档案馆的文化属性进一步凸显。在实际工作中，档案馆发挥着保存人类文化遗产、传播历史文化知识、开展社会文化教育的重点作用。

3. 档案工作的政治性

档案工作是一种社会现象。自古以来，档案都是国家权力的产物和象征。一些档案学者认为，文字的发明和国家的产生是档案起源的两个基本条件，国家机关利用文字记载和传达各种事务，于是产生了文书，它们被保存起来便形成了档案。可见，档案从早期起就与国家权力相关，带有意识形态性质。档案馆在统治阶级和权势阶层的控制下，有选择地保存社会记忆，而且整个档案工作也是建构社会记忆的一种受控选择机制。

首先，档案工作的服务方向是档案工作政治性的集中表现。档案工作历来都是为一定的阶级所掌握，为一定的社会制度和一定的路线、方针、政策服务的。现在，为建设中国特色社会主义服务是我国档案工作的重要任务。2012年，时任中央档案馆馆长、国家档案局局长杨冬权在全国档案局长馆长会议上指出，档案工作者的神圣职责就是"为党管档，为国守史，为民服务"①，其中的"为党管档"就凸显出档案工作的政治性。2018年地方档案机构改革，进一步加强了党对档案工作的领导。2019年，时任中央档案馆馆长、国家档案局局长李明华在全国档案局长馆长会议上指出："这次档案机构改革进一步强化了档案工作的政治属性，更加明确了'档案工作姓党'的原则，在档案工作领域坚持和加强了党的全面领导。"② 2020年修订的《档案法》第三条更是明确规定："坚持中国共产党对档案工作的领导。"

其次，档案工作的开放度大小也是档案工作政治性的表现之一。在不同国家和不同历史时期，档案工作的开放度大小有极大的差异。在古代，档案利用只是少数权贵阶层的特权。法国资产阶级大革命之后，档案馆才向社会公众开放。档案工作的开放度大小集中表现在档案机构的开放性、档案信息内容的开放性和档案人员观念的开放性等方面。档案机构为社会公众服务的水平、社会公众在参与民主政治建设过程中能否顺利利用到所需档案信息等，都会在一定程度上影响到我国政治文明建设的进程与水平。因此，档案工作者应从服务于我国政治文明建设的高度，推进我国档案工作的进一步扩大开放。

---

① 为党管档　为国守史　为民服务．四川档案，2012（6）.

② 李明华．在全国档案局长馆长会议上的工作报告．(2019-04-09)[2021-02-20]. https://www.saac.gov.cn/daj/yaow/201904/2d342fff80f845709782fd023b925536.shtml.

最后，档案工作的机要性也是档案工作政治性的表现之一。档案工作的机要性是由档案的机要性和国家、民族利益所决定的。档案中有相当一部分涉及党和国家的政治、军事、经济和商业秘密（包括经营管理秘密和技术信息秘密），因此，档案工作者必须在区分关键性、重要性和一般性的档案秘密的基础上，针对档案的不同密级，区别对待地综合运用法规制度、“人防、物防、技防”措施，以维护档案的秘密安全。在强调档案工作机要性的同时，还必须正确处理档案的保密与利用两者之间的关系。档案的保密，只不过是在特定的时期内对档案使用范围的限制，事实上没有永久保密的档案。根据有关法律与政策的规定，对保密期满的档案进行审查后应及时解除封闭，向社会开放。

（二）微观视角：管理性、科学性、服务性

1. 档案工作的管理性

“管理是在特定的环境下，运用和整合组织资源，通过计划、组织、领导、控制等来协调组织中的群体行为，达成组织既定目标和责任的动态创新性活动。”[①] 档案工作也是一项管理工作，主要表现在四个层次：

第一，档案工作是一项管理档案的专门业务。从一定意义上看，档案工作实质上就是档案管理工作。档案工作的管理对象是档案，管理的目的是开发利用档案，为社会各方面服务。

第二，档案工作是信息资源管理的重要内容。信息资源管理是为了确保信息资源的有效利用，以现代信息技术为手段，对信息资源实施收集、组织、控制、保存的一种人类管理活动。信息资源管理是一个集成领域，是由多种人类信息活动整合而成的管理活动。档案是信息资源大家族中的一员，具有一般信息资源所具备的属性，档案工作管理对象的独特性及其基本管理理论与管理方法上的自成体系，决定了它在信息资源管理工作中具有无法替代的功能与作用。同时，档案管理在保持自身个性的基础上，也可不断引进、吸收其他信息资源管理活动的有益理论与经验，丰富和发展我国的档案学理论，提高档案工作实践水平。

第三，档案工作是机构管理活动的组成部分。在我国，档案管理活动分为档案室阶段和档案馆阶段。档案室保存的档案，是本机关活动的历史记录，同时也为本机关日常管理活动的正常进行提供依据和参考，因此，机关档案工作是机关管理工作不可缺少的组成部分。在不同的机关，不同内容档案的管理又分属于不同管理工作的范畴。如会计档案工作和人事档案工作分别为财务管理和人事管理工作的组成部分，科技档案工作则是生产管理、技术管理和科研管理等的重要组成部分。

第四，档案工作是国家治理体系的重要组成部分。从国家宏观管理的角度看，国家机器的正常运转、民族文明的长久传承、经济社会的不断进步都与档案工作紧密相连，档案管理是国家事务、社会事务管理大系统中不可缺少的组成部分，是国家治理、社会治理体系的重要组成部分。从系统论的观点看，档案工作这一相对独立的管理系统处于

---

① 蒋运通．管理学．北京：北京工业大学出版社，2003：4-5.

不同规模和层次的更大管理系统之中。

2. 档案工作的科学性

档案工作是一项科学性的工作，这具体表现在：

第一，档案工作是一项为科学研究和科学管理工作提供必要条件的工作。钱学森指出："图书、资料和文献的积累是随着人类脑力劳动量的增长而不断加速的。在古代，一个箱子就差不多把书籍都装下了，到了后来，我们的前人早有汗牛充栋之叹。及至本世纪，图书、文献、资料，还有档案，更是飞速地累积着，简直可以说是爆炸性的。……一位学者、作家完全靠自己去查所需的图书、资料，搞'单干户'的工作方式，已是不太可能的了……一个人搞不来，就要求社会分工，于是产生了一种新的职业，这在科学技术界叫情报工作者或情报专家，在图书馆叫图书馆工作者或图书馆专家，在档案馆叫档案员或档案专家。"① 现代科学研究，无论是自然科学还是社会科学研究，都需要利用档案资料。由于档案往往是伴随着社会活动的进程而直接形成的，因此，它所包含的信息内容就具有更高的可信度，现代科学管理活动必须以档案信息作为分析管理现状和预测管理发展的重要依据。

第二，档案工作实践中包含着特殊的规律和丰富的科学内容。由于档案特有的属性，档案形成与管理有其自身的特点。例如，文件运动具有阶段性特点，档案具有内在有机联系，科技档案具有成套性特点。因此，在档案工作中就需要研究和分析档案管理的规律，形成指导档案工作的特色理论。在档案工作中，已经形成的全宗理论、文件生命周期理论、档案价值鉴定理论、档案记忆观等都有极其丰富的内容，这也使档案工作与其他各类信息工作相互区别。由此可见，要实现档案管理的科学化，档案工作者有必要深入研究档案管理的基本理论，总结档案工作的实践经验，掌握档案管理的技能，特别是档案管理现代化的知识和技能。

第三，档案工作要大量运用现代管理科学的内容和信息技术的成果。从现代管理科学的成果来看，现代管理科学对档案工作产生的影响主要表现在：一是管理组织、管理方法的新变化可能会引发档案学基础理论的新发展。档案管理理论中"新来源观"的出现就与虚拟公司（企业）的出现和管理组织的扁平化有一定的关联。二是档案工作组织管理的科学化也要求运用现代管理科学的理论和方法。目前我国的档案事业具有规模大、层次多、结构复杂、联系面广等特点。一方面，它作为国家信息系统的一个组成部分，需要与其他信息部门协调与配合；另一方面，它又以数以千计的档案馆和数以万计的档案室为其组成部分，需要各个部分的相互协调与配合，实现全社会档案信息资源的共建共享。一个具体的档案馆也是一样，不仅与社会各方面有密切联系，而且其内部存在各环节、各部门之间的协作问题。在档案工作的组织管理中，对档案工作的统筹安排、统一指挥以及对各部分关系的有效协调，都必须以管理科学的理论与方法作为指导。

随着社会信息化进程不断加快，电子文件数量急剧增长，信息技术在档案工作中的应用越来越广泛。信息技术的应用不仅改变了档案工作的环境，也改变了档案工作

---

① 钱学森．情报资料、图书、文献和档案工作的现代化及其影响．图书馆工作，1979（3）．

的对象、内容、技术和方法。档案数字化加工、电子文件管理系统开发、数字档案馆（室）建设、档案网站设计、智能档案库房建设、档案知识管理、档案数据挖掘等都是信息技术在档案工作中的具体应用。信息技术已经成为档案工作的基本工具和条件。当前，云计算、大数据、人工智能、区块链、物联网、5G 等新兴信息技术被迅速应用于档案工作。例如，美国联合包裹运送服务公司（UPS）利用多年累积的货车行车路径历史记录，通过大数据分析技术，来规划最佳行车路径，显著减少了每年的运输耗油总量，提升了物流效率①。英国国家档案馆正在研究使用区块链技术，使档案不受篡改。

3. 档案工作的服务性

档案工作对生产力发展和社会全面进步有着不可低估的作用。但是，档案工作并不直接生产物质财富，也不直接从事国家管理、科学技术研究、文艺创作等活动，而是通过提供档案为社会实践活动服务来推动生产力发展与社会进步。档案工作实现自身价值的这种特殊途径，决定了它是一项服务性工作。《档案法》确定档案工作的基本原则之一即“便于社会各方面的利用”，档案馆应“创新服务形式，强化服务功能，提高服务水平”。2021 年 7 月，在庆祝中国共产党成立 100 周年之际，习近平总书记指出：“要把蕴含党的初心使命的红色档案保管好、利用好，把新时代党领导人民推进实现中华民族伟大复兴的奋斗历史记录好、留存好，更好地服务党和国家工作大局、服务人民群众。”

服务性是档案工作赖以生存和发展的基本因素。具体而言，机关档案工作要为提高机关行政效率服务，企业档案工作要为提高企业管理效率、提升企业竞争力服务，国家档案工作则应为社会各行各业的生产、建设、发展和广大人民群众的生活、学习、工作服务。“为民服务”是新时代档案工作的使命和价值的彰显。例如，从 2018 年 9 月起，上海市、江苏省、浙江省、安徽省档案局正式启动民生档案跨地区查询工作，之后此三省一市的群众可在长三角区域范围内任何一家国家综合档案馆跨地域、跨馆际查阅利用与自身利益密切相关的馆藏民生档案。苏州市档案馆为青少年读者量身打造档案知识普及读本“档案伴我成长系列丛书”“我是档案迷”②。这些服务创新，深受老百姓喜爱，也提升了档案馆的贡献度和影响力。

二、档案工作的地位

档案工作在社会历史发展进程中占有十分重要的位置。1985 年，中共中央、国务院批转的《关于调整我国档案工作领导体制的请示》的通知中指出：“档案工作是维护党和国家历史真实面貌的重要事业，是党和国家各项建设事业必不可少的环节。”2014 年中

---

① 收藏：物流企业如何依靠“效率驱动”获取高增长（附 UPS 案例）.（2020-05-11）[2021-02-20]. https://www.sohu.com/a/394343303_343156.

② 杨韫，陈鑫，吴芳，卜鉴民．在青少年心中播下档案的种子：“档案伴我成长系列丛书”编写工作的实践与思考．档案与建设，2019（6）.

共中央办公厅、国务院办公厅发布的《关于加强和改进新形势下档案工作的意见》指出："档案作为党和国家各项工作和人民群众各方面情况的真实记录，是促进我国各项事业科学发展、维护党和国家及人民群众根本利益的重要依据。档案工作是党和国家工作中不可缺少的基础性工作，做好档案工作是各地区各部门各单位的重要职责。"2021 年，习近平总书记指出："档案工作存史资政育人，是一项利国利民、惠及千秋万代的崇高事业"。这是对档案工作地位的一种科学阐述。

档案是人类社会实践活动的原始记录，是人类文明史的见证。从这一意义上看，档案工作是传承社会记忆、再现历史面貌的重要文化事业。一个国家、一个地区收藏档案的数量与质量，反映着一个国家、地区文化发展的水平和文明程度的高低。中国是一个历史悠久、文化灿烂的国家，积累了浩如烟海的档案。但由于多种因素的影响，我国各级各类档案机构收藏的档案，尚不足以全面反映我国的历史与现实状况，还面临着实现科学管理和服务全社会的艰巨任务。因此，档案工作者必须认清档案工作所承担的艰巨任务，具备高度的社会责任感和时代迫切感，把为国家积累文化财富、促进国家各项事业发展放在突出位置。

档案是重要的法律证据，是维护国家、集体和个人合法权益的有力武器。档案作为原始记录，具有无可辩驳的证据效力。

案例

面对钓鱼列屿、南海诸岛主权之争，中国第一历史档案馆研究员鞠德源先生，潜心十余载，查阅数以吨计的历史文献，出版了 100 多万字的巨著《日本国窃土源流 钓鱼列屿主权辩》，以大量翔实的档案史料证明，自 14 世纪起钓鱼列屿就是中国的领土①。

档案是重要的信息资源，是实现科学管理的重要资源条件。因此，在国家建设事业中，特别是在科学预测与科学管理中，档案工作有时会起到决定性作用。管理最重要的职能之一就是决策，在决策过程中，为了消除不确定性，需要大量准确和及时的信息。档案是对已经展开的社会活动过程真实的记录，档案管理活动以维护档案的原始性作为基本出发点。这就决定了以往的管理活动面貌在档案中得到全面、真实的记录，这些真实、可靠的档案信息又可以为新的管理决策提供依据。因此可以认为，档案工作本身是一项科学管理性工作，同时，它又为其他各项事业的运行和科学管理创造条件，是实现科学管理的一项基础性工程，也是提升管理水平的重要保证。

档案作为信息资源的重要组成部分，也是一种重要的经济资源，是推动经济发展不可缺少的数据要素。因此，档案工作是提高社会生产水平和促进经济发展的基础性工作。社会生产力的要素包括生产工具、劳动者和劳动对象三个方面。档案和档案工作对上述三个生产力要素都能产生不同程度的积极影响。

---

① 冯惠玲．档案信息资源在国家经济社会发展中的综合贡献力．档案学研究，2006（3）.

案例

通用汽车北美公司在研发过程中需要利用 120 多种档案资料，如测试报告、工程标准、技术参数、零部件参数、会议纪要、内部备忘录等。公司建立档案管理系统，将这 120 多种文件/档案，从其起草、修改、审批、流转、归档到利用和更新全流程有效地管理起来，用户可以方便地保存、利用档案。公司强制性地将档案管理作为业务工作的内在组成部分，保证了业务工作的准确性、标准化与高效率。①

三、档案工作的效益

档案工作的效益就是社会对档案工作的投入与档案部门对社会档案需求的有效满足程度之间的比较关系。换句话说，就是档案工作的劳动消耗与劳动成果之间的关系。既然档案工作的效益是一种投入与收益的比较关系，那么，它也必须服从效益的一般原则。社会对档案工作的投入一定，档案部门对社会档案需求的有效满足程度越大，则效益越高；档案工作对社会档案需求的有效满足程度一定，社会对档案工作的投入越少，则效益越高。明确这种关系，有利于促进档案工作的发展。要增加对档案工作的投入，必须以档案部门能够为社会提供优质服务、尽可能有效满足各种合理需求、为社会多做贡献为前提。

正确认识和重视档案工作，发展档案事业，必须在树立全面科学的档案工作效益观的基础上，从档案工作的各个方面推进档案工作效益的全面实现。档案工作的效益区别于其他工作的基本特点主要表现在以下方面。

（一）社会效益与经济效益兼存

档案工作是一项提供档案为社会服务、为实际工作服务的专门性工作。这一性质规定了它的效益具有社会性和经济性，这是档案工作效益最为突出的两个特点。档案工作效益的社会性表现为：相当部分的档案具有公共物品性质，它们属于公共信息服务、公共文化服务的范畴；档案工作投入以服务社会为目的，在资金来源上具有广泛的社会性，档案工作的收益并不体现在档案部门本身，而是体现于社会的各方面，体现于广大的利用者当中；从实现档案工作的效益的途径来看，有赖于社会各界对馆（室）藏档案进行有效利用。档案工作的效益的经济性表现为：档案通过开发利用，可为各项业务工作节约成本、提高效率，促进以较低的投入换取较高的收益性成果。这一效益主要源于档案与业务之间的紧密联系。档案工作可为各项业务活动提供重要的信息支撑，通过信息流与业务流的结合实现经济效益。尽管相对于其他经济效益工具，档案工作所创造的直接经济效益有时并不明显，但是其也具有不可替代性。尤其是在知识经济时代，档案是重

① ［案例］通用汽车公司的档案管理．(2005-09-03)［2021-02-20］. http://www.kmpro.cn/html/resource/manufacturer/9042.html.

要的知识资产，档案工作的经济效益越来越受到重视。

案例

华为技术有限公司在全球为客户建立了数以万计的基站。许多基站往往建在偏远地区，由于交通不便，业主负责人经常迟迟不愿前往现场验收，导致项目付款结算延长。为解决此问题，华为业务人员通过文档管理平台实现了基站建设文件自动归档，自动生成项目验收报告，自动形成一套完整齐全的档案资料，并可通过文档管理平台向业主呈现和提交，业主据此可以确认基站建设的质量，而无须前往现场验收。这样大大缩短了项目付款结算周期，为公司创造了价值。①

档案工作的经济效益与社会效益之间是相辅相成、互相促进的关系。经济效益为社会效益的实现提供了物质条件，而社会效益又是追求经济效益的重要条件和自然结果，因此，在协调两者关系时，需要结合实际的利用需求和应用场景，积极挖掘档案工作的效益增长点，推动经济效益与社会效益的良性转化。

（二）直接效益与间接效益兼具

在档案工作效益问题上，社会对档案部门的投入和收益大体上可以定量分析，但投入和收益在清晰度上又有所不同：社会对档案部门的投入比较清楚，而档案部门对社会与经济的贡献，即它在提供档案为社会服务、为实际工作服务过程中给社会带来的收益却表现出直接性与间接性兼具的特点。

一方面，投入的清晰性与收益的模糊性之间的矛盾，造成了档案工作效益的间接性特点。这种间接性主要表现为：档案工作有时不直接创造价值；从档案效用的发挥过程来看，它依赖于社会的利用，具有被动性和依赖性；从档案工作的收益对象来看，它主要不是体现于档案部门本身，而是包含利用档案的组织和个人；从档案工作的收益地点来看，由于档案价值的扩展性，档案工作的收益地点具有广泛性和分散性等。

另一方面，随着档案信息流与业务流的集成，档案工作的投入与产出之间的关系愈加明确，二者之间可建立较为直接的换算路径，有时可直接创造价值，形成了档案工作效益的直接性特点。例如，1992 年，上海海洋地质调查局在参与组建上海石油天然气有限公司时，以其东海平湖油气田勘探阶段所获得的档案资料作价 1.2 亿元，作为注册资本认缴。我们应辩证看待档案工作的直接效益和间接效益，既不能一味追求直接效益而忽视间接效益，也不能一味注重间接效益而忽视直接效益。档案信息与其他信息贯通，既可以使业务活动获得收益，也可以促进档案管理流程的升级与优化，改善档案工作的人力、时间、库房、设备等其他成本投入，促进档案工作本身的效益提高。

（三）长远效益与近期效益兼有

这主要是针对档案工作的效益周期而言的，即档案工作的效益在时间上具有长期性

---

① 王露露．华为境外企业档案管理的特征与启示．档案学研究，2019（4）.

与短期性兼具的特点。

一方面，部分纸质档案从收集到开放利用，需要一个时间过程（即开放滞后），档案从开放到利用并取得实际效果，也需要一个时间过程（即效应滞后）。当档案的开放面向社会公众且作用领域集中在文化层面时，档案利用期会相对延长，作用效果也会偏向于间接与隐性。这就使社会对档案工作的效益往往多有忽略，这在一定程度上影响了社会对档案工作的评价，对档案工作造成了一定的消极影响。

另一方面，档案信息流与业务流的集成，为档案工作提供了创造近期效益的新途径。随着档案管理系统的不断完善，档案从收集、整理到开发、利用的周期大大缩短，甚至做到即时归档、即时利用，从而使整体管理效率显著提升。同时，档案对业务活动的支撑作用也随之凸显，通过升级档案管理系统，可降低业务成本、提高业务效率、优化业务成果，使得档案工作的效益被更加直观地展现给社会。

案例

2020 年 11 月 18 日，中国华能集团有限公司总部通过数字档案馆的建设为公司带来了良好的经济效益。通过“大集中”部署方式建设数字档案馆，节约费用约 2 500 万元。预计将来实现“单套制”归档时，每年仅管理类文件归档即可节约费用上千万元。同时，数字档案馆的建设也为公司带来了良好的管理效益。目前，数字档案馆有 1985—2020 年各类档案信息资源 25 万件，上线近 1 年来，用户查档量超过 1 万件次，是传统纸质档案利用模式的 70 倍。特别是新冠肺炎疫情防控期间，数字档案馆为总部各部门提供了 6 000 人次非接触性查档服务。[①]

虽然近期效益可以在当前给档案工作带来更多的关注，但是档案工作的特点决定了其长远效益是主要的，需要以长远的眼光看待这种长期性的投入与收益的关系。在档案工作中，应兼顾长远效益和近期效益，使之处于一种相对平衡的状态，促进档案工作的稳定开展。

第二节　档案工作的发展规律

档案工作作为一种社会现象，伴随着历史的延续与发展处于动态发展变化之中。古今中外的档案工作，尽管在组织制度，原则与方法，档案服务的方向、对象和范围等方面存在很多差异，但同时也表现出一系列的共性特征与规律。

一、档案工作的分化与整合规律

从档案工作的发展历史来看，在相当长的时间内，档案工作与文书工作是不分的，

① 中国华能集团有限公司总部通过企业数字档案馆（室）建设试点验收 .（2021-02-07）[2021-02-22]. https://baijiahao. baidu. com/s? id=1691031120301198866.

档案工作与图书工作也是不分的。如周代设有五史，即大史、小史、内史、外史和御史，他们的职责是起草文书和保存档案，即所谓“史掌官书以赞治”，这说明当时档案工作与文书工作是不分的。又如，汉朝的石渠阁、东观、兰台，既保管档案，又保管图书，这说明当时档案工作与图书工作也是不分的。这种文书工作、档案工作、图书工作界限模糊、相互交错的状况一直延续到民国时期。中华人民共和国成立之后，我国档案工作才真正从文书工作、图书工作中分化出来，发展为一个独立的工作系统，各级档案行政管理机关和档案馆（室）的单独设立就是一个显著的标志。从此以后，我国档案工作在国家文化建设事业中承担起任何其他工作都无法替代的功能。新中国成立后几十年的实践表明，档案工作已成为维护党和国家历史真实面貌、推动社会主义物质文明与精神文明建设的重要事业。

伴随着档案工作的不断发展壮大，特别是档案信息资源观的形成和信息技术在档案工作中的广泛运用，以整合为趋势，档案工作的发展又面临一些新的变化。这些变化主要表现如下。

（一）文件、档案管理一体化

“文件、档案管理一体化”又称“文档一体化”，是指将目前机关中的“文书处理”和“档案管理”工作，整合成为一个既统一又分工、既有联系又有区别的管理过程。在新中国成立之初，为了提高文书工作、档案工作的水平，我国分别制定了一系列管理原则和操作规范，理论界和实践界一般都以“归档”环节作为文书工作与档案工作的界限。应该说，文书工作与档案工作的分离对处于初创阶段的社会主义国家档案事业，特别是对提高文书工作和档案工作的水平有极为重要的意义。而且，围绕着“归档”这一关口设置，我国分别形成了一系列文书工作制度（如文书处理部门与业务部门立卷的制度）和档案管理制度。这些管理制度的建立与健全，对加强我国的文书工作与档案工作发挥了积极作用。但是，文书工作与档案工作的分离，也带来了一系列问题和消极影响，具体表现为：

第一，在日常机关工作中，人们大都只注重文件的现行目的和现行作用，只关心文件的内容与办理过程及结果，加上缺乏对文书工作的专门管理，使得文件在质量上出现物质形态不统一、制成材料不合乎质量要求、信息记录要素不完整、归档范围内的材料不齐全等一系列问题。

第二，由于“归档”是文书工作和档案工作的结合部分，因此，归档工作质量的好坏就从根本上决定着档案工作的质量。为了确保归档工作的顺利进行，我国自 1956 年国务院发布《关于加强国家档案工作的决定》起，就开始全面推行文书处理部门立卷制度，中共中央办公厅、国务院办公厅 1983 年印发的《机关档案工作条例》又重申了这一制度。然而，从几十年来的实际工作情况看，这一制度并没有得到全面切实的贯彻执行。在省级及以上大型机关，立卷工作多由文书部门与档案部门配合进行，文书部门与档案部门之间也并没有严格划分归档工作的界限；在省级以下中小型机关，因文书人员兼管档案工作，文书工作与档案工作也不可能截然分开。

第三，由于我国没有统一管理全国文书工作和档案工作的机构，文书工作和档案工作各自作为独立的系统，理应由两套管理机构体系分别承担，但实际情况并未满足这种要求。档案工作管理机构体系较为完整，管理职责也比较明确，而很多机构并没有专门的业务管理部门对文书工作全面履行指导、监督和检查的职责，文书工作的各项制度、办法难以得到全面落实。

为了解决上述问题，理论界和实践界都认为要对文书工作与档案工作进行新的整合。特别是在信息环境下，电子文件大量涌现，电子文件的诸多特点，以及新技术的运用要求实现全生命周期一体化管理，这样才可能保证电子文件的真实、完整、安全和可用。从一定意义上看，信息技术的应用既是文档一体化的诱发动因，又是文档一体化的支撑条件。

从诱发动因的角度看，电子文件的数字化信息形态以及其他特征，使文件的形成、处理和利用方式都发生了变化。例如，要求在电子文件产生之初对其进行鉴定，职能鉴定法得到了较为广泛的认同和应用；文件的利用服务方式发生了明显变化，用户可以跨越时间、空间障碍利用文件、档案；等等。

从支撑条件的角度看，信息技术的运用为我们在文件管理中强调业务流程的整合提供了有效的工具保证。例如，为了保证电子文件的内容、背景、结构等信息的完整性，必须实行文件与档案的一体化管理。从中外文档一体化实践情况看，应用信息技术建立科学的一体化管理信息系统是行之有效的。

运用新技术对文书与档案管理流程（或称为广义的文件管理）进行重组有极其重要的意义。这具体表现在两个方面：

一是有利于将文件与档案管理作为一个整体进行总体设计和通盘考虑，从而提高文件管理质量。长期以来，我国档案工作者往往将档案管理的重点放在对非现行文件的管理上，虽然也强调在现行文件的质量控制上发挥作用，但实际上在归档工作中的指导与监督作用比较薄弱，未能实现对文件形成与使用过程中影响文件质量的因素的有效调控。电子文件对背景信息和元数据的依赖性，使其在形成、传递与使用过程中的质量状态对文件最终质量产生了决定性的影响。为适应这一新的变化，在文件管理流程中，突出“前端控制”的作用就显得尤为重要。只有将文件管理的全流程当作一个系统通盘考虑，兼顾文件管理的前端控制、入口控制和滞后控制，才能有效保证档案从“出生”开始就有较高的质量。

二是可以为文档管理一体化软件设计提供新的设计思想。当前，市场上许多文件/档案管理系统软件，仍停留在对纸质文件管理过程的环节模拟上，这样的软件虽对纸质文件辅助管理有一定效果，但难以应对电子文件管理要求。电子文件及其管理的特点要求在文件/档案管理系统的设计中突破纸质文件管理环节分工程序上的常规，将有关管理内容重组后嵌入管理程序中。

（二）档案、图书、情报工作一体化

随着信息技术的发展、信息资源共建共享的需求，以及业务协同的要求，档案工作、图书工作、情报工作在相互渗透、融合的基础上逐渐实现合作与整合。

国外最早关注到档案、图书、情报工作的一体化问题是在 20 世纪 50 年代，国际档

案理事会与国际图书馆协会联合会、国际文献联合会组建了一个非政府的联合委员会，互派代表参加对方的各种会议。1967 年，联合国教科文组织成立了“文件、档案、图书处”，加强了图书与档案国际组织的联系。其后，联合国教科文组织相继采取了多项措施推动档案、图书与情报工作的整合。[①] 20 世纪 90 年代，国际上成立了一个由档案学家、图书馆学家和情报学家组成的研究“在交接点——信息生产者与利用者之间的共同范围”的团体，旨在推行一体化管理。在国内，“一体化”概念最早是中国科学院在 1978 年提出的，当时是针对图书和情报工作的一体化而言的。1987 年，吴宝康先生两次在学术报告、发言中提及“档案、图书、情报工作一体化”，并认为“文书工作与档案工作一体化，档案、图书、情报工作一体化，这是档案学未来发展趋势中的两大问题”[②]。

档案、图书、情报都是人类的知识财富，都具有信息属性和知识属性，在管理的基本方法上有许多相似之处，如果将其综合管理并进行联合开发，就可以发挥三者在功能上的互补，实现信息资源共享的目的。可以说，档案、图书、情报工作一体化是一个世界性的趋势。我国档案界对档案、图书、情报工作一体化的认识基本上是统一的，但对一体化管理的具体模式却存在分歧。一种观点认为，应建立全国一体化的协调机构，统一规划和安排档案、图书、情报工作，实现工作的规范化和技术的标准化，共同开发信息资源，发挥信息的整体优势；另一种观点则主张建立一体化的实体管理机构，对档案、图书、情报实行统一管理。在选择档案、图书、情报工作一体化的模式时应具体情况具体分析。一般来说，对面向社会的档案、图书、情报工作进行一体化的实体统一管理应持慎重态度，而在机关、企事业单位内部则可以考虑建立统一管理档案、图书、情报的信息中心，以发挥信息系统的整体效应。

（三）信息资源集成管理

上述两个“一体化”管理趋势，在一定程度上催生了信息资源集成管理趋势。信息资源管理最早生长于美国政府部门的文书管理领域。美国政府各部门向来有重视文书管理的传统，20 世纪初开始的地方政府一体化和国际化进程，尤其是第二次世界大战期间临时增设的各种机构，导致了文书数量和文书管理成本的激增，为此，美国政府运用行政和立法双管齐下的办法实施整治，却意外地促成了信息资源管理的产生。1980 年，美国政府颁布的《文书削减法》是信息资源管理理论形成的标志。从此以后，美国政府各部门和工商企业领域就逐步将信息资源的一切要素都纳入管理范畴，并经历了一个由信息的物理控制、信息的技术管理、信息资源管理到知识管理的发展过程。20 世纪 80 年代后，信息资源管理理论的影响波及了西方其他国家，并在英、法、德等国家的工作实践中得到了深刻反映。

集成管理从一开始就是信息资源管理的核心观念之一。美国信息管理学家福雷斯特·霍顿认为：“信息资源管理是一个集成概念，它融不同的信息技术和领域为一体，这些技术和领域包括管理信息系统、记录管理、自动数据处理和电子通信网络等。这些领

---

① 李群．信息时代图书、档案、情报一体化管理在欧美的新趋势．四川图书馆学报，2006（5）.

② 徐拥军．吴宝康学术年谱．北京：中国人民大学出版社，2018：104－106.

域和职业在（20 世纪）60 年代和 70 年代是相互隔离和分散的，但它们必定会重新聚合在一起。”① 胡昌平等将“信息资源整合与服务集成”理解为：“根据一定的需要，对各个相对独立的信息子系统中的数据对象、功能结构进行融合、类聚和重组，重新结合为一个新的有机整体，形成一个效能更好、效率更高的信息资源体系，从而保证信息资源得到更好的利用……包括信息技术集成、信息资源集成、信息服务集成以及信息机构的合作与融合四个方面。”② 信息资源集成管理是挖掘系统中各个要素的特性，并在此基础上，推动资源的共享与管理的集成，使得各个要素共同作用于强化整体系统的属性与功能。这一理念的出现以系统论、信息论和控制论为理论基础，引起了管理学、图书馆学、情报学和档案学等学科领域的广泛关注。集成管理所强调的并非各个要素的简单相加——“1＋1＝2”，而是促使各个要素之间相互渗透与融合，发挥出“1＋1＞2”的效果。档案工作的分化整合规律，要求档案学界在注重研究档案及档案信息管理个性特征的基础上，也重视对信息资源管理的一般理论方法的探讨与研究，并注重引进和借鉴相关学科理论成果，真正使档案管理成为信息资源管理家族中独具个性又不可缺少的一员。

（四）档案管理与业务流程集成

无论是文件、档案管理一体化，档案、图书、情报工作一体化，还是信息资源集成管理，都是对管理对象的整合与集成。档案管理与业务流程的集成是对档案与产生及利用档案的业务活动的关系的再发现，是档案价值在数字时代的再发现，主要通过整合档案管理系统与业务信息系统来实现。档案既是记录业务活动的工具，也是服务业务活动的资源。信息系统的发展使得档案管理得以介入业务活动的关键节点，档案信息流与业务流之间以更加高效的方式融合在一起。这一趋势主要出现在企业档案部门，用于提高业务工作效率、保持业务工作质量。

这一规律趋势离不开现代化组织追求精简管理流程、实行过程管理的目标。过程管理要求对每个业务节点进行质量控制，对每个业务细节进行精细化控制，通过梳理后，简化和优化业务节点。这样一来，文件归档作为业务办结的标志，便成为过程管理的抓手。通过将档案管理系统嵌入业务系统，可以对每个业务节点的状态进行监督与跟踪。过程管理扩大了文件材料的归档范围，促进了档案信息的整合，从而带来了档案信息管理系统的优化与升级。文件的实时归档与即时利用使得文件与档案之间的界限越来越模糊，档案的利用价值不再局限于查询凭证，而是逐渐衍生出了数据分析、辅助决策和知识管理等价值。

档案管理与业务流程集成的意义不仅在于提高业务效率，也在于深入发现和认识档案工作与业务活动之间的密切关系及其可挖掘的利用价值。一方面，在数字办公环境下，档案信息流是业务活动的即时记录，档案是各项核心业务职能自然形成的信息。业务流与信息流之间有着不可分割的紧密联系。如果业务流存在混乱、低效的情况，那么档案

---

① 霍国庆，杨英．企业信息资源的集成管理．情报学报，2001（1）．

② 胡昌平，等．面向用户的信息资源整合与服务．武汉：武汉大学出版社，2007：27－28．

信息流也相应存在较大的管理问题；相反，如果业务流处于清晰、高效的状态，那么档案信息流的管控机制也比较易于健全。总之，信息流是业务流的镜子，反映出组织业务流程的运行效率。另一方面，档案信息管理作为业务活动改革的抓手，通过消除业务流程的断点，减少重复低效操作，打通业务活动信息流，可以为组织创造更大的效益。大数据时代为档案管理与业务流程集成提供了更多的机会与前景，当档案管理与业务流程走向集成时，业务的办结可以通过文件所传递内容的认证来实现，档案开始以更加高效的数据形态参与业务活动。同时，档案的利用价值可以体现在打通信息孤岛后的数据整合与高效利用上。这一特点表现在浙江省"最多跑一次"政务服务改革行动中，档案管理的全程嵌入在其中发挥了重要的支撑作用。该行动于2016年提出，旨在优化公众服务工作流程，打通各个部门、各个业务系统之间的信息孤岛，其后，其他省市也相继开始探索类似的政府服务创新模式。

在当前的实践工作中，档案管理系统与业务系统集成主要有以下三种模式：一是档案管理系统与业务系统并行集成，此时，档案管理作为贯穿业务全程的基本功能，有效地推动了业务活动的开展；二是档案管理（系统）作为一个功能（或模块）嵌入业务系统中，此时，档案管理虽然只是业务系统的功能之一，但是在确保关键节点的归档与利用方面具有较高的效率；三是档案管理系统独立于业务系统，通过制定相互衔接、协同的制度规范，档案管理与业务管理保持了较高的同步与协调。为了更好地协调档案管理与业务流程的集成落地，可在ISO9000质量管理体系、ISO14000环境管理体系、OHSAS18000职业健康安全管理体系等三个国际标准体系的基础上纳入ISO30300文件管理体系，通过档案管理标准与业务管理标准的集成，进一步推动档案管理与业务流程集成。

二、档案工作的多元化与开放性规律

在现代社会，档案打破原先封闭、固化、单一的刻板印象，越来越走向社会、走向公众、走向个人。从理论层面来看，20世纪60年代，后现代主义思潮极大影响了哲学、社会学、人类学和历史学等基础学科的发展，带动档案学开始反思自身的学科定位。从实践层面来看，在全球化背景下，各个国家之间档案工作的交流与合作日益频繁，国际化的档案学范式开始初现雏形。不同学科、领域带来了不同的世界观、价值观和方法论，推动档案工作呈现出多元化与开放性趋势。档案工作的多元化与开放性之间是相互促进的关系，主要表现为以下两种趋势。

（一）档案工作从单一走向多元

档案工作多元化推动了跨学科、跨领域、跨系统、跨部门等的互联互通，是全球化与数字化环境下的必然趋势，具体表现在以下方面。

一是档案来源的多元化。1956年《国务院关于加强档案工作的决定》发布后，各级国家档案馆开始相继成立，其中多是从原本机关内部的档案机构演变而来的。这就使得从我国国家档案馆建立、档案事业发展伊始，档案管理就与组织体制和组织管理关系密切，档案形成者主要是国家机关。[①] 进入21世纪后，随着人们对档案的认知逐渐深入、对个人权利的主张越来越强烈，档案不再只是党政机构、事业单位、国有企业等形成的“公共档案”，也包括社会群体和个人所产生的“非公共档案”，如个人档案、家庭档案、家族档案、社群档案、社会团体档案、非国有企业档案等。

案例

2010年，沈阳市家庭档案研究会在沈阳市档案局的支持下，开通全国首家社会公益性家庭网站——家庭档案网。在国外，总部位于美国的Ancestry.com拥有世界上最大的在线家谱档案库，管理着10 PB的结构化和非结构化数据，包括涉及80多个国家的240亿份文件、1亿个家族树以及130亿个文件汇集，其市场覆盖全球30多个国家，拥有超过300万的付费用户。2017年，Ancestry.com的收入超过10亿美元，年增长率超过30%。[②]

二是档案属性的多元化。传统上，人们主要关注档案的原始记录性这一本质属性，强调档案的凭证价值、对形成者的价值。随着社会生活越来越丰富复杂、信息技术越来越普及推广，思想观念越来越多元变化，档案的信息属性、知识属性、文化属性、记忆属性等越来越被重视，档案的参考价值、记忆价值、情感价值，对形成者之外的其他组织和个人的价值越来越凸显。相应地，档案在数据分析、知识管理、文化遗产保护、集体记忆传承、社会公共教育等方面的作用受到更多的关注。

三是档案载体的多元化。我国古代早期，以甲骨、青铜器、石头、简牍、缣帛、贝叶等作为档案载体；外国古代早期，以石头、泥板、纸草、羊皮纸、蜡板、金属、棕榈树叶等作为档案载体。造纸术发明和普及之后，纸张成为最主要的档案载体。进入19世纪，照相、录音、录像技术发明和推广之后，胶片、磁带等成为重要的档案载体。进入20世纪中叶，电子计算机发明之后，磁盘、光盘等开始成为主要的档案载体。当前，基本上是纸质档案和电子档案主导并存、电子档案加速取代纸质档案的趋势。

四是记录形式的多元化。文化多样性的需求影响包括档案馆、图书馆和博物馆等在内的各类公共文化机构，档案的记录形式也从根源上发生了变革。除文字记述外，还有口述史、文学、艺术品、人工环境、景观、舞蹈、仪式和礼制等[③]，多元化的记录形式更好地体现了档案的文化价值与社会价值，为档案馆提供更加优质的社会文化服务奠定了基础，同时也开辟了档案参与社会记忆、身份认同和文化创意开发等领域的新尝试。

五是档案工作主体的多元化。这主要表现在政治、经济和文化等领域。在政治领域，公民个体、社会组织、社群和社区等作为档案形成者的自主意识开始觉醒，所形成的档案因而也成为国家档案资源的重要组成部分。在经济领域，除了国有企业外，民营企业、

---

① 赵建平，韩良．多元复合主体在档案治理中的作用及互动关系研究．山西档案，2020（5）.

② 参见网站：https://www.ancestry.com/corporate/about-ancestry/company-facts。

③ 安小米，郝春红．国外档案多元论研究及其启示．北京档案，2014（11）.

外资企业也作为我国经济活动的重要主体，见证了我国的经济体制改革，创造了巨大的经济财富。非公有制企业档案工作成为我国企业档案工作的重要组成部分。在文化领域，主要表现为开发主体和记录主体的多元化，档案的文化价值引发广泛关注，广播、影视、广告、文化创意和知识出版等行业主动开展档案的收集、记录与开发，这些开发形式大多是营利性的，也同时促进了档案文化服务领域的繁荣与发展。

六是档案管理模式的多元化。这主要表现为从以前的实体管理与史料管理转变为现在多维度、多层次和全方位的知识管理、信息管理与数据管理模式。传统的管理活动主要围绕档案实体来展开，通过提高实体档案的质量、数量与结构，来满足查档利用需要。随着信息技术的发展，许多地区和单位从档案实体管理转变为档案信息管理模式，一些单位正在探索转向档案知识管理和档案数据管理模式，当然档案实体管理仍然是档案管理的重要任务。从整体来看，全国档案管理处于实体管理、信息管理、知识管理、数据管理多种模式共存的状况，这些模式既各具特点、各自独立，又互相依存、互相影响，且不断调整、变化。

（二）档案工作从封闭走向开放

档案事业作为社会大系统中的子系统，也是一个开放系统。档案事业唯有开放，才能通过与社会环境交换物质、能源与信息，获取生存的基础和发展的动力。档案工作从封闭走向开放的发展规律主要表现在如下方面。

1. 档案向社会开放，为公众提供利用服务

在奴隶制和封建时代，档案利用只是少数统治者所享受的特权，体现了档案的统治武器、权力工具性质。1794 年，法国《穑月七日档案法令》颁布，拉开了档案从封闭利用走向开放利用的序幕。进入现代社会，随着民主法治观念和公民权利意识增强，向公众提供档案开放利用服务成为档案馆的中心工作。

2020 年修订的《档案法》，突出体现了档案开放利用的要求。新《档案法》第二十七条将档案封闭期限由原来的 30 年改为 25 年。档案封闭期的长短直接反映了一个国家档案开放的程度，具有指标性意义。原《档案法》规定档案开放主体是“国家档案馆”，新《档案法》第二十七条将其修改为“县级以上各级档案馆”，同时新增“国家鼓励和支持其他档案馆向社会开放档案”的表述。这使得公民有机会走进更多的档案馆。新《档案法》第二十八条规定：“档案馆应当通过其网站或者其他方式定期公布开放档案的目录，不断完善利用规则，创新服务形式，强化服务功能，提高服务水平，积极为档案的利用创造条件，简化手续，提供便利。”此外，新《档案法》第二十八条将“中华人民共和国公民和组织持有合法证明，可以利用已经开放的档案”修改为“单位和个人持有合法证明，可以利用已经开放的档案”，这一修改扩大了档案利用主体的范围，为外国公民利用我国档案提供了便利，不仅体现了档案是人类共同的文化遗产的理念，也反映出我国档案事业开放、包容的发展理念。

2. 档案机构向社会开放，吸引公众参与档案工作

长期以来，档案工作都是各类档案机构自身的工作，而在现代社会，各类档案机构越来越向社会公开，吸引社会公众参与档案工作。2020年修订的《档案法》规定："国家鼓励社会力量参与和支持档案事业的发展。"档案工作的公众参与，体现在常规业务和档案资源建设上。公众参与档案常规业务，可以通过直接方式和间接方式。直接参与档案业务是指公众作为业务建设主体亲身投入档案业务的开展，从而实现公众愿景。

案例

英国开展的"档案志愿服务计划"，由国家档案馆牵头，定期招募档案志愿者，通过现场工作、在线工作、远程合作等形式，进行纸质文件的翻译、修复、扫描、著录、编录以及档案保护、公共服务等工作[①]。由上海图书馆组织建设的中国家谱知识服务平台，基于馆藏档案实现展示某一姓氏人群在某一地理空间范围内分布情况的功能。该平台支持在线修谱，普通用户在注册个人信息后，可以通过在线修谱的功能贡献知识，通过审核后即可正式发布，实现对相关数据的补充或修改[②]。

公民间接参与档案常规业务，是指档案工作者在开展业务时，将公众意愿纳入评价标准，以实现公众利益。如档案工作者在开展档案鉴定时，需要更多地考虑公众需求、档案与公众的关系。例如，1989年，加拿大国家档案馆开始实行"新宏观鉴定接收战略"，强调文件的前后关系，关注同公民与国家相互关系有关的档案内容。1991年，荷兰国家档案馆开始实行PIVOT项目，采用自上而下的视角，通过鉴定文件的生成背景来鉴定文件[③]，而不再主要是挑选和保留行政管理活动中产生的信息。

公众参与档案资源建设则更为普遍，影响也更为深远。在数字时代，公众参与档案资源建设更加便捷，途径更加多样。例如，自2010年起，美国国家档案馆发起公民档案员项目，吸引公众参与到馆藏档案的添加标签（tag）、转录（transcribe）、旧时天气转录（transcribe old weather）、内容编辑（edit articles）等多项内容中[④]，充分吸纳社会力量来帮助完善档案资源与工作。从2015年起，加拿大国家图书档案馆发起加拿大文献遗产社群项目（Documentary Heritage Communities Program，DHCP），通过资助和鼓励地方社群组织、高校档案馆与历史协会等社会力量以及专业图书馆等公共文化部门保存国家历史文化遗产，完善国家档案资源建设[⑤]。中国人民大学人文北京研究中心"北京记忆"项目的"我的北京记忆"网站，鼓励"用户生成内容"，为用户上传个人档案、贡献记忆资源提供平台。档案工作的公众参与有利于实现公众诉求，是档案事业从"国家模式"向"社会模式"过渡的重要体现。

此外，档案机构和其他行业、部门的跨界合作，中外档案交流与合作，也体现了档案工作从封闭走向开放。

---

① 桂美锐，李爱华．新范式下档案文献编纂的公众参与模式探析．档案与建设，2019（2）．

② 参见中国家谱知识服务平台，网址：http://jiapu.library.sh.cn/#/。

③ 潘未梅．宏观鉴定实践的先驱：荷兰PIVOT项目研究．档案学通讯，2011（5）．

④ 加小双，安小米．数字档案资源建设中的参与式图景．档案学研究，2016（2）．

⑤ 李孟秋．社群档案建设对档案理论与实践的影响．北京：中国人民大学，2019：31．

三、档案工作的制度化与智能化规律

（一）档案工作的制度化

制度问题带有根本性、全局性、稳定性和长期性。这里所说的制度，包括国家或行业层次的法律、法规、规章等，组织内部的规范、流程、标准等。制度化是制定制度并使之贯彻执行的过程。档案工作涉及众多利益主体，包括复杂的业务流程和技术方法，必须通过制度化使之规范、有序、协调。

一是通过制度化协调多方利益主体。档案工作过程会牵涉到档案的形成者、被记录的当事者、管理者、利用者等多种主体，也会涉及国家、组织和个人等多层次主体。多方利益主体的参与就需要制度作为工具进行引导，制度化的过程就是档案工作在很多问题上达成共识的过程，这些共识也通过制度的形式透明化和公开化。制度化可以协调复杂的利益关系，减少不必要的矛盾，节省沟通成本。

二是通过制度化促使档案工作更加有序和优化。档案工作是一项复杂的专业工作，技术含量越来越高。制度为档案工作提供了规则遵循、操作指南，使档案工作有序化；制度也提供了最佳实践和科学方法，可以使档案工作简化流程、提高效率。此外，制度化能减少档案工作的“人治”因素，促档案工作更具连续性、稳定性。

（二）档案工作的智能化

档案工作的智能化发展规律突出表现在档案技术与设备的变化上。几千年来，人们主要通过手工管理档案，随着现代各种新技术应用于档案工作，档案工作的自动化、信息化、智能化水平不断提高。20 世纪 90 年代以前，人们主要应用计算机辅助档案管理，实现自动化。此后，人们逐步开展档案数字化、建设档案管理系统，实现信息化建设。当前，大量新兴信息技术快速应用于档案领域，大大提升了档案工作的智能化水平。档案工作中的智能化应用主要表现在如下几个方面。

1. 运用大数据变革档案业务工作

大数据之“大”，不仅在于其容量之大，还在于人类可以通过对这些数据的交换、整合和分析，发现新的知识，创造新的价值，带来“大知识”“大科技”“大利润”“大发展”[①]。从业务环节来看，大数据将会影响到档案的“收”“管”“用”等核心环节。在传统管理方式下，“收”是各部门移交；“管”是手工管理，手工查询；“用”是提供被动的查阅服务。在大数据时代，“收”是数据实时的、自动的归集；“管”是采用平台化存储、计算、分析；“用”则是分析、发现与预测，为社会、组织创造价值。[②]

2. 运用云计算优化档案信息化建设

云计算是一种新兴的共享基础架构方法，其核心是提供更加安全、更低成本的 IT 服

---

① 宋淑琴．大数据视野下档案管理思维方式的转变．档案学研究，2015（3）．

② 李小晨．大数据时代背景下的档案管理探讨．云南档案，2013（6）．

务，它可以按照用户对资源和计算能力的需求动态部署虚拟资源，不受物理资源的限制。在云计算环境中，用户基于虚拟化的资源开展工作，不需要关心资源的物理存储位置，可方便地变更对资源的计算需求。虚拟化、整合、安全等是云计算最基本的特性。[①] 基于此，云计算可以进一步推动解决我国档案信息化建设面临的瓶颈问题，包括资源整合困难、信息共享困难、IT 运维成本高、信息服务手段落后等。当前主要的云计算部署模式包括：一是公共云模式，指由云服务商提供档案馆所需的各类资源，如服务器资源、应用软件等，档案馆以免费或按量付费的形式通过网络来使用这些资源，云中资源的运营和维护完全由云服务商负责。二是私有云模式，档案机构可以使用专业云服务商提供的本地部署软件来创建私有云。三是混合云模式，由档案馆和云服务商共同建造云。四是领域云模式。领域云是云的一种特殊实例，仅提供给特定领域的用户使用。譬如，2020 年 9 月，浙江省档案馆与阿里云计算有限公司签约合作智慧档案研究合作框架，预期在档案信息化建设、档案管理智能化、档案治理现代化等方面，与阿里云计算有限公司开展务实深度的合作，攻克档案开放鉴定、档案数据治理、档案深度利用等档案部门的共同难题[②]。

3. 运用区块链技术保证档案的真实性

区块链是一种按照时间顺序将数据区块以链条的方式组合成特定数据结构，并以密码学方式保证的不可篡改和不可伪造的去中心化共享总账（decentralized shared ledger），具有去中心化、时序数据、集体维护、灵活性、安全可信等突出优点。区块链环境下形成的文件将以一种永不删除的方式保存，并通过链式数据结构、摘要、时间戳、数字签名等技术保证文件内容不被更改[③]，因此，区块链技术在保证档案真实性方面具有明显的优势。具体来说，区块链技术可以将所有文件的真实性维护任务绑定在一起，从而实现去中心化的真实性维护机制。具体的应用场景包括但不限于：一是基于区块链构建业务系统，用以支持文件的创建和保存，这也是目前最为普遍、最引人关注的一种应用。比如，互联网保险公司众安保险采用区块链电子保单系统处理健康险业务，将计费、客户及理赔信息添加到区块链上。二是基于区块链构建电子文件管理系统，用来支持电子文件的归档管理。譬如，美国特拉华州公共档案馆牵头实施的“智能文件”项目，将州政府机关的文件捕获登记进入区块链中，并利用智能合约技术来实现电子文件的到期自动处置。三是基于区块链构建电子档案保存系统，用来支持电子档案的接收、长期保存和利用服务。已有一些国家的档案馆先行先试，比如英国国家档案馆开展区块链应用实验，在接收电子档案时，将其哈希值登记进区块链中。[④]

4. 运用人工智能提高档案信息知识处理能力

人工智能技术是一种信息知识处理系统，包括对数据或信息资源的收集、确认、显

---

① 方昀，郭伟．云计算技术对档案信息化的影响和启示．档案学研究，2010 (4)．

② 浙江省档案馆与阿里云计算有限公司签订智慧档案研究合作框架协议．(2020-09-03)[2021-02-10]. http://www.zjda.gov.cn/art/2020/9/3/art_1229005493_56172482.html.

③ 袁勇，王飞跃．区块链技术发展现状与展望．自动化学报，2016，42 (4)．

④ 刘越男．区块链技术在文件档案管理中的应用初探．浙江档案，2018 (5)．

示、整理、解释、验证及交流传播等处理。通过对人类思维方式和行为的研究分析，利用相关信息技术，使机器能够对人的智能行为，比如对数据信息的辨别能力、对问题的理解能力、处理复杂信息的能力、快速适应新环境的能力以及应用信息控制环境的能力等进行模拟。① 基于上述特性，人工智能可以帮助档案工作摆脱重复性高、技术含量低的管理活动，使档案服务更加智能化，提高用户对档案信息服务结果的满意度。2018 年，安徽省档案局局长黄玉明认为，人工智能在档案领域的应用场景包括但不限于：主题词库、热词库；知识图谱、文本挖掘、语义网；档案数据化；著录标引；自动编写虚拟摘要；电子档案安全性、可用性、完整性和真实性检测；音像档案内容管理；人工智能讲解员；智能档案实体管理；射频识别技术；智能楼宇（车辆管理系统、综合安防系统、一卡通、建筑能耗、多媒体系统、智能环境管理系统）；等等。②

上述新技术在极大地促进档案工作发展的同时，也将使档案工作面临很多新挑战、新问题。例如，在新技术环境下，档案“原件”如何认定？档案的真实性如何保证？档案管理的来源原则是否还适用？前端控制原则如何实现？档案部门与信息管理部门、数据管理部门之间是什么关系？此外，在新技术环境下，保密问题、知识产权问题、隐私问题更加突出。

四、档案工作与社会环境的互动规律

档案工作与社会环境有着普遍、密切的联系。档案工作与社会环境的互动性规律主要表现在：一方面，社会环境在相当程度上影响和制约着档案工作的生存与发展，要高度关注档案工作发展与社会环境变化的关系，使档案工作内外部相互协调统一。另一方面，档案工作的质量高低也在一定程度上促进或阻碍社会的进步与发展。档案部门应通过高质量的档案工作，为社会发展做出应有贡献，同时应建立良好的社会公共关系，为档案工作的进一步发展创造条件。

（一）影响档案工作生存与发展的社会环境因素

档案工作作为社会系统的一个组成部分，它的生存与发展既是档案工作本身内在矛盾冲突与协调的结果，又受多种社会环境因素的影响和制约。

1. 社会物质生产与档案工作

社会物质生产对档案工作的影响体现在：第一，社会物质生产不断对档案工作提出新的任务与要求。物质生产的广度与深度的扩展，使档案产生的领域日益扩大，档案的种类日益繁多，出现了各种专门档案的管理工作；而物质生产中利用档案的需要，又不断对档案工作提出新的要求，促使档案工作不断改进、完善。第二，社会物质生产的发展决定着档案工作的基本物质条件和技术条件。档案工作不能脱离一定的物质技术条件

---

① 沈牡丹，范智新．人工智能时代档案工作如何寻求新发展．兰台世界，2018（5）．

② 会议速递｜2018 年中国档案工作者年会开幕式及五场主旨演讲，干货满满！创意连连！．（2018-10-19）[2021-02-11]. https://www.sohu.com/a/260414246_734807.

而存在。社会物质生产的发展规模和水平，决定了一定时期内社会所能用于档案工作的总投入，而投入水平又将决定档案工作在一定时期内所能达到的规模与水平，限制档案工作所能采用的物质技术设备，影响技术设备的更新过程。

2. 社会经济政治制度与档案工作

一者，社会经济政治制度决定档案工作的目的和性质。奴隶制、封建制时代的经济、政治关系，决定了档案工作体现着奴隶主、封建地主阶级的意志，为其经济、政治利益服务。近代资产阶级所进行的档案工作改革，矛头直指封建制度下的档案工作，通过改革使档案工作成为资产阶级巩固政权、发展资本主义制度的重要助手。社会主义的经济、政治关系，决定了档案工作为社会主义事业服务，为广大人民的利益服务，成为全体人民进行经济建设、发展科学文化事业的重要组成部分。二者，社会经济政治制度决定了档案工作的基本原则。国家体制直接影响档案管理体制，各国的政治民主化进程与程度影响和决定档案的开放程度。进入中国特色社会主义建设新时代，我国档案工作在坚持中国共产党领导、实行集中统一管理的同时，强调为民服务，提升了档案开放的程度。

3. 科学文化事业与档案工作

一者，科学文化的繁荣，使人们在科学研究和各种创造性劳动中产生了更多的档案信息需求，从而对档案工作提出了新的要求。二者，科学文化活动的发展能够推动档案学的研究与应用，档案学在良好的科学文化环境中，能够与其他学科相互推动、相互影响，加快发展步伐。三者，科学文化事业的发展还能为档案工作提供新的管理理念和科学技术，促使档案工作日益科学化与现代化，同时也能给档案部门输送各种人才，提升档案工作者队伍的素质。

4. 社会档案意识与档案工作

社会档案意识是人们对档案和档案工作的认识水平与敏感程度。它反映着整个社会对档案和档案工作的认识和态度，表现出社会对档案和档案工作的重视程度。社会档案意识作为一种观念存在，是现实社会发展水平的反映，受社会经济文化发展水平、国家方针政策、政府部门对档案工作的重视程度以及档案工作自身发展水平的影响，档案工作取得的成就、档案工作者的贡献能够增强社会档案意识，而档案管理落后、利用困难则会影响档案工作的形象，削弱社会档案意识。

（二）档案工作的社会贡献与档案部门的公共关系

档案工作是维护党和国家历史真实面貌的重要事业，是党和国家各项建设事业必不可少的环节。档案工作的社会贡献集中表现在：记录人类历史、保护文化遗产、传承社会记忆、提供信息和知识服务、创造社会效益和经济效益。档案工作的这种社会贡献具有独特性，是其他工作或职业无法取代的。

为了给档案工作的发展营造良好的社会环境，档案部门和档案工作者也必须提升社会意识，开展公共关系活动。第一，档案主管部门的职能拓展需要良好的公共关系。为了有效行使其监督、指导和检查职能，档案主管部门必须处理好上下级档案主管部门、档案主管部门与档案业务部门（档案馆、基层档案室）之间的关系。由于图书、情报、档案工作一体化的趋势，档案主管部门还应协调好与图书、情报机构的关系。由于信息资源管理、大数据的兴起，档案主管部门需要与信息管理部门、数据管理部门有效协同。第二，档案馆的科学文化性质决定了档案部门必须建立良好的公共关系。档案馆作为为社会各方面提供档案史料的中心，必须以丰富馆藏、优化馆藏结构作为基础。档案馆只有搞好公共关系，才能收集到有特色的档案资料，才能把非国有档案、散落民间的档案、流失海外的档案等收集进馆，并使其发挥更广泛的社会作用。第三，基层档案业务的扩大需要良好的公共关系。在一个组织、机构内部，档案部门也需要与形成和利用档案的文书部门、业务部门，提供人力、财务、技术支持的人事部门、财务部、信息部门发生联系，争取它们的配合和支持。这也涉及公共关系问题。

长期以来，档案部门较强的内向性、封闭性特征，较弱的社会服务意识和服务能力，影响了自身的公众形象。提高社会服务意识和能力、体现社会贡献，是档案工作公共关系的核心内容，是树立档案部门良好的社会形象和公众满意度的关键。档案部门公共关系活动的开展主要可以考虑下列途径：一是充分利用档案工作系统内的专业报刊和系统外的大众传媒工具进行档案宣传活动；二是通过策划新闻事件制造公关时机，扩大档案工作的影响；三是加强与社会各界的交流与合作，吸引社会公众参与档案工作；四是举办线上、线下的档案展览，宣传档案工作的效益；等等。

第三节　数字环境下档案工作的新发展

一、档案管理对象的发展

（一）档案数字资源逐渐成为档案工作的主要对象

以数字化、网络化、智能化为特征的信息化浪潮直接导致大量档案数字资源的形成和产生，对现代档案管理产生了深刻的影响。档案数字资源泛指以数字信号记录的档案信息，包括直接从各类业务系统和数字设备中形成的原生电子记录，以及传统载体档案的数字化成果。档案数字资源形成主体覆盖面宽、来源渠道广泛、外在形态多样，有利于在计算机环境中拓展各类操作，可以在数字空间中进行更灵活的组织和呈现，有力地促进档案工作业态的转型与变革。

近年来，我国通过实施“存量数字化”“增量电子化”战略持续积累档案数字资源，《“十四五”全国档案事业发展规划》中明确提出加快档案资源数字转型，建立以档案数字资源为主导的档案资源体系。现阶段在档案馆、机关、企事业单位中保存的大部分实体档案是存量资源，要通过数字化手段转化为档案数字资源。“存量数字化”工作要求中央和国家机关传统载体档案数字化率达到80%，中央企业总部传统载体档案数字化率达到90%，全国县级以上综合档案馆档案数字化率达到80%。增量部分是指各单位将形成的应归档的电子文件及时归档，使档案馆新接收进馆的档案为电子档案。要大力推进“增量电子化”，促进各类电子文件应归尽归，电子档案应收尽收，使电子档案在档案资源体系中占比逐渐提升。截至 2020 年年底，全国各级综合档案馆馆藏电子档案 1 387.5TB，其中，数码照片 390.2TB，数字录音、数字录像 523.5TB。馆藏档案数字化成果 19 588.5TB。

根据 2020 年修订的《档案法》，符合法律规定的档案数字资源与传统载体档案具有同等效力，可以以电子形式作为凭证使用；国家鼓励和支持档案馆与机关、团体、企事业单位以及其他组织推进档案数字资源的形成、利用和妥善保管；档案馆负责档案数字资源的收集、保存和提供利用；国家推进档案信息资源共享服务平台建设，推动档案数字资源跨区域、跨部门共享利用。这都体现了对档案数字资源及其管理工作的高度重视。

（二）档案管理对象空间的演化发展

在不同技术环境下，档案管理对象所对应的技术体系、管理方式、适用规范等不尽相同。以传统载体档案为管理对象的实体环境催生了以人工管理为主的传统档案管理体系；以电子档案为管理对象的技术环境发展了计算机辅助下的自动化或者半自动化的档案管理体系。为了更好地考察不同技术环境下档案管理活动的特征与性质，我们将管理对象本身的特质及其对应的技术体系、管理环境、适用规范等要素综合成档案管理对象空间的概念，技术环境变迁使得档案管理对象空间正经历从“模拟态”“数字态”到“数据态”的演变。三态档案管理对象空间的本质差异主要体现在信号性质和内容语义连续性方面。

1. 模拟态档案

模拟态档案是以模拟信号进行记录和保存的、基于文件形式的信息记录，具有信号与语义连续的特点，如各种纸质文件、照片等。模拟态档案对象具有载体与信息统一的特质，在形式上对档案实体的管理就是模拟态档案工作的主要内容。模拟态档案对象管理注重实现实体的有序化管理，注重实体管理空间的安全防护。我国已经建立起比较完备的实体档案管理体系，内容涵盖接收、整理、著录、分类、统计、利用、保管、销毁等，业务流程涵盖模拟态档案全生命周期。

2. 数字态档案

数字态档案是以离散的数字信号进行记录和保存的、以文件为容器的信息记录，具有信号离散、语义连续的特点，如电子公文、电子邮件、电子合同、数码照片、网页、电子政务审批文件等。与模拟态档案相比，数字态档案对象类型更加多元、格式更加繁杂、处理和利用手段也更加丰富。数字态档案对象具有逻辑结构与物理结构分离的特点，管控数字信息的软硬件依赖性，保证电子档案的真实、完整、可用、安全是数字态档案管理的中心任务。

目前数字态档案管理在理论研究、法律规范、管理体系、技术工具等多方面都有了长足的发展和进步，基于数字态档案对象的管理在逐步成熟。在理论方面，提出了适用于数字环境的文件连续体模型，系统探索了电子文件的构成要素和管理原则，基本制备了主要类型的电子文件元数据规范，在电子文件格式管理、电子文件管理系统（ERMS）研发、数字资源长期保存方面都已取得大量成果。在法律方面，2004 年制定的《中华人民共和国电子签名法》明确了电子签名的法律地位，2020年新《档案法》确认了电子档案与传统载体档案具有同等效力。在标准规范方面，电子文件管理标准体系框架基本形成，近年来出台、修订了包括GB/T 29194—2012《电子文件管理系统通用功能要求》、GB/T 31914—2015《电子文件管理系统建设指南》、GB/T18894—2016《电子文件归档与电子档案管理规范》等在内的重要国家标准。

数字态是档案进入数字空间的初始阶段，该阶段实现了记录信号从模拟到数字的革命性变化，这个变化过程伴随着大量的法律、管理、标准和技术更新问题，变化程度及其对档案工作带来的冲击是剧烈的。但从数字信号自身潜力看，其引起的管理方式的变革才刚刚开始，以大数据、云计算、智能技术为代表的新技术环境带来的迭代变化，给业务系统领域带来了更为猛烈的冲击，已经直接给文件颗粒度的管理带来挑战，促使部分业务进入数据态空间。

3. 数据态档案

数据态档案是以数字信号进行记录和保存、以数据为颗粒度的信息记录，具有信号与语义离散的特点，如关系型数据库文件、GIS数据、三维数据等。大数据、云计算、物联网、移动互联、智能处理等新技术共同促进了数据态空间的快速迭代与发展。技术环境演进导致档案对象的颗粒度从文件降维到更容易解析和处理的数据，因而在语义上呈现出离散的特点。例如，三维数据的出现使三维矢量模型的存储成为当前需要重点关注的数据态档案问题。具有长期保存价值的数据态文件是业务活动的原始记录，具备毋庸置疑的档案属性，应当被纳入档案部门的管理范畴。目前档案部门还未能对数据态文件实施有效的管控，存在相关研究成熟度不高、实践技术手段滞后、长期保存手段缺失等问题。今后，档案部门可以考虑进行档案业务目标、管理范围、活动过程、工作理念等方面的调整和重构，实现档案工作与数据管理的融合发展。

（三）档案资源管理理念的发展

海量档案数字资源的形成与积累使得档案资源结构发生了明显变化。从档案管理对象的态别来看，以单一的模拟态档案对象为主的档案资源结构已被模拟态、数字态和数据态档案对象“多态并存”的资源结构取代。为此档案资源管理理念也应随之调整，主要表现为在总体档案资源建设方面秉持“体系建设理念”，在档案资源建设广度方面树立“内容社会化理念”，在档案资源建设深度方面奉行“深度开发理念”，等等。

1. 档案资源体系建设理念

档案资源体系是指以传统载体档案、档案数字资源等档案资源为核心的，涵盖档案资源开发利用成果和档案资源增值开发产品的，具有保存价值的资源集合。2007年，时任国家档案局局长杨冬权首次提出档案工作要“建立覆盖民生、覆盖人民群众的档案资源体系，建立服务民生、服务人民群众的档案利用体系”①，开启了我国档案资源体系化建设的阶段。此后，在《全国档案事业发展“十二五”规划》《关于加强和改进新形势下

---

① 杨冬权．在浙江省档案工作服务民生座谈会上的讲话．中国档案，2007（10）．

档案工作的意见》《全国档案事业发展“十三五”规划纲要》《“十四五”全国档案事业发展规划》等档案事业发展的重要政策性文件中都坚持了体系化建设档案资源的建设目标。

体系建设理念是要全面、系统、完整、广泛地收集各类档案资源，以便建立数量可观、内容丰富、门类齐全、结构合理、利用便捷的档案资源体系。档案资源体系不是自然形成的，而是文件与档案的形成者、管理者有目的地构建起来的。① 在实践中可以有意识地搭建满足多元需求的档案资源体系，涵盖各级各类档案机构和相关文化遗产机构保存的档案资源、民间档案资源，以及基于档案资源加工获得的二次文献、三次文献等开发产品。

2. 档案资源内容社会化理念

在社会转型的大背景下，我国档案资源建设呈现出鲜明的开放性拓展态势，档案资源的内容逐渐从单一的“官方记录”转向综合的“多元化社会记录”。在此发展趋势下，档案资源建设应树立档案资源内容社会化理念。其一，在档案资源内容建设中应兼顾多元社会主体来源的档案资源内容，档案资源应该尽可能全面地反映社会面貌，档案资源内容建设除了继续聚焦国家和官方主体形成的档案资源外，还应关注民营企业、非公经济组织、民间团体、家庭与个人等社会主体形成的档案资源。其二，从侧重反映社会政治、经济、科技、文化活动的宏观层面，到兼顾关注集体记忆、基层民生、社区和家庭生活的微观层面，在“社会档案观”指导下的档案资源体系建设应超越以党政机关档案为主的、馆藏结构相对单一的“国家档案”②。其三，增加档案征集渠道的广泛性。例如，口述档案作为交往记忆媒介和承载物，能够补充性地展示以个体生平为框架所经历的历史，是今后应当积极纳入的重要档案资源。

3. 档案资源深度开发理念

档案资源深度开发理念是指结合档案资源的特点，充分利用信息技术对其进行深度开发与挖掘利用，满足社会公众日益多样的档案利用需求。在传统技术环境下，由于档案资源本身颗粒度较粗的缘故，档案资源开发利用的形式相对受限，主要以档案目录数据库和辅助传统档案编研成果开发为主。新兴信息技术为档案资源的深度开发利用提供了必要的技术保障，例如，云计算解决了基础设施的扩展问题，大数据解决了海量数据的分布式计算问题，以深度学习为典型代表的人工智能相关技术，则为文本、语音、图像等不同类型的电子档案的内容分析提供了技术手段。

对传统载体档案资源而言，除了传统的年鉴、大事记等编研产品，应探索以数字方式开发新型档案资源产品。对档案数字资源而言，应对不同类型的档案数字资源进行不同层次的开发，以便创造出迎合时代潮流的多样化的资源产品。具体来说，可以将档案数字资源体系的产品划分为数据基础产品、资源聚合产品、知识资源产品等类型。数据基础产品包括关系数据库之内的结构化关系数据、以文件形式存储的非结构化文本数据、各类音频视频等多媒体数据等。资源聚合产品是对从文本、多媒体数据中挖掘分析得到

---

① 冯惠玲．档案记忆观、资源观与“中国记忆”数字资源建设．档案学通讯，2012（3）．

② 钱毅．在“三态两化”视角下重构档案资源观．中国档案，2020（8）．

的处理结果与数据基础产品的数据分析结果进行聚合处理，形成各类专题数据集与数据库等形式。知识资源产品包括语料库、知识库、知识图谱、图数据库等，可以为用户提供基于档案的各类知识性服务。

二、数字环境下档案信息化工作的新发展

档案信息化工作可被视为将档案资源与档案工作从传统的模拟信号空间迁移到数字信号空间的过程，是以档案信息资源建设为核心，以档案网络建设为平台，以扩大档案信息资源开发利用为目的，推进档案资源数字化、信息管理标准化、信息服务网络化的进程。总体来说，数字环境下档案信息化工作的发展主要包括以下几个方面。

（一）面向档案数字转型

数字转型已成为世界范围内文件档案领域的普遍共识和发展大势。在2016年国际档案大会上，国际档案理事会宣布的《首尔公报》（*Seoul Communique*）向全球档案工作者发出数字转型的行动倡议，号召各国“制定数字文件管理方针，采取有力措施开展数字保存，并通过数字技术提升档案利用的契机，为数字时代的社会做出更为有力的贡献”。文件管理的数字转型意味着档案管理将从以“打印归档”为主的分段式管理转向以数字方式为主的持续管理，即数字方式的管理涵盖电子文件生命周期全过程，实现“数字连续性”。文件管理的数字转型不是组织机构和文件、档案管理部门的局部调整，而是一项系统工程，是文件管理发展方向、业务定位、组织架构、管理模式等整体性、全方位的整合。[①] 例如，美国的文件管理数字转型战略框架由总统备忘录、政府指令、法律修正案等多个重量级的法规政策联合搭建，具有很强的法律强制力和行政效力；澳大利亚的文件管理数字转型战略框架主要由专门的数字转型政策搭建而成[②]。

文件档案管理数字转型需要解决法律认可、管理互信、数据互认等多种信任问题，这需要多方面要素共同支撑，形成整体的应对措施。多国文件档案管理数字转型实践表明，文件档案管理数字转型需要考虑战略框架、体制、业务、系统、能力与责任等基本要素。其中，战略框架是指包括文件档案管理战略目标、措施等在内的整体规划；体制是指文件行政管理组织体系的设置及责权划分，主要表现在机构设置、权责划分等方面；业务是指文件档案的管理业务，包括文件形成、分类、归档、处置、长期保存、提供利用等多个业务环节；系统是指管理文件档案的专业系统，主要包括形成和办理文件的业务系统，捕获、维护、处置文件的电子文件管理系统以及长期保存电子文件的数字档案馆系统；能力是指各类人员管理数字文件的素质和技能；责任是指主体承担数字文件管理的职责。这些要素相辅相成，共同构成文件管理数字转型的要素框架。

在具体实践中，实施单轨制是文件档案管理数字转型的核心表现。“单轨”是指在数字环境中仅以电子方式运行和保存电子文件的全流程，包括生成、办理、归档管理、移

---

① 冯惠玲．走向单轨制电子文件管理．档案学研究，2019（1）.

② 冯惠玲，刘越男，马林青．文件管理的数字转型：关键要素识别与推进策略分析．档案学通讯，2017（3）.

交、保存和利用等业务活动，即文件档案的全程无纸化，而不再同时生成、办理和保存纸质文件。在实践工作中，文件档案管理数字转型的本质就是实现文件档案管理从双轨制向单轨制转变。双轨制对效率的拖累和对人力、物力、财力的耗费越来越成为文件形成和保管单位的不可承受之重，背离了信息化提高生产和管理效能的初衷；实施单轨制管理则能够提高信息化效能，降低资源消耗成本。目前，我国已在电子发票、商事登记、政法办案等领域陆续开展了电子档案单轨制的试点工作，积累了电子文件单轨制管理、单套制归档的经验与策略。

（二）电子档案全生命周期管理系统建设全面推进

为了保证单轨制电子文件与电子档案管理的顺利实现，打造档案资源可信数字空间，推进电子档案全生命周期系统建设是数字环境下档案工作的必然选择。通常而言，电子文件与电子档案生命周期中涉及多类信息系统，以管理阶段和管理要求为标准进行划分，一般可以将其划分为业务系统中的文档管理模块、电子文件管理系统和数字档案馆系统等。

1. 业务系统中的文档管理模块

业务系统是形成或管理机构活动数据的计算机信息系统，包括办公自动化系统、电子商务系统、财务系统、人力资源系统、产品数据管理系统、电子邮件系统等促进机构事务处理的应用系统。业务系统中的文档管理模块也往往被称为电子文档管理系统（Electronic Document Management System，EDMS）。EDMS 侧重于电子文件形成阶段的管理，关注文件生成、流通管理、版本控制、业务协同等功能。许多 EDMS 的设计目的是在支持和满足当前业务活动对信息的需求的同时，保存管理业务活动中需要归档的文件，主要起到“预归档”的作用，并不具备完整的文件管理功能。这些文件需要被捕获进专门的电子文件管理信息系统才能确保其文件价值的妥善保存与发挥。

2. 电子文件管理系统

电子文件管理系统（Electronic Records Management System，ERMS），通常又称数字档案室系统。在电子文件生命周期中，电子文件管理系统起着承上启下的重要作用。它负责从前端业务系统中捕获电子文件，实施维护、利用、处置，并将具有长期保存价值的电子文件移交给后端的数字档案馆系统。电子文件管理系统应当维护元数据与电子档案之间的联系，注重对电子档案的真实性、完整性、可用性和安全性的管理，支持电子档案作为证据的价值。电子文件管理系统的实际建设主要对标《电子文件管理系统通用功能要求》（GB/T 29194—2012）和《电子文件管理系统建设指南》（GB/T 31914—2015）等标准进行。

3. 数字档案馆系统

数字档案馆系统是实现对电子档案的接收、管理、保存和利用的计算机管理信息系统。数字档案馆系统致力于解决电子档案以正确和可被独立理解的方式长期保存下来的问题，其核心功能是真实长久地保存馆藏数字档案资源，重点在于电子档案的长期保存和管理。

数字档案馆系统建设是档案信息化工作的主要抓手和重要内容，加大推进各级各类档案馆的数字档案馆系统建设，对实现以信息化为核心的档案管理现代化具有深远意义。在实际建设推进过程中，数字档案馆系统通常被视作各档案部门的综合信息系统平台，因而在功能要求上更为完备。2010 年国家档案局制定了《数字档案馆建设指南》，用于指导数字档案系统建设，2014 年推出的《数字档案馆系统测试办法》和《数字档案馆系统测试指标表》又具体规定了测试条件、组织方式、工作程序等内容，对信息安全、电子档案管理、馆藏档案数字化、目录数据库建设等做了重点要求。在评价标准方面，涵盖了《电子档案移交与接收办法》《档案著录规则》《文书类电子档案检测一般要求》《纸质档案数字化规范》等具体业务标准。2015 年，国家档案局技术部依据《数字档案馆系统测试办法》在全国开展数字档案馆系统测试工作，以测促建，推动全国档案信息化建设与发展。截至 2020 年年底，全国共有 41 家单位建设的数字档案馆经过国家档案局组织专家测试，获得审批通过，成为全国示范数字档案馆。

（三）新兴技术赋能档案工作程度加深

以“大智移云物区”为代表的新一轮科技革命正推动人类社会进入共建共享、人机协作、跨界合作的智能时代。新一代信息技术势必使档案工作环境、对象、内容发生巨大变化，迫切要求创新档案工作理念、方法、模式，加快全面数字转型和智能升级。如档案管理对象由纸质实体扩展到电子档案，管理层次也由载体管理深入内容和数据管理，这些都已经深刻地影响到相关的档案管理理论与实践领域。《“十四五”全国档案事业发展规划》就明确提出，到 2025 年，档案信息化的目标是“档案管理数字化、智能化水平得到提升，档案工作基本实现数字转型”。

近年来，新兴信息技术已在档案馆智能化管理中发挥了巨大作用。各类云环境能为档案部门提供集约式的、共享的基础设施服务，避免繁重的、重复的基础设施建设。基于物联网技术，可以实现库房环境实时监控、实体档案快速定位与盘点等功能。通过文字识别、语音识别和图像识别技术，能够在档案数字化、数据化工作中加快档案信息内容的提取、处理与编研。区块链与数字签名等技术能为电子档案真实性保障中的核心技术提供支撑，数据科学和语义技术的发展能为档案资源的知识化服务提供实现路径。

新兴技术赋能档案工作比较集中地体现在围绕“智慧档案馆”进行的相关研究与实践上。虽然智慧档案馆目前并无明确的概念界定，但人们普遍认为智慧档案馆是全面感知、智能协同、深度融合的档案信息化的高级形态，应当实现档案内容的数据化和知识化管理，是数字档案馆的发展延续和升华。在迈向智慧档案馆的建设过程中，档案部门将面临更加艰巨、复杂的新兴技术与档案工作融合的挑战。

（四）更加注重档案信息化生态构建

近年来档案学界积极引入生态学相关理论探讨包括数字档案馆在内的档案信息化建设活动，提出数字档案馆是特定空间范围内的人与其生存环境相互作用而形成的统一复合体。数字环境下的档案信息化工作的相关利益方极其广泛，涉及文件形成单位、档案保管机构、档案主管部门、第三方档案服务机构、学术研究团体以及其他职能近似的相关机构，其中任何一方的缺位与错位都有可能导致管理体系运作不畅。为此，档案信息化建设需要构建以协同合作为导向的档案信息化生态环境，档案信息化生态可被视为档案领域内与档案信息化工作有关的各利益相关者通过合作组成的共生体。随着档案信息化工作的逐步深入，有很多技术与管理问题单纯依靠档案机构自身是难以解决的，因而需要促进健康的档案信息化生态环境的形成与实现。

档案信息化生态管理是一项跨机构、跨部门的综合管理战略，应当与信息化发展战略、电子政务战略、国家大数据战略等密切配合。档案馆和机关、团体、企事业单位以及其他组织应当协调数字档案馆生态系统与社会组织系统、社会信息系统之间的关系。①

具体而言，其一，应当理清档案信息化生态中各个主体的职责与任务。档案信息化的各个主体通过一定的交互关系，各自追求不同但相互促进的收益。应当共同协商各个主体的职责与任务，充分发挥各个主体的专业优势，整合各类资源，使各个参与方在战略规划、政策引导、标准指引、技术赋能、系统构建、运行维护等诸多方面共同努力。其二，应当加强档案信息化生态环境内部各主体之间的协同发展。档案主管部门要做好整个生态体系的推动者和监管者，在第三方准入、市场监管、体系评测方面发挥积极作用，鼓励技术探索，扩大先行先试范围和力度，既要以竞争机制激发市场活力，也要加强监管，切实维护档案信息化工作稳步发展。行业客户要积极协助构建基于行业的档案信息化解决方案，将档案信息化国家战略面向行业层面扎根。科研机构和专业技术公司应与各级各类档案机构紧密合作，扎实进行理论创新与技术攻关，提供专业化、先进化的技术服务，诸如新技术赋能方案、多态兼顾的数字化转型方案、档案云服务方案、档案数据治理方案等。

复习思考题

1. 如何理解档案工作的社会性？

2. 你对档案工作的管理性有何认识？

3. 档案工作的服务性是档案工作的本质属性吗？在现代如何提升档案工作的服务品质？

4. 如何提高档案工作的社会地位？造成社会上一些单位或负责人不重视档案工作的深层次原因有哪些？

5. 档案工作的效益具有什么特点？评价档案工作效益的标准只有档案利用率吗？如何看待档案近期效益与长远效益之间的协调关系？

6. 如何理解档案管理与业务流程集成？

7. 如何理解档案工作的多元化与开放性规律？

8. 如何理解档案工作的制度化与智能化规律？

① 倪代川，金波．论数字档案馆生态系统管理．档案管理，2013 (2).

9. 你认为，档案工作未来的发展趋势包括哪些？依据未来的趋势，档案工作应该如何进行自我调整以适应新趋势？

10. 如何理解档案管理对象空间的演化发展？

11. 数字环境下档案资源管理理念有哪些体现？

12. 简述数字环境下档案信息化工作有哪些发展动向？

13. 电子档案全生命周期管理系统建设的全面推进体现在哪些方面？

第七章

档案法规标准与职业道德

本章要点

- 解释档案法律概念的含义，明确档案法律的本质和特点。
- 说明档案法律与档案行政法规、档案行政规章、党内档案法规的关系。
- 介绍《档案法》的主要内容、属性特征、作用、施行及修改。
- 说明档案行政法规与档案行政规章的概念、特点与类型。
- 区分档案工作标准和档案工作标准化的含义。
- 说明档案工作标准的种类与作用。
- 介绍我国档案工作标准体系的建设历程、构建原则与内容构成。
- 介绍档案职业道德的层次结构、特点和内容。
- 介绍国际档案理事会所颁布的《档案工作者职业道德准则》。

关键词

档案法律　档案行政法规
档案行政规章　《档案法》
档案工作标准　档案工作标准化
档案工作标准体系　档案职业道德
《档案工作者职业道德准则》　档案职业道德修养

档案法规标准与档案职业道德是我国档案事业建设与发展过程中的两个具有密切联系的重要方面。大力加强我国的档案法规标准建设，强化社会的档案法律意识，推进档案工作标准化，提升档案管理业务和标准化水平，对于我国档案事业的健康有序发展具有十分重要的作用。中国数千年的优良传统文化，也为我们形成良好的档案工作职业道德规范提供了丰厚的思想文化基础。法律与道德是一个社会良性发展不可或缺的两个轮子。法律得以实施，除了需要国家强制力的保障外，也需要优良的道德氛围的维护；一定的道德规范，也只有在一定的法律规范的保障下，才能发扬光大。

第一节　档案法律概述

一、档案法律概念

档案法律，是指由国家最高权力机关制定的档案事业规定性文件，包括全国人民代表大会和全国人民代表大会常务委员会制定的各种关于档案和档案工作的法律。其表现形式就是《档案法》及其他法律中的相关条文。档案法律是一种一般法律，它高于档案行政法规、行政规章，是制定和实施各种档案行政法规、行政规章和其他规范性文件等的依据和基础。档案法律是档案事业实现依法治档的最重要依据和保障。

《档案法》是档案工作的“基本法”，1987 年 9 月 5 日第六届全国人民代表大会常务委员会第二十二次会议通过、1988 年 1 月 1 日起施行，根据 1996 年 7 月 5 日第八届全国人民代表大会常务委员会第二十次会议《关于修改〈中华人民共和国档案法〉的决定》第一次修正，根据 2016 年 11 月 7 日第十二届全国人民代表大会常务委员会第二十四次会议《关于修改〈中华人民共和国对外贸易法〉等十二部法律的决定》第二次修正，2020 年 6 月 20 日第十三届全国人民代表大会常务委员会第十九次会议修订、2021 年 1 月 1 日起施行。

除了《档案法》，其他法律中也有许多条文涉及档案和档案工作。例如，《中华人民共和国刑法》第三百二十九条规定了“抢夺、窃取国有档案罪”“擅自出卖、转让国有档案罪”，《中华人民共和国会计法》第二十三条对“会计档案”做出了规定，等等。

二、档案法律的本质和特点

档案法律同国家的其他法律一样，都是统治阶级意识的集中体现。我国的档案法律是国家和人民意志的集中表现，是整个社会均需要严格遵守的基本行为规范。这也是档案法律同国家的其他法律的共同本质。此外，档案法律还有其自身的特点，主要表现在以下几个方面：

一是直接性。同其他非行业性的立法相比，档案法律在调整和规范人们的档案管理和利用行为方面，具有直接性的特点。尽管其他方面的立法如宪法、刑法、民法等，也都或多或少地对档案管理和利用行为具有一定的规范和制约作用，但是，它们均不如国家的档案法律那样直接。档案法律在解决和处理档案工作事务方面的问题、矛盾时，表现出较为明显的直接性特点。

二是具体性。《档案法》对国家档案管理的范围，各类组织和公民保护和利用档案的义务与权利，国家档案机构的设置与职责，档案的管理、公布和利用行为，档案信息化建设，监督检查，违法责任，等等，都做了较其他法律更为具体的规定。

三是综合性。档案法律提供了调整与档案和档案工作相关的行为的综合性手段，包含行政手段、教育手段、刑事手段等，就一般意义而言，档案部门依法行政就是以档案法律所赋予的各种调整手段来从事档案事业的管理活动。

三、档案法律与档案行政法规、档案行政规章、党内档案法规的关系

（一）档案法律与档案行政法规的关系

行政法规是指国务院根据宪法和法律，按照法定程序制定的有关行使行政权力、履行行政职责的规范性文件的总称。行政法规的制定主体是国务院，行政法规根据宪法和法律的授权，经过法定程序制定，具有法的效力。行政法规一般称“条例”“办法”“规定”等。发布行政法规需要国务院总理签署国务院令。行政法规的效力仅次于宪法和法律，高于部门规章和地方性法规。档案行政法规主要有《中华人民共和国档案法实施办法》《科学技术档案工作条例》。

档案法律与档案行政法规的主要区别在于：第一，制定主体不同。档案法律的制定主体是全国人民代表大会及其常务委员会，而档案行政法规的制定主体则是国务院。第二，档案法律具有广泛的行为约束力，它既是国务院制定档案行政法规的重要依据，也是我们常见的档案行政法规的渊源。就此而言，档案行政法规的制定与实施，均要以法律为准绳。第三，档案法律所调节的对象具有一般性和普遍性的特征，而档案行政法规所调节的对象则具有特定性和专指性的特征。

档案法律与档案行政法规的主要联系在于：首先，两者制定与实施的根本目的是一致的，均是为了有效地规范和调整档案事业建设与发展过程中的各种关系，以利于档案事业正常秩序的建立与维护。其次，尽管档案法律高于档案行政法规，但是，从两者的发展历史来看，它们之间又是相互影响、相互促进的关系。我国档案法律建设的实践表明，档案行政法规是制定档案法律的“法源”之一。《档案法》就是在深入研究新中国成立以后国务院的各项档案行政法规和有关行政规章的基础上，吸收和借鉴国际档案立法的成功经验，总结我国的档案管理经验而制定完成的。档案法律的问世，也使档案行政法规的科学合理制定有了坚实的法律依据，大大减少了档案行政法规制定方面的主观随意性。最后，档案法律和档案行政法规均应在宪法规定的框架内制定和实施，不能违背宪法规定的基本准则。

（二）档案法律与档案行政规章的关系

行政规章指国务院各部委以及各省、自治区、直辖市的人民政府和省、自治区的人民政府所在地的市以及设区市的人民政府根据宪法、法律和行政法规等制定和发布的规范性文件。国务院各部委制定的称为部门规章，其余的称为地方规章。规章一般称“规定”“办法”，但不得称“条例”。

档案行政规章从属于档案法律和档案行政法规，或者说是档案法律和档案行政法规具体化的产物，更具特定性和操作性。目前，档案行政规章的数量较多，调整的领域也非常广泛，是我国档案事业法治建设的一个重要方面。档案行政规章如《机关档案管理规定》（国家档案局令第 13 号）、《会计档案管理办法》（财政部、国家档案局令第 79

号)、《各级各类档案馆收集档案范围的规定》(国家档案局令第 9 号)、《机关文件材料归档范围和文书档案保管期限规定》(国家档案局令第 8 号) 等等。

(三)档案法律与党内档案法规的关系

档案工作领域还有一类比较特殊的规范性文件——党内档案法规。党内法规是党的中央组织以及中央纪律检查委员会，中央各部门和省、自治区、直辖市党委制定的规范党组织的工作、活动和党员行为的党内规章制度的总称。由于档案工作的政治性，我国档案工作坚持中国共产党的领导，加上国家和地方档案主管部门（国家档案局和地方各级档案局）隶属于党委办公厅（室）系统，我国档案工作中还有许多党内法规，如《机关档案工作条例》(厅发〔1983〕64 号)、《干部人事档案工作条例》(2018 年 11 月 20 日中共中央批准、中共中央办公厅发布) 等。

法律与党内法规既有明显区别，又有紧密联系。两者各有分管领域，又相互协调衔接。法律和党内法规都集中体现了党和人民的意志，都是通过特定程序制定的行为规范，都属于制度范畴。两者在四个方面存在明显不同：一是制定机关和制定程序不同。党内法规是由省级以上党组织按规定程序制定的，法律是由国家立法机关依据立法程序制定的。二是调整对象不同。党内法规主要调整的是党内关系和党内政治生活，法律主要调整的是社会关系和社会秩序。三是适用范围不同，党内法规仅适用于党组织和党员，而法律适用于一切国家机关、社会组织和公民。四是实施方式不同。党内法规以党的纪律作为强制手段，法律由国家强制力保证实施。

国家档案法律是党内档案法规的制定约束。《中国共产党章程》规定："党必须在宪法和法律的范围内活动。"党内法规不得同宪法和法律相抵触。党内档案法规也是中国特色社会主义档案法律法规体系的重要组成部分。

第二节　《档案法》

1987 年 9 月 5 日第六届全国人民代表大会常务委员会第二十二次会议通过《档案法》，这是我国历史上第一部档案法，对我国的档案事业发展产生了极其重要的推动作用。

一、《档案法》的制定与修改

(一)《档案法》制定的基础和保障

《中华人民共和国宪法》第五十八条规定："全国人民代表大会和全国人民代表大会常务委员会行使国家立法权。"据此，任何法律都必须经过最高国家权力机关的批准或认可。《档案法》的制定经历了一个较长的过程，具备深厚的社会思想基础和良好的社会实践基础，以及充分的组织保障。

1. 制定《档案法》的社会思想基础

制定《档案法》的宗旨是保障国家和民族的档案历史文化财富的完整和安全，便于档案信息资源的开发和利用，这也是我国广大人民的共同愿望。我国档案工作的历史经验和教训，使党和政府及广大人民群众认识到，档案事业的健康有序发展，离开法制轨道是不可能实现的。1979 年国家档案局恢复以后，广大档案工作者迫切希望早日制定出我国的档案法，以便使国家的档案和档案工作以及人民利用档案信息的民主权利得到法律保障。在 1979 年以后的历届全国人民代表大会、政治协商会议上，都有一些代表提出议案和建议，要求尽早制定和颁布一部具有中国特色的档案法。可见，在制定档案法之前，我国已经具备了创制档案法律的广泛的社会思想基础。

2. 制定《档案法》的社会实践基础

我国制定《档案法》的社会实践基础是很丰厚的。一方面是我国长期的档案行政法规、行政规章的建设经验；另一方面是档案管理工作和档案利用工作的实践经验。这两方面的实践经验使我国《档案法》的制定有了坚实的社会实践基础。

3. 制定《档案法》的组织保障

早在 1955 年国务院常务会议批准的《国家档案局组织简则》中就规定，国家档案局作为全国最高的档案行政机关，负有制定“有关国家档案工作的法规性的文件”的职责。因此，《档案法》的草拟工作的组织自然由国家档案局来承担。1979 年开始酝酿准备，1980 年正式组织人员草拟档案法条文。经过近七年的缜密细致的工作，终于完成了送请人大常委会审议的法律草案。在此期间，国家档案局曾两次向全国各省、自治区、直辖市和中央国家机关的有关部门征求意见，还多次组织有关人员座谈讨论。1984 年，《档案法》草案经过全国各省、自治区、直辖市档案局（馆）长会议讨论，又以国务院办公厅的名义送有关省、自治区、直辖市和中央有关部门征求修改意见。前后组织修改了 30 多稿，才使之臻于成熟。可见，没有强有力的组织保证，《档案法》的制定工作就难以完成。

1987 年 9 月 5 日，第六届全国人民代表大会常务委员会第二十二次会议通过了《档案法》，并于 1988 年 1 月 1 日开始实施。这标志着我国档案事业的建设与发展从此走上了法制化的轨道。

（二）《档案法》的修改

《档案法》是我国第一部档案法律，1988 年实施后，对促进我国档案事业的健康发展起到了积极的作用。但是，社会发展、技术进步，档案工作中出现的种种新情况、新问题，又对《档案法》提出了新的要求。《档案法》需要与时俱进，予以修改。截至目前，《档案法》已先后经过了两次修正、一次修订。

1.《档案法》的修改原则

一是慎改原则。稳定性与确定性是法律的基本要求之一。修改《档案法》不能大刀阔斧地进行，不能指望修改后的《档案法》可以解决档案事业管理中的全部问题。为此，国家档案局确定了“小改”的原则。对于现行《档案法》中能够肯定的内容要尽量肯定，对可改可不改的内容尽量不改，对执法实践要求法律完善的内容尽量完善。在法律修改实践中坚持慎改原则，有利于维护国家法律的稳定性、确定性和权威性。

二是原则性与操作性统一的原则。根据我国的有关法律规定和立法实践，《档案法》的内容应主要规定：公民及社会组织在档案事业管理活动中的基本权利和义务，档案工作的基本制度，档案机构的设置、职责和组织制度，档案主管部门行使国家行政权的基本程序，等等。修改后的《档案法》应保持部门基本法提纲挈领的特点、体现《档案法》的权威地位，做到"疏而不漏"，并给行政法规的制定留下应有的空间。所谓原则性与操作性统一，是指修改后的《档案法》应简明、充实、切实可行、不模棱两可，能够为"依法治档""依法行政"提供基本的行为规范和框架，对档案行政法规、政府规章的建设和施行具有实实在在的指导和规范作用，而不是要求《档案法》直接解决实践操作中的具体问题。

三是系统性原则。即在修改《档案法》时要通盘考虑《档案法》与相应行政法规、行政规章的相互关系，注意《档案法》同其他法律、法规的协调配合关系，形成一个整体功能优化的法规体系。避免《档案法》同其他法律对接不良，以及修改过程中的重复劳动和立法技术上的误差等问题的出现，体现出一部部门法的原则性、权威性与科学性。

2.《档案法》的修正

1992 年我国提出建立社会主义市场经济体制后，要求进一步加强《档案法》的实际约束力，明确有关各方在档案事务中的权利、义务和职责，加大对各类违法行为的实际处罚力度，强化档案主管部门的执法监督职责和权力，等等。在这种社会背景下，1996 年 7 月 5 日第八届全国人民代表大会常务委员会第二十次会议通过了《关于修改〈中华人民共和国档案法〉的决定》，这是《档案法》的第一次修正。修改后的《档案法》对于完善档案管理制度、强化档案行政机关的执法监督职责和权力、保护各方权利与利益、加大执法力度等，均有了进一步明确规定。

为依法持续推进行政审批制度改革，进一步简政放权，根据 2016 年 11 月 7 日第十二届全国人民代表大会常务委员会第二十四次会议通过的《关于修改〈中华人民共和国对外贸易法〉等十二部法律的决定》，对《档案法》进行了第二次修正。此次修正主要是取消了出卖、转让集体所有、个人所有以及其他不属于国家所有的对国家和社会具有保存价值或者应当保密的档案的审批事项。

3.《档案法》的修订

《档案法》实施 30 多年来，对加强档案管理、维护国家档案资源安全、服务改革开放和社会主义现代化建设发挥了重要作用。但是，随着中国特色社会主义进入新时代和全面依法治国方略的推进，实践中出现了一些突出问题亟待解决，《档案法》与国家治理体系和治理能力现代化战略部署已不相适应。全国人大代表、全国政协委员也提出了许多有关《档案法》修改的提案、议案。《档案法》的修订势在必行。

《档案法》的修订经历了漫长的过程。2007 年，国家档案局启动《档案法》修订工作，开展了大量的调查研究。《档案法》修订先后被列入 2018 年国务院和第十三届全国人大常委会年度立法计划。2019 年 10 月 8 日，国务院第六十六次常务会议讨论通过《中华人民共和国档案法（修订草案）》（简称《档案法》修订草案），李克强总理签署议案，提请全国人大常委会审议。2019 年 10 月 25 日，第十三届全国人大常委会第十四次会议对《档案法》修订草案进行了初次审议。2020 年 6 月 18 日，第十三届全国人大常委会第十九次会议对《档案法》修订草案进行了第二次审议，6 月 20 日表决通过。这是自 1988 年《档案法》施行以来，第一次全面的修订。修订后的《档案法》自 2021 年 1 月 1 日起施行。

《档案法》修订坚持政治导向、问题导向、开放导向，根据发展变化的新形势、新任务，突出档案工作的政治定位，理顺档案工作体制机制，优化档案科学管理、安全管理和开放利用有关制度，完善档案监督检查和法律责任，是一次全面的优化和升级。

修订后的《档案法》从原来的六章二十六条扩展到八章五十三条，新增了“档案信息化建设”和“监督检查”两个专章，为档案工作的变革与转型、创新与发展提供了较为充分的法律保障①。《档案法》主要修改了以下内容：一是坚持党对档案工作的领导；二是完善档案管理体制；三是健全档案管理相关制度；四是推动档案开放与利用；五是加强档案信息化建设；六是完善档案安全工作机制；七是加大对档案工作的支持保障力度；八是健全档案监督检查制度；九是完善法律责任。

二、《档案法》的主要内容

2020 年《档案法》共分为总则、档案机构及其职责、档案的管理、档案的利用和公布、档案信息化建设、监督检查、法律责任和附则等八章内容。

第一章“总则”共七条，明确提出了《档案法》制定的法律宗旨，指明了《档案法》的适用范围及档案的定义，对于坚持党对档案工作的领导和各级人民政府档案工作职责、档案工作基本原则、相关主体保护档案义务与利用档案权利等做出了规定。

第二章“档案机构及其职责”共四条，分别规定了各级档案主管部门、乡镇人民政府、单位的档案机构和档案工作人员，中央国家机关、国家档案馆的职责，以及档案工作人员的基本素质要求，等等。

第三章“档案的管理”共十五条，基本内容涉及以下方面：档案工作责任制，归档范围，档案移交，档案收集，涉密档案管理，档案鉴定、保管、交换，非国有档案的管理，档案及其复制件的流转，档案服务外包，档案出境，突发事件应对，等等。

第四章“档案的利用和公布”共八条，对档案开放范围和时间、档案馆开放责任、馆藏档案开放机制、档案公布权限等做出了规定。

第五章“档案信息化建设”共七条，规定了各级人民政府应当将档案信息化纳入信息化发展规划，档案馆和各级各类组织应当加强档案信息化建设，电子档案的质量要求和法律效力，电子档案管理信息系统的建设要求，等等。

第六章“监督检查”共六条，主要内容包括：明确监督检查的主体、对象、依据和事项，确立消除安全隐患机制，建立档案违法行为举报制度，明确依法开展监督检查的

① 国家档案局政策法规研究司．新修订的《中华人民共和国档案法》解读．中国档案，2020（7）．

要求。

第七章“法律责任”共四条，包括对单位或个人的违法行为依法给予处分，对各种档案违法行为给予行政处罚，以及对违反《档案法》规定，应当依法承担刑事责任和民事责任的情况做出明确规定。

第八章“附则”共两条，涉及军队档案工作管理办法和明确本法施行日期。

《档案法》的基本内容也可以依据其内容性质划分为义务性规范、授权性规范和禁止性规范等。义务性规范主要用于规定有关行为主体在处理档案事务方面依法应当承担的相应法律义务，如保护档案的法律义务、保守国家机密的义务、为用户创造良好利用条件的义务、将档案事业的建设列入国民经济和社会发展计划的义务、给予有显著成绩的档案主体以奖励的义务、有关文化单位在利用方面相互协助的义务。授权性规范是指国家立法机关依法规定的有关机关、组织的开放档案权、档案公布权、接受档案权、优先购买权、行政处罚权、制定档案鉴定原则与标准权、档案销毁权等。禁止性规范不同于前两种性质的规范，它所规定的行为和有关事项是完全禁止存在的。如禁止将不具有归档价值的文件擅自归档，禁止篡改、损毁、伪造档案，禁止擅自销毁档案，对国家和社会有价值的非国有档案严禁出卖、赠送给外国人或者外国组织，禁止买卖属于国家所有的档案，禁止将具有国家和社会价值的档案及其复制件擅自运送、邮寄、携带出境或者通过互联网传输出境，禁止擅自提供、抄录公布国有档案，禁止损害国家安全和利益，禁止侵犯个人的合法权益，禁止在档案面临危险时不采取措施，禁止档案人员玩忽职守，禁止档案主管部门及其工作人员利用职权牟取利益，泄露履职过程中知悉的国家秘密、商业秘密或者个人隐私，等等。

三、《档案法》的特点

《档案法》具有所有国家立法的共同特征，如社会性、民主性、强制性等。而 2020 年《档案法》更具特点和亮点，具有相当的进步意义。

（一）时代性

“法与时转则治，治与世宜则有功。”反映时代发展形势、体现社会发展要求的法律，才是推动国家治理、事业进步的良法。2020 年《档案法》具有鲜明的时代特性，反映了当前经济社会背景和档案事业发展趋势及其对档案立法的要求，是一部与时俱进的良法。①

一是立法目的的时代性。2020 年《档案法》第一条关于本法制定目的，新增了“推进国家治理体系和治理能力现代化”的表述，反映了新时代背景下国家治理对档案工作提出的新要求。2017 年，党的十九大强调，“必须坚持和完善中国特色社会主义制度，不断推进国家治理体系和治理能力现代化”。2019 年，党的十九届四中全会进一步提出，“坚持和完善中国特色社会主义制度、推进国家治理体系和治理能力现代化”。可见，推

① 徐拥军．新修订《中华人民共和国档案法》的特点．中国档案，2020（7）．

进国家治理体系和治理能力现代化是新时代国家工作的重点之一。档案工作是党和国家工作中不可缺少的基础性工作，档案治理体系和治理能力是国家治理体系和治理能力的重要组成部分以及重要支撑和保障，2020 年《档案法》的这一表述，突出反映了推进国家治理体系和治理能力现代化对档案工作提出的时代要求。

二是法律内容的时代性。首先，2020 年《档案法》专门增设了第五章“档案信息化建设”。这是此次修法的一大亮点。进入 21 世纪以来，随着信息技术飞速发展和广泛应用，我国社会信息化程度越来越高，但是档案工作的信息化水平严重滞后于整个社会的信息化水平。档案部门对于电子档案双套制管理的“固执要求”，甚至成为制约电子政务、电子商务、互联网＋、智慧城市、数字中国等建设的“最后一公里”障碍。2020 年《档案法》新增“档案信息化建设”一章，响应了社会各界的呼吁，将提升档案信息化水平作为新时代档案工作的重心予以倡导和规范。其次，2020 年《档案法》新增第二十六条，要求建立健全突发事件应对活动的档案收集和利用机制。由于经济活动的全球化、科学技术的复杂性、自然环境的脆弱性，现代社会突发事件、风险事故频生。应对突发事件、进行风险管理成为不确定性社会的常态。而档案可以为应对突发事件、进行风险管理提供重要信息支撑。在 2020 年新冠病毒疫情防控过程中，我国各级各类档案部门主动作为、积极行动，大力开展疫情防控档案的收集管理和利用服务，为疫情防控阻击战取得重大战略成果做出了重要贡献。《档案法》这一专门规定反映了风险社会的时代要求。最后，2020 年《档案法》第三十四条关于鼓励档案馆开展文化教育服务的规定，既反映了新时代背景下推进文化强国建设、增强文化自信的国家意志，也体现了进入小康社会后人民群众对精神文化生活的需求越来越突出的客观要求。

（二）人民性

人民性是中国共产党与生俱来的品格。中国共产党领导的法治建设、档案事业建设必须坚持“以人民为中心”“以人为本”。2020 年《档案法》即具有突出的人民性特点。

一是保障公民利用档案的权利。2020 年《档案法》第五条在原《档案法》“一切国家机关、武装力量、政党、社会团体、企业事业单位和公民都有保护档案的义务”规定的基础上增加了“享有依法利用档案的权利”的表述，将组织和个人保护档案的义务与利用档案的权利置于同等重要的地位。这是自中华人民共和国成立以来对公民利用档案的权利最明确、最直接、最有力的规定，也是 2020 年《档案法》人民性的最重要体现。为保障公民利用档案的权利，《档案法》规定对于不按规定开放档案利用的，单位和个人可以进行投诉，档案主管部门应依法予以处分。

二是反映人民对档案管理的诉求。一者反映人民对档案为民所建的诉求。例如，近年来，社区建档热情逐渐高涨，人民群众希望在建档过程中获得科学的指导和有力的支持。为此，2020 年《档案法》第八条规定，乡镇人民政府应对“基层群众性自治组织等的档案工作实行监督和指导”。第十三条还规定，“反映基层群众性自治组织城乡社区治理、服务活动的”材料，应当被纳入归档范围。二者反映人民对档案为民所用的诉求。这集中体现于 2020 年《档案法》第四章“档案的利用和公布”。规定缩短档案封闭期，以便人民群众能更早地利用所需档案；除了“县级以上各级档案馆”必须依法开放档案之外，“国家鼓励和支持其他档案馆向社会开放档案”，以方便人民群众利用更多档案馆的档案；要求档案馆“通过其网站或者其他方式定期公布开放档案的目录”“积极为档案的利用创造条件，简化手续，提供便利”，切合当前人民群众档案利用在线化、便捷化的习惯和特点。三者反映人民对档案为民所管的诉求。《档案法》第七条规定“国家鼓励社会力量参与和支持档案事业的发展”，即对人民群众这一诉求的直接回应。

（三）开放性

档案事业作为整个社会大系统中的一个复杂子系统，也是一个开放系统。档案事业唯有开放，才能通过与社会环境交换物质、能源与信息，获取生存的基础和发展的动力。2020年《档案法》充分体现了档案事业开放性的要求。

一是面向社会的档案开放。一者缩短档案封闭期限。档案封闭期限的长短直接反映了一个国家档案开放的程度。二者拓展档案开放主体范围。原《档案法》规定档案开放主体是“国家档案馆”，2020年《档案法》修改为“县级以上各级档案馆”，同时新增“国家鼓励和支持其他档案馆向社会开放档案”的表述，使公民有机会走进更多的档案馆。三者增加档案开放门类范围。原《档案法》规定“经济、科学、技术、文化等类档案向社会开放的期限，可以少于30年”，2020年《档案法》新增“教育”类档案。

二是面向世界的档案开放。2020年《档案法》第二十八条将“中华人民共和国公民和组织持有合法证明，可以利用已经开放的档案”修改为“单位和个人持有合法证明，可以利用已经开放的档案”，扩大了档案利用主体的范围，为外国公民利用我国档案提供了便利，反映出我国档案事业开放、包容的发展理念。第二条将“外事”活动直接形成的历史记录纳入了档案的范畴，第六条新增“国家鼓励和支持在档案领域开展国际交流与合作”，也反映了我国档案事业面向世界的开放性特征。

（四）创新性

“创新是一个民族进步的灵魂，是一个国家兴旺发达的不竭动力。”相比于原《档案法》，2020年《档案法》具有较强的创新性。

一是思想理念创新。思想是行动的先导，思想创新是事业创新的前提。2020年《档案法》第一条从“推进国家治理体系和治理能力现代化”的角度定位本法制定目的，突破了此前囿于档案圈的视野局限。第三十四条鼓励档案馆开展文化宣传教育活动，从增强文化自信的高度认识档案的价值。这些都体现了思想理念创新。

二是制度设计创新。制度创新是事业创新的关键。2020年《档案法》中的诸多制度设计具有较强的创新性、针对性。例如，第九条首次提出，“中央国家机关根据档案管理需要，在职责范围内指导本系统的档案业务工作”。对于档案业务工作，在原有的横向“属地管理”原则上增加了纵向“系统管理”原则，形成“条块结合”的管理格局，这有利于加强对诸如科技、海关、财务、税务、审计、人事等专业性很强的系统、部门档案业务工作的监督和指导。再如，2020年《档案法》第十二条首次提出“建立档案工作责任制”，并新增第六章“监督检查”，拓展第七章“法律责任”。这既是对制度的强化，又是对制度的创新。2020年《档案法》针对现实工作中的常见难题，提出了相应制度解决方案。例如，针对一些档案馆不愿接收档案的情况，第十五条新增“档案馆不得拒绝接收”的规定；针对一些档案馆不愿开放档案的情况，第二十八条新增“档案馆不按规定开放利用的，单位和个人可以向档案主管部门投诉，接到投诉的档案主管部门应当及时调查处理并将处理结果告知投诉人”的规定。又如，过去由于馆藏档案开放审核的责任主体不明确，许多档案无法及时开放。为此，2020 年《档案法》第三十条明确了档案馆和档案形成单位或移交单位的开放审核责任与程序，有利于提高档案开放审核效率。再如，此前一些部门利用《政府信息公开条例》规定的政府信息公开期限与《档案法》规定的档案开放期限之间的矛盾，通过向档案馆提前移交档案，以规避政府信息公开义务。为此，2020 年《档案法》第十五条特别规定，“经档案馆同意，提前将档案交档案馆保管的，在国家规定的移交期限届满前，该档案所涉及政府信息公开事项仍由原制作或者保存政府信息的单位办理。移交期限届满的，涉及政府信息公开事项的档案按照档案利用规定办理”，从而弥补了这一制度漏洞。上述制度设计的创新，将极大地促进档案工作的创新发展。

三是业务内容创新。2020 年《档案法》在档案业务工作内容方面的创新主要表现为两个方面：一是新增第五章“档案信息化建设”，将档案信息化建设视为当前和未来一段时期档案工作的重心；二是从档案工作责任制、归档范围、机构变动时的档案管理、档案外包服务、突发事件应对活动档案管理机制等方面对加强档案工作监督指导力度提出了新要求。

四、《档案法》的作用

《档案法》的作用是多种多样的，归纳起来主要有以下几方面。

第一，《档案法》是建设和发展档案事业的法律保障。《档案法》作为我国为推动档案事业高质量发展而制定的一部部门性法律，为有效调整和处理档案工作领域的基本矛盾和关系提供了原则性的依据。《档案法》明确规定了国家管理档案的范围，档案工作的基本原则，档案机构的类别、设置及职责范围，国家机关、武装力量、政党、团体、企业事业单位和公民保护档案的义务与依法利用档案的权利，档案的公布与利用，违法行为的范围及处置，为保证我国档案工作的顺利进行，维护国家档案的完整与安全，调整国家机构、集体、个人之间在档案事务方面的关系，提供了基本的法律手段。

第二，《档案法》是我国档案法规体系建设的重要依据。《档案法》的制定吸收了其他有关法律、法规的内容精华，又成为我国制定新的档案行政法规、行政规章和其他规范性文件的法律依据，制定、修订、废除有关档案行政法规、行政规章和其他规范性文件，都必须以《档案法》为准绳。凡是与《档案法》的内容相矛盾、相抵触的行政法规、行政规章和其他规范性文件等，都必须加以修正或废除；否则，《档案法》就会失去其法律规范的作用。

第三，《档案法》是保护我国的国家机关、社会组织及公民形成或保存的具有国家和社会意义的档案财富的有力法律手段。《档案法》规定国家机关、武装力量、政党、团体、企业事业单位和公民均应承担保护档案的义务，严禁买卖国有档案，严禁私自携带具有国家和社会意义的档案及需要保密的档案出境或卖给、赠给外国人或者外国组织，严禁篡改、损毁、伪造档案，严禁擅自销毁档案，严禁擅自公布国家所有的档案。这些规定为档案主管部门依法行政，有效制止、处罚各种违法行为，保护对国家和社会具有重要保存价值的档案的完整与安全，提供了基本、有效的法律手段。

第四，《档案法》是促进我国馆藏档案开放利用的有效工具。《档案法》对档案的开放期、档案利用条件和手续、馆藏档案的开放审核、档案的公布权、档案的研究编辑、档案文化教育等，均做了较有原则性的规定，为我国的馆藏档案开放利用提供了基本的法律保障，对繁荣我国的科学文化、教育事业，促进国民经济的发展，无疑会起到积极的推动作用。

第五，《档案法》是加强我国档案行政工作的法律依据。发展我国国家规模的档案事业，档案行政工作不能弱化。特别是在目前的社会主义市场经济快速发展的情况下，档案事务将越来越多、越来越复杂，各级人民政府应当依法强化档案主管部门的职能，加强档案行政管理，保证我国档案事业的健康发展。

五、《档案法》的施行

《档案法》的施行，必须遵循一定的原则，采取一定的方式。

（一）《档案法》的施行原则

在社会实践活动中，贯彻执行《档案法》必须坚持“以事实为依据，以法律为准绳，在法律面前一律平等”的基本原则。

第一，施行《档案法》要以事实为依据，以法律为准绳。

所谓以事实为依据，是指在贯彻执行《档案法》的过程中，对各种违纪、违法案件的处理，必须以客观的实际情况为依据。这也是党的实事求是思想路线和辩证唯物主义思想在实施《档案法》的实践中的具体运用。处理各类与档案工作有关的案件，有关人员必须对案件的起因、经过和结果，进行深入调查研究，搞清楚案件所涉及的基本事实，在详细了解情况和事实的前提下，得出正确的结论。

所谓以法律为准绳，是指《档案法》的执行主体，必须严格按照《档案法》及国家有关法律的规定，处理和解决各种与档案、档案工作相关的案件。依法办案，就是要求执法人员在进行有关案件的调查与核实过程中，必须履行法律程序，做到按合法程序办案。依法处理，就是当有关案件的事实调查清楚后，执法人员必须依据法律条文中的相关规定，对违法、违纪者给予一定的处置。在实施《档案法》的过程中，有关部门和人员只有做到实事求是，弄清事实，厘清合法与非法、罪与非罪、此罪与彼罪、轻罪与重罪、违纪与违法、一般性违法行为与严重违法行为的界限，才能对案件的当事人做出正确、合法的处理。

第二，施行《档案法》必须坚持在法律面前一律平等的原则。

该原则的含义是：任何单位和个人，无论其级别和社会地位高低，在《档案法》和国家其他法律面前一律平等。这也是“法治”与“人治”的根本区别之一。我国的所有机关、团体、组织及公民，都有遵守《档案法》的义务，都享有法律所赋予的权利，绝不允许任何部门、任何单位及个人无视《档案法》、超越《档案法》或凌驾于国家档案法律之上。无论什么单位或个人，只要其行为违背或超越了国家档案法律规范，如不履行保护档案的义务，档案归档不齐全，毁坏、盗窃国家档案，非法买卖国有档案，泄露档案机密，玩忽职守造成档案损失，涂改档案内容，等等，就应依据法律追究其法律责任。

（二）《档案法》的施行方式

从我国法制建设的客观实践来看，法律的施行主要采取两种基本方式，即法律的遵守和法律的适用。

1. 档案法律的遵守

这种方式是指机关、组织和公民，要自觉地用档案法律来约束和规范自己的思想和行为。我国的《档案法》中既有义务性的法律规范，又有禁止性的法律规范。其中，义务性的法律规范，要求有关组织和个人自觉且积极地在实际工作中履行自己的义务；而禁止性的法律规范，则要求有关组织及个人必须在实际工作中严格遵守，“不能越雷池一步”。我国的机关、组织及公民个人，都必须在实际工作中自觉地遵守《档案法》，依法治档。

2. 档案法律的适用

这种方式是指由国家机关及其组织成员使用《档案法》来解决各种相关的实际问题。但是《档案法》的适用不是孤立的，而要与其他档案法规、规章等相结合。在日常生活中，我们通常把法律的适用通俗地称为“执法”，档案法律的适用就是国家机关、组织及公民个人，依据档案法规所规定的权利和义务及法律程序，为完成一定的工作任务或达到一定的法律目的而运用档案法律、法规的实践活动。

档案法律的“执法主体”是国家机关，它们以国家的名义开展各项有关工作。这类负责执法的国家机关除了国家法定的司法机关外，还包括负责掌管国家档案事务的县级以上档案主管部门。《档案法》的有效施行，只靠国家司法机关对严重违法的行为者的惩处是不够的，还必须依法强化档案主管部门的职能，加强对我国档案事业的法律行政监督与管理。执行《档案法》的根本目的，是有效地保护国家和民族的历史文化财富，维护国家的历史真实面貌，更好地发挥档案信息资源在社会主义市场经济建设中的积极作用。

在档案事业的建设实践中，施行《档案法》除了上述基本方式外，还有一些具体的方法。其中包括：一者，依法制定旨在强化执法力度的档案管理行政处罚办法等法规性文件。《档案法》的施行，使我国档案部门依法治档有了法律依据。但是，由于法律本身的原则性较强、操作性较弱，档案事业管理中的一些不良行为得不到有效处理。为了改变这种状况，应根据实际需要制定相应的档案行政法规。二者，加强与各有关方面的合作，争取社会的支持。执行《档案法》需要社会各方面的共同努力、通力合作。档案部门必须在各级党委、人民政府的领导下，加强与司法、财政和其他部门的联系和合作，取得处理违法、违纪案件的共识。三者，加强宣传教育，增强社会档案意识和法治观念。“防”胜于“治”，要通过各种有效的途径和方法，加强《档案法》及相关行政法规、行政规章的宣传力度，不断增强社会档案法治意识，有效地预防、减少和消除各种违法、违纪事件和行为的发生。

第三节 档案行政法规与行政规章

档案行政法规与行政规章，是档案法律法规体系的重要组成部分，是档案工作的重要依据。

一、档案行政法规

（一）档案行政法规的概念

行政法规是国务院为领导和管理国家各项行政工作，根据宪法和法律制定的有关政治、经济、教育、科技、文化、外事等内容的条例、规定和办法的总称。档案行政法规是指由国务院依法制定的各种档案行政管理规范性文件，其中包括由国务院全体会议或常务会议通过的或者经国务院批准发布的关于国家档案行政事务的规范性文件。其含义主要有：第一，档案行政法规须是国务院制定或由其批准与公布的，其他任何单位与个人均无权制定与发布此类文件。第二，档案行政法规是一种具有普遍约束力的规范性文件，是针对档案事业中某一方面的行政管理工作而制定的，而不是对档案工作中某一具体问题的处理意见。第三，档案行政法规是依据宪法和法律的有关规定制定的，它的内容必须符合法律精神，不能同法律条文相抵触。此类文件是对国家档案法律有关规定的进一步细化和明确，并为档案法律的有效实施提供必要的保障。

目前，严格来说，属于档案行政法规的规范性文件只有《中华人民共和国档案法实施办法》和《科学技术档案工作条例》。《中华人民共和国档案法实施办法》于1990年10月24日由国务院批准，1990年11月19日国家档案局令第1号发布，1999年5月5日国务院批准修订，1999年6月7日国家档案局令第5号重新发布，根据2017年3月1日国务院令第676号《国务院关于修改和废止部分行政法规的决定》修订。目前，我国正在根据2020年修订的《档案法》对《中华人民共和国档案法实施办法》进行修订。《科学技术档案工作条例》于1980年12月9日经国务院批准，1980年12月27日由国家经济委员会、国家基本建设委员会、国家科学技术委员会、国家档案局发布。

此外，《关于加强国家档案工作的决定》（1956年4月16日国务院公布）、《全国档案馆设置原则和布局方案》（1992年1月27日国务院批准，1992年3月27日国家档案局发布）等，虽经国务院公布或批准，但早年这些文件的制定和颁布不规范，现在一般不将其视为档案行政法规。

（二）档案行政法规的属性

档案行政法规既具有其他行政法规的一般属性，同时也具有自身的特点。

1. 档案行政法规的一般属性

第一，权威性和命令性。档案行政法规同国家的档案法律一样，都是国家意志的体现。我国的档案行政法规都是从维护党和国家及人民的根本利益出发，结合一定时期档案事业发展的客观形势与需要而制定的，是国家意志与人民意志的统一。然而，就其制定者与其相对人的关系而论，它们之间仍然是权力与服从、命令与服从的关系。执行人无权根据自己的主观意志，取舍、变更档案行政法规的有关规定。从这个意义上说，档案行政法规具有较强的权威性和命令性。

第二，直接性和现实性。档案行政法规是国家管理全国档案事业的重要依据和手段之一，其内容具有明显的直接性和现实性特征。它具体规定了档案工作的组织与管理原则、基本规则、措施和手段，内容涉及档案工作事务的组织、协调指挥、管理等各个方面，对我国档案事业的建设与发展具有重要的现实作用和直接的指导意义。

第三，稳定性和动态性。同国家的其他行政法规一样，档案行政法规也是在相对稳定的状态中不断变化和发展的。一方面，档案工作的环境（包括国家的政治环境、经济环境、文化环境等）处在不断的变革之中，这就要求档案行政法规的内容随之有所调整与变更；另一方面，档案工作的内在运行机制也会发生一定的变化，这也要求档案行政法规的内容有所变化。在实际工作中，我们只有在充分调查研究和科学论证的基础上，才能对有关档案行政法规做必要的修改、补充或另立新规，切不可盲目行事，朝令夕改，人为地降低档案行政法规的权威性。

2. 档案行政法规的特殊性

第一，档案行政法规的制定必须符合档案和档案工作的特殊发展规律与特点。世界各国档案法规的创制实践均证明了一个基本原理，即凡是依据档案工作的实际存在和发展规律与特点而制定的档案行政法规，都会对其国家的档案事业的发展起到积极的规范作用，反之，行政法规就不会有好的效果。例如，档案的存在和运动是以有机体的形式进行的，每一份文件均为该有机体的一个“活的细胞”，档案的管理必须强调有机体的思想，强调集中统一管理的原则，强调全宗原则。任何档案行政法规的制定，都不能违背这些基本的思想和原则。

第二，档案行政法规的制定必须具有历史的继承性与发展性特点。档案行政法规的继承性，是指相关的档案行政法规文件之间在内容方面的历史联系性。由于档案事业实践活动的发展，一些原来行之有效的档案行政法规文件的内容会出现与实际工作不相适应的情况，需要加以修改。但这种修改与变化应具有继承性或过渡性，以保持工作的连续性。档案行政法规的发展性，是指整个档案行政法规体系的内容应随着社会的发展、时代的进步而不断推陈出新，去粗取精。此外，档案行政法规必须以档案法律为依据，随着档案法律的变更和发展而变更和发展。这种“新陈代谢”的功能属性，正是我国档案行政法规之生命力的表现。如果档案行政法规不能依据变化了的社会环境进行调整和完善，或因变化过大使人无所适从，就有可能阻碍档案工作的前进和发展。

二、档案行政规章

（一）档案行政规章的概念

行政规章一般有部门规章和地方规章之分。部门规章是国务院各组成部门根据法律和行政法规等在本部门权限范围内制定的规范性文件的总称。其数量较多，调整领域广泛，是行政法的一个重要渊源。地方规章是省、自治区、直辖市以及省、自治区人民政府所在地的市和经国务院批准设立的较大的市的人民政府，根据法律、行政法规等制定的规范性法律文件的总称。所以，档案行政规章既包括由国家档案局依据档案法律、行政法规制定的有关规范性文件，也包括国家规定的地方人民政府根据档案法律、行政法规制定的档案工作规范性文件。这些档案行政规章，都在一定程度上为执行、解释、说明档案法律（包括《档案法》和包含在国家其他法律中的相关法律条文）、档案行政法规以及党和政府关于档案工作的方针政策等，提供了便于操作的行为规范。当今的档案行政和档案管理工作如果离开了行政规章的支撑与规范，那么是无法正常运行的。

（二）档案行政规章的性质

档案行政规章的性质包括：第一，档案行政规章从属于国家的档案法律和行政法规。档案行政规章不能等同于档案工作法律和行政法规，在内容规定方面也不能超越法律和法规。它是国家档案行政机关和社会各有关部门、单位，为了执行、解决、说明档案法律和法规以及重要政策而制定发布的规范性文件。第二，档案行政规章具有普遍的适用性。它不同于国家档案主管部门及有关政府部门所做的具体行政决定或行政裁决（因为这类文件只适用于特定的人或特定的事实）。档案行政规章通常适用于一定的档案工作领域、一定类型的所有人或所有事实。第三，档案行政规章之间具有协调一致性。档案行政规章除了要做到不得与档案法律、行政法规相抵触外，还应特别注意规章与规章之间的协调一致，避免相互矛盾。档案行政规章在行文方面必须努力做到明确、具体，便于遵守、执行，并能真正解决问题。制定档案行政规章应当着眼于国家档案事务的一些重要的、影响全局的问题的解决，注意规章的长效性，以确保对未来行为的约束力。要避免纠缠于非常具体的技术问题、操作方法问题，此类具体问题可以通过制定有关的工作制度或技术标准等途径来解决。在制定档案行政规章的实践活动中，有关行政主体必须注重两个方面的问题：一是对内容方面存在互相抵触、矛盾的规章条款进行及时的修改和完善；二是注意将互有联系的行政规章批量公布，以避免因为公布方面的时差，人为地造成新旧规章之间的矛盾，使人们无所适从。

档案行政规章在档案事业建设与发展中具有重要的地位与作用。相对于国家权力机关制定的档案工作法律来说，它的优势在于：第一，制定程序比法律简便，只要不违背《档案法》及相关法律精神和规定，就能较易获得通过。这就使得档案行政规章能够较快地适应调整新的社会关系的需要。第二，内容具有专业性。其对专业性问题的规定，明显优于档案工作法律。档案工作是一项专业性较强的工作，由专门负责国家档案行政事务管理的档案行政机关和有关部门制定的档案行政规章，往往更能够反映档案工作的客观实践需要，更符合档案工作的专业特点与规律。第三，档案行政规章的规定比档案工作法律的内容更加明确、具体。一般而言，档案工作法律的普遍性和稳定性要求较高，其文件的条文常常原则性较强，比较简约；而档案行政规章多是国家档案行政管理部门和各有关机关为了执行和实施法律而制定的“细则”，或对法律规定事项的解释、说明。所以，就档案行政规章的整体而言，它通常比较具体、明确，具有明显的可操作性。

档案行政规章与档案行政部门和其他政府行政部门所做的行政决定，也有明显不同的特点。首先，档案行政规章的适用范围比具体的行政决定广泛。一般而言，档案行政规章所调整的相关人或事，如若属于相同的情况，就必须相同对待，即以档案行政规章的有关规定为依据加以处置。而行政决定则是一种具体的行政管理方法，它通常仅对特定的当事人或者特定的事务、问题等做出决定，即“一人一决定”“一事一决定”，具有一定的明显的特指性，有时还会出现相同情况不同对待、不同情况相同对待的现象。就此而论，依据档案行政规章一般比依据某些行政决定更公正合法一些。其次，档案行政规章的行政效力的时空范围一般优于具体的档案行政决定。档案行政规章一旦颁布施行，就可以在一定时期内反复适用，并且对所调整的同类对象都适用。而档案行政决定则通常只是一次性适用，即使是同类事情或问题，行政决定也不能反复适用。因此，档案行政规章可以比具体的档案行政决定提供更高的行政工作效率。最后，档案行政规章的制定程序相较具体的档案行政决定更正式、严格。档案行政规章的制定程序一般应当由相关的档案法律做出原则规定，并且由与法律配套的行政法规做出具体、详尽的规定，这种程序一般被称为行政立法程序。按照这种立法程序来制定档案行政法规、行政规章等规范性文件，可以有效地防止主观随意性，增强档案行政规章的科学性和合理性。这种立法程序一般包括规划、起草、征求意见、审查、通过、发布与备案等，而档案行政决定却不必经过这样的程序。尽管如此，档案行政规章也不能取代具体的档案行政决定，这是因为档案行政领域中存在大量的具体事务和工作问题，这些事务和问题有时所表现出来的特殊性、专门性并不能用统一的档案行政规章、行政法规进行调整。当一些普遍性的行政规章适用于档案工作领域的具体问题时，也往往需要通过具体的行政决定来解决。

（三）档案行政规章的类型

档案行政规章除了可以依据其制定主体区分为部门规章和地方规章外，还可以根据其内容区分为立法性档案行政规章和解释性档案行政规章。所谓立法性档案行政规章，是指国家档案主管部门，国务院各组成部门，地方省、自治区、直辖市及省、市人民政府所在地的市和经国务院批准的较大的市的人民政府，根据国家档案法律，在其职权范围内为行政相对人创制权利与义务所制定的规章，如《科学技术研究档案管理规定》《机关档案管理规定》《村级档案管理办法》《环境保护档案管理办法》《会计档案管理办法》等等。所谓解释性档案行政规章，是指上述各有关部门和机关为了有效执法，对相关的档案法律的全部或者部分规定做出解释或说明的规章。有时，一些档案行政规章也兼具立法性规章和解释性规章的属性。

档案行政规章根据实际效力和实施性质的不同，又可以区分为必须遵照执行的规章和参照执行的规章。其中后一类规章往往只规定一般性的原则和要求，而不做十分具体的统一要求。之所以会存在此类档案行政规章，常常是因为它们所针对的对象纷繁复杂或者因为制定者暂时缺乏经验与必要的环境条件。这类档案行政规章在实际执行过程中，往往要求执行者根据具体的客观情况，在不违反规章中的原则性规定的前提下，较为灵活地加以执行。为了方便执行者在实际工作中进行识别，一般会在相关的文件题名中增加“暂行”“试行”等字样，或在文中注明“参照执行”等字样。随着规章制定主体的行政经验的不断积累及客观条件的逐渐成熟，某些需要参照执行的行政规章，在经过必要的修订、补充或更改之后，也可以转化为第一类性质的档案行政规章。

在档案工作实践中，国家档案主管部门和相关部门，应当根据宪法和法律的规定，加强对有关档案行政规章的监督和审查，并且建立必要的规章备案制度。

第四节　档案工作标准与标准化

档案工作标准与标准化，是档案工作现代化建设的一个十分重要的领域。加快档案工作标准体系建设、推进档案工作标准化，对于推动我国的档案工作规范化、高效化，不断提高档案工作的现代化管理水平具有积极意义。

一、档案工作标准与标准化的含义与作用

（一）档案工作标准的含义

国家标准《标准化工作指南 第 1 部分：标准化和相关活动的通用术语》（GB/T 20000.1—2014）将“标准”（standard）表述为：通过标准化活动，按照规定的程序经协商一致制定，为各种活动或其结果提供规则、指南或特性，供共同使用和重复使用的一种文件。换句话说，标准是对重复性事物和概念所做的统一规定，它以科学、技术和实践经验的综合为基础，经过有关方面协商一致，由主管机构批准，以特定的形式发布，作为共同遵守的准则和依据。其目的是获得最佳工作、生产、科研的秩序和社会效益。

档案工作标准，是档案工作领域各有关方面需要共同遵守的行为准则和依据。它依据《中华人民共和国标准化法》的有关规定制定，经过社会公认的机构批准并以特定形式发布，才能在档案工作领域发挥作用。目前，我国已经公布了一批档案工作标准，包括国家标准、行业标准和地方标准等。

档案工作标准与档案法规既有共同点，也有一定区别。其相同之处在于：它们都是由国家权威机构发布的，均是档案事业建设中各有关方面需要共同遵守的行为准则；强制性标准与法规一样，也需要借助国家的强制力来保证其实施。但是，档案工作标准与档案法规在产生的基础、性质、强制力、内容等方面是有所不同的。档案法规在法定范围内是强制执行的行为规范；而档案工作标准是以科学、技术以及普遍性的档案工作经验的综合成果为基础，在各有关方面协商一致的前提下制定并实施的。依据《中华人民共和国标准化法》的规定精神，我国颁布的大多是推荐性标准，这类标准是指国家鼓励、自愿采用的具有指导作用的行为准则。而且，档案工作标准的主要对象与内容侧重于业务性、技术性领域，注重操作性、技术性行为的统一和规范；档案法规的对象与内容则侧重于较宏观的方面，原则性和稳定性较强。

（二）档案工作标准的种类

第一，按照标准的实际法定效力，分为强制性标准和推荐性标准。

强制性标准是指保障国家档案财富安全的标准和国家通过法律、行政法规规定强制执行的标准；其他标准均为推荐性标准。目前，国家档案局归口的国家标准和行业标准（含指导性技术文件）大多被界定为推荐性标准。

第二，按照标准的制定属性，分为正式标准和参照标准。

正式标准是指档案工作标准中同档案、档案管理直接相关的标准，如：通过全国档案工作标准化技术委员会会审上报，并得到批准的各种档案工作标准；国际档案工作组织制定的档案工作标准；等等。参照标准是指由于目前尚无正式的档案工作标准可循，而借鉴的其他行业制定的相关工作标准。

第三，按照标准的适用范围，可以将其划分为国际标准、区域标准、国家标准、行业标准、地方标准等。

这些标准的划分逻辑主要是针对适用范围和专业分工的不同。国际标准，是指经过国际上的权威性组织制定，在国际上得到普遍承认和通过的标准；区域标准，是指只适用于世界某一区域、经过世界区域性标准化组织通过的标准；国家标准，是指对全国档案工作有重大意义，必须在全国范围内统一的标准；行业标准，是指由档案专业主管部门批准、发布，在档案行业内统一的标准；地方标准，是指在地方档案行业内部遵循的标准，其制定过程需因地制宜，结合地方生产生活的实际情况。

需要特别指出的是国际标准，它由国际权威性组织制定，作为国际交流与合作的基础性、交流性工具。例如国际档案理事会发布的一系列国际通用标准，可在其官网“国际标准”专栏全文获取。这些标准包括文件著录系列标准《背景中的文件》（*Records in Context*）、《国际标准——团体、个人和家族档案规范记录著录规则》（*International Standard：Archival Authority Record for Corporate Bodies，Persons and Families*）、《档案馆藏著录机构的国际标准》（*International Standard for Describing Institutions with Archival Holdings*）、《国际标准——档案著录规则（总则）》［*ISAD*（*G*）：*General International Standard Archival Description*］等。其中 *ISAD*（*G*）于 1994 年由国际档案理事会正式颁布，经过国际档案界的通力合作与国际档案理事会著录标准委员会为期 4 年的修订，于 2000 年 9 月在西班牙召开的第十四届国际档案大会上正式颁布第二版，著录标准现行委员会又在 2011 年出台了 16 种语言写成的标准版本。[①] 此外，研制档案工作标准还会参考国际标准化组织（ISO）和国际电工委员会（IEC）发布的有关标准，例如《信息与文献　文件管理》（ISO 15489—2016）、《信息与文献　文件管理过程　文件元数据　第 1 部分：原则》（ISO/23081－1：2006，IDT）、《信息与文献　电子办公环境中文件管理原则与功能要求　第 1 部分：概述和原则》（ISO 16175－1：2010，MOD）、《信息与文献　信息交换格式》（ISO 2709：2008，IDT）、《信息与文献　用于文件管理

---

① International Council on Archive. ISAD（G）：general international standard archival description：second edition.［2021-02-18］. https://www.ica.org/en/isadg-general-international-standard-archival-description-second-edition.

的鉴定》（ISO/TR 21946：2018）等等，这些标准为各国档案工作标准化提供了参考范本。其中，许多国际标准也被采纳为我国的国家标准，例如，ISO 16175-1：2010 被等同采标为 GB/T 34840.1—2017。

（三）档案工作标准的作用

第一，协调作用。档案工作标准的针对对象具有广泛性和多样性特征，为了使具体工作在整体上先进、合理和可行，就必须以有关标准、法规和政策等为依据，进行相应的规范控制。

第二，简化作用。通过制定相关的管理标准，简化其中的多余、重复、低效能的工作环节，从而使档案工作的整体功能得到提高，性能得到改善和优化。如面对烦琐的文件与档案整理、元数据著录等工作内容，就可以通过制定相应的工作标准，使之得到简化和规范。

第三，优选作用。采用档案工作标准，可以对文件与档案工作领域同一性质对象的两种以上的概念表达方式、技术指标、工作流程、工作方式，通过选优，确定一种或几种较为科学、先进、合理的方式、指标、流程等，从而使整个档案工作的效率得到提高，如档案工作术语、标志符号、代号代码、工作流程、技术指标等。尤其在数字转型和单套制管理中，迫切需要档案部门及时制定相应的技术标准和管理性标准，以便规范和统一电子文件的生成、使用和管理等活动。

（四）档案工作标准化

国家标准《标准化工作指南　第 1 部分：标准化和相关活动的通用术语》（GB/T 20000.1—2014）将“标准化”（standardization）解释为：为了在既定范围内获得最佳秩序，促进共同效益，对现实问题或潜在问题确立共同使用和重复使用的条款以及编制、发布和应用文件的活动。上述活动主要包括编制、发布和实施标准的过程。不可以将“标准”和“标准化”两个概念混为一谈，标准注重标准文本，而标准化则侧重其制定和实施过程。一方面，标准的质量是决定标准化工作社会效果的基本前提条件；另一方面，没有社会行为主体对标准的实施，有关标准也只能是一纸空文。

档案工作标准化的含义，包括如下要点：第一，档案工作标准化是一个工作活动过程，是一项智力性的系统工程。第二，档案工作标准化是通过实行简化、统一、协调、选优等管理控制活动，节约经费、提高效率、获得效益。第三，档案工作标准化追求档案管理活动的最佳效果。第四，档案工作标准化是一种需要不断补充、完善所制定标准的工作活动过程。

档案工作标准化有微观和宏观两层含义。在微观含义层面，档案工作标准化就是通过制定和实施标准，对档案和档案管理实行统一、简化、协调和优选等有序化管理控制，以便获得最佳档案管理效益的活动。在宏观含义层面，档案工作标准化是一项系统工程，它不仅包括档案工作标准的制定、实施等项工作内容，还包括标准制定前的调查研究工作，标准的补充、完善、修订、废除等项管理与维护工作，以及标准化体系的设计、标准执行情况反馈信息的搜集与处理等项工作活动。

档案工作标准化，作为一个动态的相对的概念，其中的“化”字有两层意思。一是指提高档案工作标准的制定水平和贯彻深度。档案工作各项标准的制定，应当根据档案事业发展的需要来进行，并逐步扩大到一切可以实现标准化的档案工作环节；应通过各种有效的管理措施和手段，有计划、有步骤地把所制定的标准贯彻到实际管理工作中去，并根据贯彻的经验和科学技术的发展情况，对原有的标准进行修订和补充，将之完善提高，甚至废除旧标准，另立新标准。二是指不断扩大档案工作标准的制定与实施范围，逐步建立档案工作标准体系。在档案工作标准化活动中，每一项标准的制定和实施都不是孤立进行的，标准与标准之间相当于有一个纵横交错的网络，构成一个较为复杂的标准规范系统。档案工作标准化，就是这个系统的建立和发展的过程。

二、档案工作标准体系

（一）我国档案工作标准体系的建设历程

我国的档案工作标准化建设大体经过了以下三个主要阶段。

1. 草创阶段

中华人民共和国成立后，在百废待兴之时，国家为强化对档案和档案工作的集中管理，中共中央办公厅、国务院办公厅秘书局及党、政、军各系统曾经制定并实施了一些档案管理标准。例如，1950 年 4 月 26 日，中共中央办公厅制定了《关于文件纸型与格式的规定》。这是新中国成立后第一份档案工作标准化文件。1955—1957 年，各有关方面又分别制定过有关案卷格式、档案保管期限等的标准。这个时期，由于我国的档案管理工作具有较强的封闭性，各个单位的档案成分较为单一，社会对档案管理标准的客观需求也较弱，因而，标准化工作只是处于草创时期，而且仅有的几个标准性文件也都是以政府规章的形式出现的。

2. 发展阶段

1979 年，国家为加强标准化工作，专门颁布了《中华人民共和国标准化管理条例》。同年 12 月，全国文献工作标准化技术委员会又组织召开了全国文献检索标准化工作会议。在这次会议上，国家档案局提出了在档案工作领域内实行检索标准化的建议。1982 年，在全国档案工作会议上，国家档案局正式提出要在三年内对档案全宗的划分、分类、编号和案卷封面、目录格式、卡片规格等实行规范化，并组织制定档案管理标准方案。为了加强对我国档案工作标准化工作的组织与管理，1983 年 2 月，国家档案局成立了全国档案工作标准化领导小组，该组织下设档案著录、档案分类检索、名词术语 3 个工作小组，分别负责起草有关标准。1986 年，国家档案局在档案科学技术研究所中专门设立了标准化研究室，协助领导小组对标准化工作进行协调和组织管理。与此同时，一些地方的档案行政机关也积极开展档案工作的标准化工作，分别制定了文书档案管理表格、检索工具格式、业务建设规范、案卷质量标准等标准化方面的文件。这些技术性的标准，按照标准化管理条例的规定，都属于技术法规性文件，为档案管理标准化工作的进一步发展铺平了前进之路。

3. 法治化阶段

自从《档案法》颁布实施后，全国的档案工作标准化工作逐步被纳入法治化的轨道。1989 年，国家档案局综合科教司法规标准化处成立。它是专门负责全国的档案工作标准化行政管理工作的机构，主要职责是制定档案工作标准并对标准实施工作进行监督。1991 年，经国家档案局批准，全国档案工作标准化技术委员会正式成立（现挂靠国家档案局政策法规研究司）。该委员会由标准化工作专家组成，其主要任务是受国家档案局的委托，对档案工作领域内的国家标准、行业标准的立项进行评议，对标准的送审稿进行审核。为了依法加强对全国档案工作标准化工作的监督管理，国家技术监督局（现已归入国家市场监督管理总局）将国家档案局列为档案工作行业标准的行业归口管理单位，并给予了行业标准代号——DA。经过国家档案局批准后的行业标准均编号为 DA/T XX—XX 或 DA/Z XX—XX，如 DA/T 85—2019。随着各专业领域重视档案工作，较为通用的行业标准可以转化为国家标准。凡是国家标准都按照国家技术监督局给予的 GB/T 统一编号，地方标准则按照各省市技术监督局对本地区的规定进行编号，并由各省市技术监督局负责对所发布的档案工作标准进行管理。截至 2021 年 2 月，国家档案局归口有 6 项国家标准和 87 项行业标准，在国家档案局官网的"档案标准库"中可全文获取①。

综上所述，我国的档案工作标准化工作从无到有、从有到多、从多到优，为档案工作标准化的健康有序发展积累了宝贵的经验。

（二）我国档案工作标准体系的构建原则

档案工作标准体系是由若干档案工作基础标准和业务技术标准构成的互有联系、互相制约的一个动态性、指导性的文件整体。这个体系的基本结构和内容包括：档案工作标准化的整体设计、目标、范围、内容，制定标准的程序、方法，组织领导，分工协作及各项工作之间的关系，等等。其中，基础标准是指对档案工作具有广泛适用性或包含一个特定领域的通用条款的标准；业务技术标准，是指专门针对某一方面的档案管理对象所制定的档案工作标准。

2018 年 2 月 6 日，国家标准化管理委员会发布了《标准体系构建原则和要求》（GB/T 13016—2018），规定了构建标准体系的基本原则、一般方法以及标准体系表内容要求。国家标准化管理委员会每年根据实际工作和社会需要安排标准计划项目，用以指导国家标准的制定。国家档案局每年根据全国档案工作标准化技术委员会上报的行业标准计划项目草案，经审查、协调后，批准下达研制行业标准项目的计划。有关组织、部门、单位或个人，都可以按照档案工作标准体系表的范围和当年下发的"档案行业标准立项指南"，结合本地区本部门的实际情况，向全国档案工作标准化技术委员会提出研制标准项目的申请。结合档案领域现有的标准化基础和建设需求，在制定和颁布档案标准体系表时，应坚持下述几个原则：

一是统一性原则。从总体而言，档案工作标准体系的构建应具有全行业的普遍指导

① 详情可参见以下网址：https://www.saac.gov.cn/daj/gjbz/dabz_list.shtml。档案标准库中包括涉及档案领域的国家标准、行业标准和失效标准。

意义，以利于提高档案工作的质量和效率。在档案工作标准体系内，既要确保每一项标准的内容前后协调一致，同时又要保证各项相关标准之间在内容与技术方面的协调一致，有效维护档案工作标准体系的系统性及与其他相关标准间的一致性。如国家标准《电子文件归档与电子档案管理规范》（GB/T 18894—2016）的制定就充分考虑了与国际和国内有关标准的协调一致性，参考了国际标准《信息与文献　数字档案转换和迁移过程》（ISO 13008：2012）、《信息与文献　档案数字化实施指南》（ISO/TR 13028：2010）、《信息与文献　电子办公环境中文件管理原则与功能要求　第 2 部分：数字文件管理系统指南与功能要求》（ISO 16175.2：2011）等。

二是科学性原则。档案工作标准体系要符合档案工作的客观需要，在实践中切实可行。档案工作标准体系内的每项标准，其内容必须反映优化了的技术、工作程序与组织程序，高于具体、一般性管理工作的操作内容，具有一定的技术与管理的科学性，并注意标准在一定时空范围内保持相对的稳定性。制定与实施档案工作标准，不能孤立地考虑标准的科学性与先进性，而忽视其稳定性和继承性，要充分考虑档案工作原有基础，如果标准的规定事项同实际工作的技术水平和管理水平差距过大，标准在实际工作中就难以贯彻实施，就起不到提高工作水平和管理效益的作用。

三是全面性原则。从现实状态而言，档案工作标准体系应着力覆盖档案工作的主要领域。例如，正在修订的国家档案工作标准体系中增加了全流程管理标准，提高了覆盖面。又如，国家标准《电子文件归档与电子档案管理规范》（GB/T 18894—2016）涵盖电子文件的收集、整理、归档与电子档案的编目、管理与处置等多个业务环节，力求规范全流程管理活动。

四是预见性原则。从长远发展而言，档案工作标准体系应留有余地，便于扩展和延伸，发挥其宏观调控作用。制定标准体系表和各项具体标准，必须广泛征求有关方面的意见，并正式公布。档案工作标准体系的建设必须依据档案工作实际发展的需要和客观的可能性，适时制定有关标准，体现档案工作现代化建设的有序性。

（三）我国档案工作标准体系的构成

1991 年国家档案局发布的《档案工作标准体系表》规定："基础标准"包括五种，即"档案专业基本术语词汇""档案馆代码编制细则""档案种类划分标准""档案计量单位标准""档案统计工作标准"等；"业务技术标准"可分为六类，即"档案收集标准""档案整理标准""档案编目与检索标准""档案统计标准""档案鉴定标准""档案保管与保护标准"等。《档案工作标准体系表》对全国的档案工作标准的制定、修订与标准体系的不断建设与发展都具有一定的指导价值。它减少了各地在制定标准过程中的重复性劳动，对全国的标准化活动起到了一定的协调作用。但是，随着档案事业的不断发展，对于该"标准体系表"[①] 也需要进行定期修订，使之具有更为广泛的实践指导意义。2020

---

① 国家标准《标准体系构建原则和要求》（GB/T 13016—2018）对"标准体系表"（diagram of standard system）术语做出解释：它是指一种标准体系模型，通常包括标准体系结构图、标准明细表，还可以包括标准统计表和编制说明。

年年底，国家档案局启动重新修订和完善《档案工作标准体系表》计划，考虑到档案工作涉及范围广、应用基础性强、业务流程线性化的特点，将档案标准体系一级类目划分为“档案工作基础标准”“档案通用管理标准”“专业档案管理标准”三大模块，各模块中包含若干标准。

1. 档案工作基础标准

档案工作基础标准指档案工作基本规范，是行业内外沟通交流、开展日常工作的基础。其具体包括以下五类：

一是档案专业基础术语标准。它对档案工作领域的术语概念进行归纳整理和优化，结合文件档案一体化的发展趋势，注意对文件管理领域基本词汇的整理和选优。例如，《档案工作基本术语》（DA/T 1—2000）对档案工作中的 134 个基本术语进行了解释说明，适用于档案工作、文书工作及相关领域。

二是档案馆代码编制标准。它用于规范我国各级各类档案馆的标准代码，是实现国家档案信息共享的基础性工作内容之一。国家档案局颁发的《编制全国档案馆名称代码实施细则》（国档发〔1987〕4 号）为档案馆的代码编制标准制定提供了参考依据。

三是档案种类划分标准。它是用于规范人们实践和学术研究中档案种类划分的基础标准，用于揭示不同种类档案的产生和运动发展的规律和特点，指导建立相关门类档案的业务技术标准体系，等等。

四是档案计量统计工作标准。它是用于规范人们在实际工作中所使用的档案计量单位的种类、名称、使用方法和范围，规范各级档案部门和各有关单位档案统计工作的一种基础性档案工作标准。

五是档案安全工作标准。它是用于规范各级各类档案馆做好安全管理工作的基本标准，其目的在于维护档案完整与安全。此类标准为健全档案领域人防、物防、技防“三位一体”的档案安全防范体系提供了参考指南和规范。

制定上述档案工作基础标准，对于不断完善我国的档案标准体系具有非常重要的意义。基础标准的质量在一定程度上反映了一个国家档案工作标准化的整体水平，同时也制约着相关业务技术标准的制定与实施。

2. 档案通用管理标准

档案通用管理标准指不同行业、领域档案机构均可适用的标准，区别于专业档案管理标准。通用标准不仅规范了档案管理各个环节，也为档案主管部门评价行政相对人提供了依据，便于以业务流程为分类逻辑而开展业务指导。其中业务指导标准，仅包括不具有强制力、法律后果的行政指导、建议行为方面的标准规范。具体包括如下七个方面：

一是档案收集标准。它主要包括案卷、“件”的质量标准，文件归档（包括电子文件的归档）标准，档案馆接收档案标准，档案馆收集相关材料标准，等等。例如《口述史料采集与管理规范》（DA/T 59—2017）、档案征集工作规范（在研）。

二是档案整理标准。它是对档案整理工作进行质量控制的参考依据，主要包括全宗划分规范、档案实体分类标准、档案实体编号标准、各种类型和各种门类的档案整理规范。例如《归档文件整理规则》（DA/T 22—2015）、《印章档案整理规则》（DA/T 40—

2008）、《纸质归档文件装订规范》（DA/T 69—2018）等。

三是档案编目与检索标准。它是在档案编目和检索业务过程中，对档案信息的标引、分类、存储和调取进行规范指导的标准，主要包括《档案分类标引规则》（GB/T 15418—2009）、《明清档案著录细则》（DA/T 8—2022）、《全宗指南编制规范》（DA/T 14—2012）等。

四是档案鉴定标准。它指在开展档案价值鉴定和确定保管期限等具体业务活动中，需要参考的标准规范。目前暂时没有以“标准”形式出台的规范文件。各级档案主管部门应当加强对此项工作的监督和指导，制定相关的制度，如定期报送所编制的档案保管期限表等。目前，我国制定的档案鉴定类规范有《机关文件材料归档范围和文书档案保管期限规定》（国家档案局令第 8 号）、《企业文件材料归档范围和档案保管期限规定》（国家档案局令第 10 号），其他专门档案领域的鉴定标准包括《会计档案保管期限表》《关于人民法院诉讼档案保管期限的规定》《人民检察院诉讼档案保管期限表》等。

五是档案保管与保护标准。它主要是应用于档案实体和档案信息安全管护的规范性指导文件，目的在于促进档案资源的长久保存。例如《档案馆建筑设计规范》（JGJ 25—2010）、《档案装具》（DA/T 6—1992）、《纸质档案抢救与修复规范》（DA/T 64—2017）、《档案修裱技术规范》（DA/T 25—2022）、《挥发性档案防霉剂防霉效果测定法》（DA/T 26—2000）、《档案虫霉防治一般规则》（DA/T 35—2017）等。

六是档案编研与服务标准。它主要是指在档案资源开发利用过程中需要参考的规范依据，以及指导在档案编研和内容挖掘环节中做好技术控制的标准。例如《国家档案馆爱国主义教育基地工作规范》（DA/T 34—2019）等。

七是全流程管理标准。该标准区别于上述单个业务环节标准，对应档案工作的多个业务环节和“全程管理”的要求。如《电子文件归档与电子档案管理规范》（GB/T 18894—2016）、《文书类电子文件元数据方案》（DA/T 46—2009）、《照片档案管理规范》（GB/T 11821—2002）、《档案馆应急管理规范》（DA/T 84—2019）、《电子档案单套管理一般要求》（DA/T 92—2022）、《电子会计档案管理规范》（DA/T 94—2022）等。

3. 专业档案管理标准

专业领域的档案管理具有浓厚的专业特色，需要单独制定一些标准。根据“五位一体”总体布局以及对专业档案特色性的全面考量，可以将专业档案管理标准细分为经济、政治、文化、社会、生态文明、科技等领域。

一是经济领域。它指以追求利润为发展目标的领域形成的档案工作标准，如《企业档案工作规范》（DA/T 42—2009）、《人身保险业务档案管理规范》（DA/T 36—2007）、《证券业务档案管理规范》（DA/T 79—2019）等。

二是政治领域。它指国家立法、行政、监察、审批、检察等行使公权力的部门在主要业务工作中形成的档案管理标准，如《政府网站网页归档指南》（DA/T 80—2019）、《政务服务事项电子文件归档规范》（DA/T 85—2019）、《公务电子邮件归档管理规则》（DA/T 32—2021）等。

三是文化领域。它指以文化产品和服务为产出领域形成的档案管理规范，如《电影艺术档案著录规则》（DA/T 51—2014）。

四是社会领域。它指为解决人民群众关心或涉及现实利益的问题而制定的档案管理标准。如果说政治领域标准规范的是公权力部门的话，那么社会领域标准就是针对行政相对人而制定的，如《信用服务机构　信用档案建设规范》（T/BCA 01—2020）。

五是生态文明领域。它指在追求人与自然和谐发展过程中形成的档案管理规范，如《退耕还林工程档案管理办法》（林退发〔2015〕38号）。

六是科技领域。它指在科技工作中形成的档案管理规范，如《科学技术研究课题档案管理规范》（DA/T 2—1992）、《科学技术研究档案管理规定》（国家档案局令第15号）。

三、档案工作标准的贯彻实施

根据《中华人民共和国标准化法》的规定："对保障人身健康和生命财产安全、国家安全、生态环境安全以及满足经济社会管理基本需要的技术要求，应当制定强制性国家标准。""对满足基础通用、与强制性国家标准配套、对各有关行业起引领作用等需要的技术要求，可以制定推荐性国家标准。""对没有推荐性国家标准、需要在全国某个行业范围内统一的技术要求，可以制定行业标准。""为满足地方自然条件、风俗习惯等特殊技术要求，可以制定地方标准。"为此，国家档案局将大多数档案工作国家标准和行业标准划为推荐性标准，并规定今后将通过全国档案工作标准化技术委员会审查上报的档案工作标准作为推荐性标准。随着国内外标准化工作的加速进行，标准文件的数量越来越多，这就给我们提出了一个十分重要的实践性问题，即如何有效、合理地在档案管理实践中贯彻档案工作的各项标准。

第一，落实国家最新标准化工作精神。2019年8月28日，李克强总理主持召开国务院常务会议，要求各有关方面推动构建以标准引领、企业履责、政府监管为基础的管理体系。《2020年全国标准化工作要点》提出，要严格控制推荐性国家标准规模，推荐性国家标准重点制定基础通用、与强制性国家标准配套的标准；加大行业标准的整合优化力度，重点制定本行业重要产品、工程技术、服务和行业管理标准，适量控制新增行业标准规模，提升单项行业标准覆盖面；大力实施团体标准培优计划和应用示范，聚焦新技术、新产业、新业态和新模式，扩大先进适用团体标准供给。在制定和实施档案工作标准时，需要将上述精神融入其中，将档案标准管理作为档案治理现代化的有机组成部分。

第二，配合档案法律规范的有序实施。新修订的《档案法》已于2021年1月1日起施行。其中多条款提到的"按照国家规定"是指在开展某项业务时需要参照部门规章、规范性文件。开展档案标准化工作也要围绕档案法要求，结合档案工作实际需求，补充这些缺项、漏项情况，为档案工作提供推荐性参考指南。档案主管部门应当适时地将经过一定时期的普遍档案工作实践检验并被证明具有科学合理性的档案工作标准，通过制定档案工作行政法规、制度等形式加以推广运用，提升档案工作的现代化水平。

第三，摸清推荐性档案工作标准的现实作用。国家倡导制定推荐性标准，有助于促使档案工作标准制定方根据档案工作实践的客观发展需要，提高档案工作标准的指导性和可操作性。

第四，采用系统化措施保证标准顺利推行。一方面，档案工作标准的实施必须坚持全面、系统的指导思想，注意档案工作标准之间及其参考指南（工具）的相互协调配合。例如在档案著录环节，力求协调《档案分类标引规则》（GB/T 15418—2009）、《档案著录规则》（DA/T 18—2022）、《中国档案分类法》（图书）等标准或工具的相互衔接、全面互通、系统配合。另一方面，运用有效的法律手段、政策手段、经济手段、行政手段等来保证标准的实施；加强标准的宣传、教育和解释工作，促使人们逐渐形成有利于档案工作标准实施的心理倾向和群体意识。在实施过程中，还应当定期组织有关发布、更新、废止标准的科学性讨论与研究工作，以研促建，不断提高我国档案工作标准的制定水平。

第五节 档案职业道德

档案职业道德是国内外档案界普遍关注的一个重要问题。所谓职业道德，是从事某职业的人员共同认可并在职业活动中自觉遵守的行为准则与规范。法律与道德的关系在现代秩序建构中具有举足轻重的地位，历来是法学家、哲学家关注的重大理论问题。朗·富勒在《法律的道德性》中详细地阐释了对于法律与道德关系的见解，他认为，在义务道德与愿望道德两种道德中，义务道德更接近法律。从中国古代“德主刑辅”的治国理政思想中便可以窥见古代中国对法律与道德二者关系的基本看法。[①] 著名哲学家李达在论述“法律与道德的关系”时指出，“法律中有道德的成分，道德中也有法律的成分”[②]。法律与道德的区别，只是国家规范中非道德部分的法律与道德规范中未经法律化的部分的道德之区别；也可以说是包含了道德的法律与未经采订为法律的道德之区别。那些已被采订为法律的道德，是借国家强制力施行的；那些未经采订为法律的道德，是不借国家强制力而放任社会自由遵守的。至于已经采订为法律的道德，其本身已是法律，当然保持着法律的本质。可见，道德与法律有着密切的联系。

一、档案职业道德的含义与结构

（一）档案职业道德的含义

“道德”一词在我国最早是分开使用的，殷墟出土的甲骨文中已有“德”字，西周初年的大盂鼎铭文中也有“德”字，其义为按礼法行事有所得。《老子》一书中有“是以万物莫不尊道而贵德”的记载。在《荀子》一书中，“道”和“德”才开始连用，“故学至乎礼而止矣。夫是之谓道德之极”。我国古代的道德概念既包含道德规范，又包括个人品德修养。在西方，道德一词源于拉丁文“moralis”，该词的复数“mores”指风俗习惯，单数“mos”指个人性格或品性。道德是社会中被人们普遍认同并推崇的基本的行为准

① 富勒．法律的道德性．北京：商务印书馆，2005：6.

② 李达．法理学大纲．北京：法律出版社，1983：102.

则与规范，它的实现不靠法律、法规等强制力，而靠人们的共同遵守和舆论评判所形成的团体压力。道德作为人们的社会行为规范，不仅表现为一定的社会风俗、习惯，而且常常表现为社会个体的道德品质。社会的道德通常是通过各种形式的教育、舆论宣传等社会力量来进行传播与强化的，使人们逐渐形成某种道德观念，并通过人们的普遍认同与遵守，形成道德习惯和道德传统。所谓职业道德，是指从事某一种社会职业的人们在特定的工作环境中应当遵循的行为规范，是一定的社会道德在特定职业中的具体化产物。所以，职业道德常常体现着社会道德的基本要求，同时又带有特定的职业色彩。各种职业道德的行为规范统一于社会道德之中，成为社会道德规范体系中的重要组成部分。为提高各行各业的职业水平，社会的各有关行为主体都应当从本职业的客观要求出发，倡导并建设相应的职业道德，并用以规范人们的职业行为，帮助从业人员养成良好的职业道德习惯。

档案职业道德，是指档案工作者在从事档案行政、档案保管和利用服务等项职能活动中，应当遵守的基本行为准则。它是整个社会职业道德体系中的一个重要组成部分。档案职业道德与各行各业的职业道德一样，都具有鲜明的时代性与历史性、职业性与具体性、社会性与阶级性等特征。认识和把握档案职业道德的性质和特点，对于进行档案职业道德教育、培养良好的档案职业习惯等，均具有积极的意义。职业道德和业务素质同样是衡量档案工作人员综合素质的重要条件。为此，人力资源社会保障部、国家档案局《关于深化档案专业人员职称制度改革的指导意见》中的《档案专业人员职称评价基本标准》第二条规定，档案专业人员应该“具有良好的职业道德和敬业精神，热爱档案事业，认真钻研业务”。

《档案学百科全书》对档案职业道德也进行了阐释，认为它是一种应用型道德，通过设定行业行为标准来阐明道德冲突背后的问题[①]。美国国家档案馆在20世纪50年代中期制定了世界上第一份《档案职业道德准则》，作为档案馆在职员工的培训规范。准则清晰地体现出希拉里·詹金逊有关档案职业道德的概念——档案管理员有道德上的义务去保存事实上的证据，采取一切措施对有价值的记录进行保存。1980年美国档案工作者协会（SAA）正式发布《档案工作者职业道德准则》，又分别在1992年、2005年、2012年进行修正，反复明确“档案职业道德”是为了提醒档案工作者为什么要承担社会责任及其对社会应有的贡献[②]。自20世纪90年代起，加拿大档案工作者协会、澳大利亚档案工作者协会、国际档案理事会、英国档案与文件协会陆续发布档案职业道德守则。正如《档案学百科全书》的结论所说，档案界认识到道德和伦理意味着档案事业的成熟，档案职业道德守则是向世界宣告：档案工作者的义务是保存和管理好世界文献遗产，确保千秋万代能够利用档案资源，能够公平公正地提供档案获取服务，并处理好国家秘密、商业机密和个人隐私的关系[③]。

---

① DURANTI L，FRANKS P C. Encyclopedia of archival science. New York：Rowman & Littlefield Publishers，2015：93-94.

② Society of American Archives. SAA core values statement and code of ethics.［2021-02-15］. https://www2.archivists.org/statements/saa-core-values-statement-and-code-of-ethics.

③ 同①97.

（二）档案职业道德的结构

档案职业道德具有层次性和多重结构性质。从档案职业道德的总体来看，档案工作者首先应当遵守一般社会公德，特别是社会主义道德，努力达到共产主义道德的崇高境界。这类道德主要体现为档案工作者的个体道德素质和群体道德素质两个方面：档案工作者的个体道德素质，由道德情感、道德信念、道德认识、道德意志及道德习惯等方面构成。道德情感，是指弃恶扬善，追求真善美，摒弃假恶丑的思想情感；道德信念，是人们对一定的人生观、价值观和行为准则的正确性与正义性的深刻而执着的笃信，以及由此而产生的对有关道德的强烈责任感和使命感；道德认识，是指人们对行为的是非曲直的判断、分析和评价，它是道德情感与道德行为的理性前提和基础；道德意志，是指人们在道德行为中自觉克服各种困难的心理素质；道德习惯，是指个人的道德行为中表现出的习惯方式。档案工作者的群体道德素质，主要由集体道德风范和社会道德环境构成，是个体道德素质的共同性的集中体现。这些素质都是内在的、主观的，只有转化为一定的道德行为才能表现出来。

道德行为是衡量职业道德水准的重要尺度。一定的道德行为的持续与反复，便会形成一个档案工作者的职业道德习惯，其实质与内涵就是道德品质。因此，道德品质就是一定社会道德原则和道德规范在个体思想和行为中的体现，是通过个体的道德行为所表现出来的较稳定的内在性特征和倾向。良好的个体道德素质，有利于形成良好的集体道德风范和社会道德环境，从而提高档案工作的整体道德水平；同时，良好的集体道德风范和社会道德环境，也有利于个体道德素质的提高，即个体可以在这种氛围中，逐渐培养自身的道德情操，提升自己的道德层次。

二、档案职业道德的内容与特点

（一）档案职业道德的内容

档案职业道德的规范（准则），是对档案工作者职业行为的基本要求。1996 年 9 月 6 日在中国北京召开的国际档案大会，正式审议并通过了《档案工作者职业道德准则》（*ICA Code of Ethics*），并编译为 24 种语言，该准则是国际档案界通用的职业守则[①]。下面结合我国档案法规和管理程序，对档案职业道德的具体内容做出阐释：

第一，档案工作者应当保护档案及相关资料的完整与安全，以确保其作为历史证据的可靠性。一名合格的档案工作者的首要任务就是维护其所保存档案的完整性，确保保管机构、文件形成者、文件和档案用户的合法权益能够得到合理维护。档案工作者必须客观公正地履行自己的专业职责，坚决抵制来自任何方面的、为隐瞒和歪曲事实而要求篡改文件或档案等历史证据的压力，努力维护历史的真实。真实性和可靠性是档案、文件作为历史客观证据的基本保证。为了达到这一目的，档案工作者必须保护档案、文件

① International Council on Archives. ICA code of ethics.［2021-02-15］. https://www.ica.org/en/ica-code-ethics.

的完整性。

第二，档案工作者应从历史、法律、行政、治理等角度，对档案文件、资料进行筛选、鉴定和保管，切实合理地运用来源原则，保持文件之间的历史联系。档案工作者应当根据档案管理原则履行自己的职责，这些原则包括对处于不同运动阶段的文件或档案的有效控制、保护和处置原则，对具有国家和社会价值的档案的鉴定与移交原则，对档案进行安全保管和保护的原则，以及档案的整理、著录、出版和信息提供利用原则，等等。档案工作者应当熟悉文件产生机构的历史沿革和文件收集政策，依此对所接收的文件进行公正的鉴定，并根据档案原则及公认的标准，对选择移交进馆的档案进行整理和著录。行使接收档案职责时，应不损害档案有机体的完整与安全。档案工作者应当努力维护国家历史文化的完整，积极参与对散失境外档案、文件的征集工作，参与国际合作。

第三，档案工作者在进行档案的整理、保护和利用工作时，应当保护档案的证据作用；在进行档案的鉴定、整理、著录、保管、提供利用等项档案管理工作时，应当确保文件（包括电子文件和多媒体文件等非传统型文件）的档案价值。

第四，档案工作者应当确保档案所含信息的连续性。当面对档案处置事宜时，首先要考虑保存那些反映文件形成者主要活动证据的文件，同时也要考虑档案用户的利用需求及其变化情况。档案工作者应懂得，收集来源不明的文件可能会导致不合法的商业活动。档案工作者应当同司法部门合作，对盗窃、贩卖档案的人进行必要的处罚，并依法追究当事人的法律责任。

第五，档案工作者应当对他们从事的工作活动记录存档，并能对其工作进行辩护。档案工作者应对文件的整个生命周期做好记录，在采用新方式和新信息管理方法时与文件工作者合作，保证从一开始就将现行信息和档案体系结合纳入保存珍贵文件的工作程序中，保存关于文件或档案的接收、保护和全部档案工作活动的永久性备案记录。档案工作者应当把自己对档案事业的热爱倾注于档案工作的各个环节，倾注于维护人类社会历史记忆的真实性、可靠性与连续性，为人类社会文明的进步和文化的繁荣做出应有的贡献。

第六，档案工作者应当尽可能地提供开放档案信息，为档案利用者提供公正的服务。对所保存的档案进行编目，以合作的精神答复用户提问，尽可能地鼓励档案用户根据档案机构规定、档案收藏情况、法律法规标准、档案所有者权益、寄存及捐赠协议等利用档案。应当忠实地遵守和公正地履行文件收集时达成的所有协议。为了最大限度地发挥档案的社会文化作用，应当根据情况的变化及时调整档案的利用政策与规定。

第七，档案工作者应该遵循利用和隐私双向原则，遵守有关的法律法规。档案工作者应注意保护集体和个人的隐私及国家的安全利益，不得随意销毁档案，尤其是易于更新和损失的电子文件信息。除遵守档案法以外，还需要遵从刑法、民法典、网络安全法、保密法、个人信息保护法、知识产权法等各种法律。档案工作者应当保守所管理档案内容的机密，增强保密观念，与各种失密、泄密、窃密行为做斗争。档案工作者应当养成良好的职业道德习惯，将对有关道德原则和规范的应该遵守转变为习惯于遵守。

第八，档案工作者应当珍视国家和社会给予的特殊信任，不利用职务之便，为自己或他人谋求私利。应当客观、公正地对待其专业“特权”，约束自身的行为。档案工作者不应在工作中捞取好处，或者从事有害于档案机构、档案用户及专业同行的个人活动。档案工作者可以利用档案信息进行有利于国家和民族文化以及社会精神文明建设的研究与出版活动。但是，这种工作必须在与其他档案用户同等的利用条件下进行，不应该利用工作之便泄露不宜对社会公开的档案信息，不允许私人性的研究和出版工作干扰所在单位档案专业活动的正常进行。档案工作者若想使用版权所有者未发表的档案史料，则必须首先征得当事人的同意。

第九，档案工作者应系统、持续地更新档案专业知识，卓有成效地做好本职工作，共享他们的经验和研究成果。提高档案工作者的知识水平、工作能力和专业水平等方面的基本素质，不仅是从事档案工作的必要条件，也是档案工作者职业道德规范的重要内容之一。档案工作者应当加强自身的马列主义理论素养，提高政治素质，在实际工作中明辨是非、坚持真理、实事求是，以正确的立场、观点和方法对待档案工作。档案工作者肩负着保护人类社会档案文化、延续人类社会文明传播之重任。对内容广泛的档案进行科学管理和有效利用，要求档案工作者具有较高的文化素质，一般应当具备四个方面的知识储备，即法律知识、专业理论知识、哲学理论知识和现代管理知识。同时，档案工作者还应努力学习现代信息技术，适应数字时代档案管理的要求。档案工作者应当努力运用专业知识，献身于所从事的专业机构和人类社会的文化建设事业。

第十，档案工作者应当通过与其他专业工作人员的合作，促进世界文化遗产的保护和提供利用。正如1996年第十三届国际档案大会期间，国际档案理事会和国际图书馆协会联合会批准的《北京宣言》所言："我们两个专业在道德价值观方面具有一个共同的信念，无论从道义抑或法律意义上讲，都肩负着共同的责任，那就是保护人类社会的文化、知识和社会存在绵延繁衍而不被割裂，并为其产物的免费利用提供服务。无论图书工作者还是档案工作者，为其相应的利用者提供服务，都是他们的首要任务。"①

（二）档案职业道德的特点

第一，特殊而鲜明的职业性。每一种社会职业都会形成特定的职业道德准则和行为规范。档案职业道德的特定内容能够鲜明地体现本职业的特点，使档案职业道德与其他职业道德相区别。例如忠于历史，维护历史的真实面貌；忠实守信，不为功利所动；保守机密，守口如瓶；严谨求实，不畏权势；等等。

第二，存在方式的具体性。职业道德是一定社会或阶级的道德原则和道德规范的职业化表现。所以，各种社会职业团体对个体成员的道德要求总是带有本职业活动的特征，与一定社会职业活动的环境条件相适应。档案职业道德的具体性特点主要表现在，在不同社会历史条件下，不同国度、地区，甚至不同行业的档案职业道德，均具有特定的规定性。例如，一些国家的档案工作者颇为关注档案职业中的种族多样性、文化胜任力框架及对多样性话语体系的反思等方面。

第三，培育过程的连续性。档案职业活动具有历史连续性的特点，需要不断对职业

① 王天泉．携手奔向二十一世纪：国际档案理事会、国际图联联席会议草拟《北京宣言》．中国档案，1996(10).

道德进行培育。在不同的社会历史时期，其职业培育的社会责任、义务、服务方式、内容、手段等，都有许多相同之处，档案工作者的职业心理、工作习惯及道德要求等，常常具有一定的承袭性和连续性。总而言之，当今世界各国的档案职业道德都是社会历史的发展与选择的结果。

以上特点可以从当前档案职业道德面临的问题中发现和体会。国际档案理事会在2008年发布《ICA道德守则问卷调查：结果与建议》(*Questionnaire on the ICA Code of Ethics: results and recommendations*)①，指出当前档案职业所面临的道德困境包括以下几个方面。(1)档案获取方面：设置权限过高，拒绝获取开放档案，存在获取档案的非公平行为，迫于新闻媒体压力而封闭档案，隐私泄露问题。(2)档案处置方面：不按制度销毁档案，破坏政治和个人信息完整性。(3)档案工作者：与图书馆、博物馆工作者之间存在矛盾，是否公正地雇用人员，因贿赂而篡改档案信息。(4)档案利用：版权争议等。这份道德守则调查报告亦指出，各国在立法层面规范职业道德，涉及档案法、信息自由法、数据保护法、个人隐私法等，但仍有部分法律没有对档案职业道德做出约束。

三、档案职业道德修养

道德修养通常是指人们为实现一定的道德理想而对自己的品行进行锤炼和陶冶的过程，有时也指经过长期努力所形成的道德情操。道德修养对于净化人们的道德意识、培养人们的道德品质、形成人们的道德行为，进而达到理想的道德境界，具有重要的社会历史意义。档案职业道德修养的基本任务，就是要使档案职业道德的原则和规范内容，内化为档案工作者的内心情感和支撑信念，并付诸档案管理实践。一般来说，档案职业道德修养的基本范畴主要涉及下述几个方面。

(一)档案职业道德理想和义务

道德理想是道德意识的基本内容之一。它是指人们基于对一定社会或阶级基本道德要求的认识，而自觉追求和向往的某种理想人格和理想社会中的道德关系。档案工作者的职业道德理想，是按照职业道德原则和道德规范的精神，在本职活动中确立、追求和向往的完美人格和完善的职业道德。道德理想是档案职业道德建设的中心环节和活的灵魂，是档案职业道德行为和职业道德实践的动因和思想根基，激励档案工作者把社会所提倡的一般高尚的道德理想与档案工作的职业特点、职业追求紧紧地联结起来，深刻认识档案工作的职业责任与社会义务的关系，热爱本职工作、忠于职守、乐于奉献，并能自觉地遵守档案职业道德规范或准则。档案职业道德理想要求档案工作者在参与档案管理和利用实践中，充分体现国家和人民的利益，努力做好本职工作，全心全意地为档案用户和国家的建设服务，为建设有中国特色的社会主义档案事业而奋斗。这种职业道德理想，是忠于档案事业、维护社会历史真实、充分实现档案信息的社会文化价值的思想

---

① International Council on Archives. Questionnaire on the ICA code of ethics: results and recommendations. [2021-02-15]. https://www.ica.org/en/questionnaire-ica-code-ethics-results-and-recommendations-0.

力量源泉。

道德义务是道德理想的落地要求。道德义务是个人在实践道德原则和规范时所产生的一种强烈的责任心和公德心，是对他人、对社会负有的使命和职责。档案职业道德义务，是指档案人员在职业工作活动中，在一定的道德观念、道德理想和道德责任感的支配下，自觉履行的档案工作职责。当档案工作者能够在工作中自觉自愿地履行相关的职业义务时，档案工作职业义务就会具有道德的意义，就会转化为档案工作的职业道德义务。

（二）档案职业道德情感和行为

陶冶档案职业道德情感，不仅是道德修养的重要环节，也是个体道德意识的构成因素。它是指人们依据一定的道德标准，对现实的道德关系和自身或他人的道德行为等产生的爱憎、好恶等心理体验。陶冶档案职业道德情感，就是要不断形成和增强同档案职业道德认识相一致的健康的、正当的道德情感，改变与应有的档案职业道德认识相抵触的道德情感。

道德行为是指一切具有善恶价值并应当承担道德责任的个人活动。一个人的道德行为在整体上表现为其道德品质状况，一个社会的全体或绝大多数成员所共同具有的道德行为体现为该社会总体的道德风尚。个体与群体的道德行为是人们道德修养情况的表现和客观反映。档案工作者只有注意加强自身的道德修养，才能在档案工作实践中表现出良好的职业道德行为，得到同行及其他社会成员或群体的认同，在社会上得到应有的存在与发展空间。

（三）档案职业态度和职业伦理

档案职业态度是指档案工作者的基本劳动态度和服务态度。它既是档案工作者对社会、对利用者履行职业义务的基本前提之一，也是职业道德修养的一个具体表现。一名合格的档案工作者，应当树立良好的工作态度，乐于奉献，开拓创新，奋发向上，兢兢业业。在思想观念上，要肩负起“为党管档、为国守史”的责任，为档案用户提供优良的档案信息服务。在业务态度上，要不断提高自身的专业知识和技能，努力成为与档案职业相适应的高层次、创新型专业人才。

档案职业伦理是以档案职业活动为实践基础，调整档案工作利益关系和规范档案职业行为的意识。档案工作者应积极主动地投身于社会主义建设，维护社会公平公正。要将档案职业伦理与社会道德伦理联系起来，并在档案工作各环节与道德价值观念中取得普遍共识的实质正义标准相贯通，将是否拥有职业良心作为评估其职业伦理的重要参考。

（四）档案工作的职业荣誉和尊严

职业荣誉是指主体对道德的社会价值所做的评价和主观意向。档案职业荣誉作为职业责任和职业良心的价值衡量尺度，是档案工作者对档案职业的社会价值所做的相关评价。档案职业道德既鼓励档案工作者的个人职业荣誉，同时更强调档案工作的集体荣誉。职业荣誉可以通过社会舆论对档案工作者所表现出来的道德行为进行肯定性或者否定性的评价，扬善抑恶，帮助档案人员树立正确的荣誉感和自尊心。职业荣誉也能够不断地激励档案工作者关心集体及自身的名声、社会威望，从而激励档案工作者振奋精神、发掘潜能、多做贡献。

职业尊严是档案工作者对社会价值及道德价值的自我意识。它既体现在社会或他人对档案工作职业的尊敬方面，也体现在档案工作者自身对档案职业的自珍、自爱、自强、自信和自立等方面。档案职业的社会尊严同其他社会性职业一样，都产生于创造自身社会价值的广泛实践中，并通过全心全意地为档案用户提供满意的档案信息服务等具体行为逐步得到确立。若没有良好的档案信息服务，档案工作者的社会职业尊严便无从谈起。因此，档案工作者在档案工作实践中，不仅仅要努力维护个体的尊严及档案工作机构的尊严，更应当注意维护国家、民族的尊严，维护社会主义档案法律规范、道德规范的尊严。

（五）档案职业认同

按照社会学对身份认同的划分，档案职业认同可分为自我认同和社会认同。自我认同是档案工作者对自身的肯定性评价，“包含我是谁、我是什么、我想成为什么、我应该成为什么等问题”；社会认同是指社会公众对档案、档案工作、档案事业以及档案工作者的肯定性评价。《档案共同宣言》指出：“档案工作者是接受过基础和继续教育的专业人士，他们通过支持文件的形成，通过选择、保存并提供利用文件而为社会服务；档案工作者和其他信息专家在档案管理方面具有集体责任。”① 因此，档案职业认同既包括档案工作者对自身专业效用的认可度，也包括社会对档案职业的接纳程度。

档案职业认同在心理学概念上指的是个体对其所从事职业的目标、社会价值及其他因素的肯定性评价，与个人的职业决策、职业生涯、职业成功有着密切的联系，个体从档案职业中寻找人生价值。档案职业认同也是对档案职业荣誉和尊严的正向回应，档案工作者应理性看待自身职业，走出自我封闭，稳步形成社会参与意识，在各种场景和服务中让档案回归大众、回馈社会，提高自我认同感和社会价值感。此外，档案职业认同还体现在建构社会记忆上，借助档案资源帮助公众形成多元认同是档案工作参与社会建构、扮演“要素角色”的积极姿态，档案触发公众心理感受和增进自我认同的过程可以带来档案职业价值的增益。

总之，档案工作者必须切实加强自身的职业道德修养，逐步使自身的职业行为符合档案职业道德的要求，将应该遵循的规范内化为自觉自愿、自然而然的行为，从而塑造档案工作者良好的社会形象，体现出档案职业的职业荣誉与职业尊严，履行好自己的职业使命，为社会做出应有的贡献。

复习思考题

1. 建立和完善我国的档案法规体系有什么作用？

---

① International Council on Archives. Universal declaration on archives-UDA. [2021-02-15]. https://www.ica.org/en/universal-declaration-on-archives-uda.

2. 档案法律的本质是什么？中国的档案法律有何特点？
3. 档案法律与档案行政法规、档案行政规章的关系是什么？
4. 目前我国档案法规体系建设中有哪些需要解决的问题？
5.《档案法》的主要内容有哪些？
6.《档案法》的特点有哪些？
7.《档案法》是一部部门法还是一部针对全社会制定的法律？
8.《档案法》的作用有哪些？
9.《档案法》的遵守和适用有何区别？
10. 我国档案行政法规、行政规章主要有哪些？
11. 我国现行档案行政法规、行政规章有哪些需要完善的地方？
12. 什么是档案工作标准？档案工作标准的种类有哪些？
13. 国际档案理事会颁布过哪些档案工作标准？
14. 档案工作标准发挥了哪些方面的作用？
15. 什么是档案工作标准化？实现档案工作标准化应当注意哪些方面的问题？
16. 档案工作标准体系的构建原则是什么？其构建原则在具体制定过程中如何体现？
17. 我国的档案工作标准体系有哪些层次？如何完善现行档案工作标准体系？
18. 简述档案职业道德的含义、结构与特点。
19. 谈谈对国际档案理事会所颁布的《档案工作者职业道德准则》的理解。
20. 档案工作者应当如何注意对职业道德修养的培养？如何提升档案职业认同感？

第八章

国际档案治理

本章要点

- 介绍国际档案治理的组织机制和国际档案治理活动。
- 介绍国际档案治理的核心议题，重点阐明离散档案的国际治理规则。

关键词

国际档案治理　　国际档案理事会　　国际档案大会
离散档案　　文化遗产　　治理规则
档案国际合作

第一节　国际档案治理的组织机制

国际档案治理是指在国际档案领域，各国政府、各种国际组织、公共或私人机构以及个人，通过制定与实施国际规则、规范和制度，或者克服全球档案挑战、问题和危机的集体行动或者国际合作，从而维护和增进关于档案的国际共同利益。

国际档案治理的组织机制集中体现为国际档案理事会[①]的成立与发展。国际档案理事会是一个非政府间国际档案专业组织，也是国际档案界的最高机构，总部设在法国巴黎。自成立以来，国际档案理事会一直致力于为全球档案工作者提供指导，推动档案的专业化管理与档案国际问题的解决，同时注重提高档案在决策者和公众中的形象，努力提高全球公众对档案的认识。

一、国际档案理事会的基本情况

（一）国际档案理事会的成立与发展

1931 年，智力合作研究所（the Institute for Intellectual Co-operation）在国际联盟

① 其网址为：https://www.ica.org/en.

(League of Nations) 的支持下，建立了常设档案咨询委员会 (Permanent Consultative Committee on Archives)，负责处理国际档案事务，这为国际档案理事会的成立奠定了基础。

1946 年 9 月，联合国教科文组织 (UNESCO) 美国委员会提出“联合国教科文组织档案工作计划提案”，列举了拟将成立的国际档案组织的主要活动内容。同年年底，该提案在联合国教科文组织第一次大会中获得通过。1948 年 6 月 9 日①，联合国教科文组织在巴黎主持召开档案专业会议，与会的英、美、法等八国代表一致同意成立国际档案理事会，前法国档案局局长查尔斯·萨马兰当选为首届主席。

1950 年 8 月，第一届国际档案大会召开，共有来自 35 个国家和地区的 360 余名代表参会，会议确定了以古罗马神话中具有双面头像的护门神 (Janus) 作为会徽，修改了 1948 年临时委员会成立会议上批准的章程，并确定最终版本。第一届国际档案大会的成功召开，标志着国际档案理事会正式以世界性组织的身份面向国际宣告成立。国际档案理事会的成立为深入推进国际档案合作与治理，推动争议性档案问题的协商解决，促进各国档案同行交流经验创造了条件，标志着国际档案治理与合作的领导核心形成。

成立之后的国际档案理事会不断完善自身架构和组织方式，举办各种活动，推动国际合作，逐步成为宗旨明确、机构健全且极具专业化和影响力的国际组织。

（二）国际档案理事会的使命、宗旨与目标

国际档案理事会的使命是促进世界各地档案的保存和利用，致力于保护和加强世界记忆，尊重文化多样性并促进专业交流。

国际档案理事会的宗旨是通过分享文件、档案专业问题以及档案机构组织管理上的经验、研究和思想，促进文件和档案的管理与利用，保存人类的档案遗产。

国际档案理事会的长期目标包括以下五个方面。

1. 倡导 (advocate)

鼓励和支持各国档案事业的发展，并与国际组织、政府和非政府组织加强合作。

2. 专业化 (professionalise)

促进、组织和协调文件和档案领域的最佳实践、标准制定和其他活动。

3. 联通 (connect)

建立、维护和加强各国档案工作者及各机构、专业团体和其他组织之间的联系和信息交流，以推动文件、档案保管和档案专业培训。

4. 推广 (promote)

加强档案宣传，使档案内容更广为人知，且更方便地被获取和利用。

5. 行动 (take action)

开展支持其目标实现的各种活动。

---

① 2007 年 11 月，为庆祝 2008 年 6 月 9 日国际档案理事会成立 60 周年纪念日，国家档案理事会全体成员在加拿大魁北克举行的年度全体会议上投票决定，将每年的 6 月 9 日定为国际档案日。

（三）国际档案理事会的组织架构和会员制度

当前，国际档案理事会已建立了较为健全和完善的组织架构体系，最高决策机构为年度代表大会，同时设立包括秘书处、执行委员会、项目委员会、审计委员会、Comma编辑委员会、支持发展中国家的档案基金会，以及国际组织部在内的13个部门。这些部门机构相互配合、各司其职，为共同完成国际档案理事会的各项任务而不懈努力。

国际档案理事会的发展也离不开不断完善的会员制度，以及世界各地成员的协作和积极参与。自国际档案理事会成立以来，会员队伍不断壮大。截至2020年12月31日，理事会共有来自5大洲的157个国家和地区的约2 015名会员，包括420名A类会员，133名B类会员，787名C类会员，675名D类会员。[①] 1980年，我国国家档案局加入国际档案理事会，为A类会员。1994年，中国档案学会加入国际档案理事会，为B类会员。中国人民大学信息资源管理学院（档案学院）、上海市档案馆、北京市档案馆也分别于1984年、1993年和1994年加入国际档案理事会，为C类会员[②]。全球化的会员群体及各种类型的档案机构加入，推动国际档案理事会建设成为一个国际档案网络社区，会员可以在此了解世界各地的档案实践，互通信息、交流见解、寻求帮助，同时促使文件与档案在国际社会树立更加强有力的形象。

二、国际档案理事会的国际档案治理活动

作为国际档案治理的核心组织机制，国际档案理事会在推进国际档案治理上的主要活动包括：建立内部网络矩阵、制定与实施国际档案规则（含制度、宣言、指南、标准、规范等）、组织召开专业会议、发起各种专业项目、加强对外交流合作等。这些活动推进了档案领域内的集体行动与国际合作，有效维护和增进了关于档案的国际共同利益。

（一）建立内部网络矩阵

国际档案理事会面向其会员建立了一个多层级的内部网络矩阵，现设有13个地区分支机构、13个专业处、11个计划委员会专家/工作组等。国际档案理事会会员可自由参加符合其需要的任何网络社区，推进不同范围、不同层面的档案问题的共同关注、讨论交流与方案协商。

地区分支机构（Regional Branches）最初是为促进发展中国家档案事业建设而成立的地区性国际档案组织，后来范围逐渐扩大，现已发展为一种常态化的地区性档案合作

---

① International Council on Archives. ICA annual report 2020.［2022-01-07］. https://www.ica.org/en/ica-annual-report-2020.

② 目前，国际档案理事会共有四类会员：A类会员是中央档案管理部门或者国际级档案机构，以及联邦制（或类似）国家各成员国的同等机构；B类会员是涉及文件、档案管理和保护或档案教育培训的个人或法人团体组成的协会；C类会员是负责文件、档案管理和保护或档案教育培训的机构或公司；D类会员是过去或现在从事文件、档案管理保护工作或档案教育培训工作的个人。个人会员可被授予“荣誉会员”或“优秀会员”。国际档案理事会对所有会员一视同仁，同时注重保障不同类型会员的权益。

机制，旨在在尊重地区文化多样性的基础上推动同一区域的国际档案理事会成员能够就共同关心的问题展开对话、辩论与合作。每个地区分支机构在坚持国际档案理事会的总体目标和使命的基础上，可以建立自己的领导机制、工作方法、优先事项和活动方案。目前，国际档案理事会共设有 13 个地区分支机构，包括：

- ALA——拉丁美洲档案协会
- ARBICA——阿拉伯区域分支
- CARBICA——加勒比海地区分支
- CENARBICA——中非区域分支
- EASTICA——东亚区域分支
- ESARBICA——东部和南部非洲区域分支
- EURASICA——欧亚区域分支
- EURBICA——欧洲区域分支
- NAANICA——北美档案分支
- PARBICA——太平洋区域分支
- SARBICA——东南亚区域分支
- SWARBICA——南亚和西亚区域分支
- WARBICA——西非区域分支

专业处（Professional Sections）是国际档案理事会为处理、研究和解决档案领域内的专门问题而成立的常设机构，涉及档案教育与培训、各类专业档案等各类问题，其成员既可以是机构，也可以是个人。专业处的设置是为了促进交流，推动形成文件档案领域关键问题的解决方案。目前，国际档案理事会共设有 13 个专业处：

- SAE——档案教育与培训
- SAFT——信仰传统档案
- SAN——公证档案
- SAR——建筑档案
- SBA——企业档案
- SIO——国际组织
- SLA——文学和艺术档案
- SLMT——地方、市政和领土档案
- SPA——专业协会
- SPO——体育档案
- SPP——议会和政党档案
- SUV——高校和研究机构档案
- SAHR——档案与人权

计划委员会专家/工作组（PCOM Expert/Working Groups）是国际档案理事会主席任命的执行某项特殊任务的专家小组。每个专家小组由各领域的专家组成，原则上不超过 10 名成员。目前，国际档案理事会共设立了 11 个工作组：

- AEG——宣导组

- EGATTT——打击档案盗窃、贩卖和篡改
- EGABE——档案建筑与存储环境
- EGMDPR——数字和实体文件管理
- EGAD——档案著录
- EGEMDP——应急管理与灾害预案
- EGIM——土著事务专家组
- EGLM——法律问题
- PAAG——照片与声像档案
- EGRSO——研究服务与外联
- EGSAH——共享档案遗产

（二）制定与实施国际档案规则

多年来，国际档案理事会汇集世界各地档案工作者的理论研究和实践经验，先后发布和出版了诸多具有影响力的出版物，包括国际标准、规范、会刊、纪要宣言等（见表 8－1）。这些出版物是国际档案理事会制定和实施国际档案规则的主要路径，它们在明确文件档案管理的重要性、规范文件档案管理原则、推进各国文件档案管理经验交流、提升文件档案的国际关注等层面起到了非常重要的作用。

表 8－1 国际档案理事会发布的代表性出版物

序号	主要出版物	具体说明
1	出版首部《国际档案指南》	1934 年，常设档案咨询委员会出版《国际档案指南》。
2	出版发行《档案（材料）工作通讯》会刊	1951 年，国际档案理事会发布首期《档案（材料）工作通讯》杂志。发表关于基本问题的科学和理论研究成果和论文，聚焦全世界范围内公共和私营部门档案活动。第一期载有第一届国际档案大会的会议记录。2000 年，该刊停止出版。
3	出版《国家历史来源指南》	1958 年，联合国教科文组织和国际档案理事会决定，为满足新解放的第三世界历史研究的需要，出版《国家历史来源指南》，旨在让人们能够接触到保存在欧洲和美国的拉丁美洲、非洲、亚洲和大洋洲的历史文献资料。截至 1984 年，共计出版 60 卷。
4	公布《国际档案圆桌会议记录》	1958 年起，国际档案理事会以 7 种语言出版第一份《国际档案圆桌会议记录》。会议记录持续公布至 1999 年。
5	发布《文件和档案管理项目》	1979 年，在与联合国教科文组织的密切合作下，以多种语言出版首部《文件和档案管理项目》，重点探究档案专业领域的基础问题，包括档案基础设施建设、档案法律、档案教育和培训、档案遗产保护、档案理论与实践研究等。截至 1998 年，共计出版 112 部。
6	出版 *Janus* 期刊	1983 年，首次出版 *Janus*（两年刊），该出版物包含委员会和各部门的论文和文章。该刊于 1999 年停刊。

续表

序号	主要出版物	具体说明
7	发布《国际档案著录标准（通则）》[a]	1994 年，国际档案理事会发布首个标准《国际档案著录标准（通则）》。该标准很快为世界各国档案部门所采用。1999 年 9 月，国际档案理事会发布第 2 版《国际档案著录标准（通则）》。之后又陆续发布了一系列关于档案著录的标准，包括 1996 年的 ISAAR（CPF），2004 年第 2 版的 ISAAR（CPF）[b]，2008 年的 ISDF[c] 和 ISDIAH[d]，2020 年的 RiC-CM 0.1[e]，2021 年的 RiC-CM 0.2[f]，等等。
8	通过《档案社区在处理争议问题上的观点》[g]	1995 年 4 月 10—13 日，国际档案理事会委员会执委会在中国广州通过《档案社区在处理争议问题上的观点》，首次从专业角度确定了四个概念和共识，旨在引导和规范离散档案的处理。
9	发布《档案工作者职业道德准则》[h]	1996 年 9 月，在北京召开的第 13 届国际档案大会上通过并发布《档案工作者职业道德准则》，提出了档案工作者应该遵守的 5 项职责道德标准，现已翻译成为 24 种语言。
10	发布国际档案理事会参考文件	1997 年，国际档案理事会欧洲委员会发布了国际档案理事会参考文件，重点关注因战争、军事占领或国家继承而产生的国际档案争议问题，促进离散档案问题的解决。
11	出版会刊 *Comma*	2001 年，国际档案理事会出版国际档案季刊 *Comma*。该期刊是原有两种期刊合并的产物，以英、法、俄、意、中、德、西班牙等七种语言出版，向理事会成员免费发放。
12	发布《档案共同宣言》	2010 年 9 月 17 日，第四十二届国际档案圆桌会议暨 2010 年度国际档案理事会大会通过了在马耳他国际档案大会上原则通过的《档案共同宣言》。2011 年 11 月 10 日，联合国教科文组织在巴黎召开的第三十六届大会上通过了该宣言。
13	发布《档案利用原则》[i]	2013 年 2 月，国际档案理事会年度大会一致通过了《档案利用原则》，该原则为各国档案工作者提供了档案利用的权威基准，以此衡量现有的利用策略和实践，促进修改或制定新的访问规则。
14	发布《赋能档案事业和档案职业——国际档案理事会 2021 年至 2024 年战略规划》	2020 年 11 月 16 日，国际档案理事会年会通过了新战略计划《赋能档案事业和档案职业——国际档案理事会 2021 年至 2024 年战略规划》，该规划分为“互联与合作”“透明、负责且包容”“联合、赋能与被赋能”三大板块。
15	发布《档案共同宣言：术语解读》[j]	2021 年 9 月 3 日，国际档案理事会发布《档案共同宣言：术语解读》，旨在解释和增进对《档案共同宣言》所涵盖的声明、承诺和原则的理解。

续表

序号	主要出版物	具体说明
16	发布《档案共同宣言：评估工具》[k]及其使用指南	2021年9月30日，国际档案理事会发布《档案共同宣言：评估工具》及其使用指南，从档案与遗产、信息、记忆、业务工作、社会民主、公民权利等角度出发，为档案机构评估自身档案保存情况提供了参考。

注：[a] International Council on Archives. ISAD (G): general international standard archival description: second edition. [2022-02-28]. https://www.ica.org/en/isadg-general-international-standard-archival-description-second-edition.

[b] International Council on Archives. ISAAR (CPF): international standard archival authority record for corporate bodies, persons and families, 2nd edition. [2022-01-07]. https://www.ica.org/en/isaar-cpf-international-standard-archival-authority-record-corporate-bodies-persons-and-families-2nd.

[c] International Council on Archives. ISDF: international standard for describing functions. [2022-01-07]. https://www.ica.org/en/isdf-international-standard-describing-functions.

[d] International Council on Archives. ISDIAH: international standard for describing institutions with archival holdings. [2022-01-07]. https://www.ica.org/en/isdiah-international-standard-describing-institutions-archival-holdings.

[e] Records in contexts a conceptual model for archival description. [2022-01-07]. https://www.ica.org/sites/default/files/RiC-CM-0.1.pdf.

[f] Records in contexts conceptual model 0.2 (RiC-CM 0.2). [2022-01-07]. https://www.ica.org/sites/default/files/ric-cm-02_july2021_0.pdf.

[g] The view of the archival community on settling disputed archival claims. [2022-01-07]. https://www.ica.org/sites/default/files/EB_1995_paper_archival-claims_EN.pdf.

[h] International Council on Archives. ICA code of ethics. [2021-02-15]. https://www.ica.org/en/ica-code-ethics.

[i] International Council on Archives. Principles of access to archives. [2022-01-07]. https://www.ica.org/en/principles-access-archives.

[j] International Council on Archives. Universal declaration on archives (UDA) terminology. [2022-01-07]. https://www.ica.org/en/universal-declaration-on-archives-uda-terminology.

[k] International Council on Archives. Universal declaration on archives evaluation tool. [2022-01-07]. https://www.ica.org/en/universal-declaration-on-archives-evaluation-tool.

（三）组织召开专业会议

国际档案理事会组织召开的专业会议包括：

1. 国际档案大会（International Congress on Archives，1950—　）

它起初每三年召开一次，1956年以后每四年召开一次，是历时最久、规模最大、影响最广的国际档案盛会。截至2021年，已召开十八届国际档案大会。

2. 国际档案圆桌会议（International Round Table Conference on Archives，法语简称CITRA，1954—2011）

它是各国最高档案机构领导人定期会晤的国际大会，累计召开了四十三届。该会议形式已于2012年被正式取消。

3. 国际档案理事会年会（Annual General Assembly，2013—　）

它于2013年起开始召开，是面向所有档案工作者的国际档案会议，在不召开国际档案大会的年份，每年定期召开。2021年，因受新冠感染疫情影响，国际档案理事会年会首次以在线形式召开。

（四）发起各种专业项目

基于发展目标，国际档案理事会有针对性地开展了一系列项目，目前具有一定影响力的项目主要有以下六个。

1. 新入职档案工作者项目（The New Professionals Programme）

国际档案理事会鼓励新入职（即从事文件与档案管理或研究工作不超过 5 年）的档案工作者参与理事会的一切活动。该项目主要吸引文件与档案管理领域的未来领导者，鼓励他们积极成为本组织的成员，并作为专业人员帮助促进与本国和世界各地专业团体的国际交往。项目为这些新入职档案工作者参加年度会议或代表大会提供资助，学生会员则可以享受更多优惠，包括独家订阅国际档案理事会数字出版物，参加国际档案理事会组织的活动时享受费用减免政策，等等。

2. 非洲专项计划（The Africa Programme）

国际档案理事会将非洲作为其专业计划工作支持的优先区域而设置该项目，旨在支持非洲文件保管能力的发展、非洲档案工作者和文件管理者的需求、理事会非洲各分会的战略目标和优先事项、非洲档案教育发展等。该项目有助于推动国际档案理事会及其会员与非洲合作伙伴间的互动，并基于当地实际需求开展相关项目。

3. 培训项目（Training Programme）

该项目体现了国际档案理事会在全球化发展和信息技术变革背景下，对档案工作者专业培训和持续发展的重视。项目目标为支持全球档案工作者和文件管理者进行基础培训和长期专业发展；在世界档案教育和培训相对不足的地区进行能力建设；通过培训提高档案工作者的意识，提升其鉴定和保存档案的能力；确保档案工作者具备一定的相关技能，并能够遵守与充分利用国际档案理事会的相关准则、出版物及工具；确保由国际档案理事会支持或组织的培训是高质量的、符合公认的培训标准的，以及是向所有人开放的。项目主要形式为面向大众建立在线教育服务平台，并对不同等级会员提供不同类型的课程服务。

4. 国际档案发展基金（Fund for the International Development of Archives）

该项目旨在为在特别具有挑战性的条件下工作的档案专业人员和机构提供援助，支持档案事业的可持续发展。项目通过提供相关支持来培养档案工作者的专业技能，并使其可以将这些技能传播给更多的人，以实现“自助”。自 2010 年以来，国际档案发展基金共收到 129 个资助申请，同时还为来自非洲、南美洲、西印度群岛、东南欧、亚洲、中东和太平洋地区的 35 个项目提供直接支持。

5. 数字文件保管计划（Digital Recordkeeping Programme）

这是国际档案理事会基于数字环境下的发展需求，辅助和支持各个国家或机构，以推进其数字文件保管项目得以顺利开展。该项目的目标涵括文件创建之前的流程，包括电子文件及元数据创建、积极维护和鉴定，并最终实现长期保存。其范围将包括可信的数字存储库、电子文件保存（ICA-Req 等）和归档处理工具（如 ATOM）。

6. 善治项目（Good Governance Programme）

该项目旨在开发与传播一系列工具和指南，使档案机构能够帮助其政府机构改善文件管理状态，并推动国际档案理事会成为那些积极寻求发展的组织的可靠合作伙伴。项目认为，提供全球文件管理的最佳实践将减少重复和跨国界的不必要成本，因为只需创建一份指南，即可根据具体的国家、文化和语言环境进行多次调整和使用，这是对人力和财力有效而经济的利用。

（五）加强对外交流合作

基于文化遗产、人类记忆保护、气候保护等人类命运共同体的共同愿景，国际档案理事会与其他国际组织相继建立了密切合作伙伴关系，并积极开展国际合作。

1. 与其他国际组织建立密切合作伙伴关系

国际档案理事会与联合国教科文组织有咨询性的合作关系，并与国际图书馆协会联合会（IFLA）、国际信息和文献联合会（FID）、国际电影资料馆联合会（FIAF）、国际博物馆协会（ICOM）、国际古迹遗址理事会（ICOMOS）、欧洲委员会（Council of Europe）等十余个国际或地区组织有密切合作伙伴关系。在 2020 年国际档案周期间，国际档案理事会联通其合作伙伴国际图书馆协会联合会、国际古迹遗址理事会共同举办了“气候变化与文化遗产：行动召唤”的知识性网络研讨会，会上国际档案理事会被邀请加入气候遗产网络（Climate Heritage Network），并于 2020 年 9 月 1 日正式成为该网络的成员。同时，2020 年 8 月 4 日，国际档案理事会成为第一个获得国际信息专员会议（International Conference on Information Commissioners，ICIC）观察员身份的国际组织，国际档案理事会也授予国际信息专员会议临时附属成员身份。新的合作伙伴关系的建立以及既有合作伙伴关系的不断强化，代表着国际档案理事会正在专业领域的不同层面，全面推进档案的国际合作与治理。

建立国际合作伙伴关系能推进不同领域的国际组织，围绕共同愿景开展活动并进行项目合作。如 2013 年，联合国教科文组织发起“提升全球信息社会可持续性平台项目”（Platform to Enhance the Sustainability of the Information Society Transglobally，PERSIST）。该项目下设三个小组，即联合国教科文组织牵头的“政策小组”、国际档案理事会牵头的“技术小组”、国际图书馆协会联合会牵头的“内容小组”。其中，国际档案理事会牵头的技术小组主要负责数字遗产的技术问题，包括理解数字对象的结构、本质和意义，确保数字对象的真实、可用和完整，以及提供解决上述问题的方案。同时，国际档案理事会还参与了内容小组的工作，如参与起草了《选择用于长期保存的数字内容指南》等。

近些年，国际档案理事会与若干国际组织合作更加密切，多次就档案问题或者危机时期文化遗产保护的重要意义发表联合声明，仅 2020 年便发布了 4 份重要性国际声明，包括：国际图书馆协会联合会和国际档案理事会联合发表声明《隐私法律和档案》[①]；国

① International Council on Archives. IFLA-ICA statement on privacy legislation and archiving. [2022-01-08]. https://www.ica.org/en/ifla-ica-statement-on-privacy-legislation-and-archiving.

际档案理事会、国际信息专员会议、联合国教科文组织等 8 个机构联合发表声明《新冠疫情昭示：危机时刻记录职责愈发重要不能停摆》；联合国教科文组织、国际档案理事会等 9 个国际组织联合签署发布《化 2019 冠状病毒危机为更广泛的文献遗产记录契机》①；国际博物馆协会与国际档案理事会等 4 个国际组织联合发表《关于纳戈尔诺卡拉巴赫的声明》②。

国际档案理事会与其他相关国际组织建立合作伙伴关系、协同开展项目以及发布共同声明，对于推进档案国际合作与治理具有积极意义。首先，有利于国际档案理事会将文件与档案的有关问题带到国际舞台，形成国际议题，建立国际各个领域对文件与档案的广泛关注，并提升国际认同；其次，有利于在更广泛的范围内建立文件档案的保护与管理框架，维护档案的国际共同利益；最后，有利于推广应用文件档案管理的理论和方法，赋能更广泛的数字内容建设、文化遗产保护与信息社会可持续发展。

案例

2010 年 9 月 14 日，第四十二届国际档案圆桌会议暨 2010 年度国际档案理事会大会在挪威首都奥斯陆召开，会议主题为“信任与利用：数字时代文件与档案管理面临的挑战”。会议期间（9 月 17 日），全体代表一致通过了在去年马耳他国际档案大会上原则通过的《档案共同宣言》，该宣言的主要作用在于，通过档案来保障公民权利、建立个人与集体记忆、建设负责任和透明的政府等。国际档案理事会希望并鼓励其成员使用并广泛宣传该宣言。经过国际档案理事会的不懈努力，2011 年 11 月 10 日，联合国教科文组织在巴黎召开的第三十六届大会上通过该宣言，大会决议称，联合国教科文组织赞同档案在支持公民的民主权利方面发挥的重要作用，认可国际档案理事会在起草《档案共同宣言》方面所做的工作，支持国际档案理事会制定和通过的《档案共同宣言》，鼓励会员国在规划和实施国家层面的未来战略时遵循《档案共同宣言》规定的原则。目前，该宣言已被翻译成法语、德语、中文、波斯语等 40 多种语言，呼吁各国政府、决策者和公众采取行动，共同参与解决档案议题。

2. 推动成立国际专业组织国际蓝盾委员会（ICBS）

1954 年的《关于发生武装冲突时保护文化财产的公约》（简称《1954 年海牙公约》）明确提出一种应在武装冲突事件中受保护的文化财产，以及为保护这些财产而工作的人的标志——蓝色盾牌。以《1954 年海牙公约》及其 1954 年和 1999 年的两项议定书为工作基础，1996 年国际蓝盾委员会（International Committee of the Blue Shield，ICBS）③

---

① Turning the threat of COVID-19 into an opportunity for greater support to documentary heritage. [2022-01-07]. https://en.unesco.org/sites/default/files/dhe-covid-19-unesco_statement_en.pdf.

② ICOMOS，ICA，IFLA & ICOM-Statement on Nagorno Karabakh. [2022-01-07]. https://icom.museum/en/news/icomos-ica-ifla-icom-statement-on-nagorno-karabakh/.

③ 其网址为：https://theblueshield.org/.

正式成立，旨在保护世界文化遗产免受战争和自然灾害的威胁。

国际蓝盾委员会是一个独立的国际专业组织，由四个机构成员构成：国际档案理事会、国际博物馆协会、国际古迹遗址理事会和国际图书馆协会联合会。四个机构彼此共享知识与经验。国际蓝盾委员会建立了一个非政府组织的国际治理框架，四个非政府组织共同联手，把文化相关领域内各职业人员及机构团结在一起，分享经验，促进文化遗产的保存与保护。在国际层面，国际蓝盾委员会与联合国教科文组织、国际红十字会等建立密切的合作伙伴关系；在各国层面，国际蓝盾委员会已经在许多国家（如比利时、法国、荷兰、波兰与英国等）相继建立了国家委员会。

国际蓝盾委员会对一些灾难性事件（如南斯拉夫战争、阿富汗战争、中美洲的飓风灾害等），采取了相关措施并积极做出了回应。比如 2010 年海地大地震后，国际档案理事会强烈呼吁人们关注海地档案，积极与国际蓝盾委员会网络的其他同事开展合作，组织志愿者团队，收集必要信息，帮助海地人民抢救重要档案；2020 年 11 月，纳戈尔诺-卡拉巴赫地区（Nagorno-Karabakh region）签署停火协议后，国际蓝盾委员会就该地区文献遗产状况发表《关于纳戈尔诺-卡拉巴赫的声明》，呼吁有关各方确保相关地区的文献遗产得到充分尊重和保护，特别是在政党控制权转移时，这种尊重和保护应扩展至该地区的所有文化遗产范畴。

案例

2020 年 1 月 3 日，一架美国 MQ－9“收割者”无人机在伊拉克巴格达国际机场附近，向伊朗最有权力的指挥官卡西姆·苏莱曼尼少将的车队发起攻击，苏莱曼尼最终死于空袭。伊朗国内对苏莱曼尼的死讯反应激烈，民众在社交媒体上发表哀悼文和反美言论。时任美国总统唐纳德·特朗普对苏莱曼尼之死表示祝贺，称苏莱曼尼需要为数以千计美国人、伊拉克人和伊朗人的死亡负责，还称，如果伊朗对卡西姆·苏莱曼尼将军被杀一事反应激烈，那么他将认真考虑以伊朗的文化遗址为军事目标。对此，2020 年 1 月 7 日，国际蓝盾委员会发表《关于伊朗文化遗址潜在特定目标的声明》[①]，称在发生武装冲突时保护文化财产已经被视为习惯国际法，多项国际人道主义法都明确规定，在任何情况下都应禁止蓄意攻击文化和宗教场所。1863 年美国内战期间，时任美国总统亚伯拉罕·林肯签署《利伯法典》（*Lieber Code*），这是第一部规定戒严时期行为规范的官方综合成文法。该法典的发布也让美国成为第一个在武装冲突中保护文化财产的国家。但遗憾的是，美国现在宣称将伊朗的文化遗产作为军事目标，这将是对国际人道主义法的重大破坏，也是对国际社会的重大挫折，尤其是考虑到美国在历史上的领导地位，美国必须对蓄意、非法破坏文化遗产的行为负责。我们要求美国总统从他的目标名单中删除伊朗所有的文化景点，

① BSI statement on potential specific targeting of cultural sites in Iran（ENG）.［2022－01－08］. https://theblueshield.org/bsi-statement-on-potential-specific-targeting-of-cultural-sites-in-iran/.

以避免犯下战争罪，并停止以任何方式威胁伊朗的文化景点。国际档案理事会在2020年1月8日公开表示支持该声明。

第二节　离散档案的国际治理

离散档案，也称“散失档案”，对应英文为displaced archives（也可称为migrated archives、expatriate archives、seized archives），意为“由于各种原因未保存在档案所有国的档案”。战争、内部冲突、政权更迭、联邦分裂、殖民活动、间谍活动等都有可能导致离散档案的产生。正如1981年国际法委员会所称，“档案的转移是一个普遍的且无止境的现象”。离散档案由于在很大程度上关乎一个国家档案文献遗产的完整性以及历史的延续，因此历来是国际档案归属争议的主要问题，也是国际档案治理的核心议题。

一、持续到第二次世界大战的外交传统

20世纪70年代，联合国教科文组织对1645年到第二次世界大战结束之间的144个条约进行了认定，1645年也是瑞典与丹麦签署《布勒姆塞布罗条约》的时间，这其中的大多数条约都与主权和文件移交有关，其中有13个条约涉及离散档案的归还问题①。大约从17世纪50年代开始到第二次世界大战期间，尽管并没有形成专门针对离散档案的国际法律规定，但是随着国际外交规则及人道主义法律的不断出现，国际上逐渐形成了这样一种习惯法，即在发生武装冲突时，重要的不可移动的文化财产（如历史、民俗、宗教、建筑等）与可移动的文化财产（如艺术品、博物馆、图书馆、档案馆的藏品等），有权受到交战方的尊重和保护，免受风险。鲍蒂尔在1961年表示：“不可否认的是，几个世纪以来，就算没有国际档案法，至少在国际法中也存在着关于档案的问题。”② 从这些习惯法的整体来看，在处理离散档案的外交惯例上，国际社会往往默认遵循以下原则：（1）关于领土主权变更的所有条约（包括条款）都会涉及档案的交还和交换；（2）这些条约所形成的关于档案移交和复印的条目需要双方都明确表示同意；（3）在所有的案例中，现行业务或是管理活动运行过程中必须使用的文件，前任国都会以原件或者是复印件的形式转交给继承国；（4）在战争中被掠夺而离散的档案，在战争结束后需要进行归还；（5）占领军在占领期间所产生的档案仍然归属占领方所有。关于离散档案的国际惯例充分体现在国家间条约的缔结中，比如美国与英国于1783年9月3日签署的《巴黎条

① KECSKEMÉTI C. The evolution of international law. New York：Routledge，2017：12.

② COX D. Revisiting the law and politics of compromise//LOWRY J. Displaced archives. New York：Routledge，2017：196-214.

约》（*Treaty of Paris*）第七条规定："凡属合众国任何一个州或公民所有，而在战争进程中落入英国军官手中的一切档案、案卷、证书和文件，应即归还并交还它们所属的各州和原主。"又如 1930 年，国民党政府在收回威海卫时对于档案的处理曾有明确要求，当时中英双方签署的《中英交收威海卫专约》第四条规定，英国政府允将英国威海卫行政公署所有之一切档案、登记簿、契约及其他文卷等项凡为接收与中国政府将来管理威海卫有关者须一律移交中华民国国民政府。

案例

法兰西第一帝国皇帝拿破仑一世（拿破仑·波拿巴）在征战各国时，制订了一个特别档案计划，即对欧洲所有珍贵的档案进行集中管理，包括罗马教皇档案馆的档案、西班牙西曼卡斯档案馆的档案，以及被帝国兼并的一些地区（如皮埃蒙特、比利时）的档案。1810 年，他下令在巴黎塞纳河左岸修建一个"万有档案馆"，以保存法国及其附属国、占领地和征服国的政府文件与历史档案，第一期工程的计划库容为 10 万立方米。该工程后因拿破仑的战败而中止。1814 年法国与第六次反法同盟所签订的《巴黎条约》第 31 款约定[①]，属于被割让国家或者应归其管理的档案、地图、规划和各种文档，应该立即予以退还，如果立即退还不太实际，那么应该在六个月宽限期内予以退还。这一规定适用于在各国临时被占领期间被不同军队从该国带走的档案、地图和文档。根据该条约，法国同意把自 1814 年起转移到巴黎的档案退还给有关国家。

上述这些关于离散档案的转移和归还的外交传统一直持续，直到第二次世界大战时期被彻底破坏。这主要是因为第二次世界大战破坏范围广、破坏力大，当时的主要战败方遭受战争的沉重打击，尚没有余力来系统地要求对在战争期间被掠夺的档案的归还，而 100 多个通过非殖民化出现的新兴主权国家也没有余力来采取措施促进被掠夺档案的转移。有调查显示，20 世纪 60 年代，大约有 55 个新独立的国家并没有与殖民国缔结协议来接收前任政府的档案，这导致大量的殖民地档案被转移到欧洲等殖民国家[②]。国际档案理事会后来对此总结道："从中世纪持续到第二次世界大战前的那些转移和归还档案的传统实践在 1945 年的时候遭到了彻底背弃。"[③] 在这种情况下，国际档案领域史无前例地遗留了大量关于离散档案的转移和归还问题，包括武装冲突期间被掠夺和侵占的档案的归还问题，殖民化、非殖民化或新国家创建过程中的档案继承和转移问题，战时或和平时代的间谍活动或偷窃活动带来的档案散失问题，等等。上述这些问题的存在，促使离散档案真正成为一项国际问题而受到国际档案领域的空前重视。

---

① Treaty of Paris. [2021-12-31]. https://en.wikisource.org/wiki/Treaty_of_Paris_(1814).

② KECSKEMÉTI C. The evolution of international law. New York: Routledge, 2017: 12-21.

③ The view of the archival community on the settling of disputed claims. [2021-01-17]. https://www.ica.org/sites/default/files/EB_1995_paper_archival-claims_EN.pdf.

二、文化遗产框架下的规则的艰难重构

第二次世界大战中文化遗产所遭受的极其严重的掠夺和毁坏，在战后引起国际社会对加强文化遗产保护的强烈关注和极力呼吁。1978 年，联合国教科文组织总干事阿马杜-马赫塔尔·姆博向各会员国政府发送了一份《将不能替代的文化遗产返还其创造者——联合国教科文组织总干事的呼吁》，反映了各国人民要求取得本国文献的合法权益和要求维护本国档案完整性、连续性和系统性的情感和愿望。该呼吁强调："将艺术品和文献归还给创始国，使该国人民得以恢复自己的一部分记忆和特性，证明国家间相互尊重的精神，世界文明的漫长对话始终继续下去，而这种对话决定着世界的历史。"① 尽管该呼吁以"文化遗产"或"文化财产"为对象，但是档案作为文化遗产的核心组成部分也必然被包容在其整体框架之下。从某种程度上，它也充分体现出联合国和其他国际组织在推动离散档案问题解决上所做出的大量努力。

基于 1899 年和 1907 年《海牙公约》、1933 年《罗里奇公约》和 1922 年《华盛顿条约》所确立的关于在武装冲突中保护文化财产的各项原则，1954 年，联合国教科文组织在荷兰海牙通过了《1954 年海牙公约》及其《第一议定书》，对于在武装冲突情况下文化遗产的国际保护做了全面规定，旨在保护受到武装冲突威胁的各国文化遗产免遭破坏。公约首次明确阐明"文化财产"的三种不同概念②，在其框架下，档案及作为档案保管场所的档案馆都可被视为文化财产的组成部分，遵循其所确立的原则。这些原则主要包括：一是缔约国应当采取积极措施，不得在武装冲突期间从其所占领领土上输出《海牙公约》所规定的可移动文化财产；二是缔约国承允于敌对行动终止时，向先前被占领地区的主管当局返还因其违反第 1 款所规定的原则而从被占领地区输送到本国领土内的文化财产。《1954 年海牙公约》及其《第一议定书》均于 1956 年 8 月 7 日生效，截至 2016 年 1 月，《1954 年海牙公约》及其《第一议定书》的缔约国数量分别达到 126 个与 103 个。

1967 年，国际法委员会开始着手处理关于国家对国家财产、档案和债务的继承问题，并于 1981 年向联合国大会提交了一份关于该主题的条款草案，同时建议大会召开全员代表会议，研究该条款草案并缔结关于这一主题的公约。为此，联合国大会于 1983 年 3 月 1 日至 4 月 8 日在维也纳召开联合国关于国家对国家财产、档案和债务的继承的会议，并通过《关于国家对国家财产、档案和债务的继承的维也纳公约》（简称《1983 年

---

① 姆博．将不能替代的文化遗产返还其创造者：联合国教科文组织总干事的呼吁//文社．古玩·文物·遗产．北京：北京燕山出版社，2001.

② 联合国教科文组织《1954 年海牙公约》的第一条即为对文化财产的定义。为本公约之目的，"文化财产"一词应包括下列各项，而不问其来源或所有权如何：(1) 对每一民族文化遗产具有重大意义的可移动或不可移动的财产，例如建筑、艺术或历史纪念物而不论其为宗教的或非宗教的；考古遗址；作为整体具有历史艺术价值的建筑群；艺术作品；具有艺术、历史或考古价值的手稿、书籍及其他物品；以及科学收藏品和书籍或档案的重要藏品或者上述财产的复制品。(2) 其主要和实在目的为保存或陈列 (1) 项所述可移动文化财产的建筑，例如博物馆、大型图书馆和档案库以及拟于武装冲突情况下保存 (1) 项所述可移动文化财产的保藏处。(3) 保存有大量 (1) 和 (2) 项所述文化财产的中心，被称为"纪念物中心"。

维也纳公约》)，对国家继承环境（如领土移交、国家合并、国家解体等）下的国家档案处理进行了规定。但是，《1983 年维也纳公约》从未真正生效，依据规则，该公约只需要十五个国家同意接受它的约束即可生效；然而，截至 2009 年 8 月 5 日，只有七个国家同意接受它的约束。《1983 年维也纳公约》的失败证明，如果一个国际公约不是在各个国家政治辩论后形成共识的前提下建立的，并且没有考虑所提措施的实际应用性，那么它就毫无用处。

20 世纪 70 年代，国际领域在文化财产保护方面取得了一些重要进步。比如，经过漫长而艰难的谈判，1970 年联合国教科文组织全体会议通过《关于禁止和防止非法进出口文化财产和非法转让其所有权的方法的公约》，其主要目标就是“禁止”和“预防”文化财产的非法进出口、非法交易，以及非法所有权转让。公约在第一条界定“文化财产”时，明确将“档案，包括有声、照片和电影档案”纳入其中，并强调缔约国应对各自所有的文化财产建立清晰的清单目录，先弄清楚自己有什么，才能知道自己缺失或者丢失了什么，这样一旦有物品失窃，就能拿出所需的照片、资料和证据，以便进行追索。截至 2020 年，该公约缔约国数量为 140 个，中国于 1989 年 9 月 25 日加入。

20 世纪 80 年代以后，《1954 年海牙公约》渐入被“善意遗忘”的窘境，表现为各国批准公约的速度日渐放缓，以及公约缔约国履约热情明显降低。20 世纪 80 年代与 90 年代几场大规模武装冲突的爆发更是令该公约的缺陷暴露无遗：1980 年，两伊战争爆发，两国境内（尤其是伊朗境内）的诸多文化遗产惨遭破坏；1990 年，伊拉克悍然入侵科威特后，伊军公然洗劫科威特多家博物馆中的珍贵文物；1991 年，南斯拉夫解体，引发了旷日持久的武装冲突，该地区众多的历史文化古迹与博物馆在战乱中受到严重破坏与大肆劫掠。在上述背景下，联合国教科文组织和许多重要成员国政府注意到，改革、完善《1954 年海牙公约》迫在眉睫。1995 年 11 月，联合国教科文组织第二十八届大会在巴黎召开，其间召开了《1954 年海牙公约》缔约国会议，会上大多数国家同意制定一份新的附加议定书，对公约进行补充。1999 年 3 月，“关于发生武装冲突时保护文化财产公约第二议定书的外交会议”在荷兰海牙召开，通过了《关于发生武装冲突时保护文化财产公约第二议定书》（简称《第二议定书》），并自 2004 年 3 月 9 日起生效。《第二议定书》保留了《1954 年海牙公约》对于文化财产的界定及其大部分规则，并进一步扩大了适用范围，使之无区别地适用于国际性与非国际性武装冲突，同时，用“重点保护”制度取代了形同虚设的“特别保护”制度，并对武装冲突中破坏文化财产的刑事责任进行了详细规定。截至 2019 年 4 月，该议定书共有 82 个缔约国①。目前，联合国教科文组织仍在鼓励更多国家加入《第二议定书》缔约国行列中来。值得一提的是，在《第二议定书》中，非政府组织代表的民间团体首次被赋予重要角色。国际蓝盾委员会和它的专业组成机构（国际档案理事会、国际博物馆协会、国际古迹遗址理事会，以及国际图书馆协会联合会），以及红十字国际委员会等将成为委员会和缔约国例会重要的常设顾问。根据

① 《海牙公约第二议定书》迎来 3 新缔约国，协力保护武装冲突下的文化财产．(2019-05-10)[2021-12-28]. http://www.unesco-hist.org/index.php?r=article/info&id=2039.

《第二议定书》第三章的规定，有关例外保护等重要提议、第二议定书委员会决议的执行和委员会的工作，都可以向他们咨询。

总的来看，在20世纪中后期，关于离散档案的处理往往在国家文化遗产或国家文化财产的框架下进行，尚没有建立真正关于争议档案本身的国际规则，在这种情况下，相关的处理原则往往很难体现对档案特点的尊重。由于同其他文化遗产所体现的文化性和记忆价值不同，档案遗产还有明显的政治性和军事性，具有证据价值、军事情报价值和法律价值，这也导致对离散档案的处理变得更加复杂和困难。在上述背景下，关于如何处理离散档案，相继出现了各种各样的主张，比如说“领土来源”（territorial provenance）、“主权追溯”（retroactive patrimoniality）、“职能相关”（functional pertinence）、“共同遗产”（joint heritage）等①，这些主张在当时都引发了相当多的国际讨论。

三、国际档案治理规则的独立确立

鉴于过去半个多世纪的“毫无成效”，关于离散档案的处理在新的国际环境下变得更加复杂和困难。在1954—1994年间联合国教科文组织和国际档案理事会等国际机构所发布的一系列关于处置离散档案的文档的基础上，1995年4月10—13日，国际档案理事会委员会执委会在广州通过《档案社区在处理争议问题上的观点》，首次从专业角度，即以档案学的基本原则——“来源原则”——为基础，确定了四个概念和共识，旨在引导和规范离散档案的处理。具体如下：

（1）公共档案（文件）的不可让渡性和不可剥夺性。各国法律都明文规定公共档案（文件）作为公共资产的不可让渡性和不可剥夺性。因此，公共档案的转让只能通过其生成国的立法行为来实现。

（2）对来源和对档案全宗完整性的尊重。档案并不是某个收藏家心血来潮所收集的一组记录，而是它们的生成机构在运行过程中自然而然形成的。它们最后的保存地点是由每个国家的法律所决定的。档案学的基本原则“来源原则”，一方面极力反对任何分散全宗的可能性，另一方面强调任何档案机构都不得接收不属于其管辖范畴的档案（文件）。

（3）可利用权和可复制权。涉及几个国家的机构所共同生成的具有“共享性”的档案（文件）不应该被分散，其实体应该被集成到某个国家的档案遗产中。如果其他共享历史的国家能够被承认同等拥有可利用权和可复制权，那么它们就可以避免一些永久性诉讼。

（4）公平和国际合作。尽管实施上述原则非常有用，但这还不足够。每一项解决主张都伴随着一些特定问题，这些问题需要多方在公平和相互尊重的精神上达成共识才能得以解决。在合理的期限内，一种共同的合作意愿能够改善第二次世界大战后几十年里政治约束所导致的不正常情况。

---

① KECSKEMÉTI C. Displaced European archives：is it time for a post-war settlement?．The American archivist，1992，55（1）.

进入 21 世纪后，国际档案领域进一步从专业角度为离散档案的国际治理建立世界共识、基本原则和解决框架。2016 年 9 月，国际档案理事会首尔会议正式通过《档案工作者和文件管理者在维护人权上的基本原则》①。其第三部分中的部分条款对离散档案的处理做出了规定。其中，第 17 条原则规定：机构、档案工作者和文件经理应该尊重国家和社区的文化和法律遗产，不接收不属于其管辖范畴的档案。机构接收政策应该尊重社区书写其自己历史的权利。第 18 条原则规定：机构和档案工作者应该在坚持公平原则和互相尊重的基础上，与其他国家的机构和个人合作来管理和解决那些有争议的散失档案的问题。如果归还散失档案很有可能导致这些档案遭到销毁或是压迫性利用，或是会使档案涉及的人陷入危险，那么归还就应该被延缓。这条原则吸纳了 1995 年 6 月 24 日国际统一私法协会（UNIDROIT）在罗马通过的《关于被盗或非法出口文物公约》② 中的规定——该公约强调了文化材料，特别是档案，包括那些声像、图片和影像档案的归还，并提供了一个主权国家可以寻求文物归还的时间期限。除此之外，公约还规定，如果归还档案会威胁相关人员的生命或者是基本自由，或者是会导致档案的销毁，那么“主权”必须让位于当下的拥有者，并且延缓档案的归还。

至此，关于离散档案的国际治理规则得以重新确立，在充分尊重全人类的档案国际共同利益的基础上，形成了“1 项基本原则＋2 项调节性原则”的治理规则体系。该规则体系体现了对“理想”和“现实”的双重尊重。这主要是因为离散档案的处理常常面临错综复杂的状况，传统原则在解决离散档案争端时似乎是合理和有益的，然而，现代档案诉求的复杂程度远远大于这些原则所能覆盖和解决的范畴，过度强调传统原则可能导致离散档案问题被长期搁置、难以解决，甚至会引发许多伦理问题。

（一）基本原则：公共档案（文件）的不可分割性和不可剥夺性

该原则充分尊重了以“来源或全宗完整”为核心的“主权追溯原则”和“职能对应原则”，因此为国际档案界所极力推崇。该原则的核心理念为档案的合法转移必须建立在“（文件/档案）生成国的国家档案法律中具有明文规定”的基础之上。纵观所有国家的法律，几乎一致赋予公共档案（文件）不可分割和不可剥夺的公共财产属性，联合国教科文组织也赞同这一理念，认为公共文件（档案）是属于国家所代表的国民群体的不可分割和不可废除的财产。这一原则从根本上奠定了离散档案国际治理的基本框架。例如，1992 年，法国和俄罗斯签署了第二次世界大战期间被俄罗斯保管的法国离散档案予以归还的协议，该协议规定，按照国际惯例，“双方承认公共档案（文件）不可分割的性质，并归还由一方拥有而应当属于另一方的档案”。同样，美国档案工作者协会和加拿大档案工作者协会在 2008 年提出的把在美国监管下的失散伊拉克档案移交给伊拉克的呼吁中，

---

① International Council on Archives. Basic principles on the role of archivists and records managers in support of human rights.［2021-05-16］. https://www.ica.org/en/basic-principles-on-the-role-of-archivists-and-records-managers-in-support-of-human-rights-0.

② International Institute for the Unification of Private Law. 1995 convention: unidroit convention on stolen or illegally exported cultural objects.（1995-06-24）［2021-05-21］. https://www.unidroit.org/instruments/cultural-property/1995-convention.

也明确援引了“国家档案（文件）的不可分割的特性”①。

遗憾的是，在实践中，对离散档案的所有权和法定权利的过度强调往往会导致国际谈判的失败，进而导致离散档案问题处理困难，特别是当离散档案本身在不同国家的立法中有不同规定时，会进一步加大离散档案处理的复杂程度。因为很多国家通过本国立法，将保存的其他国家的档案纳入本国的国家档案遗产体系中。比如，韩国要求法国归还其1866年掠夺的朝鲜王室档案，最初遭到了法国的驳回，理由是尽管这些朝鲜王室档案来源于他国，但是按照法国的法律，它们已经成为法国档案遗产不可分割的重要组成部分；再比如关于第二次世界大战期间被美军扣押的德国文件，在德国的文件档案法律体系下，这些文件属于其国家档案遗产的重要组成部分，美国属于非法占有，但是在美国的文件档案法律体系下，这些文件的“合法所有权”已经转移至美国政府，将这些文件归还德国，需要美国国会的支持，并且这种归还被认为是对德国的一项“捐赠”，而非义务上的“归还”。

案例

1993年，俄罗斯总统叶利钦签署了《俄罗斯联邦档案全宗和档案馆法》，规定俄罗斯档案全宗的成分包括存在于俄罗斯联邦版图上的所有档案全宗和档案文件，不管它的来源、载体类别、保管地点和所有制形式。上述规定对档案的物归原主设置了巨大障碍。第二次世界大战结束时，苏联红军将德国大约20万件珍贵的艺术品和200万册古代书籍，以及从德国博物馆和私人收藏家那里收缴到的累计长达3公里的档案卷宗运往了苏联。这批估计至少值1 000亿马克的珍贵历史文物，是德国民族文化的精髓。德国曾多次尝试通过各种途径交涉，而俄罗斯方面从1995年3月开始，就酝酿通过立法形式，以确保在俄境内的历史文物作为国家财产不会流失。俄罗斯国家杜马②于1996年7月通过一项法案，宣布原苏联红军在第二次世界大战期间从德国缴获的所有“艺术战利品”都是俄国家财产。德国外交部长金克尔立即对俄罗斯国家杜马提出强烈抗议，认为这一决定违反国际法，它堵塞了合理解决这一困难又敏感的问题的道路，而且不利于德国和俄罗斯良好双边关系的发展。他强调，德国的文化遗产被运到苏联，是在战争特有环境下而且是以非法形式进行的。③

（二）调节性原则1：在尊重档案的安全性的前提下允许暂不归还

对档案安全性的关照体现了对归还档案本身安全的担忧，或对接收政府是否会合理保存和使用这些档案的担忧，它强调当归还或移交档案原件可能会导致档案损毁、恶意

① SAA/ACA joint statement on Iraqi records. (2008-04-22)[2021-02-12]. https://www2.archivists.org/statements/acasaa-joint-statement-on-iraqi-records.

② 俄罗斯联邦会议国家杜马，简称国家杜马，是俄罗斯的下议院，为俄罗斯联邦会议的两个组成机构之一。国家杜马作为俄罗斯的常设立法机构，主要负责起草和制定国家法律。

③ 朱江．论国家散失档案的收集．上海档案，1998（3）．

销毁或导致档案中所涉人员的人身安全遭到威胁时，可以暂时不予归还而由暂管国暂时进行保管。这其实是要在“返还档案以保障被掠夺国的国家利益”与“妥善保存档案以符合国际利益”两者之间寻找平衡。

案例

1994 年美国掠夺了海地约 16 万页的文档，经过多年的争论和努力，包括多名美国国会议员多次向克林顿总统提议，这些原始档案最终在 2001 年进行了归还。但遗憾的是，这些档案的当下状况并不明朗，有人权研究者在此后想要在海地利用这些档案，均遭到拒绝，坊间传言这些档案在海地 2004 年政变的时候似乎就已被销毁，美国也没有保存这些原始文件的副本或者是扫描件。极有可能的社会现实就是，这些档案已经彻底消失在了历史长河中。

（三）调节性原则 2：在共同遗产愿景下实现所有权的调解

很多的离散档案本身可能很难从“来源”上做出明确界定，特别是对那些殖民地档案而言。比如东印度公司所形成的档案，便很难从“来源”上说清楚其归属方，因为占领军和殖民地政府都参与了其生成过程，对此，安妮·吉利兰提出了“联合生成”（co-creation）概念来为这一问题的解决提供理论框架①。在实践中，离散档案还涉及两国甚至是多国之间的利益博弈，特别是当两国的法律都将这些离散档案纳入本国的国家档案遗产体系中时，没有任何一方愿意放弃对离散档案的权利。对此，档案领域引入了联合国教科文组织所提出的“共同遗产”概念，即把那些同时由两个或两个以上国家形成的档案遗产视为“档案共同遗产”，这些档案实体可以由某个特定国家进行保管，其他涉及档案共同遗产的国家应该享有获取、复制和利用这些档案的权利。共同遗产为离散档案的争议解决提供了一种方案，因为相关利益国家可以在“技术所有”和“实体所有”上达成妥协性调解，将离散档案变成相关利益国家的共同档案遗产，共享档案信息使用权。在“共同遗产”原则的基础之上，出现了一些不再执着于“历史原件”的离散档案归还实践，主要包括以下四种形式：

一是归还原件，制作复印件保留。比如 1958 年，美国将第二次世界大战后所获日本海军省、陆军省和外务省的部分档案计 40 万页移交日本，而所移交档案均已拍成缩微胶片，并高价出售。

二是归还复制件。这是较为常见也比较现实可行的解决离散档案物归原主问题的方法。比如 1988 年 12 月 12 日，英国环境事务大臣、皇家历史手稿委员会委员尼古拉斯·里德利，受英国公共档案馆委托，在中国第一历史档案馆向中国国家档案局移交了清朝广东衙门档案缩微复制件 25 卷（包括档案 1 954 件）。

---

① GILLILAND A. Networking records in their diaspora：a reconceptualisation of displaced records in a postnational world//LOWRY J. Displaced archives. New York：Routledge，2017：180－195.

三是交换复制件。比如波兰在历史上多次被瓜分，历史档案离散各地，第二次世界大战以后，波兰国家档案总局成立了收集离散档案的总指导委员会。1976—1978 年间，波兰与东欧国家和美国免费交换档案复制件，送出 30 多万张，收到近 15 万张。

四是档案租借形式。比如法国在 2011 年所归还的韩国朝鲜王室档案，就采取的是“租借形式”，这些离散档案的实际所有权仍然属于法国，但是其实体却保存在韩国，两国都拥有对该部分档案的信息使用权。在某种意义上，这尊重了两国法律在档案不可分割性上的要求。

案例 1

1926 年奥地利与匈牙利之间的巴登-巴登会议公约规定，1526—1918 年哈布斯堡王朝生成的档案是奥地利和匈牙利共同拥有的、不可分割和不可剥夺的财产，委托奥地利档案馆保存和管理，作为共同所有者的匈牙利在奥地利档案馆设立常驻代表，有关获取和处置规则的决定由两国的档案当局相互协商而定。

案例 2

前南斯拉夫联盟共和国（南斯拉夫）继承国之间的 2001 年协定，将某些档案视为“后续国家的共同遗产，这些国家拥有自由和不受阻碍地获取这些档案的权力”，每个国家有权“以公平分担成本的方式复制有关档案”，并要求原件保管国“尊重南斯拉夫国家档案的完整性，以便于充分获取和研究这些档案”。

四、未来发展走向与前景

鉴于离散档案本身十分复杂且棘手，其移交和归还、交换协议以及建立联合遗产公约都属于各国立法和行政当局的职权范围，但是，这并不代表档案界无法作为或无可作为。就目前来看，国际档案界非常关注这一颇具争议的重大问题，正在积极寻找解决办法，推进关于该问题的国际治理与合作。就目前来看，国际档案界的行动主要集中在以下三个方面。

（一）谋求国际性共识和准则

离散档案的很多案例有深刻的历史和现实背景，由于长期没有专门的国际法律框架和基本规则，主要靠习惯法或援引相关国际规定，很多国家在处理离散档案问题时往往从本国利益考虑，具有较大的随意性和不确定性。在现代法律体系中，习惯法的作用大为减弱，处理国际问题更加需要确定的依据和指导方针。1995 年国际档案理事会委员会执委会在广州通过的《档案社区在处理争议问题上的观点》第一次从专业角度确定了四个概念和共识，旨在引导和规范离散档案的处理。2003 年国际档案理事会人权工作组

（HRG）成立，其职能之一是研究和规范离散档案处理事宜。根据该组织的提案，2016年国际档案理事会讨论通过了《档案工作者和文件管理者在维护人权上的基本原则》，其第三章“特殊保障措施”以两个专门条款指向离散档案处理。同时，2016年第十八届国际档案大会设专场讨论离散档案问题，国际档案理事会主席大卫·弗里克阐述了对该问题的关切和立场，人权工作组号召各国档案专家关注和参与对这一问题的研究，为从专业角度建立世界共识、基本原则和解决框架而努力。

（二）谋求国家关系框架下的解决方案

实践证明，解决离散档案争议问题最重要的因素，或许就是国家博弈所达成的政治和经济协议，通常情况下最为常见的是为推进两国关系而促进离散档案的解决。例如第二次世界大战期间离散到美国的德国档案的归还问题。1994年，美国为了推进与德意志联邦共和国之间的友谊，把世界上最重要的纳粹档案库——柏林文件中心，交还德国管理。我国也积极参与到离散档案的处理中。自1980年中国国家档案局加入国际档案理事会后，便与其他国家展开谈判与合作，签署相关协议，促进离散档案的移交。中国国家档案局与加拿大公共档案馆通过双方签订的议定书和交流计划，在1981年5月与1984年1月先后两次交换了双方感兴趣的档案复制件。随着各国对文化遗产的重视以及国家间关系的推进，离散档案问题正逐步被纳入国际交往议题，档案部门在有关策划与实施中扮演重要角色，发挥积极作用。

（三）谋求档案国际合作框架下的多元解决途径

离散档案的处理常常面临错综复杂的状况，无法兼顾现行的各项原则。比如，根据国际惯例，美国归还了从海地掠走的档案，而在海地纷乱的局势中这批档案已不知所踪；美国对从格林纳达掠走的档案擅自制作复制件后将原件归还，目前原件不知去向而复制件公开提供利用；美国从伊拉克掠走的档案至今尚未返还，美国政府声称归还可能导致伊拉克政府或反对派的滥用和销毁。这些事实表明，在某些条件下，离散档案的归还难以兼顾全宗不可分散和档案安全保护，尽管占有他国档案显然不合法、不合规、不合职业伦理，但在主权国内部混乱的情况下无条件归还也可能使档案安全不保。因此，针对离散档案的处理，必须结合其背景和环境来进行多维考量。此外，对于多国“共同遗产”档案的管理和利用也需要在档案国际合作的框架下得以确认和实施。

总之，离散档案处理不仅需要引起各国政府的重视，也需要档案职能部门的深度介入，正如国际档案理事会道德守则所界定的：档案工作者应该参与离散档案的返还工作，这意味着我们需要更深入的研究、更多的资源投入和更多的社会关注。对于此类关乎各国根本利益的重大档案问题，中国有责任积极参与调查研究和规则制定，而面对大量流落在外的珍贵档案遗产，也需要我们在合作创新中不断寻求合理有效的解决方案。

复习思考题

1. 什么是国际档案治理？

2. 举例说明国际档案理事会开展国际档案治理的主要活动。
3. 举例说明国际档案理事会的对外交流合作形式。
4. 论述国际档案理事会在国际档案治理中的主要作用。
5. 什么是离散档案？
6. 简述离散档案的国际治理体系的建立过程。
7. 简述当下离散档案处理的主要国际规则。
8. 结合相关案例谈谈国际档案的未来发展走向与前景。

第三篇

档案学

第九章

档案学的构成与研究方法

本章要点

- 阐述档案学的研究对象、任务与研究范围。
- 说明档案学的学科体系与特点。
- 介绍档案学与相关学科之间的关系。
- 介绍档案学研究方法。

关键词

档案学	研究对象	任务
研究范围	档案现象	学科特点
学科体系	基础理论	应用理论
应用技术	档案学原理	档案术语
档案法规学	比较档案学	档案史学
计算档案学	档案学研究方法	档案学研究的方法论

档案学是研究档案现象的本质与规律，以及档案管理的理论、原则与方法的一门综合性学科。从世界范围来讲，档案学最早出现于欧洲，1571年德国的档案学家亚克伯·冯·拉明根在海德堡出版的《综合报告——怎样才算一个完美的登记室》和《登记室及其机构和管理》两部专著，是目前各国档案史料中被报道得最早的档案学专著。之后，17世纪至18世纪，档案学理论得到了进一步的发展。但是，档案学作为一门科学的概念的提出，却是19世纪的事情了。1804年德国档案学家约瑟夫·奥格所著的《一种档案学理论思想》一书，第一次提出了“档案学”的名称。之后分别于1806年和1834年创办的《档案馆学和登记室学》《档案学、古文书学、历史》杂志，也都使用了“档案学”这一名词。然而，这些文献均未谈及档案学是一门科学。直到1885年，法国历史学家郎格鲁在巴黎出版的《国际档案馆、图书馆和博物馆》杂志上发表了《关于档案馆的科学》一文，才首次提出了档案学应当是一门独立科学的见解。

“档案学”一词在我国出现得较晚。沈兼士于1935年1月30日所作的《清内阁库贮旧档辑刊序》中第一次提到“档案学”的概念：“（然）吾国研究档案学之著述，要不得不以此编为梯桄。”1935年5月，腾固在其所著的《档案整理处的任务及其初步工作》一文中指出：用科学方法处理档案，有叫作档案学的学问，在欧洲也是近百年来发生的事。[①] 1940年出版的龙兆佛的《档案管理法》一书，也提到了档案学这一概念。中外档案学科学概念的出现说明，档案学作为一门独立学科的建设序幕已经拉开。经过一代代档案学研究者辛勤的劳作，它目前已经成为世人公认的一个学科门类。

本章主要介绍档案学的研究对象与研究范围、档案学的学科体系与特点、档案学与相关学科的关系，以及档案学的研究方法等方面的内容。

第一节　档案学的研究对象与研究范围

一、档案学的研究对象

关于档案学的研究对象，目前学术界主要存在着这样几种认识：

第一，档案学是研究档案文件和档案工作的发展历史、性质、功能、发展规律，以及档案工作实践活动的理论体系。

第二，档案学是以档案、档案工作和档案事业为研究对象，并探索研究对象的结构、功能、运动规律以及与其相关学科相互关系的一门科学。

第三，档案学的研究对象是档案、档案工作以及档案学自身的有关问题。

综合上述认识，可以把档案学的研究对象主要归纳为以下几个方面。

（一）档案

档案是档案学的元概念，是与人类文明相伴共生的具有特殊形成规律和价值的信息资源。档案历史悠久，内容广泛，种类多样，卷帙浩繁，其内涵、外延随社会发展而不断丰富扩展，运行方式不断变化，社会价值日益多元。档案作为一种社会文化现象，有很多内在本质和规律需要探索。

（二）档案管理

档案的存在、流传和社会价值有赖于档案管理，档案管理的历史几乎和档案一样长，早期的情况已不可考。从简单、粗放的管理逐步走向精细化、科学化、系统化、现代化的管理，档案管理的对象、场景和技术方法不断发生变化，其知识含量和科技含量不断提升，人类的档案管理能力不断面临新的挑战，档案管理是档案学的重要研究对象。

（三）档案事业管理

档案的泛在化、档案管理的复杂化催生了档案教育、档案科学研究、档案法治、档案传播等相关的活动，使之成为一个有规模、体系化的事业，档案事业管理乃至档案治理不仅成为国家治理、社会治理的组成部分，也成为档案学的研究对象。

---

① 梁继红．中国近代“档案学”词源新考．档案学通讯，2010（5）.

（四）档案学

随着社会对于档案、档案管理、档案事业理性认知的需求，档案学作为一个独立学科逐渐成长丰满，自立于学科之林。档案学的特点、结构、体系、基本理论、与相关学科的关系，以及研究方法等也成为档案学重要的研究对象。

二、档案学的任务

档案学的任务是由档案学的研究对象和社会需要决定的。一般而言，档案学的任务是：研究和揭示档案现象的本质和规律，探索档案管理、档案事业管理的科学理论、原则、技术和方法，指导档案管理实践，提高档案管理水平和国家档案治理能力，更好地为社会实践服务。各种档案现象是随着社会的发展而不断发展变化的，档案学研究也不能囿于传统的档案现象和档案工作范围，而必须注意不断发现研究新情况、新问题，更新管理理念，创建新的理论与原则、方法和技术。

档案学正在经历从面向纸质档案管理向面向数字档案管理的重大转变，从而提出了很多全新的研究任务。档案学在以往的建设中，对纸质档案及其管理的应用理论和方法研究有了比较系统的积累，相比而言，对基础理论和数智时代档案管理理念、技术方法的研究还有很大空间，在拓展档案学的研究领域和深度方面任重道远。

三、档案学的研究范围

一门学科的研究范围，就其历史发展过程来讲，通常是动态的。这是由于学科的研究对象总是处在不断的发展和变化之中，档案学的研究范围也应当根据社会发展需要及档案现象的变化情况来进行相应的界定与变化调整。就目前而言，我国档案学的研究范围主要包括以下五个方面。

（一）基础理论研究

主要研究关于档案现象的一般理论，即研究各种档案现象的共同性问题。主要包括关于档案现象的基本原理、基本概念、范畴和档案管理、档案事业管理的基本理论知识。档案学基础理论要从宏观上、整体上揭示档案现象的本质及其运动发展规律。

（二）档案史学研究

主要研究中国档案史、世界档案史、档案学史、档案思想史等。其研究目标是从档案现象的历史联系和变化发展中，揭示档案的本质、特点和规律。

（三）应用理论研究

主要研究各种类型档案管理的应用理论、原则和技术方法等。研究目标是科学地解决档案管理活动和档案事业管理的指导思想、原则、框架、策略等问题，为档案工作实践提供理论指导。

（四）应用技术方法研究

主要研究不同载体档案的保护原理与技术，档案缩微复制原理与技术，档案管理的原理、流程与方法，档案信息资源开发的原理与方法，以及现代科学技术在档案管理中的应用，等等。研究目标是提高档案管理的科学化水平和管理效率，有效开发档案资源为社会服务。

（五）跨学科档案现象研究

主要研究档案与其他学科的跨学科问题，拓宽档案学的研究领域和研究范围。所谓跨学科，是运用其他学科或多学科的概念和方法研究一门学科的对象或交叉领域问题，获得新的认知和结论。档案学作为一门实践性较强的综合性学科，在发展过程中必然会同相关学科发生一定的交叉和渗透现象。注意对这些交叉领域中的档案现象的研究，有助于深化我们对档案现象本质和规律的认识，形成新的理论，开创新的技术。

第二节　档案学的学科体系与特点

一、档案学的学科体系

（一）档案学学科体系的作用与学科体系结构的特征

档案学的体系结构主要包括档案学分支学科的构成、档案学的学科分类，以及各分支学科的研究分工等。档案学的学科体系问题，是档案学发展到一定历史阶段自身建设所要研究的重要课题，具有重要的学术价值。档案学学科体系研究，一方面可以使学界对档案学的整体发展状况，有全面概观的了解；另一方面也可以为档案学自身的建设和发展提供清晰的思想导向。

档案学产生初期，它的分支学科是单一的，随着档案现象发展变化和日益丰富，新的研究领域不断出现并由此形成许多新的分支学科，逐步形成了目前的由多门分支学科组成的学科体系。

一个学科体系的确立，必须具备必要的完整性和独立性两个基本特征。学科体系的完整性的含义，一是指构成学科结构的各种要素（如学科理论、学科术语和学科方法论）要完整，并通过这些要素的优化组合体现学科体系的整体作用；二是指各要素自身内部结构也要完整。20 世纪 30 年代的中国档案学研究范围局限于机关档案室，其理论核心就是档案实体分类。从这一点看，旧中国档案学仅仅有了部分理论要素，并未形成科学的知识体系。就独立性而言，旧中国档案事业萌芽并产生于文书工作，其研究成果主要是研究文书和文书工作的内容，摆脱不了图书馆学的深刻影响。新中国成立后，随着我国档案事业的发展，档案学也在实践的基础上丰富和发展起来。档案学研究一方面借鉴国外的研究成果，另一方面又吸收相关学科的知识，形成了具有独立研究对象的理论体系。这一时期的档案学不仅摆脱了历史学辅助科目的地位而独立于学科之林，在结构方面也日趋成熟。

从当前我国档案学现状来看，其体系结构主要应具有以下几方面的特征：

一是静态性与动态性的统一。档案学体系的稳定性主要表现为在档案学基本门类划分上的静态性。一门学科的体系结构，是其学科的"知识纤维""理论板块""学科体系发展演进"而形成的有机构成，是学科内在逻辑的集中反映，具有相对稳定性。档案学基本门类划分主要指档案学各分支学科的归属。尽管人们对分支学科的性质理解不同，以至于设计出的体系结构有所不同，随着档案学研究领域的不断扩大，还会产生新的分支学科，但档案学的主体结构已经具有相对稳定性。

档案学学科体系的动态性，是指档案学研究领域不是一成不变的，而是处于不断发展之中。它主要表现在：随着档案学与其他相关学科在研究领域的相互渗透，档案学不断分化出新的分支学科；这种渗透既有理论观念的渗透，也包括研究方法、思维模式等方面的深层次渗透。新学科的产生促使档案学研究向更加广阔的领域拓展；此外，档案学的各门分支学科也在不断的发展和完善之中，各门分支学科的内部结构、知识体系也逐渐得到了完善。

二是宏观结构与微观结构的统一。每一门学科的体系结构，一般都包括宏观结构和微观结构两个方面的内容。宏观结构通常是指该学科的门类结构，以及各个分支学科的发展状况及其归属。微观结构则是指各个分支学科个体的知识内容、理论概括及其内部结构。档案学学科体系的宏观结构是由档案学基础理论、档案史学、档案应用理论、档案技术，以及档案学跨学科领域等门类构成的。同以往相比，当代档案学的学科体系，已经突破了传统的理论档案学和应用档案学的两分法结构体系。这主要体现在：档案史学的研究成为相对独立的学术研究门类。一方面，档案史学注重从历史的纵向角度，通过缜密的史料分析研究，揭示档案现象的历史本质和发展规律；另一方面，档案史学也注重对基本档案现象的历史真实加以考证与再现。它包括中国档案史、世界档案史和档案学史。档案技术研究，也随着时代的发展和研究的深入，逐步成长为档案学的一个重要的学科门类。现代档案信息技术、管理技术、保护技术、缩微复制技术等都已成为当代档案学研究的重要对象。在档案学的学科体系设计中，把档案技术研究作为一个相对独立的门类列举出来，有利于人们对档案技术的关注，从而在整体上提高档案学的水平、功效和社会地位。跨学科领域的成长，充实了档案学的研究视角、研究维度和思维方法，为档案学开辟了许多新的空间，可以说是档案学发展的重要生长点。

档案学微观结构是各分支学科内部各知识单元的结合形式和组织方式。档案学者通过对知识单元进行分析、综合、类比、归纳和演绎，提炼成基本术语、基本理论和基本方法，构建了各分支学科的主体框架。同时，基本术语、基本理论和基本方法等本身也有自己的微观结构。档案学的各分支学科都是由微观知识结构组成的，如在档案管理学中，既有全宗、归档、保存价值等基本术语，又有收集原则、全宗原则、鉴定原则、用户服务原则等原则，还有著录、标引、统计等方法。微观知识结构中的知识单元是一个动态系统，体现了各个学科知识发展的过程，如随着信息技术的应用，档案管理学中随之出现了诸如后保管模式、智能检索、知识服务等新术语，以及由此产生的一系列新理论、新方法。

学科的微观结构与宏观结构是互相关联的两个方面，注重两个方面的辩证统一，有利于深化对档案学体系结构的认识，从不同角度把握档案学学科体系结构的框架。

三是传统科目与新兴科目的统一。所谓传统科目，是指在档案学学科体系中占有主导地位的历史较长的科目。新兴科目则是指随着社会与技术的发展，以及各学科之间的相互渗透、相互交叉，而产生的一些具有跨学科特征的分支学科。传统科目，一般是以本门学科领域中的特定档案现象为研究对象而建立，并在实践发展中不断地完善的知识体系。这些学科作为档案学的主干知识，是档案学学科属性的主导因素。新兴分支学科是由于档案学学科研究范围扩大与拓展，与相关学科交叉渗透，而形成的新的研究领域。新兴档案学科目大多运用不同学科的知识和方法对档案问题进行综合性研究，往往能从不同角度、不同层面提出新的学术观点和理论。

（二）档案学学科体系的基本模式

早在20世纪50年代，吴宝康先生就提出了档案学学科体系问题。他认为：档案学是由若干科学科目共同组成的，实际上就是这些科学科目的总称。当时人们对档案学各个分支学科是“一门一门地研究，再合到一起凑成一个体系”。能够合在一起的显然都是在现实中已经建立起来的一门一门的分支学科。

20世纪80年代中期以后，档案学界开始重视对学科体系的设计和研究，出现了多种档案学学科体系的设计模式：先划分为不同门类，然后在每一大类下设计具体的学科分支。例如：二分法——将档案学分成“理论档案学”和“应用档案学”两个门类；三分法——把档案学分成“理论档案学”“应用档案学”和“档案管理技术”三个门类；四分法——把档案学分成“理论档案学”“应用档案学”“叙述档案学”和“辅助档案学”四个门类；五分法——把档案学分为“理论档案学”“应用档案学”“技术档案学”“管理档案学”“教育档案学”等五部分；六分法——把档案学分为“理论档案学”“应用档案学”“史料档案学”“档案历史学”“档案技术学”“档案法规学（或档案法学）”等六部分；七分法——把档案学分为“基础理论”“档案、档案事业”“档案学发展历史”“档案事业管理学”“档案人才学”“档案利用与效益学”“外国档案工作研究”等七部分。

档案学学科体系的研究和设计对档案学的建设和发展具有全局性的指导意义，必须注意学科自身的发展趋势和社会发展的客观需要。为此，可将档案学的学科体系分成以下五个部类，每个部类下包括若干学科科目。

1. 档案学基础理论研究

档案学基础理论是关于档案现象的一般理论。它是由关于档案现象的一般性理性知识和关于档案学各分支学科的共性问题的理性知识等构成的。档案学基础理论阐明了关于档案现象的基本原理、基本概念、基本范畴和有关的基本知识，从宏观上、整体上揭示了档案现象的本质及其运动发展规律。就此而言，档案学基础理论对其他档案学分支学科的研究和建设，具有方法论的意义。档案学基础理论要紧密结合档案管理实践，注意从各门分支学科中汲取营养，密切关注档案工作实践中的基本认识问题和基本理论问题的研究情况。就目前而言，档案学基础理论研究应当主要建设好以下学科科目：

（1）档案学原理。

它是档案学基础理论的重点科目之一，通常被称为“档案学概论”或“档案学原理”。它主要研究和阐明档案现象中带有普遍意义的基本问题的产生原因、社会背景及其内在本质、规律、特点、相互联系等。其研究范围主要包括：档案的起源、演变、形成规律，档案的本质及其属性，档案的概念分类，档案的价值、功能和作用，档案发挥作用的特点；档案工作的基本性质、基本原则，档案工作同外部环境的关系，对档案管理具有全局意义的基本理论（如全宗理论、文件生命周期理论等）；档案事业在国家运行中的地位和作用，档案法规体系与道德规范，档案工作标准化建设；档案学产生和发展的条件，档案学的对象和任务，档案学的学科属性和特点，档案学与相关学科的关系，档案学的研究方法；等等。档案学原理一般不直接研究档案管理的具体原则、方法与技术，它主要为档案工作实践和学术研究活动提供一般的理论指导。

（2）档案术语。

它主要研究档案学专门用语的规范化、标准化的理论和基本原则。研究范围主要包括：档案现象中的有关术语概念的源流和发展；档案学术语体系结构；档案学术语概念的定名及定义的规范化、标准化；等等。档案术语研究有利于明确档案术语概念的内涵和外延，逐步消除学术研究和档案工作领域中的术语混乱现象，促进档案专业术语的规范化、标准化和体系化，对于编纂档案学辞书、制定档案工作术语标准、编制档案学术语词汇表，以及加强档案学理论和实践经验的交流等，也具有重要的基础意义。

（3）档案法规学。

它主要研究档案法规制定和实施的有关理论和原则。研究范围主要包括：档案法律、法规的历史沿革与发展变革的特征、规律；档案法规体系的结构；档案法规的性质、作用；档案法规存在问题的分析及解决问题的对策；档案法规的实施、修订和完善等方面的理论问题，其研究成果可以为档案立法、档案行政法规及行政规章的制定，提供科学的理论指导。

（4）比较档案学。

这是一个具有双重理论属性的档案学科目，既包括档案学基础理论，也包括档案学应用理论方面的内容。该学科采用比较研究方法，通过纵向和横向的比较研究，找出各国、各地区、各领域、各时期档案学理论与档案工作的异同，及其一般规律和特殊规律。开展比较研究是为了有效地吸收和借鉴国外档案学研究的先进知识、科学成就以及以往学术研究和工作经验中的合理成分，促进不同地区、不同国家间的档案学思想与实践的交流、对话和相互理解。

2. 档案史学研究

档案学理论与档案史学是两个既相对独立又有密切联系的研究领域。如果档案学研究没有档案史学方面的挖掘，其理论部分就会因缺少发展脉络而显得根基不足；相反，如果没有档案学理论的指导，档案史学研究就可能陷入有史无学的盲目发展境地。李大钊在《史学与哲学》一文中明确指出：以历史为中心，史学可分二部，即“记述历史”和“历史理论”。“记述历史”的目的，是确定各个零碎的历史事实，而以活现的手段描述出来，这是艺术的工作；“历史理论”的目的，是把已经考察确定的零碎事实合而观之，以研究其间的因果关系，这乃是科学的工作。因此，档案史学研究不能简单归入档案学理论范畴，而应当充分认识到它的相对独立性。档案史学的研究范围主要包括以下三部分内容：

（1）中国档案事业史。

中国档案事业史即研究中国档案历史现象的产生、发展过程及其客观规律与特点的档案学科目。它通常以历史时期为序，依据历史事实，分析阐明我国各个不同历史时期档案现象的历史发展过程和一般规律。中国档案史学研究对于总结档案工作的历史经验和教训，增强社会档案意识，把握档案工作规律，都具有明显的理论价值。

（2）外国档案事业史。

外国档案事业史也称“世界档案事业史”，即研究世界各国档案现象的发展历史过程及其规律性的学科。它通常以历史时期为序，依据历史事实，阐明世界各国，特别是主要国家在不同历史时期的档案和档案工作发展过程，揭示相关历史现象的相互联系、成因及其特点和规律；研究国与国之间档案工作的相互联系及其影响，研究国际档案组织的活动和国际交往的发展。研究目的主要在于：面向世界，了解世界各国档案管理情况的历史与现状，开阔眼界，借鉴经验，吸取教训，促进中国与世界各国档案事业的对话、交流和健康发展。

（3）档案学史。

档案学史主要研究中外各国档案学思想、理论形成和发展的历史过程及其规律和特点。包括档案学产生、形成的时代背景和历史条件，档案学的发展历程，档案学思想、理论、原则及其概念在各个历史时期的发展和演变，档案学家的代表性学术观点和相关著作，档案学术流派及其代表人物和主张，档案学发展过程中的重要事件以及发展档案学的重要措施，重要的档案学术活动、学术讨论，等等。

3. 档案学应用理论研究

档案学应用理论是以档案管理中具有普遍性、规律性的原则、方法为研究对象的档案学学科门类。其内容与体系具有鲜明的实践品格，一般可以直接用于指导档案工作实践活动。档案学应用理论以学科基础理论为指导，在充分总结实践经验的基础上，将有关感性认识上升为理性认识，与档案管理实践紧密结合。就目前档案学的发展状况而言，档案学应用理论是档案学学科体系的主体部分，主要研究以下几门学科：

（1）档案事业管理学。

档案事业管理学是研究国家档案事业宏观管理活动的理论、原则和方法的学科。研究内容包括国家档案事业的宏观管理模式，档案馆、档案室的组织管理，档案教育和科学研究工作，档案宣传、出版和国际档案业务交流，国家档案馆网的组织与管理，档案事业管理的原则，档案工作体制和运行机制，档案行政管理的机构、手段和方法，等等。该学科的研究成果可以为档案事业的发展、决策、计划、组织和协调等提供科学的理论指导。

（2）档案管理学。

由于它目前主要研究文书档案的管理活动，所以，有些人认为“档案管理学”实质上是“文书档案管理学”，这也有一定道理。但是从严格意义上讲，档案管理学应当是研究各种门类档案的一般管理理论、原则、方法的档案学分支学科。其主要研究内容包括：档案实体管理理论、原则与方法，档案信息开发与利用理论、原则与方法，等等。其研究目的是为档案实体管理、档案信息开发利用以及文书档案一体化管理等提供理论原则与方法指导。

（3）科技档案管理学。

科技档案管理学是专门研究科学技术档案管理、开发和利用的学科。科技档案种类繁多、涉及专业复杂，管理活动具有明显的特殊性。研究内容主要包括：科技档案的形成过程及规律；科技档案的特点、种类、结构；科技档案的功能和作用；各种科技档案的分析研究；科技档案的实体管理理论和原则；科技档案信息资源开发利用的理论和方法；科技档案管理现代化；等等。研究目的是为各种科技档案的管理和利用，提供理论、原则和方法方面的指导。

（4）档案文献编纂学。

档案文献编纂学主要研究档案信息的编辑、加工及出版工作的理论、原则和方法。内容主要包括：档案信息的编纂原则；档案信息的编纂选题、选材和选本、考订、校勘、标点、分段、标题、编排；档案信息汇编中的评介性、参考性、查检性材料的编写；等等。研究目的是为档案信息出版物的编纂工作提供理论、原则和方法方面的指导。

（5）电子文件管理学。

电子文件管理学主要研究电子文件的本质、电子文件管理的理论和方法。内容主要包括电子文件的基本概念、构成要素、特点、种类，电子文件管理基本理论和原则，电子文件管理系统的功能要求、数据规范、关键技术，涵盖电子文件生命周期全过程的管理业务，电子文件管理体制机制、政策法规、标准规范，等等。研究目的是为电子文件管理构建新的理论，为电子文件管理实践提供理论、原则和方法的指导。

随着社会的发展和研究的不断深入，档案学应用理论的研究出现了两种分化情况：一是从传统的母体学科中分化出相对独立的横向性学科科目，如从档案管理学中分化出“档案信息检索”“档案目录学”“档案利用学”等，从科技档案管理学中分化出“工程技术档案管理”“基建档案管理”“CAD 记录管理”等，从档案文献编纂学中分化出“档案史料学”“档案鉴辨学”等。二是原有门类中有关科目纵向分化，如从档案管理学中分化出各个行业系统的档案管理学科科目等。此外，档案学应用理论的研究还有以某一类型的单位为研究对象，将原来分别由档案管理学、科技档案管理学和档案文献编纂学研究的相关内容重新组合研究的新学科门类，如“企业档案管理学”“档案馆学”“机关档案管理学”等。

4. 档案管理应用技术研究

档案管理现代化，不能没有现代档案管理应用技术的支撑。因此，档案管理应用技术，已经成为当代档案学研究的一个重要的知识门类。可以说，没有现代的档案管理应用技术，就没有真正意义上的档案工作现代化。就我国档案学发展的现状和目前的档案管理需要而言，研究档案管理应用技术的任务主要应由以下几门学科来承担：

（1）档案保护技术学。

它是研究文件与档案制成材料的自然性状和保护技术方法的学科。研究内容包括：

档案存储环境的控制技术，档案有害生物的防治技术，档案修复技术，等等。该学科的研究宗旨是，最大限度地延长档案原件的寿命，便于人们对档案的长远利用。

（2）档案缩微复制技术。

它是研究档案的摄影、冲洗、加工、拷贝、还原、存储、检索等技术过程的学科。其研究宗旨是为档案信息缩微存储、转移、利用和自动化检索等项工作的开展，提供必要的技术和方法保证。

（3）档案信息管理技术。

它是主要研究各种信息技术在档案管理中的应用问题的学科。其内容主要包括：计算机技术在档案管理中的应用；大数据、云计算、人工智能、区块链等突破性技术在档案管理中的应用；等等。其研究宗旨是为档案信息的现代化管理和开发利用等，提供技术方面的指导。

5. 档案学与其他学科之间的跨学科研究

现代科学发展的一个总趋势是学科与学科之间的交叉与融合，这是人们对有关社会现象与自然现象认识深度不断加深的一种反映。这种交叉与融合的发展趋势，在档案学的研究领域中也日益突显出来。加强跨学科研究，也是档案学研究的重要发展取向之一。在档案学与其他学科之间值得开拓的跨学科领域主要有：

（1）计算档案学。

自 2016 年以来，计算档案学已成为国际档案学界关注的一大焦点。在 IEEE Big Data 2018 第三届计算档案学工作坊上，与会学者将计算档案学界定为“整合计算与档案的理论、方法和资源的跨学科领域，既能支持生成和保存真实可靠的文件/档案，又能解决大规模文件/档案的处理、分析、存储和获取，以提高效率、生产力和精确度，支持与档案管理、鉴定、整理和著录、保存和获取相关的决策，以及利用档案开展研究”①。这一领域的研究内容主要包括：计算方法及新技术在文件档案的形成、存储、分类、鉴定、著录、长期保存及开发利用等管理活动中的应用；档案学理论对计算方法及新技术应用提供的支撑；计算方法及新技术的应用对档案学理论的影响。

（2）档案与社会记忆。

档案作为一种记忆资源在社会记忆建构中的价值和功能在全球已形成共识，随着社会数字转型，数字记忆逐步成为社会记忆的主要形态。这一领域的研究内容主要包括：档案记忆理论的构建，即从身份认同、社会公正、记忆伦理、记忆场等视角，研究档案在个人记忆、社群记忆及国家记忆的建构、传承过程中的角色、功能及实现机制，阐述数字记忆的概念和建构机理；数字记忆建构与长期保存的理论、方法、技术、标准及其应用，以及所涉及的被遗忘权、知识产权、数字遗产继承权等法律问题；对各种数字记忆资源进行组织与再现的方法、技术及其应用；等等。

（3）档案与数字人文。

数字人文是一个新兴跨学科研究领域，档案是数字人文得以开展的重要资源。该领

---

① IEEE big data 2018：CAS＃3.［2021-04-23］. https：//ai-collaboratory. net/cas/cas-workshops/ieee-big-data-2018-3rd-cas-workshop/.

域的研究内容主要包括：档案学与数字人文在理论和实践方面的双向影响；档案学在数字人文中的定位；数字人文的技术、方法和理论在档案资源建设、管理与开发利用中的应用；GLAM（美术馆、图书馆、档案馆、博物馆）机构在数字人文中的融合发展，及档案学与其他人文社会科学、计算机科学、图书馆学等相关学科在数字人文研究与实践中的跨学科合作。

档案学学科体系尚在发展探索之中。上述对档案学学科体系的划分，只是从较为理想、合理的角度所进行的一种门类划分及结果。每一个门类下所列举的相关学科并不一定就只是该门类档案学课题的研究，相反，在实际的研究活动中，常常是一门学科科目就要涉及若干个门类中的研究课题，所以，这些学科的研究结果往往相互关联，带有综合性质。

二、档案学的学科特点

学科特点是档案学基础理论研究中一个需要探讨的重要问题。它对于确定档案学的研究取向，及时修正档案学研究中的一些不利于学科整体建设与发展的倾向具有积极意义。从国内外的档案学历史和当今档案学的发展现状来看，档案学的学科特点主要包括以下几点。

（一）综合性和社会性

档案学的研究对象、研究内容和研究方法，都具有一定的综合性特征。科学的发展过程，存在着分化与综合两种趋势。就现代科学的发展特点而言，综合的趋势处于主导地位。信息社会人类面临大量综合性问题，客观上出现了学科间互相渗透和协调发展的需要，推动各学科突破原有界限，形成综合发展取向。在实践中，包括自然科学或社会科学体系中的多学科综合，以及跨越自然科学和社会科学体系界限的多学科综合。信息研究是当今世界人类所面临的综合性问题之一，包括信息的基本概念，信息的运动过程和规律，信息的收集和处理，信息的传输通信、资源管理、检索利用，以及信息环境与信息政策，等等。

档案就其内容而言，实质上是人类社会活动的原生数据、信息和知识的记录；它涉及自然科学和社会科学的多个领域。档案信息的这种综合性，客观上决定了以它为研究对象之一的档案学必然具有综合性。档案管理是档案学的另一个研究对象，档案管理对象的综合性和管理方法的多学科性，决定了探索档案管理内在特点与客观规律的学问也具有综合性的特征。

档案学研究对象的综合性，决定了其研究内容和研究方法也具有综合性。档案学研究内容的综合性首先表现为其学科内容在整体上是自然科学与社会科学两大学科领域中相关学科相互交叉、相互渗透的产物。如档案学的理论研究部分具有明显的社会科学属性，而有关档案应用技术研究的分支学科却具有明显的自然科学属性。档案学中的某些分支学科以研究和揭示社会活动特点和规律为主要任务，某些分支学科以研究和揭示自然规律和本质为主要任务，某些学科则承担着双重研究任务。档案学研究内容的综合性，还表现在其广泛的外部联系上。档案学在其发展过程中容纳和吸收了许多相关学科的理论成果和技术方法，其中既涉及哲学、史学、图书馆学、情报学、信息学、社会学、法学、史料学等社会科学，也涉及物理学、化学、生物学、气象学、建筑学、计算机科学等自然科学。档案学研究方法的综合性、开放性特点，主要表现为它广泛借鉴、移植和运用了其他许多相关学科的研究方法。无论是社会调查法这类典型的社会科学研究方法，还是实验方法这类普遍运用于自然科学的研究方法，都可运用于档案学的研究。

从档案学的研究内容和研究方法的总体来看，它的社会科学属性要比自然科学属性更为突出，因此，档案学的综合性偏重于社会科学的综合性，就目前国内外档案学的整体状况而言，其绝大部分内容和所采用的研究方法仍然侧重于社会科学方面。

（二）实践性和理论性

档案学理论发端于档案工作实践中的各种直接经验和间接经验，是对各种具有普遍意义的经验的概括、总结和升华。档案学的建设和发展如若脱离了档案工作实践，其理论就会成为无源之水、无本之木。档案学不是纯粹的思辨性学科，而是一门应用性很强的实践性学科，具有突出的社会实践品格。也就是说，研究档案学不仅仅是为了探求事物和对象的本质，更重要的是为了指导档案工作实践。作为一门应用性学科，档案学非常注重对一些具体的科学管理理论、原则、方法和应用技术的研究，即使是对基础理论的研究，也大多是带有根本性的实际问题的理论研究。例如，对档案价值理论的研究，是为了建立档案价值鉴定理论，指导档案鉴定实践；对文件和档案运动规律的研究，是为了更好地组织建设文件、档案管理系统；等等。档案学的理论认识是否具有真理性，是否具有指导实践的意义，只有通过广泛的档案工作实践的检验，才能得到证明。档案理论工作者必须深入实践，掌握档案事业发展的脉动和发展改革的趋向，及时总结和升华档案工作改革的经验和教训，更好地发挥档案学理论对实践的科学指导作用。可以说，档案工作实践的发展水平决定着档案学的发展水平，档案工作实践的需要决定着档案学的发展方向，档案工作实践是现代档案学建设和发展的信息源和思想源。实践不断赋予现代档案学以新的发展空间，同时，也对档案学不断提出严峻的挑战。

强调档案工作实践的重要性，并不意味着档案学理论相对于实践是完全被动的。因为科学的理论对实践具有指导作用，没有科学的档案学理论就没有科学的档案工作实践。档案学理论建设中应注意的问题是：不能只根据局部的、片面的实际工作经验，就提出所谓的新理论、新观点。科学合理的档案学理论应该建立在广泛的、普遍的实践经验的基础之上。此外，档案学理论建设一定要跟上时代发展的步伐，及时修正已经过时的理论思想体系，更新观念，改进研究方法，注重档案学理论建设的前瞻性和预见性。

（三）技术性和实用性

档案学研究的许多内容具有技术性和实用性特征。档案学教育具有特定的职业面向，其理论和方法需要满足档案管理的实践需要。从事档案管理的专业人员必须掌握一系列专业知识和技术方法，如档案的收集、整理加工、存储保管、传递借阅、参考咨询、计算机管理系统操作、档案数字化加工、信息语义化管理、档案信息资源开发及服务等各种专门的知识和能力，从事档案行政管理的专业人员还必须拥有依法治档、档案事业组织管理等方面的知识储备。随着现代技术在档案工作中的推广运用，传统的档案工作技术和方法有了很大的变化，许多现代科学技术的理念、方法和技术，渗透到了档案学知识体系之中，使档案学更具现代技术的气息。档案学的理论知识和技术方法必须面向不断发展的档案实践，对日益复杂的档案实践发挥实用性和指导性作用。

（四）开放性和包容性

档案学理论体系的建设需要不断地创新和发展。恩格斯说：任何一种社会哲学，只要它还把某几个论点奉为自己的最后结论……它就远不是完备的；我们最需要的不是空泛的结论，而是研究。结论要是没有使它得以成为结论的发展过程，就毫无价值，这一点我们从黑格尔那时就已经知道了；结论若本身固定不变，若不再成为继续发展的前提，就比无用更糟糕。档案学从产生之日起就以档案工作的实际需要为发展动力。随着档案工作的发展，档案学的研究范围不断扩展，导致其分支学科不断产生，学科体系日趋完善。而社会的不断进步和科学技术的不断发展，也使档案学必须不断拓展新的研究领域，更新过时的理性认识，丰富其研究内容，使档案学向纵深方向发展。保管时代的档案学重点在于对纸质档案管理一般原理和一般规律，以及具体业务的研究。而信息时代、数智时代的档案学，扩展到对各种类型档案的管理方法和技术的研究，对档案信息管理理论和信息技术的研究，对档案与社会、档案与人类发展关系的研究，对诸如大数据、人工智能、云计算、区块链等信息技术在档案管理与保护中的应用的研究。档案学学科体系的开放性，使之始终处于不断变化、不断充实、逐步完善、逐步提高和前进的过程之中。

档案学作为一门综合性学科，它的研究方法、概念范畴、知识体系等多具有包容性特征，可以从与之相关的邻近学科的思想体系中汲取自身发展所需的营养，凡是有利于档案理论与实践发展的理论、技术和方法，档案学均可加以兼容和应用。档案学发展不仅要始终面向档案工作实践，也要关注相关、相邻学科的发展状况和新的研究成果。

第三节　档案学与相关学科的关系

现代科学互相渗透、互相交叉、互相影响的趋势日益加剧，充分重视和研究档案学同其他相关学科之间的关系，对于不断地丰富和发展档案学的知识体系，为档案工作实践提供更为科学的理论、原则、方法、技术等方面的指导，都具有重要的现实意义。研究档案学与其他相关学科之间的关系，还可以帮助我们了解相关学科的时代走向，借鉴、学习有益的知识和方法，推进跨学科研究的深化。

一、档案学与管理科学

管理科学是研究社会诸领域管理现象及其规律的学科。档案学具有鲜明的管理学属性，在教育部本科、硕士、博士专业分类目录中，档案学均属于管理学门类，是管理学的分支学科。管理科学在对管理活动进行科学分析的基础上提炼出的科学管理原则和方法，对于档案学研究和档案实践活动都具有重要的借鉴和参考价值。管理科学的任务是对社会的各种管理现象进行研究，旨在揭示人类社会管理活动的一般规律、原则和方法。而档案学则主要研究和揭示档案现象的本质和规律，注重对档案管理科学理论、原则和方法的总结、提炼与升华。因此，档案学同管理科学的关系是特殊与一般的关系。

二、档案学与历史科学

历史科学与档案学研究的关系密切，特别是对研究中国档案史、世界档案史、档案学史等具有指导意义。档案专业史的研究者必须掌握历史科学的知识，把档案专业史放在大的历史背景中进行研究，运用历史科学的研究方法和研究成果。这是因为，档案专业史既是档案学的分支学科，也是史学的部门史。过去，有些学者从档案是史料的观点出发，把档案学看成是历史科学的辅助学科。从现代档案学的整体发展来看，它是一门独立学科。许多分支学科不具有历史学的特征，但在整体上仍与历史学有很多关联。

档案学的分支学科之一档案文献编纂学，不仅与历史学关系密切，与史料学、目录学、考据学、校勘学、版本学等学科的关系也很密切。研究档案文献编纂学，必须综合运用上述相关学科的成果，并与档案史料编纂工作的特点结合起来，才能提高档案文献编纂学的水平。

三、档案学与图书馆学和情报学

档案学、图书馆学和情报学，是各自独立而又密切联系的相关学科，自 1998 年起，这三门二级学科在教育部学科目录中组成了“图书情报与档案管理”一级学科。这三门学科在研究对象、研究内容和研究方法上既有共性，也有各自的特点。其共性主要表现在：档案、图书、情报同属于信息家族，均具有记录和传播人类文明的功能，都是社会发展不可缺少的信息资源。档案、图书和情报的管理，都是实现信息的收集、加工、存储、检索和利用的活动过程。对档案中数据、信息的组织和加工可以借鉴吸收图书馆学、情报学的相关知识，同时，档案学也可以为图书馆学和情报学提供一些可资参考的理论、原则和技术，如档案学中关于原生信息的组织理论，就可以为图书馆管理手稿提供参照；图书情报与档案管理一体化的理念和实践加强了三个学科之间的互鉴与融通。在充分认识档案学、图书馆学与情报学共性的同时，也要注意到它们因各自研究对象不同而形成的独立知识体系，不能简单地进行理论、原则和方法的照搬，而应在各自的独立发展中推动三个学科的共同发展。

四、档案学与文书学

文书学在 20 世纪 80 年代以前一直被视为档案学的一个分支，中外档案学者常把文书处理和档案管理的内容进行关联、统一研究。20 世纪 80 年代以后，档案学界将文书学视为档案学的姊妹学科。

从两门学科的研究对象来看，文件是档案的前身，档案是文件的转化。文书工作是档案工作的基础，文书及文书工作的质量会给档案和档案工作带来重要影响。一般情况下，文书归档后即转化为档案，档案室对文书处理部门或业务单位的文件收集、整理、归档负有指导、检查和监督之责。由于两门学科研究对象的关系如此密切，因此有许多需要共同研究的问题。在文件生命周期理论中，处于现行期的文书与处于半现行、非现行期的档案属于同一运动过程的不同阶段。随着文件、档案工作的一体化，信息技术在文书处理和档案管理中的广泛应用，文书工作与档案工作的界限有所淡化和模糊，文书学和档案学的研究内容产生了一些新的联系和交叉之处，档案管理的一些业务工作向前延伸到文书处理阶段，一些业务标准、工作要求导致两门学科的关系更为密切，需要加强统筹，协调发展。

五、档案学与法学、社会学、传播学

档案是社会活动的真实记录，档案管理活动与各种社会活动相关联，档案学也与多门社会科学学科具有较为密切的关系。档案学与法学的关联主要表现在三个方面：一是档案是一种书证材料，档案的法律凭证性是档案学和证据学共同关注的问题；二是档案和档案管理涉及多项法律关系，如档案所有权、利用权等，需要运用法学原理进行研究和规范；三是档案法制建设、档案立法、档案执法等需要以法律观念、法学原理和法律知识为指导。档案学与社会学的关联主要表现在两个方面：一是共同关注社会的发展进程和印记。社会学是研究社会事实的学科，将社会现象和过程的特征概括为“组织”“社区”等实体性概念和“社会运行”“社会转型”等非实体性概念，而这两类概念所表达的现象正是档案记录的基本对象，社会学则非常倚重包括档案内容在内的事实研究。二是现代档案工作正经历着从服务官方向服务大众的转型，档案学研究越来越多地吸收社会学关于社会结构、社会网络、社区、集体记忆等方面的研究成果和视角，具有更强的社会性特征。档案学与传播学的关联主要表现在两个方面：一是档案作为一种原始记录，具有特殊的公共价值和传播功能，这是两个学科的交界之处；二是传播学中的媒介理论、社会信息系统及其运行规律、传播过程与效果的理论对于研究档案形态、功能的演变以及档案信息传播具有重要借鉴价值。

六、档案学与某些自然科学

自然科学是以各种自然现象为研究对象的所有学科的总称。自然科学的一般研究方法，如观察、实验、假说、数学、归纳演绎、分析综合、科学抽象等，可用于研究档案学的某些现象。一些自然科学的分支学科，如物理学、化学、昆虫学、微生物学、气象学、建筑学等，它们的研究成果可以为我们建设档案学中的某些分支学科，如档案保护技术学等，提供相关的科学知识。同时，这些档案学分支学科通过对某些档案现象的科学实验、观察和分析综合等获得的研究成果，也可以使自然科学的研究得到丰富和发展。

七、档案学与信息科学技术

信息科学是包括信息论、系统论和控制论的新兴综合性科学，信息技术包括通信技术、计算机与智能技术、多媒体技术、自动控制技术、机器学习技术、人工智能技术等，其核心技术对现代档案管理理论和技术产生了深刻的影响。档案学与信息科学技术的关联主要表现在四个方面：一是信息科学催生了电子文件及其管理。信息技术使文件记录方式发生了革命性变革，形成了具有系统依赖性的电子文件，需要依托信息科学提供技术和方法来解决电子文件的真实性、完整性、可靠性、可用性等基本问题；二是信息技术拓展了档案资源类型，产生了包括文本、数据、图像、图形、音频、视频等在内的更为丰富、复杂的档案资源类型；三是信息技术极大地丰富了现代档案管理各环节的技术手段，在档案资源管理与应用系统研发、内容管理、语义管理、开发利用、安全维护、长期保存等领域提供了技术方法和策略，不断提高档案管理的自动化、智能化水平；四是信息科学技术给档案管理带来全方位的巨大挑战，数字化转型成为当代文件、档案管理者的历史使命，需要从发展战略、管理系统、标准规范、流程方法、管理能力等方面综合应对。

总之，同档案学相关的学科有很多，这是因为档案学的研究对象具有广泛的社会性，涉及社会生活的许多领域。档案学必须坚持开放思维，注意借鉴和吸取相关学科的先进成果和研究方法，在与相关学科的互鉴互动互补中不断丰富和发展。

第四节　档案学的研究方法

一、档案学研究与档案学研究方法

档案学研究是档案学者、实践工作者等对档案现象进行的科学的探究活动，是档案学得以存在和发展的前提条件。

作为一种科学的探究活动，档案学研究首先应当有明确的问题意识。这要求档案学研究所提出的问题必须是“真问题”而不是“假问题”。“真问题”是人类科学知识库存中尚未解决或需要重新解释的问题，也包括社会发展中产生的新现象、新问题，或者运用新的方法对一个已经研究过的问题重新进行研究。档案学研究的“真问题”来自研究者对档案现象的观察，来自研究者对该问题以往研究文献的认真阅读。作为一种科学探究活动，档案学研究还应遵循一切科学都必须遵守的逻辑性要求。推理必须符合逻辑，思维必须符合逻辑，论证必须符合逻辑，正是逻辑性为档案学研究的科学性提供了一种基础的规范和准则。另外，作为科学的探究活动，档案学研究应具备系统性和严密性。设计要严密，不能存在程序上的漏洞；操作要严密，不能出现大的偏差；分析要严密，论述不能似是而非。

档案学研究方法是档案学者、实践工作者等对档案现象进行科学探究活动时所用的方法。档案学研究的开展不只是应用具体的研究方法解决特定问题的过程，良好的方法意识和方法素养是恰当地应用研究方法的基础和前提。所谓方法意识，指的是研究者在探索一个具体问题或接触一项实际研究时，思想上能够随时意识到要采用适当的方法进行分析、判断和选择。而方法素养是将研究者的方法意识内化所形成的一种本能行为，是将各种具体的研究方法、技术和手段，有机地整合在处理研究问题的思路、角度、方法和程序之中的能力。

二、档案学研究方法的层次体系

科学研究是一种复杂的认识活动。在这种活动中，研究者将面临一系列问题并被要求做出抉择。比如，具体的研究问题该如何确定？为了寻求特定问题的答案，应该采用什么样的研究方式和研究程序？用什么样的方法才能收集到研究所需要的资料？怎样对所收集的资料进行分析和解释？等等。在研究过程中，解决这些问题需要研究者明了科学研究方法的总体框架及其组成部分。

科学研究方法是一个有着不同层次和方面的综合体系，它的各个部分之间有着紧密的内在联系。通常可以将科学研究的方法体系划分为三个层次：第一层次为研究的方法论，具有指导研究方向的作用；第二层次为研究的基本方式，与研究实践和过程相统一；第三层次为研究的具体方法和技术。方法论是科学研究方法体系的基础，影响研究者对研究方式的选择，一定的研究方式又关联了一套与其相应的具体方法和技术，这三大层次相互联系、相互制约。作为一门独立的学科，档案学研究方法具有同样的层次体系。

三、档案学研究的方法论

所谓方法论，从词意上说就是关于方法的理论学说。方法论是确定研究活动基本方向、影响研究性质的基本观念和定律。方法论通常包括哲学方法论、学科方法论以及逻辑方法原则。

（一）哲学方法论

无论是对自然还是对社会的研究，都属于人的认识活动范畴，是人们在一定世界观和方法论指导下对自然界和人类社会的认识。哲学方法论的意义在于其一般性，即引导人们对世界形成一种基本观念，这种观念会影响其他认知活动和实践活动。研究者所遵循的这种方法论会对其研究方向和基本性质产生根本性的影响。各学科中形成的理论流派和不同的知识体系，从一定意义上说，是不同世界观和方法论发展的结果。根据对人类社会的客观性和规律性认识的不同，有两种基本的同时也是相互对立的方法论倾向：一种是实证主义方法论，另一种是非实证主义方法论。

实证主义方法论强调客观真实性和真实现实的存在，以及社会规律的可获得性。实证主义者认为要通过具体、客观的观察，通过经验概括得出结论，同时，这种研究过程还应该是可以重复的。20 世纪以后，实证主义方法论在社会科学研究领域占据主导地位，并逐渐发展出一套比较完整、具体、可操作的，具有模式化、程序化和精确化特点的研究方法。在具体方法上，实证主义者倾向于采用量化研究和静态分析，即对历史的横断面进行大量样本的调查和统计分析，用外在的、客观的社会因素来解释人们的行为。

非实证主义方法论，也称人文主义方法论，它强调相对性、意义的有限可理解性。非实证主义者认为，人的行为不同于物体运动，人是有自由意志的，社会历史事件都是独特的、非重复性的，因而无规律可循。非实证主义者提出，研究社会现象需要充分考虑到人的特殊性，考虑到社会现象与自然现象之间的差别，要发挥研究者在研究过程中的主观性。在具体方法上，非实证主义者主张采用历史的、动态的和质性的研究方法，即在特殊的情境中，通过观察研究对象的状态，分析在一定情境下社会现象的个性和特殊性，从而揭示影响社会现象的内在因素。非实证主义方法论在人文学科领域有广泛的指导意义。20 世纪六七十年代以后，社会科学领域中实证主义方法论的强势地位开始动摇，非实证主义方法论逐渐受到重视。

作为一门综合性的学科，在档案学研究中，实证主义方法论和非实证主义方法论都有用武之地，应该尽可能把量化研究和质性研究、静态研究和动态研究结合在一起，达到对档案现象的全面认识。在具体的课题研究中，根据研究课题的性质，研究的侧重点和研究方法应有所不同。

（二）学科方法论

学科方法论指的是已经成型的学科一般化理论，它对研究实践具有方法原则的指导意义。档案学的一般化理论可以被视作档案学的学科方法论。哲学层面的实证主义和非实证主义方法论对档案学的理论认知也有影响。

档案学研究中的实证主义方法论主要受到现代科学思想和实证主义的影响，对档案现象的主要理论认知是：档案是业务活动的客观产物，是中立的；文件运动遵循既定的生命周期；保管是档案管理的核心。

与之相对应，档案学研究中的非实证主义方法论主要受到后现代思想的影响，对档案现象的理论认知主要表现为文件连续体理论。该理论强调文件应被理解为逻辑概念而非物理实体；文件并不是所谓的自然性与中立性的，而是某种社会权力结构所造就的结果；文件并不是一成不变的，而是动态的客体；文件的不同维度、不同存在形态是连续的，文件的运动具有时空连续性，文件管理是一个连续的、互动的过程；档案工作的重点应从保管物理实体转移到管理文件的形成结构、动态功能和逻辑关系上。

（三）逻辑方法原则

逻辑方法原则是指导人们进行正常思维的基本原则。对科学研究活动有指导意义的逻辑原则主要包括逻辑方法，如分类法、归纳法和演绎法等，以及逻辑规律，如同一律、排中律等。在档案学研究中，应当正确运用逻辑方法，并按照逻辑规律进行思考和推理。

四、档案学研究的基本方式

研究方式是由研究者确定下来的研究途径和研究路线。根据研究方式的通用性和专门性，可以将档案学领域应用的研究方式划分为两类：第一类是来自社会科学、自然科学以及人文领域的通用研究方式；第二类是从其他领域借鉴过来，并在档案学领域进行了改造的研究方式。下面将基于国内外档案学研究中对研究方式的应用情况，对上述两类研究方式进行说明。

（一）通用研究方式

社会科学领域常用的研究方式有调查研究、文献研究、案例研究、扎根理论、实地研究、实验研究等，自然科学领域常用的研究方式有实验研究等，人文领域常用的研究方式有历史研究法等。这几种研究方式在档案学领域都有应用。这些研究方式的含义及在档案学领域的应用方式主要如下。

1. 调查研究

调查研究是一种量化研究方法，也被称为问卷调查法或统计调查法。它的最大特点是运用概率抽样方法抽取样本作为调查对象，采用问卷调查或登记表的方法收集资料，并在对资料进行统计分析的基础上把调查结论推论到样本所在的总体。调查研究的作用在于能够在对大量样本加以调查的基础上，反映总体的一般状况；能够客观、精确地分析社会现象；资料精确、可靠，调查结论的概括性程度相对较高。

调查研究在档案学研究中有广泛的应用，例如，可用于调查档案资源、档案机构和档案职业状况，以及档案研究和实践中的各种行为、态度与观点等等。

2. 文献研究

文献资料是交换和储存信息的专门工具或载体，包括各种书籍、报刊、档案、信件、日记、图像等。文献研究通过规范的方法收集、分析文献资料，对研究对象进行深入的历史考察和分析。文献研究是一种传统的研究方法，历史学研究中的考据、训诂、校勘方法都可算是文献研究方法。社会科学研究中的文献研究主要是利用第二手资料进行分析，具有非常明显的间接性、无干扰性和无反应性。

文献研究的具体方法主要有内容分析方法、二次分析方法和历史研究方法。内容分析方法是对现存的各种类型的文献进行再分析的一种方法，用以揭示文献的内在结构、传播过程及其与社会情境之间的关系，以及对“文本”进行再诠释。内容分析方法不仅可以采用量化研究方法，也可以采用质性研究方法。二次分析方法也称为次级分析（元分析、再分析）方法，即对第二手资料的分析。它是对他人收集的文献或资料进行再分析。广义上的二次分析包括内容分析，但是二次分析的资料一般是统计资料，因此，严格意义上的二次分析主要是对他人收集的统计资料进行再分析。历史研究方法主要用于对历史文献资料的分析。该方法要根据研究目的收集大量历史文献资料，这些文献资料有的收藏在不同场所，包括公开出版物、原始文献资料、个人日记、回忆录等。该方法最为关键的是研究者通过对文献的阅读建立自己的理论分析框架和概念，在此基础上对文献资料进行分析和归纳，以文献资料阐述和论证自己的理论或概念。

文献研究是档案学研究的一种重要方法，内容分析方法、二次分析方法和历史研究方法在档案学研究领域都有广泛的应用。例如，可用于了解档案现象的研究现状，分析文件、档案中某些数据项的出现频次，或者数据项之间的关联一致性；揭示档案利用规律等；用于档案学研究引文分析、识别关键研究者之间的合作模式；研究档案学、档案实践、档案机构、档案职业、档案传统等的历史；等等。

3. 案例研究

案例研究是指针对现实生活环境中正在发生的现象（即“案例”），通过多种渠道系统地收集资料，并展开深入分析，以探讨该现象背后的各种问题。案例研究适合用于研究发生在当代，但不易对相关因素进行控制的事件，适合用于解答“怎么样”和“为什么”的研究问题。案例研究的资料来源渠道广泛，包括文献、档案、实物证据、访谈、观察等。

案例研究的用途主要有四种：一是解释现实生活中各种因素之间假定存在的因果联系，这种联系非常复杂，以至于用实验法或调查法都无法解释——这也是案例研究最重要的用途；二是描述某一种刺激及其所处的现实情境；三是以描述的形式，列示某一评估活动中的一些主题；四是当因果关系不够明显、因果联系复杂多变时，对其进行探索。

案例研究也是档案学研究的一种重要方法，可用于研究不同国家或地区、不同机构、不同群体或不同项目的档案实践等等。

4. 扎根理论

扎根理论是一套逻辑一致的“发现”理论的资料收集和分析程序，是能够捕捉和概念化社会环境中潜在模式的一种研究路径。简单地说，扎根理论包括一些系统而又灵活的准则，用于引导对质性数据的搜集和分析，并扎根在数据中建构理论。其要义可以被总结为：研究目的是生成理论，而理论必须来自经验资料；研究是一个针对现象系统地收集和分析资料，从资料中发现、发展和检验理论的过程；研究结果是对现实的理论呈现，通过系统的资料收集和分析程序而发现的理论被称为“扎根理论”。

到目前为止，扎根理论共形成了三个流派：经典扎根理论、程序化扎根理论和建构型扎根理论。它们都强调从资料中生成理论，都采用连续比较、编码、备忘录和理论抽样等方法及程序，却基于不同的本体论和认识论基础形成了不同的使用方法。

在档案学领域，扎根理论可用于对所知不多的特定情境或现象的探索性研究，以建构新理论，或发展已有理论。例如用于建构对个人或社群档案行为、档案需求的丰富理解，以及对社交媒体技术应用的理解，等等。

5. 实地研究

实地研究，也叫实地调查、田野调查。与调查研究方式相对应，实地研究是一种质性研究方式，特点在于通过参与观察和深度访谈等方法收集有关资料，根据对调查资料的质性分析揭示研究对象的现状、过程以及背后隐藏的文化或价值。与调查研究相比，实地研究适用于对社会现象的过程进行深入了解，研究特定条件下人们态度和行为的变化过程。实地研究报告主要采用民族志的写作方式，以描述、记事的手法为主，以展示研究对象的整体特征和活动全过程为目的，对其体现的历史文化特点、价值观和规范进行理解和解释。

在档案学领域，实地研究法可用于：对不同国家和文化背景下的文件档案工作实践进行深入的跨文化比较研究；对社会文化领域的档案问题进行基于社群的田野调查；分析文件档案工作背后的文化、权力，以及相关的记忆和证据问题；等等。

6. 实验研究

实验研究是在控制某些条件的情况下研究变量之间因果关系的方法。为了控制某些自变量可能对因变量产生的影响，实验研究常常将被试或实验对象分为两个组：一组是实验组，另一组是对照组。通过对两组实验结果的比较，检验某些变量之间是否存在因果关系。和其他方法相比，实验研究能够准确地测定变量的变异量和变异方向，运用一定方法对变异来源加以控制，对实验结果进行统计分析，并可以对多种变量进行实验。实验研究虽然主要应用于自然科学，但是在社会科学中也有应用。

在档案学领域，实验研究既可用于档案保护方面的理化实验、机器学习方面的实验测试，也可用于对人们特定的档案行为进行研究。

（二）从其他领域借鉴并改造的研究方式

档案学研究在发展的过程中，从其他领域借鉴了一些研究方式，并针对档案学研究的特点进行了改造应用。从其他领域借鉴并改造的研究方式主要有以下几种。

1. 业务活动分析

业务活动分析是对机构的业务活动或流程进行分析的一种方法，通过分析机构的业务活动或流程，建立一个关于机构做什么、如何做的概念模型。该方法在工商管理、信息系统等领域有广泛应用。由于文件是在业务活动中产生的，文件的流转、使用与业务活动的开展密切相关，故而业务活动分析被引入文件、档案管理领域，用于分析与业务流相伴的文件流，以及业务活动对文件生成、使用和管理的需求。

档案学领域的国际标准 ISO 15489－1：2001《信息与文献　文件管理　第 1 部分：通则》（被等同采用为国家标准，标准号是 GB/T 26162.1—2010）提倡基于业务活动分析的文件管理。ISO/TR 26122：2008《信息与文献　文件管理工作过程分析》（被等同采用为国家标准，标准号是 GB/Z 32002—2015/ISO/TR 26122：2008）则是专门面向文件管理领域说明业务活动分析应用的国际标准。该标准指出，应用于文件档案领域的业务活动分析的主要步骤包括：首先是背景调查，即对机构开展业务活动的背景进行全面的调查，在机构战略、组织文化、法律规范、利益相关者、信息技术等背景下，从不同层次、不同角度理解文件管理工作所处的环境。其次，是用严谨、系统的方法对业务活动进行职能分析和序列分析。职能分析是对职能进行逐层分解的方法，即将职能分解为活动，再将活动分解为事务。职能分析可以为机构提供展现业务活动等级结构的全景图。序列分析，又称顺序分析，是以线性或循环顺序描绘业务流程的方法，该方法用于揭示事务之间的依赖关系。

业务活动分析在文件档案领域有广泛应用。基于对机构业务活动的分析，可以制定文件归档、分类、鉴定、处置、安全和利用控制等方面的制度、标准规范等。2016 年，ISO15489－1：2016 的修订版发布，将业务活动分析作为业务风险综合分析原则的内容。该原则明确了文件管理决策分析方法论，为文件管理规划和文件管控规则的制定提供了方法框架，进一步提升了业务活动分析在文件档案领域的价值。

2. 古文书学

古文书学（diplomatics）是研究西方中世纪官方文件的学科，是介于史料学与文书学、文献学之间的边缘学科。其研究对象包括西方中世纪的法律与行政文件、票据账单、各种报表、契据登记簿、名册、档案等。通过鉴定文献的材质、用墨、字体、语种、缩写词等，识别其真伪。

古文书学的方法被加拿大档案学者露西安娜·杜兰蒂在 UBC 项目（电子文件完整性保护项目）及后续的 InterPARES 项目（保障电子文件永久真实性国际合作项目）中引入档案学领域，用于在数字环境下识别电子文件。露西安娜·杜兰蒂及其团队认为，古文书学研究单个文件，识别文件本身所包含的要素；而档案学则将文件作为文件集合体的一部分，考察文件之间的关系，文件与形成文件的人员的关系，以及文件与形成、使用文件的活动的关系。这两个学科的理论是互补的。

虽然单独的古文书学或档案学都难以完成在数字环境下识别并保管真实性电子文件的目标，但是这两个学科都对这个目标的实现有独特的贡献。UBC 项目及 InterPARES 项目通过整合古文书学和档案学界定的文件要素，建立了一套文件要素模板，包括以下要素：

（1）载体，即信息的物理承载体。

（2）内容，文件意在传达的信息。

（3）成文形式，表达文件内容的格式，包括外在形式和内在形式。

（4）人员，指形成文件的自然人或法律人。在古文书学人员要素中，除作者、撰文者、受文者之外，还加了文件形成单位。

（5）行为，指对旨在制造、改变、维护或中止状况的意愿的履行。

（6）背景，指任何在文件外部但是对文件的意义有重要影响的环境，包括司法-行政背景、来源背景、程序背景和记录背景。

（7）档案联，指让单个文件变成文件集合体的关联。

该文件要素模板可被用于在数字环境下识别电子文件，并判断电子文件的完整性和真实性。

3. 元数据建模、映射及实例化

元数据建模是指在软件工程和系统工程中，应用元数据技术分析、构建适用于描述问题的、预定义的模型，它定义并约束了系统中能够存在的元素；元数据映射是指对异构元数据格式的一组转换，以目标元数据为基础，对来源元数据进行映射，从而实现元数据语义、语法和格式的相同功能和含义，以解决互操作和统一检索的问题；元数据实例化则是指系统地使用示例来填充元数据模型，测试其有效性，并突出需要进一步研究和开发的领域。

在档案学研究领域，元数据建模、映射及实例化可被调整和扩展用于：开发、测试、验证档案元数据集、元数据标准，以及元数据集的自动转换。

4. 系统分析、设计及开发

系统分析是一种问题解决技术，指的是将一个系统分解成各个组成部分，并研究各部分各自如何工作，以及相互间如何交互，从而实现其系统目标；系统设计是根据系统分析的结果，运用系统科学的思想和方法，设计出能最大限度满足需求的新系统的过程；系统开发是实现系统设计思路，并对系统进行维护的过程。

在档案学研究领域，系统分析、设计及开发可被调整和扩展用于：设计、建立电子文件管理系统、数字档案馆系统；开发原型系统用以验证数字存档、在线档案馆等新概念和构想。

五、档案学研究的具体方法和技术

研究的具体方法和技术指的是在研究过程中所使用的各种资料收集、整理和分析方法，以及各种特定的操作程序和技术。资料收集、整理和分析是科学研究过程中的重要任务，与不同的研究方式相对应。在档案学研究中，研究者可以根据采用的研究方式，选择相应的资料收集、整理和分析方法。

社会科学研究可以分为量化研究和质性研究。其中，调查研究、实验研究等属于量化研究方式，实地研究、案例研究和扎根理论等属于质性研究方式，文献研究既可以用于量化研究，也可以用于质性研究。量化研究的资料收集方法主要有自填式问卷、结构化访谈、直接观察，以及对文献资料的查阅、摘录、评估等。量化研究的资料整理和分析方法主要有资料的审核、分类、编码、复查、登录、汇总、统计分析等。统计分析是量化资料分析最重要的方法，主要分为描述统计和推论统计，按照变量的多少又可分为单变量分析、双变量分析和多变量分析。质性研究的资料收集方法主要有半结构化和非结构化访谈、参与性观察，以及对文献资料的查阅、摘录、评估等。质性资料的主要形式有访谈记录、观察记录、档案、日记以及其他文本资料或书面资料等。这些资料虽然也可以用于量化分析，但是更多地用于质性分析。与量化资料相比较，质性资料的整理和分析紧密联系在一起，质性分析贯穿于整个研究过程始终。质性资料的整理和分析没有一套固定的、适用于所有情景的规则和程序。随着质性研究的发展，现在也基本形成了一套比较成熟的从整理、阅读、编码一直到资料分析和理论建构的分析方法。

档案学研究方法的规范应用有助于档案学研究的发展。档案学研究方法也会在档案学研究以及档案学与其他学科的跨学科研究中发展和成熟。

复习思考题

1. 明确档案学的研究对象、任务和研究范围，对发展档案学有何意义？

2. 认识档案学的学科特点，对建构合理的档案学知识体系有何指导意义？

3. 如何理解档案学的综合性和社会性？

4. 如何理解档案学的实践性和理论性？

5. 如何理解档案学的技术性和实用性？

6. 如何理解档案学的开放性和包容性？

7. 研究档案学的学科体系问题有何作用？

8. 试述我国档案学学科体系的基本模式。

9. 档案学、图书馆学和情报学有无共同的研究领域？它们应当如何协调发展？

10. 法学、社会学、传播学等社会科学学科与档案学有何关联？

11. 档案学与信息科学技术之间是一种什么样的关系？信息技术在档案工作中的应用给档案学研究带来了哪些影响？

12. 档案学研究方法的层次体系是什么？

13. 档案学领域常用的研究方式有哪些？

第十章

档案管理基本理论

本章要点

● 介绍档案管理的基本理论，包括来源原则、文件生命周期理论、档案鉴定理论、档案利用服务理论、文件连续体理论、档案多元论、档案后保管理论和档案记忆观，阐述各理论的核心思想、理论意义和实践影响。

关键词

来源原则	文件生命周期理论	档案鉴定理论
档案利用服务理论	文件连续体理论	档案多元论
档案后保管理论	档案记忆观	

理论是科学的灵魂和生命，档案学同样如是。档案学理论像大多数应用学科的理论一样，大致包含基础理论和应用理论。前者是对学科对象具有普遍基础意义的规律性理论问题的探讨，后者是对档案管理实践中规律性、方法性问题的梳理与提炼。档案学基础理论主要包括两个部分：一是对档案与档案管理活动本质的理性认识，如档案的定义、本质、种类、作用、价值及其特点，档案管理活动的性质、规律，档案与档案管理的历史发展进程及规律，对这些问题的讨论在前面各章已充分展开。二是档案管理的基本理论，即关于档案管理的总体性、宏观性问题和档案管理原则、认识论的抽象与升华，本章主要阐述这个层面的档案管理基本理论。

第一节　来源原则

来源原则是世界各国公认的档案整理理论，也是西方档案学支柱理论之一。来源即档案形成者，包括机关、组织和个人。来源原则指档案馆按档案来源进行整理和分类，保持同一来源档案不可分散、不同来源档案不得混淆的整理原则。

一、来源原则产生的专业背景

来源原则起源于近代法国，在逐步否定事由原则的过程中产生。“事由”即事情的原委，公文用语中特指公文的主要内容。事由原则指按主题内容整理档案的原则，16 世纪后期以来逐步形成并得到论证，19 世纪中期前在档案整理领域长期居统治地位。近代法国首次建立真正意义上的综合性国家档案馆，集中保管众多国家机关的档案，过去沿用的事由原则无法适应馆藏来源多样化特点，逐渐暴露弊端，最终被来源原则取代。

1789 年法国档案工作改革揭开了世界近代档案史的序幕。改革最重要的成果之一是建立国家档案馆。1790 年，《法国国家档案馆条例》规定，国家档案馆除保存国民议会文件外，还集中保管国家和地方机关的公共文件，这标志着世界上首次出现真正意义上的国家档案馆。法国国家档案馆一改古代档案馆库的附属性、封闭性、馆藏来源单一性等特点，成为独立性、开放性、馆藏来源多样性的综合性档案馆。其馆藏范围不再是单一机关的档案，也不仅仅是一类事由的汇集，而是扩展到众多机关的全部档案。馆藏来源多样使馆藏结构发生变化，档案数量大大增加，内容日益繁杂。当时该馆的首要任务是对大量馆藏进行整理。

法国国家档案馆成立初期，首任馆长阿曼·卡缪和继任馆长皮埃尔·多努沿用事由原则整理馆藏。卡缪将馆藏分为 A、B、C、D 四大类，后来多努又增加了 20 个主题类别，使整理方案的类别共达 24 个，概括为立法、行政、历史、地形测量、财产和司法六部分。此即后人所称的“卡缪-多努分类法”。两位馆长沿用事由原则有多方面原因。他们受 16 世纪以来欧洲档案界传统整理思想影响，仍将事由视为档案整理的基本依据；他们受过图书馆学教育，未能辨清档案与图书的本质区别，以为针对图书的主题分类法同样适用于档案分类；更重要的是，他们未能认清国家档案馆馆藏来源扩大的实质性变化，未能把握综合性档案馆首先需尊重来源因素的变化，主观认为事由原则更利于满足研究者从内容角度查找馆藏的需要。

“卡缪-多努分类法”在法国国家档案馆应用 50 余年，除极少数几个机关档案未被拆散外，其他来自同一机关的档案进馆后大多分散保存在不同主题类别下，其弊端在实践中逐渐暴露。首先，往往使同一机关档案七零八落，无法保持整体联系；其次，档案馆归纳主题类别非常困难，即使从 4 类增加至 24 类，档案“无类可归”“无以归类”的现象仍大量存在；最后，查找不便，一份多主题文件具有多种归类的可能，利用者往往不知道查找途径，或在预想主题类别中找不到目标档案。以上弊端导致法国国家档案馆的整理混乱程度随着馆藏数量增长而日益加剧。因此，法国档案界开始反思整理方法并认识到事由原则的严重弊端，转而寻求更科学的整理方法。与事由原则截然相反的尊重全宗原则即在此背景下诞生，成为来源原则的起源。

二、来源原则的形成和发展

来源原则从产生到完善经历了长期的发展过程。继法国后，德国、荷兰、英国、美国、苏联等国家普遍接受该原则。各国在接受过程中还立足本国国情灵活运用和发展，并将其塑造为自认为合理可行的模式，以便适应并指导本国的档案整理实践。

（一）起源：法国“尊重全宗原则”

法国在实践中逐步认识到“卡缪-多努分类法”的弊端，努力寻求更科学的整理原则。1841 年，法国内政部发布十四号通令《关于各部和各地区档案整理与分类的指示》，首次提出尊重全宗原则。原则要点有：第一，来源于一个特定机构（行政机关、公司、家庭、个人等）的所有档案组成一个全宗；第二，全宗内文件按主题类别整理；第三，各主题下的文件按年代、地区或字母顺序排列；第四，同一全宗文件不得与其他全宗文件混淆。这是法国首次根据档案来源提出“全宗”概念和“尊重全宗”思想，改变了过去将同一形成者的档案按主题拆散归类的做法，指明了整理档案首先须保持来源联系。

尊重全宗原则的提出具有里程碑意义。它与事由原则对立，主张档案馆整理馆藏首先区分来源以保持同一来源档案的整体联系，反对用事由标准割裂来源联系。它强调的“尊重全宗”首次闪现尊重档案本质属性的理性光芒。因为档案作为社会组织和个人实践活动的原始记录，形成过程充满有机联系，来源联系是其中最独特、最本质的一种。档案整理只有保持来源联系，才能真正体现档案异于图书或其他相近事物的独有属性，才能跳出图书分类的藩篱。尊重全宗原则之所以成为来源原则的起源，最重要的是因为它开始具备来源原则的核心思想——同一来源档案不可分散，不同来源档案不得混淆。

（二）形成：德国“登记室原则”

德国也基于事由原则的严重危机提出了登记室原则。1815 年德意志联邦成立使普鲁士国家机密档案馆变成综合性国家档案馆，馆藏来源相应扩大为各国家机关。原有事由方法割裂了档案与形成者的来源联系，造成了馆藏整理混乱。德国受法国启发，于 1881 年发布《国家机密档案馆档案整理条例》，提出与尊重全宗原则核心思想一致的登记室原则。其主要内容，一是整理馆藏首先按来源分类，保持档案与形成机关的来源联系；二是档案馆还须保留档案在形成机关业务过程中的原始顺序和整理标记。其中，第一点与尊重全宗原则完全一致，第二点进一步体现了保持历史联系及原貌的历史主义思想。

登记室原则与尊重全宗原则同样具备来源原则核心思想，同时它更多地融入历史主义和发展思想，更明确地要求档案整理原原本本地体现档案形成的历史过程和有机联系。它是来源原则思想的完全体现，是来源原则正式形成的标志。

（三）理论论证：《荷兰手册》的贡献

来源原则由荷兰档案学者首次论证。1898 年，荷兰三位档案学者萨穆·缪勒、约翰·斐斯和罗伯特·福罗英出版专著《档案的整理与编目手册》（以下简称《荷兰手册》），通过科学地阐释全宗的定义、性质以及全宗内档案整理系统的特点，严密论证来源原则。首先，他们指出档案全宗的定义是行政单位或其特定行政人员正式受理或产生，并由该单位或人员保管的书写文件、图片和印刷品的整体，以此作为论证全宗整体性的基础。其次，他们论证全宗的有机整体性，指出全宗是活的有机体，按既定规则形成、成长和变化，因此完整全宗应独立保存、同一全宗档案不可分散。最后，他们进一步论证全宗内档案整理系统须以全宗原来的编制为基础，即全宗形成机关内部组织机构的编制。因为机关文书人员往往根据档案的承办部门或形成过程来整理，他们建立的原始整理顺序往往更能反映机关职能和业务特点。

《荷兰手册》的重要贡献之一是奠定了来源原则的理论基础。它既提出“全宗是一个有机整体”的核心观点，继承尊重全宗原则和登记室原则，贯穿来源原则“尊重来源、尊重全宗完整性”的核心思想，又提出“全宗内的档案整理系统必须以形成机关内部组织机构的编制为基础”，与登记室原则一脉相承，坚持档案形成过程的历史原貌和有机联系。它使来源原则的两个理论内核——尊重全宗和尊重原有次序——基本成熟，最终瓦解了事由原则的统治地位。《荷兰手册》的重要贡献之二是推动来源原则广泛传播。《荷兰手册》出版后陆续被译成德文（1905）、意大利文（1908）、法文（1910）、保加利亚文（1912）、俄文（1925）、英文（1940）、中文（1959）、葡萄牙文（1960）等多种文字，使来源原则逐渐传播至世界各国，成为国际档案界公认的档案专业基本原则。

（四）普遍认可：布鲁塞尔大会

普遍认可来源原则的起点是1910年在比利时首都布鲁塞尔召开的图书与档案人员国际大会，来自英、美、法、德、俄、荷兰、西班牙、比利时、加拿大等23个国家的500多名代表出席了会议，其中档案人员有120余名。大会的两项重要成果，一是促使各国档案人员开始认识国际合作的重要意义，奏响国际档案合作和谐之音；二是讨论《荷兰手册》，宣布来源原则是档案专业人员的基本原则。布鲁塞尔大会成为档案领域开展国际合作的起点和来源原则确立的标志。各国档案代表肯定来源原则取代事由原则，公认前者是档案专业基本原则，为来源原则的广泛传播、运用和发展拉开了序幕，创造了有利的国际环境。

（五）灵活运用：英国和美国“组合”思想

来源原则与全宗概念密不可分。全宗概念由法国首创，法文表述为“Fond”。其基本含义是特定机构、组织或个人形成的全部档案。来源原则的核心思想是确立全宗并保持全宗完整性。但“Fond”在英文中并无对应词。这即存在英语国家如何表述全宗概念和体现来源思想的难题，英国和美国为此提出的“组合”思想既是对来源原则的继承，更是灵活运用。

英国接受来源原则集中反映在著名档案学者希拉里·詹金逊的代表作《档案管理手册》（1922）中。詹金逊在公共档案馆任职多年，《档案管理手册》体现了当时英国档案理论与实践的最高水平。他接受《荷兰手册》的全宗思想，强调保持全宗完整性，以及档案整理须反映形成机关的原始组织结构和文件保管体系。但他并未机械照搬荷兰全宗概念，而是根据本国语言习惯和专业实际，首创“archive group”（档案组合）概念来对应法文“Fond”。一方面，他认为档案组合指自身结构完备的行政机构在活动中形成的文件整体。此概念与《荷兰手册》的全宗概念基本相同，二者都强调来源同一性。但档案组合更突出形成机关的独立性，无须借助外界职权独立开展业务活动。与全宗相比，档案组合具有较明显的实践操作性，有助于判定全宗形成机关。另一方面，他特别强调档案组合的完整性，强调这一有机整体不能被割裂。可见，詹金逊的“档案组合”思想充分体现了来源原则的思想精华，是来源原则与英国档案管理实践有机结合的体现，是对来源原则的灵活运用。

来源原则早在1909年即传入美国，但直至1934年美国国家档案馆成立才被付诸实施。在英国影响下，美国也提出了具有本国特色的“文件组合”思想来灵活运用来源原则。1941 年，美国国家档案馆正式启用“record group”（文件组合）概念作为馆藏整理和分类的基本单元。此概念显然也是法文“Fond”的对应词，含义是以文件来源为基础，结合考虑机关行政管理史、文件复杂性和文件数量等因素而组建起来的具有组织和职能相关性的文件整体。文件组合首先考虑来源因素，继承来源原则的基本精神；它对其他因素的结合考虑，则是适应美国档案管理现实需要对来源原则的调整和灵活运用。因为在美国，现代政府机关内部组织机构和职能频繁变动，现代文件数量庞大且内容繁杂，因此美国文件组合既可以是独立机关的档案整体，也可以是大型机关内部组织机构的档案整体，还可以是若干机关的档案汇集。

英美“组合”思想均以来源原则为基础，都强调档案组合或文件组合必须保持来源同一性。它们的主要区别在于：英国更多地要求机关的独立性和职能稳定性，比较机械；而美国更多地尊重现代机关复杂且职能变动的特点，尊重现代文件庞杂的特点，相对灵活。

（六）部分修正：德国“自由来源原则”

产生于 19 世纪的来源原则面对 20 世纪现代机关和现代文件的新特点，难免会有不完全适应之处。德国档案学者阿道夫·布伦内克提出“自由来源原则”对来源原则进行修正。

布伦内克于 1946 年完成的代表作《档案学——欧洲档案工作的理论与历史》（1953 年出版）集中阐述了自由来源原则的基本思想。促使他重新思考来源原则的原因有二。一是 20 世纪 30 年代以来，欧洲一些档案学者对德国登记室原则提出批评，认为严格保持登记室整理的原始顺序可能混乱和不实用，布伦内克的重新思考即质疑登记室原则思潮的延续。二是档案实践发生变化，社会活动的丰富和发展不仅使档案数量膨胀、内容更丰富，而且使档案形成领域逐步扩大、档案门类不断增多，出现了土地档案、建筑档案、科研档案、产品档案、设备档案等专业或专门档案。与政务档案相比，专业或专门档案的形成特点不同，后者往往不再以同一形成者为核心，而是以同一项工程、同一种产品、同一项科研课题为核心形成。这些变化促使布伦内克重新思考来源原则对专业或专门档案的适用性问题。

布伦内克从三方面阐述了自由来源原则的基本内容。首先，指出自由来源原则早已离开原有的登记室原则，不再是具体分类规范，而上升为总则。其次，指出档案集合是有机整体，强调“档案体”实质上是有机联系的。最后，指出来源思想并非只保持固定来源，而应把来源和事由配合成相当的比例关系，建立一种两者之间的综合体，在此意义上可把来源原则解释成在来源共同性基础上的事由共同性。最后一点构成了自由来源原则的核心思想。

自由来源原则的进步意义在于，它坚持把来源原则视为总的原则，强调保持档案的有机联系，同时给予档案人员更大的自由度，灵活调整全宗内不合理的整理体系，强调整理档案时可兼顾来源和事由两种因素，在不同情况下有所侧重。只有在来源联系不占主导地位的情况下，才灵活地采用事由标准组建保管单元。这扩展了来源原则的适用范围，使档案整理灵活性更大。实践证明，自由来源原则对专业或专门档案，特别是大型活动或项目形成档案的整理具有现实指导意义。

但自由来源原则也存在一定局限。布伦内克提出的保持来源与事由之间的比例关系的观点显得过于模糊，不易理解和实施。而且，他对来源和事由标准的自由选择甚至可能会导致对来源原则实质的偏离。为了避免这种偏离，他特别强调来源始终是前提和基础。总之，自由来源原则只能被看成是对来源原则的部分修正和发展，而非否定和革新。

（七）丰富和发展：苏联和我国“体系化的全宗理论”

20 世纪六七十年代，苏联逐步构建起较完整的体系化全宗理论，使来源原则得到丰富和发展。苏联并未机械照搬欧洲国家的来源概念，却保留了来源原则的实质，即尊重全宗，强调全宗不可分散，保持全宗内文件的历史联系和逻辑联系。苏联对来源原则的丰富和发展可概括为三点：第一，根据档案实践发展更新全宗定义。苏联早期规定全宗是机关或个人活动过程中有机形成的档案总和，20 世纪 70 年代根据机关职能活动日益丰富、档案门类日益增加、档案管理方法日益复杂等实践变化，转而将全宗视为泛指概念，定义为彼此具有历史联系和（或）逻辑联系的交由国家保管的文件综合体。第二，创造性地提出“文件全宗”概念。传统全宗概念大多针对馆藏档案提出，苏联首创“文件全宗”作为档案全宗的源头，从运动、发展视角来考察文件与档案的关系，注重对文件全宗各组成部分给予针对性有效管理，充分体现了对文件运动过程和规律的尊重。第三，构建由国家档案全宗统辖的全宗概念体系，并以此为基础提出一套完整的全宗理论。苏联构建的全宗体系分为国家档案全宗、全宗属概念、全宗种概念三个层次，其中全宗种概念包括机关全宗、个人全宗、联合全宗、档案汇集、科技文件综合体等若干类型。苏联通过建立全宗概念体系并明确规定每种概念的定义，清晰展示了全宗理论的层次性和整体联系，加强了来源原则的可操作性，创造性地发展了来源原则。

我国的全宗理论在借鉴苏联模式的基础上逐步形成，同样丰富和发展了来源原则。我国在 20 世纪 80 年代已基本形成成熟的全宗理论体系，主要包括五方面内容。第一，明确提出全宗定义及基本含义。认为全宗是独立机关、组织或人物在社会活动中形成的档案有机整体，基本含义有三点：全宗是有机整体；在一定历史活动中形成；以一定社会单位为基础而构成。第二，明确提出全宗（实质为形成全宗的“立档单位”）的构成条件。我国学习苏联经验，提出与欧洲国家来源概念相对应的“立档单位”，并规定了立档单位的三个条件：独立行使职权，能主要以自己的名义单独对外行文；设有会计单位或经济核算单位，自己可编制预算或财务计划；设有管理人事的机构或人员，并有一定的人事任免权。第三，明确提出划分全宗类型的主要标准：一是按照全宗形成者区分为机关组织全宗和人物全宗，二是按照全宗范围和构成方式区分为独立全宗、联合全宗、全宗汇集和档案汇集。其中，独立全宗是典型形式，联合全宗、全宗汇集和档案汇集是全宗补充形式。第四，明确提出“全宗群”概念，维护全宗之间的有机联系。第五，明确全宗内档案分类的科学方法。要求根据立档单位及其档案实际情况，单独选用或是结合运用组织机构、年度、问题分类方法进行分类，以求最大限度地保持文件之间的历史联系，便于保管和利用。我国的全宗理论超越德国登记室原则和《荷兰手册》的局限，更加辩证和科学，使来源原则的理论内容更丰富、理论体系更成熟。

三、来源原则的基本内容

来源原则在不同国家的名称略有差别，但并不妨碍各国对其核心思想的理解和认同。该原则包括三个基本点——尊重来源、尊重全宗完整性、尊重全宗内原始整理体系。

（一）尊重来源

“尊重来源”指档案馆首先应按来源标准整理档案，保持档案与形成者之间的来源联系。档案作为特定机关、组织或个人在社会活动中直接形成的产物，在产生和处理过程中会形成多方面的历史联系，诸如来源联系、时间联系、内容联系和形式联系等。其中，档案与形成者之间的来源联系是首要联系，也是最根本的联系，因为只有在明确形成者的前提下，揭示档案内容、时间和形式联系才有意义，才能全面、深刻地反映形成者的活动原貌。假如割裂来源联系，其他联系的科学性就无法保证。来源原则取代事由原则的最根本原因，即它承认来源联系的首要地位，要求对进馆档案首先按来源而非内容区分全宗。实践证明，馆藏来源众多的档案馆只有首先划清来源界限，将档案与其形成者对应，才能确保档案作为原始记录的本质属性。

（二）尊重全宗完整性

“尊重全宗完整性”指全宗是有机整体，整理档案必须维护全宗完整性，做到同一全宗档案不可分散，不同全宗档案不得混淆。来源原则以尊重来源为基础，又进一步提出尊重来源的实现途径——全宗。同一来源档案组成全宗，即特定机构和个人活动中形成的档案整体，具有内在联系。整理档案必须尊重全宗独立性和维护全宗完整性，保持档案与形成者之间的来源联系，维护档案所记录历史事实的真实面貌。

（三）尊重全宗内原始整理体系

“尊重全宗内原始整理体系”指全宗内的档案整理必须充分利用原有的整理基础，尊重全宗在形成机关所获得的原始整理顺序和方法，不宜轻易打乱重整。这种原始整理体系也是全宗有机整体性的重要表现，尊重这一体系同样是尊重全宗完整性的重要体现。来源原则对全宗内原始整理体系的认识经历了深化过程：起初，法国尊重全宗原则要求打破这一体系，对全宗内档案重新按内容整理；后来，德国登记室原则提出尊重原有次序思想，成为来源原则尊重和维护全宗内原始整理体系的开端。实践证明，形成机关的文书和档案人员最了解档案的形成过程和特点，他们构建的原始整理体系才能最大限度地揭示档案形成的历史联系和历史原貌。档案馆充分利用全宗内档案的整理基础，不仅可以避免重复劳动，而且利于保留档案形成和整理的本来面目，实现档案作为社会活动原始记录的功能。

综上，来源原则的三个基本点紧密联系、层层递进。尊重来源是基础，尊重全宗完整性和尊重全宗内原始整理体系都是尊重来源的重要体现和延伸。

四、来源原则的理论意义和实践价值

来源原则自20世纪初即被国际档案界公认为档案专业基本原则，其生命力在世界各国对之普遍接受和丰富发展的过程中得到验证。中外档案学者对其一致给予高度评价，认为它不仅具有重要的理论指导意义，而且具有深刻的实践应用价值。来源原则的理论意义和实践价值主要概括为三点。

第一，从历史主义思路出发，充分体现档案形成的历史联系，为档案馆馆藏实体整理和分类提供合理、客观的依据。历史主义是人类认识事物和把握世界的一种方法，主要依据现实存在状态划分事物，实质是对真实客观事物的直接认定。来源原则即历史主义方法运用于档案实体管理的体现，它从档案形成过程和特点出发，维护档案与形成者之间的来源联系在诸多历史联系中居首要地位，并以此根本联系作为馆藏整理和分类的依据。来源原则不仅为馆藏实体分类确立了真实可靠的立足点，避免了逻辑主义分类方法的局限，而且为人们提供了清晰的指导思路和基本的客观类别单位——全宗，使原本异常复杂的档案实体分类变得简单易行。

第二，来源原则有力维护和保持档案的本质属性，成为档案整理与分类的至善原则。来源原则的核心思想——同一全宗不可分散、不同全宗不得混淆——是档案本质属性的必然要求。档案作为特定机关、组织和个人社会活动的历史记录，本质属性是原始记录性；档案是形成者在其社会活动中直接产生的，具有明显的原始性；档案又是形成者社会活动的记录材料，具有很强的记录性。原始性与记录性的有机统一，可以将档案与文物、图书、资料等相近事物真正区分。

来源原则规定同一全宗档案不可分散，实质上是保证档案与形成者之间对应关系的唯一确定性。档案作为形成者活动的直接产物，只有将同一形成者的档案集中保存，才能真实反映形成者活动的历史原貌，只有按照档案形成的本来面目加以管理，才是对历史的忠实反映和有力维护。来源原则遵循档案本质属性要求，从根本上找到档案管理不同于图书和资料管理的独特方法，成为档案专业的基本原则。

符合档案本质属性的来源原则受到国外档案学者推崇，被认为是档案整理与分类的至善原则。它表现出多方面的优点，既利于保护档案完整性，又可为档案整理、编目和利用提供经济可行的指导方针，因此在世界各国被广为应用。可以说，只要档案的本质属性不变，来源原则的核心地位即不会根本动摇。

第三，来源原则既非纯观念性的抽象信条，也非纯实践性的操作经验，而是兼具理论性和实践性的管理思想和原则。来源原则基于档案实体管理需要而产生，具有充分的实践基础并表现出明显的实践操作性。全宗概念的内涵与外延均很明确，组建标准也很确定，因此在实践中容易界定和把握。全宗不容分散和混淆的原则在实践中也容易实施。

同样，来源原则也并非纯实践性的操作经验。其价值不仅仅是在实践中组建一个个全宗就万事大吉，其核心思想已超越全宗这一层次，贯穿到上位的更高层次或下属的更深层次。一些国家根据来源原则所体现的历史主义思想，提出了国家档案全宗、全宗群等概念，对全宗内档案分类大多采用“机构”或“年度”等历史性标准而较少采用“问题”等逻辑标准。它成为指导上至国家档案宏观管理、下至全宗内档案微观分类的理论原则，其核心思想还超越档案整理环节，扩展到保管、编目、利用、统计等诸多环节，成为档案管理的指导思想。

来源原则身兼理论性与实践性于一体，国外档案学者将其理论意义和实践价值概括为：既是档案整理原则，确立了档案实体整理和分类的基本单元；又是档案馆组织原则，划清了档案管理与图书管理的界限，从根本上保证了档案专业的独立性；还是档案理论研究的原则之一，促使研究者深入挖掘档案的历史形成过程和有机联系，有助于揭示档案的来龙去脉，维护历史本来面貌。

五、电子文件时代来源原则被“重新发现”

来源原则从 20 世纪初被公认为档案专业基本原则起直至 20 世纪 60 年代前后，得到的大多是肯定性评价，档案界几乎无人质疑它对档案管理的指导意义。但从 20 世纪六七十年代开始，因信息技术对档案工作的巨大影响，该原则一度遭受冲击。这一时期，以北美国家为代表，一些评论家提出，档案人员应向计算机专业人员或信息管理人员方向发展，才能适应新载体的挑战。档案界也把注意力转向运用计算机提供档案信息利用，导致一些档案人员在实践中过多关注文件的信息内容，而对文件的来源联系有所忽视，并且导致在理论探讨中对来源原则能否适用于“机读文件”提出质疑。他们认为，机读文件是计算机技术应用的产物，整理、鉴定和著录只需考虑文件信息内容即可。因此，来源原则在机读文件整理和著录领域发挥的指导作用与纸质文件相比要小得多，有的学者甚至认为它已经过时。

对来源原则的质疑到 20 世纪 80 年代中期发生转折，北美档案界开始重新认识其核心地位。转折的起点是 1985 年美国档案学者理查德·莱特和戴维·比尔曼在加拿大档案工作者协会会刊《档案》上发表论文《来源原则的力量》。作者呼吁通过了解文件形成者职能和文件格式来提高来源原则检索信息内容的能力，建议档案人员不要局限于关注档案主题内容，而应重视研究文件形成者和文件格式，通过了解文件形成的背景知识来理解文件信息内容，从而建立反映机构职能、组织结构以及其他特征的来源索引，这种来源索引优越于传统主题索引。

在这篇论文的带动下，20 世纪 90 年代，欧美档案界越来越多人认可来源原则对现代文件，特别是电子文件管理的重要价值和指导意义。这一时期，“电子文件”的称谓开始取代“机读文件”。西方档案学者普遍认为了解电子文件信息形成和使用的背景信息对电子文件管理至关重要，实践也证明电子文件对来源原则仍有很强的依赖性。电子文件的巨量信息使得描述文件主题内容的难度相当大，假如不了解电子文件的生成过程和背景信息，别说无法进行整理和著录，就连理解文件内容也无从谈起。因此他们得出结论：电子文件管理以及应对电子时代赋予档案管理的诸多挑战不能抛弃来源原则，相反会更多地依赖该原则。这即所谓来源原则被“重新发现”。

电子文件时代来源原则被“重新发现”并非简单地重复传统来源原则，它透过现代信息技术发展和文件载体更新的表象，更深入地把握档案专业基本理论和核心原则的辩证回归。因为这种“重新发现”的实质是“新来源观”。

进入电子文件时代，传统实体来源概念受到挑战。传统来源一般指文件形成者，往往是实实在在的机构、组织或个人。来源概念引起争议，原因主要来自两方面：一是社会结构的巨大变化导致现代组织机构变动频繁而剧烈，由此导致按照机构来源划分全宗面临前所未有的困难；二是电子文件的形成方式和特点与纸质文件有很大区别，突破了实体机关与文件群体唯一对应的传统模式。这是因为，计算机与远程通信手段的结合，关系数据库的普遍使用以及全球网络的出现，使不同机构使用共同的数据资源和共同参与形成数据不仅成为可能，而且成为日益增多的事实。这样一来，档案数据往往来源于各种不同的结构组织体，单一来源概念发生改变。运用传统机构来源概念来解释电子时代的档案实践可能会力有不逮。

中外档案学者从新视角给来源概念赋予新含义。加拿大档案学者特里·库克是“新来源观”的倡导者。他认为电子时代的档案来源概念需要重新考虑、酝酿和定义，这种来源不仅指文件形成机关，而且包括其形成目的、形成活动、形成过程、处理程序和职能范围等。因此档案人员的关注焦点不应仅仅是原始文件形成机关这种实体来源，而更多需要关注变动、临时甚至虚拟机关中文件形成者的职能和业务活动这种概念来源。我国也有学者提出，电子文件在计算机中进行虚拟整理，将使全宗由实体状态转变为虚拟状态。这表明电子文件时代来源的外在形式——全宗发生“形态的异化”。这种思想与国外的“新来源观”基本一致。

新来源观主张的概念来源主要指文件的形成过程和背景，即文件是由谁、在什么条件下、运用哪些数据、为了何种目的、采用怎样的结构形成的等方面的背景信息。若这些信息随同文件信息内容一同保留，即可寻根溯源，了解该文件的原委始末，成为了解、管理和利用电子文件的关键所在。可见，电子文件管理和利用都必须借助而非背离来源原则。

总之，新来源观是来源原则面对电子文件的新特点和新挑战而做出的自我发展。它使来源原则在电子文件时代具有更广泛的实践意义，来源信息对于电子文件的检索、鉴定和整理以及确认电子文件的证据价值都不可或缺。它证明来源原则不会因为电子文件出现而被抛弃，在电子文件时代仍是档案专业的基本理论和核心原则。

第二节　文件生命周期理论

文件生命周期理论是研究文件从最初形成到最终销毁或永久保存的整个运动过程、研究文件属性与管理者主体行为之间关系的一种理论，是对文件和档案运动过程及规律的客观描述和科学抽象。它于 20 世纪文件数量急剧增长的专业背景下提出，从 20 世纪 40 年代至 50 年代西方档案学者对文件中心的理论解释起步，后来研究范围逐渐扩大到文件整个运动过程以及对这一过程的全面管理，成为西方档案学又一支柱理论。

一、文件生命周期理论产生的专业背景

20 世纪 30 年代以来，文件数量急剧膨胀，文件管理活动日趋专门化，导致新型文

件管理机构——文件中心出现和传播。西方档案学者从思考文件中心的理论基础起步，逐步提出文件生命周期理论。

文件数量急剧增长是该理论产生的基本因素。20世纪以来，随着世界人口增长速度加快，各国政府职能不断扩大，管理活动不断增加，各种管理机构也大量产生，加上现代化办公设备、记录工具和复制手段被大量应用于文件制作领域，导致作为政府机关的管理工具和活动记录的文件大量增加。

文件管理出现及其专门化是该理论产生的推动因素。文件管理指对进馆前文件进行管理和控制。美国最早萌生文件管理思想，使之上升为专门管理活动，并成为档案管理实践和档案学研究的组成部分。1941年，美国国家档案馆率先设立"文件管理项目"，用以监督指导各政府机关现行文件立卷、归档和移交。1950年的《联邦文件管理法》成为文件管理的法律保障。从此，文件管理上升为专门管理活动，目的是使文件进入国家档案馆前即得到有效控制，确保馆藏质量。

文件中心建立是该理论产生的直接因素。文件中心是异于欧洲一些国家登记室的新型文件管理机构，多属档案系统。登记室多是机关内部文件管理机构，而文件中心往往独立于机关之外。文件中心建立的目的是使机关内大量已不常使用却未到销毁或移交年限的文件得到有效保管和处置。它一经产生，就很快在美国普及，并成为其他国家效仿的榜样。西方档案学者为了挖掘文件中心的理论根源，开始探索文件运动过程及规律，促成文件生命周期理论的提出。

二、文件生命周期理论的形成和发展

1940年，美国档案学者菲利普·布鲁克斯最早提出"文件生命周期"概念，后来其他国家采用了类似表述。西方档案学者引入周期概念来研究现代文件，目的是强调文件运动的时间跨度。他们对文件生命周期概念含义的理解基本一致，大多认为其是指文件从产生直至因丧失作用而被销毁或因具有长远历史价值而被档案馆永久保存的整体运动过程。

该理论的产生与文件中心的出现有特定联系。文件中心是20世纪40年代在美国首先出现的新型文件管理机构。由于社会活动日益丰富和复杂，文件数量增长很快，各国档案馆都感觉到相当压力。第二次世界大战期间，美国军事机关文件急剧增加。迫于贮存空间和经费的巨大压力，海军部于1941年率先设置造价低廉的临时库房，集中保存已不常使用却又必须保存一段时间的大量文件。海军部建立文件中心的成功经验逐渐推广到联邦政府的其他机构，后来被众多国家效仿。这种现象引起西方档案界的普遍关注，引发了对文件中心的理论思考。

1950年，英国伦敦大学教授罗吉尔·艾利斯在第一届国际档案大会上提出文件运动"三阶段论"，认为文件的现行、暂时保存和永久保存阶段正好与文件的保管场所——办公室、文件中心和档案馆吻合。后来，曾任英国公共档案馆馆长的马勃斯于1974年出版的专著《文件中心的组织》吸收了艾利斯的观点，系统论述了文件中心与文件运动阶段的对应关系。这种由对文件中心的理论解释而衍生出的文件阶段划分，即成为文件生命周期理论的研究起点。但由于对文件的不同理解，该理论在很长一段时间内未能引起西方档案界的足够重视。

20 世纪 80 年代，西方档案界对文件生命周期理论的研究日趋完整和系统，并发表了许多颇有深度的论著。最典型的代表是阿根廷档案学者曼努埃尔·巴斯克斯的两部专著《文件的选择》（1982）和《文件生命周期研究》（1987）。他探讨了文件价值属性与运动阶段、保管场所和管理形式之间的关系，认为该理论不仅仅为文件中心提供了理论基础，更重要的是发现了文件从一个阶段向另一个阶段过渡的内在原因，从而掌握了文件运动每个阶段包括的期限，避免了用毫无区别的尺度去概括各种文件现象。这表明巴斯克斯力图透过文件运动过程及阶段性的表象，来把握文件运动阶段划分的根本原因。此后，欧美各国档案学者不再将该理论简单地视为文件中心的理论基础，而是将研究视野拓展、延伸到文件运动过程以及对这一过程的全面管理，深入挖掘文件运动的客观规律，为各国的文件管理实践提供理论指导。

我国对文件运动过程的理论研究也逐步深化。尽管我国并未明确提出“文件生命周期”概念，却同样认识到了文件和档案的客观运动过程，并总结出了相同的发展规律。早在 20 世纪 60 年代，国家档案局时任局长曾三便阐述了“档案自然形成过程论”，认为档案的形成原因是机关工作和生产活动中产生的文书材料和技术文件等在办理完毕后，为满足日后查考利用的需要而归档保存；档案的形成过程是从文书部门或有关人员立卷归档开始，经过档案室，最后集中到档案馆。但“档案自然形成过程论”对文件运动过程的论述不够全面，它只论及档案运动过程，尚未将起点前伸至文件形成的源头。20 世纪 80 年代中后期以来，以陈兆祦为代表的档案学者提出的“文件运动周期论”更加系统。他不仅明确提出了文件从产生到成为档案以至消亡是完整的运动过程，而且对此过程做了阶段划分。“文件运动周期论”已全面揭示文件从最初产生到最终归宿的整体过程以及这一过程的阶段性特征，与国外的文件生命周期理论异曲同工、殊途同归。

三、文件生命周期理论的基本内容

尽管中外档案学者对文件运动过程及特点变化的论述纷繁复杂，从中提炼的核心思想却基本相同。这些相同思想即构成文件生命周期理论的基本内容，可概括为三个基本点。

（一）文件从其形成到销毁或永久保存是完整的运动过程

首先，文件是广义概念。目前，中外文件定义有狭义和广义之分。狭义文件特指现行文件，即正在办理的文件。当文件办理完毕或所针对的活动结束后，文件即转化为档案。文件生命周期理论认为文件是广义概念，认为现行文件和历史档案都只是广义文件运动过程某一特定阶段的代称，都是广义文件的组成部分。

其次，文件运动现象如同生命现象一样，从最初产生到最终归宿是完整的运动过程。该理论从运动角度出发，指出文件生命过程的最初是由形成者产生、保管和频繁利用；然后，文件由于对形成者的偶尔作用或潜在的历史价值而被送至机关内部的档案室或机关外的文件中心保存一定时期；最后，当文件的现行业务价值完全丧失后，除具有档案价值的文件被移交档案馆永久保存外，其他的一概销毁。这一过程连续统一，所谓现行文件和历史档案只是同一事物的不同运动阶段。

（二）这一完整过程因文件价值形态变化而分为若干阶段

首先，文件整体运动过程具有阶段性特征。中外基于国情和文档管理体制差异或观察问题的不同角度，对文件运动过程进行了略有区别的阶段划分：有的从文件运动形态角度分为现行、半现行和非现行三阶段；有的从文件保管场所角度分为承办单位存留、中间档案馆存留和总档案馆永久保存三阶段；有的从文件运转流程角度分为文件产生办理、现行利用、过渡保存和历史保管四阶段；有的从文件管理程序角度分为文件形成、使用与维护、鉴定和选择、档案管理四阶段；等等。分法尽管不同，却共同反映了文件运动过程具有阶段性这一客观事实。

其次，文件运动过程各阶段具有不同特点。如将文件运动过程统一划分为现行、半现行和非现行三阶段。现行阶段的特点是文件对机关的现行作用最突出，机关需频繁利用，一般保存在机关内部，服务对象以本机关为主。半现行阶段的特点是文件的现行作用开始衰退，利用率也逐渐降低，但服务对象仍以机关为主，此时需有过渡场所来检验文件是否具有长远历史价值。非现行阶段的特点是文件对机关的作用基本丧失，其中大多数因无历史价值而被销毁，少数具有长远价值需永久保存，此时服务对象由机关扩展到社会各界，保管场所也转移至档案馆。

最后，引起文件阶段性变化的根本原因是文件价值形态的规律性变化。文件价值是客体（文件）对主体（利用者）需要的满足。美国著名档案学者谢伦伯格的“双重价值”较经典。他认为文件有两种价值：一是对形成机关的原始价值；二是对其他机关和个人利用者的从属价值。这两种价值形态在文件运动过程中具有规律性，先有第一价值，后有第二价值；第一价值逐步减弱，第二价值逐步显现。现行、半现行和非现行三阶段文件价值变化即第一价值最旺盛、第一价值逐渐衰退、第一价值丧失/第二价值显现的过程。文件价值形态变化贯穿文件整个运动过程始终，是决定各阶段文件不同特点的最根本因素。

（三）各阶段文件基于特定价值形态而与服务对象、保管场所和管理形式存在对应关系

首先，第一价值决定文件以形成机关为首要服务对象，当第一价值旺盛时，为满足机关频繁的利用需求，文件适宜保存在机关内部，机关也愿意为此花费人、财、物资源。随着第一价值逐渐衰减，机关利用需要逐渐减弱，便感到保管半现行文件属沉重负担，但半现行文件残留的第一价值使机关希望能有一种既能满足自身利用需求，又能检验文件是否具有第二价值的保管机构。国外的文件中心和我国的档案室均属过渡性机构。第一价值丧失又缺乏第二价值的文件即被销毁，显现第二价值的文件则会冲破机关范围，转而为社会各界服务，此时则应将其保存至档案馆。

其次，上述各阶段文件服务对象、保管场所和管理形式等方面的变化只是文件运动

不同阶段的外在表现，价值形态变化才是内在决定因素。文件生命周期理论通过揭示各阶段文件价值形态与服务对象、保管场所、管理形式的对应关系，找到文件连续运动过程发生阶段性变化的根本原因，从而为文件阶段划分提供科学依据。

四、文件生命周期理论的理论意义和实践价值

西方档案学者十分推崇文件生命周期理论，将其与来源原则并称为现代档案学的基本理论，视为档案人员参与现行文件管理的理论依据。他们认为，该理论是现代档案学成熟的重要标志，具有里程碑意义。

第一，准确揭示文件运动的整体性和内在联系，为文件全过程管理奠定理论基础。文件从最初产生到最终销毁或移交档案馆永久保存是连续发展的运动过程，这一整体过程尽管因文件价值形态变化而呈现阶段性特征，但各阶段之间存在紧密联系：一是各阶段文件内容完全相同，记录内容没有变化；二是各阶段文件物质形态完全相同，物质载体和记录手段也无变化；三是各阶段文件基本属性相同，始终是原始信息记录。文件生命周期的不同阶段是同一事物的不同发展阶段，就像人的一生分幼年、少年、青年、中年和老年等不同生命阶段一样。该理论通过准确揭示文件整体运动过程及其内在联系，启示人们必须尊重这种整体性与内在联系，对文件的完整运动过程实施全面和系统管理，使各阶段文件都得到有效控制。

第二，准确揭示文件运动阶段变化，为文件阶段式管理提供理论依据。该理论在强调文件运动整体联系的同时，也准确揭示运动过程的阶段性变化，指明各阶段文件由于价值形态变化而导致服务对象、保管场所和管理形式等方面存在差异。它要求人们尊重各阶段文件的区别，针对价值形态变化，对文件整体运动过程实施阶段式管理，为各阶段文件找到最适宜的保管场所和管理形式。中外文件管理实践已充分证明该理论的科学性。

在文件经历的现行、半现行和非现行三个阶段中，现行文件由机关内部保存，由制作或承办人员负责管理，非现行文件中显现第二价值的部分移交档案馆永久保存，由档案人员妥善保管，已成为中外的共同做法。只有半现行文件管理，中外略有区别。我国多是设立机关档案室作为保管机构，由机关档案人员负责管理；而国外大多效仿美国建立文件中心或类似机构。机关档案室与文件中心在建制上的区别在于，前者是机关内部机构，而后者往往独立于机关之外，多隶属于档案系统。但是，二者的性质和基本功能并无根本区别。当半现行文件的第一价值逐渐衰退，第二价值尚未得到检验又不宜过早销毁或移交档案馆时，需要具备两种功能的过渡性机构，既能继续发挥半现行文件的第一价值，为机关服务，又能检验文件是否具有第二价值，为移交档案馆做准备。机关档案室与文件中心都具备上述两种功能，都是介于机关与档案馆之间的过渡性机构。文件中心之所以独立于机关之外，主要是因为美国没有机关内设文档机构的传统，花费大量人力物力资源保管利用率较低的半现行文件被机关视为浪费，而经济实用的文件中心恰好能满足机关低成本、高效率的需要，从而在美国普及并在全球推广。文件生命周期理论清晰地揭示了文件运动阶段性的客观存在，为文件阶段式管理奠定了理论基础。

第三，准确揭示文件运动过程的前后衔接和各阶段的相互影响，为实现从现行文件到档案的一体化管理，为档案部门或人员对文件进行前端控制提供理论依据和实践指导。

从现行文件到档案是连续统一、前后衔接的运动过程。必须把从现行文件到档案管理看成是系统工程，采取统一的工作制度、程序和方法来控制虽各有特点却始终相互关联和前后衔接的整体过程。换言之，不应将现行文件管理与档案管理视为各自独立、互不关联的两个系统，而应使它们从组织制度、管理形式到工作程序都实现交融和统一，进而实现从现行文件到档案的一体化管理。需指出，仅仅着眼于现行和半现行阶段的一体化管理还不够全面，只有对文件从机关到档案室（或文件中心）直至档案馆的运转流程实现全面控制和统一管理，才是科学含义上的一体化管理。

现行文件管理质量决定档案管理成败。档案部门或人员进行文件前端控制，实施现行文件和档案一体化管理，可消除因现行文件管理不善而导致档案部门得不到完整档案的弊端，也可避免因现行文件管理质量低劣而导致档案人员重新整理的人力浪费，以及因操作不当造成的电子文件流失。该理论通过揭示文件运动过程的前后衔接和相互影响，启示人们重视对文件从产生直至最终进馆的全过程管理，确保档案管理的延续性和科学性，为从现行文件到档案的一体化管理，以及档案部门或人员对文件进行前端控制提供理论支持和实践指导。

五、文件生命周期理论在电子文件时代面临的挑战及修正

（一）文件生命周期理论面临的挑战

电子文件对文件生命周期理论的挑战包括三方面。首先，中外档案界认为电子文件的生命周期需要新的理解。加拿大档案学者凯瑟琳·贝利认为，传统文件的运动阶段大多顺向前进，但相当一部分电子文件在特殊情况下可能做逆向运动；而且，传统文件运动阶段的界限较清晰、容易区分，但电子文件往往可能会同时处于不同运动阶段，难以划清各阶段的界限。这些变化使套用传统文件生命周期概念处理电子文件很难行得通。澳大利亚档案学者弗兰克·阿普沃德也指出，纸质文件从生成到处置的线性运动过程已难以适用于电子文件。

其次，中外档案界对电子文件生命周期的阶段划分提出了不同看法。国际档案理事会《电子文件管理指南》（1997）把电子文件生命周期分为设计、形成和维护三阶段。其中，设计阶段指电子文件管理信息系统设计、开发和安装阶段；形成阶段指文件在电子环境中产生的过程；维护阶段指电子文件的技术维护和保管。这一分法与文件生命周期理论原有分法区别很大，而且着眼点并非文件本身，而是电子文件管理信息系统；划分依据并非文件价值形态的变化，而是电子文件管理活动的先后流程。

最后，中外档案界认为，文件生命周期理论所揭示的文件各阶段的特定价值与相关因素的对应关系不再适用于电子文件。典型例证是美国匹兹堡大学针对失去现行效用的电子文件提出“分布式保管”方案。匹兹堡方案认为，因电子文件的运动阶段及其划分与纸质文件相比发生诸多变化，传统文件各阶段的对应关系不再适用于电子文件，进入

档案阶段的电子文件无须移交档案馆集中保管，相反应仍由形成机关继续保管。

（二）文件生命周期理论在电子文件时代的补充——文件连续体理论

面对电子文件的挑战，澳大利亚档案学者弗兰克·阿普沃德于20世纪90年代提出文件连续体理论（具体内容见本章第五节）。在他看来，文件生命周期理论描述的文件运动过程的阶段性太过分明，难以适应电子文件，故需将文件运动过程视为连续统一体。文件连续体理论选择全新角度、运用全新方法，深入揭示电子文件的连续运动过程，展现电子文件各阶段相互关联、相互影响和相互转化的可能性，适应电子文件的运动特点，是文件生命周期理论在电子时代的补充和发展。文件连续体理论的进步之处可归结为四点。

第一，文件生命周期理论的研究视角集中在文件自身，考察文件实体从形成直至销毁或永久保存的运动过程及规律；而文件连续体理论的研究视角是文件保管形式与业务活动和业务环境的互动，考察文件从最小保管单位直到组成最大保管单位的运动过程和规律。第二，文件生命周期理论主要运用平面、单维的研究方法，这种线性方法对描述电子文件运动的复杂状态力有不逮；而文件连续体理论将文件置于多元时空范围，转而运用立体、多维的研究方法，全方位地考察文件运动过程及规律，可解决上述难题。第三，文件生命周期理论偏重强调文件运动的阶段性，主张划清各阶段的界限，实行阶段式管理，相应地使文件管理与档案管理界限清晰；而文件连续体理论突出文件运动的连续性和整体性，准确地揭示电子文件各阶段界限日趋模糊、联系却越发明显的运动特点，适用范围更广，生命力更强。第四，文件生命周期理论偏重强调各阶段文件的价值形态与保管场所、管理形式的对应关系，面对电子文件的特点以及阶段界限日益模糊的现实，其受到挑战；而文件连续体理论不再要求相关因素的机械对应，顺应了数字环境的发展要求。

（三）文件生命周期理论在电子文件时代的修正

虽然文件连续体理论的进步意义不容否认，但目前国际档案界对它能否取代文件生命周期理论尚存意见分歧。文件生命周期理论作为对文件运动过程及规律的科学揭示，本质上仍适用于电子文件。电子文件对文件生命周期理论的挑战主要集中于文件的阶段性以及各阶段相关因素的对应关系。因此，针对电子文件的特点，可对文件生命周期理论的三个基本点进行调整和补充，使之从容地应对电子文件的挑战。

首先，文件运动的整体性保持不变。尽管电子文件的运动特点与传统纸质文件已有区别，但电子文件同样存在生命过程。这种生命过程不会因为文件记录载体和方式的不同而改变。因此，文件生命周期理论的第一个基本点可调整为“电子文件从形成到销毁或永久保存同样是完整的运动过程，这一过程应被纳入统一的电子文件管理系统”。

其次，文件运动的阶段性特点发生变化。与纸质文件相比，电子文件的运动特点更复杂——既可能做逆向运动，也可能同时拥有不同的阶段形式，各阶段的界限趋于模糊。文件生命周期理论的第二个基本点可修正为“电子文件的完整运动过程依据文件价值形态变化分为若干阶段，但不同阶段没有明确界限，后阶段的电子文件具有向前阶段转化的可能”。

最后，各阶段的文件价值形态与相关因素的对应关系也发生变化。出于对技术、设备和系统的依赖性，以及信息内容与特定载体的可分离性，电子文件不应再强求与保管场所对应。尽管从理论上讲，档案馆是进入档案阶段的电子文件的最佳保管场所，但这往往受实践条件制约，故对电子文件与保管场所的对应关系的提法不宜绝对。文件生命周期理论的第三个基本点可修正为“电子文件在每一阶段因特定价值形态仍具有不同服务对象和管理形式，但电子文件的阶段性与保管场所的对应关系弱化，甚至可能丧失”。

此外，针对电子文件，文件生命周期理论还须补充第四个基本点：“对电子文件的运动过程应加强全程管理和前端控制，起点需延伸至电子文件管理系统的设计”。这样补充是因为全程管理和前端控制思想对电子文件管理而言格外重要，远超纸质文件。

总之，文件生命周期理论在电子文件时代的修正和发展有重要意义，有利于适应电子文件的运动特点，更准确地揭示电子文件的运动过程及规律，增强文件生命周期理论在电子文件时代的适用性和生命力。

六、文件生命周期理论在电子文件时代的指导价值

进入电子文件时代，文件生命周期理论的全过程管理和前端控制思想尤为突出，而且两者有机结合、协调统一。这也正是文件生命周期理论对电子文件管理的指导价值的集中反映。

尽管电子文件相比纸质文件已有变化，但它同样有生命周期。国际档案界将电子文件的生命周期分为设计、形成和维护三个阶段，划分的着眼点并非文件的价值形态，而是电子文件从孕育、生成到存在的整体过程。因此，电子文件全过程管理更重要。文件生命周期理论的整体性和联系性思想仍可充当电子文件全过程管理的基础。

电子文件也需前端控制。国际档案界确定档案部门对电子文件生命周期的适当干预时机是电子文件管理系统的设计阶段，主张在文件生成之前即采取行动，设计功能合理的文件管理系统作为管理电子文件的前提。之所以须在系统设计阶段进行前端控制，主要有以下三点原因：一是确保电子文件真实可靠。电子文件管理系统须设定采集文件形成过程和背景信息的功能，才能支持文件的真实性。二是确保电子文件完整归档。电子文件易于被形成者删除，只有在系统设计阶段事先确定归档范围、采集时间和归档方式，才能保证归档电子文件的完整性。三是确保电子文件安全利用。只有在系统设计阶段事先控制利用权限，才能确保电子文件的信息安全。

总之，文件生命周期理论的全过程管理和前端控制思想对电子文件来说同样适用。该理论表明，必须从档案管理角度，在电子文件管理源头实施前端控制，要求档案部门或人员介入电子文件生命周期的时机比纸质文件更早。该理论强调，电子文件的前端控制不能只停留在系统设计阶段，还应包括后续形成和维护阶段，对电子文件的整个运行过程都必须控制。只有在电子文件的生命过程中始终贯彻全程管理，才能真正确保电子文件确实生成、合理运转、安全保管和有效利用。正如特里·库克所说，在电子环境中，若档案人员不积极介入文件形成和保管过程，文件将很可能不存在，或至少不可能被鉴定、保存、编目和提供利用。

第三节 档案鉴定理论

档案鉴定指依据一定标准，鉴别和判定档案价值的行为，挑选具有永久价值的档案移交档案馆保存，剔除无保存价值的档案予以处置。因其是决定档案存毁的重要手段，故而各国均高度重视。

一、档案鉴定理论的历史发展

档案鉴定理论是各国依据长期积累的鉴定实践经验，对档案价值规律和档案鉴定原则与标准进行的科学总结。各国因历史和文化背景存在差异，对档案价值的认识不尽一致，因此各国鉴定理论的内容具有鲜明的本国特色。另外，由于档案价值及鉴定工作的复杂性与困惑性，各种鉴定理论各有不同表述，并没有哪种理论占据主导地位。

（一）20 世纪初的“年龄鉴定论”

它由德国档案学者迈斯奈尔于 1901 年提出。迈斯奈尔在担任德国国家机密档案馆馆长期间，根据实践经验总结出一套档案鉴定理论体系，由六条一般原则和七条具体标准组成。一般原则包括：事关档案存毁的决定必须当机立断；必须避免极端行为，既不要过于谨慎地保存，也不要过于随便地抛弃；不要以抽象概念作为价值标准；高龄案卷应当受到尊重，16 世纪以前的案卷不得销毁；为暂时目的使用的案卷在目的达到后应销毁；永久性机构成立经过的案卷应保存。七条鉴定标准可被概括为两方面——档案内容和档案来源。

迈斯奈尔鉴定理论具有开创意义。首先，他首次提出“高龄案卷应当受到尊重”的论断并设定禁毁年限，颠覆了传统的鉴定思想，改变了过去各国销毁古老文件、保留近期文件的习惯做法，带动各国相继制定禁毁年限，使历史档案得以妥善存留。其次，他首次提出较系统的鉴定原则与标准，改变了过去各国对鉴定进行粗线条规定的传统做法，理论和实践均取得重大突破。最后，他首次提出档案来源是最重要的鉴定标准之一，强调不能把档案视为零散材料孤立地进行价值评判，而应以档案固有的行政关系为背景进行鉴定，全面考虑形成机关在政府结构中的地位，以及机关职能与上下级单位职能的关系。他的观点是对来源原则在鉴定领域的适用性的首次肯定。

年龄鉴定论并未在同时期我国的档案学界得以体现。在我国，档案作用多表现为“行政参考”；在涉及历史研究时将明清档案文书视作“史料”，因此我国多立足于行政参考价值开展档案鉴定，注重文件内容或来源的重要性。

（二）20 世纪 20 年代的“行政官员决定论”

它由英国档案学者詹金逊提出。其专著《档案管理手册》（1922）的核心观点是档案人员不宜参与文件鉴定和销毁，相关事宜应由行政官员自行决定。詹金逊从正反两方面对此加以论证。一方面，他认为文件的证据神圣性是行政官员决定鉴定的基础，文件作为行政管理无意识的副产品，是行政活动和事务处理的原始证据，不能允许后来的整理者对之进行人为干预，否则原始证据性会遭到损害。因此，文件鉴定应由产生它的行政官员负责。另一方面，他认为档案人员参与文件鉴定至少会带来两种负面后果：档案人员的个人判断会玷污档案作为原始证据的神圣性；档案人员的干预也会妨碍档案保存目的的实现，不利于满足历史学家或其他研究者的利用需求。因此，档案的鉴定和销毁不宜由档案人员参与。

尽管行政官员了解文件的形成过程和现实价值，但詹金逊将档案人员排除在鉴定之外存在明显局限。这是因为：第一，行政官员缺乏历史文化意识，若由其单独决定档案的存毁，难免会出现出于机关利益的价值判断。第二，不利于保证档案的总体质量，因为行政官员不易准确把握销毁的“度”。第三，不利于档案价值的发现与实现，因为行政官员站在机关立场，难以立足于社会总体需求全面判断档案的历史文化价值。

20 世纪 40 年代，我国也提出了“由行政官员决定档案价值”的类似观点。参与档案改革的行政人士对档案鉴定的认识也取得了一定进展。龙兆佛的《档案管理法》提出，“要有一个组织专门承担档案清理的责任”，他称之为“档案清理委员会”，该委员会由各主办部门派人组成。梁上燕的《县政府公文处理与档案管理》将“鉴定”界定为术语，并发展出“档案清理委员会”的观点，指出应成立由“县政府各科室主管、县临时参议会人员、对地方关心且有研究兴趣的人”组成的“临时委员会”来负责清理档案，并在清理程序中加入“各科室人员”与“县政府领导”两级审查。以上观点是对“行政官员决定论”的呼应。

（三）20 世纪二三十年代的“职能鉴定论”

它由波兰档案学者卡林斯基在借鉴迈斯奈尔鉴定理论的基础上提出。卡林斯基认为，应按照文件形成机关在政府机构体系中的地位和职能重要性，确定档案文件价值及保管期限。具体来说，档案文件的价值大小和保管期限长短与形成机关的地位高低和职能重要性总体上成正比。据此可以把档案文件分为两类：一是最高行政机关文件，一般应永久保存；二是低级机关文件，只需保存一定时期后即可销毁。此外，他还提出鉴定单份文件的具体标准，包括一般标准、法律标准、行政标准、历史标准、地理标准、替代标准和典型性标准。

职能鉴定论发展了迈斯奈尔的来源鉴定思想，强调档案价值鉴定与形成机关的地位和职能直接相关，即形成机关地位越高、职能越重要，档案文件价值相应越大。后来经实践检验，此结论虽有一定的科学性和普遍性，但其局限性与片面性也很明显。因为不具体分析文件的内在价值，而仅从形成机关这一外在角度去鉴定难免有肤浅、粗放之嫌；而仅以机关地位级别来决定其档案文件存毁和划定档案文件保管期限则更有片面和武断之嫌。事实上，高级别机关文件未必都有保存价值，低级别机关文件也未必没有保存价值。档案的文件价值特别是历史文化价值决不能仅仅由形成机关的级别地位决定，而应对其进行全面深入分析。

（四）20 世纪 50 年代的“文件双重价值论”

它由美国档案学者西奥多·谢伦伯格提出。谢伦伯格的代表作《现代档案——原则与技术》（1956）指出，公共文件具有两种价值：一是对原形成机关的第一价值；二是对其他机关和个人利用者的第二价值。其中，形成机关的行政官员对鉴定第一价值负主要责任；鉴定第二价值则主要由档案部门或人员完成。

与詹金逊和卡林斯基的鉴定理论相比，文件双重价值论具有明显的进步与深刻之处。首先，谢伦伯格不再像詹金逊那样反对档案人员参与鉴定，反而大力主张档案部门或人员积极参与鉴定。这不仅避免了鉴定的片面性，利于全面发现档案的历史价值，而且深刻反映了历史档案与现行文件的密切联系，为从机关文件到档案馆档案的一体化管理提供了有力保证。这正是谢伦伯格的现代鉴定观取代詹金逊的古典鉴定观的根本原因。其次，谢伦伯格不再像卡林斯基那样把鉴定标准的重心单一地放在形成机关的地位和职能等外在特征上，而主张从文件自身属性与利用者需求的关系角度来判断档案文件价值。这种鉴定观的理论贡献，一是确认了档案价值是档案文件客体满足利用者主体需求的关系，真正地揭示了价值实质；二是将档案价值根据不同需求主体分为两种形态，认识更深入。后来欧美档案学者正是依据文件价值形态转化提出文件生命周期理论的。谢伦伯格也因在档案鉴定理论上的重要贡献而被誉为“美国档案鉴定理论之父”。

我国档案界在相近时期对文件双重价值论的回应不多。黄彝仲的《档案管理之理论与实际》（1947）已讨论档案价值，认为档案的主要价值是对形成机关的参考价值，这与“第一价值”理解一致；但区别于面向“其他机关和个人利用者”的第二价值的宽泛定义，黄彝仲仅指出供历史学家及后代研究、编撰的价值为“其他价值”，档案鉴定需兼顾二者。相比文件双重价值论，黄彝仲的“主次价值”认识较局限，且未提出档案的主次价值分别由哪些部门或人员负责鉴定，缺乏实践操作性。

（五）20 世纪六七十年代的“利用决定论”

它由谢伦伯格之后的一些美国档案学者提出，代表人物有菲斯本、布里奇弗德和芬奇等。其核心观点是将学者特别是历史学家的实际利用和预期利用视为鉴定档案的最重要标准，主张第二价值决定档案的根本性质。他们有的认为“编史工作的最新趋势是判断文件价值的首要标准”；有的提出“鉴定既要考虑文献资源的长远利用，又要考虑学者的潜在需求”；有的更进一步指出“了解用户为什么和怎样接近档案将提供鉴定文件的新标准”。总之，这种鉴定观一切从利用者角度出发，突出强调学者需求是判断文件价值的决定性标准。

利用决定论的倡导者们希望通过关注利用者需求来增强社会档案意识，具有一定的积极意义与合理性。但其局限性不容否认，并且可能带来严重后果。一方面，利用决定论会使档案鉴定过程具有很大的随意性、片段性和非协调性。档案人员如果与学术市场联系过于紧密，必然导致馆藏档案只限于满足狭隘的学术研究需要，无法广泛反映社会生活的方方面面。另一方面，利用决定论轻视文件在业务活动中形成的有机联系，忽视形成者延续机构记忆的需要。它使鉴定标准脱离文件及其形成者本身，从而削弱了文件来源的重要地位，损害了文件在社会记忆中的价值。因此，利用决定论后来遭到美国档案学界的批评和否定。

（六）20 世纪八九十年代的“宏观鉴定论”

宏观鉴定论是统称，主要包括“社会分析与职能鉴定论”“文献战略”和“宏观鉴定战略”。

1. 社会分析与职能鉴定论

它由德国档案学者汉斯·布姆斯提出。布姆斯早在 20 世纪 60 年代末 70 年代初即指出档案价值应是社会价值的反映，既不取决于詹金逊所说的行政官员，也不取决于谢伦伯格所说的历史学家，而是取决于人民大众。他起初认为社会舆论是鉴定档案价值的重要标准，后来认识到这一标准太过抽象且不切实际，即对其鉴定理论进行了改进。20 世纪 90 年代初，布姆斯的社会分析与职能鉴定论基本成熟，核心观点是主张档案应体现文件产生时期的社会价值，社会价值最好不是直接通过研究社会舆论确定，而是间接通过了解文件形成者的职能加以判断。这样一来，档案人员在鉴定时须全面分析文件形成者，特别是其职能，用明确的文件形成者职能来体现复杂的社会价值，使鉴定标准相对简单明确，具有操作性。社会分析与职能鉴定论的理论核心是以文件形成者的职能来体现档案的社会价值。

2. 文献战略

它由美国档案学者海伦·塞穆尔斯于 20 世纪 80 年代中期提出。塞穆尔斯要求改变传统鉴定过多地关注文件形成机关的组织结构和文件外在形式的做法，转而围绕某一正在进行的主题、业务活动或地域制定鉴定方案，要求以文件主题作为主要鉴定标准。此鉴定理论即为文献战略。文献战略提出后，北美档案界对此产生争议。不少学者认为，其不足在于缺少确定主题的适当方法，适用范围较窄。后来塞穆尔斯也认识到文献战略的不足，在 20 世纪 90 年代初，她将“机构职能分析”观点引入文献战略，指出鉴定起点不再是检验具体文件，而是分析文件产生的背景，特别是在现代社会中面对机关频繁变动的现实的情况下。只有将鉴定的着眼点从形成机关的组织结构转向机关职能，才能准确地判断文件价值。文献战略的核心思想是依据文件形成机关职能判断档案价值。

3. 宏观鉴定战略

它由加拿大档案学者特里·库克于 20 世纪 80 年代末提出。库克同样认为传统鉴定理论需要革新，主张档案人员在鉴定前须了解社会运行方式和文件形成过程，通过鉴定来准确反映社会发展趋势与文件形成者及其职能的有机联系。为此他提出宏观鉴定战略，主张全面考虑社会结构、文件形成过程、文件形成者及其职能等多种因素。它使鉴定的重点由根据研究目的判定文件价值转变为根据文件形成者的职能和结构来鉴定文件形成背景或文件来源的重要性。这一思想于 1991 年在加拿大国家档案馆得到实施，表现形式是“新宏观鉴定接收战略”。该战略的基本思想是档案应体现文件形成的相互联系，档案价值取决于社会结构，通过社会职能得以体现。加拿大国家档案馆的鉴定方法是以文件有机联系为基础，以文件来源为中心，分析和鉴定文件形成机关的职能、计划、活动和业务的重要性。这样一来，鉴定的着眼点不再是单份文件的内容或价值，而是生成文件的政府职能、任务或活动。这种鉴定观更宏观，超越了传统理论对文件内容的关注，转变为关注文件通过其形成机关的职能、计划、业务、活动等呈现的“宏观联系”。宏观鉴定战略的核心思想是依据文件形成机关职能对档案文件进行宏观鉴定。

4. 宏观鉴定论的共同点

首先，它们都把档案鉴定提升到更广阔的社会背景之下，都认为档案价值与社会发展密切相关。它们都不再局限于将档案价值单纯地理解为文件客体对利用者主体需求的满足，而是将档案价值与社会运行方式、发展动态紧密相连，视档案价值为社会价值的反映。因此，它们均属广泛的社会鉴定观。其次，它们都超越了传统鉴定理论的价值标准，转而强调职能鉴定标准。它们的鉴定着眼点都不再是文件内容，而是文件形成者的职能、任务或活动。它们都认为文件形成者的职能是社会宏观职能的最佳体现，因此均属宏观的职能鉴定观。以上两个共同点是上述鉴定理论的深刻与独到之处，也反映了社会生活联系日益紧密且呈一体化的宏观趋势。其不足之处在于，这种宏观鉴定在现实操作层面具体化为可操作的鉴定标准的难度很大，容易导致浮泛、粗放的鉴定结果。

二、档案鉴定理论的基本内容

虽然各国的档案鉴定理论的论述角度与具体内容不尽相同，但它们存在一定共性。这些共性主要表现为这些鉴定理论通常涵盖三方面基本内容——认识档案价值、规定鉴定原则和制定鉴定标准。

（一）认识档案价值

各国的档案鉴定理论对档案价值的认识基本达成了共识，大多认为档案价值由两方面因素构成：一是档案自身属性，包括内容、来源、形式等；二是社会对档案的需求。档案价值是档案满足利用者需求的一种关系及其程度。

两种因素对档案价值的影响也各不相同。档案内容、来源和形式属性具有确定性和稳定性，一经产生不再改变，是档案价值的客观基础。而社会对档案的利用需求具有较强的不确定性和不稳定性，始终处在发展变化中，成为档案价值的主体因素。档案鉴定的实质是判断和预测档案价值与社会需求的吻合程度。两种因素在决定档案价值的过程中也相互作用和依存，缺一不可。

（二）规定鉴定原则

档案鉴定原则是根据档案价值的实现特点总结和提炼的工作原则，对鉴定实践具有普遍的指导意义。从历史发展来看，各国鉴定原则的规定日趋宏观。其中，以苏联的理论概括最典型。

苏联提出档案鉴定四项基本原则。历史主义原则要求鉴定者把档案视为历史时期的产物，不仅从今天，还要从明天的角度来评判档案价值。党性原则与历史主义原则不可分割，要求在评判档案价值时确定档案的阶级本质，以便从劳动阶级的利益出发，来理解档案的内容和意义。全面性原则最复杂，要求从各个不同方面来研究档案内容，考虑影响档案价值的一切因素，包括语言、载体、花纹和标记等。系统性原则应用最广泛，要求不能孤立地看待档案价值，而应将档案放在有机联系的文件群体中进行价值评判。

这些原则实际上确立了档案鉴定的三个基本观点——全面观点、历史观点和发展观点。全面观点要求全面分析档案内容、来源和形式等各种因素以及档案文件之间的有机联系，全面预测社会对档案的多层次、多角度和多方面的利用需求，并促使上述两方面有机结合。历史观点是因为档案的本质是历史记录，因此要求必须结合档案形成的历史环境和历史条件来分析价值，不能超越时代界限，用现在的认知去看待过去的档案，这样才能维护历史本来面目。发展观点要求尊重档案价值的发展特点和规律，用发展的眼光来衡量档案价值，既要看到档案的当前作用，也要看到它对未来可能的作用。这三个基本观点相辅相成，缺一不可。

（三）制定鉴定标准

鉴定标准是鉴定原则的具体化，更具有可操作性，各国的档案鉴定理论大多包含这一内容。各国的考虑角度或侧重点不尽一致，主要涉及以下五方面。

一是档案来源标准。来源即档案形成者，形成者在社会上或机关中的地位、作用和职能直接影响甚至决定档案价值。鉴定中来源标准的运用具有层次性，上至整个国家下至机关内部均可发挥影响力。从国家范围来讲，来源标准通常是国家各级档案馆确定收集范围的基本依据。对特定机关来说，区分不同来源是鉴定的首要步骤。本机关档案通常须重点保存，外机关来文的价值须根据来文机关的地位、职能以及与本机关的关系来做判定。具体到机关内部，不同撰写者和制发机构也会对档案价值产生影响。主要职能部门或人员形成的档案往往比一般事务部门或人员形成的档案的价值相对更高。

二是档案内容标准。社会对档案的需求集中反映在对档案内容的需求上，一般而言，鉴定时主要应依据档案内容的重要性、真实性、客观性、独特性和时效性等因素进行价值判断。具体来说，档案记录事实的重要程度越高、典型性越突出、真实与客观程度越高，档案价值越大；档案内容越新颖、独特，或越富于本机关特色，档案价值也越大；此外，档案内容的时效性也会影响档案价值大小。

三是档案形式特征标准。档案形式特征通常指档案名称、形成时间、载体形态和记录方式等。这些形式特征在某种情况下可能会对档案价值产生一定影响。档案名称（即通常所指的文种）具有特定的性能和用途，往往在一定程度上反映档案价值大小。档案形成时间是历史标志，时间久远的档案大多具有相对较高的历史价值，重要历史时期产生的档案通常价值较大。档案在撰稿、印制的过程中往往会形成各种稿本，包括草稿、定稿、正本、副本、底图和蓝图等，不同稿本的行政效用和凭证作用存在区别。档案外形特点，诸如档案载体形态、记录方式以及档案的字体、笔迹和图案等标记或印记，也会影响档案价值的高低，档案因此可能具有文物价值、艺术价值或纪念价值等。

四是相对价值标准。相对价值指被鉴定的档案与其他档案相比较而存在的价值，在一定情况下，某些档案的保存价值可相对提升或降低。档案馆（室）运用相对价值标准，主要是为了有效控制馆（室）藏档案的质量和数量。一般来说，判断相对价值高低主要依据档案群体的完整程度。某一全宗档案数量多，完整程度高，其中某些档案的内容被其他档案覆盖或替代，这些档案的个体价值可能会相对降低；相反，全宗完整程度较低，存留档案的个体价值则相对提高。

五是效益标准。这是欧美档案学者提出的实用性鉴定标准。20 世纪 40 年代，美国档案学者波尔指出保管费用是档案鉴定的三要素之一。当时其观点遭到理论界批评，被认为过于实用。20 世纪 60 年代以来，情况发生变化。美国档案界开始接受并倡导注重效益的鉴定标准。如档案学者布里奇弗德提出档案鉴定应考虑保存和处置费用；档案学者菲利普认为严格而实用的费用核算是所有例行鉴定的必要条件，价值必须与费用共同权衡。后来，欧洲国家也接受了鉴定的效益标准，英国档案学者迈克尔·库克指出，鉴定必须考虑的一个因素是费用-价值率。效益标准的提出和被接受，是鉴定标准日趋实用化的重要表现。我国也有学者提出效益标准，认为鉴定档案价值必须考虑投入产出比，只有当档案发挥的作用可能超过因保存它所付出的代价时，才判定它有保存价值；同时认为这种效益包括经济效益和社会效益两方面，鉴定时必须两种效益并重。

效益标准还存在一定的争议，不同观点主要有：第一，它与档案属性和社会需求不是一个逻辑层面的问题，不能相提并论。第二，这种“算账”的做法在现实中较难实现，档案的未来价值效益在被保存前很难预知，在被保存后也很难计算。第三，档案的价值效益与保管费用性质不同，二者本质上不具有可比性。

三、档案鉴定理论的发展特征

深入分析各国档案鉴定理论对档案价值和鉴定标准认识的发展，可以发现两点共性特征。

（一）对档案价值的认识从片面到全面、从狭隘到科学

对档案价值的认识和揭示是各国档案鉴定理论的基本内容之一。各国学者在不同时期提出的鉴定观都包含对档案价值的认识和揭示，这种认识经历了不断深化和提高的螺旋式上升。

行政官员决定论把档案价值界定为文件对形成机关行政官员的作用，也即谢伦伯格所说的“第一价值”。职能鉴定论也把档案价值理解为形成机关地位高低和职能大小的对应表现，所强调的同样偏向文件的第一价值。这说明，詹金逊和卡林斯基对档案价值的认识和揭示较片面，这是他们的鉴定观的局限。文件双重价值论对文件价值的认识不仅包含第一价值，还兼顾第二价值，这种全面、准确的鉴定观使谢伦伯格超越前人。而利用决定论对价值的认识跳到另一个极端，过于强调第二价值而忽视第一价值，因而它也是一种片面的鉴定观。宏观鉴定论从较宏观的视角将档案价值提升为社会价值，同时包含第一价值和第二价值，继承了双重价值论的精华，并且推动鉴定理论具有更广泛的研究视野。

（二）对鉴定标准的规定从微观到宏观、从具体到相对抽象

对鉴定标准的规定也是各国档案鉴定理论的基本内容之一，总体上呈现出从微观到

宏观、从具体到相对抽象的特点。

对鉴定标准的规定，年龄鉴定论指向档案形成时间，行政官员决定论指向档案来源，职能鉴定论指向档案来源和职能，文件双重价值论指向档案内容属性，利用决定论指向用户需求。可见，这些鉴定标准比较具体、微观。相比之下，宏观鉴定论使鉴定标准发生较大变化，不再根据某一项具体标准，而是采用更加宏观、相对抽象的“社会职能”标准，从而使鉴定标准脱离文件的具体内容，上升为文件形成者的宏观职能。鉴定人员既无须陷于审阅文件的具体内容的繁杂工作中，也不再为主观预测未来的利用需求而倍感惶恐和苦恼，相反，鉴定时只需依据文件形成的社会机制和文件生成的有机联系，系统分析文件形成者职能在社会中的独特性。档案鉴定观的变化适应了信息时代的发展需要，能有效应对电子文件大量涌现给传统鉴定理论与方法带来的冲击和挑战。

与以前的鉴定理论相比，宏观鉴定论更加宏观和超前。一方面，它把鉴定对象从文件自身转向文件形成者，使鉴定方式和方法从具体变为宏观、由复杂变为简捷。另一方面，它把鉴定执行时间从文件形成之后转向形成之时甚至形成之前，使鉴定工作从滞后变为超前、由固定变为灵活机动。宏观鉴定论的优势在于更适应电子文件的特点，使鉴定不再依赖文件实体，不再局限于内容标准，实现了鉴定时间前移，更利于满足信息可流动而且易变动的电子文件的鉴定需求。

四、档案鉴定理论在电子文件时代的发展

（一）档案鉴定的新环境

1. 电子文件鉴定与纸质档案鉴定的异同

电子文件鉴定指根据有关规定和标准判断电子文件价值，确定其保管期限，删除、销毁已积累但无保存价值的电子文件的活动过程。加拿大档案学者凯瑟琳·加沃尔指出，“鉴定是档案工作中最具生命力的职能，档案馆应将其重点放置于电子文件鉴定和收集政策的制定，通过这样处理来识别文件价值”。电子文件鉴定的重要性不言而喻。

与纸质档案鉴定通常指内容鉴定不同，电子文件鉴定同时包括内容鉴定和技术鉴定。前者是判断电子文件所含内容信息的有用程度，决定文件保存多长时间；后者是判断电子文件的技术状况是否可保证文件价值的实现。

电子文件与纸质档案的内容鉴定并无实质性区别，均包括：鉴定文件价值，划定保管期限；鉴定文件内容是否齐全、真实、完整和准确；根据文件内容划定使用范围，如有保密内容则应确定密级；销毁鉴定，对保管期满或失效的文件进行鉴定，剔除无保存价值的文件。

电子文件技术鉴定包括硬件鉴定和软件鉴定。硬件鉴定主要是对文件载体、网络连接状态等的检测。文件载体质量的好坏直接关系到文件内容信息储存的质量；网络连接若出现故障则可能导致被打开的文件受损。软件鉴定相对复杂，主要包括可读性鉴定、可靠性鉴定、完整性鉴定、无病毒鉴定和载体状况鉴定。可读性鉴定是确保电子文件能准确识读，不致丢失和出现误码、错码的技术保障；可靠性鉴定是保证电子文件的背景

信息和元数据安全，使文件信息不被修改或破坏；完整性鉴定首先是保证同一项目中所有电子文件收集齐全，其次是保证电子文件的元数据不被遗漏；无病毒鉴定是对接收进馆的电子文件使用杀毒软件进行检查并消除病毒；载体状况鉴定是对载体质量和性能进行检测，检查文件是否发生物理损坏或变形。

2. 电子文件时代档案鉴定的新要求

电子文件因具有不同于纸质档案的特点，导致其鉴定发生三点变化：

第一，电子文件“实时归档”导致鉴定环节前移。纸质文件办理完毕后一般是次年归档，这种做法可谓“延时归档”。而电子文件在办理完毕后要求“实时归档”。与实时归档同步，电子文件鉴定也因此须前移至电子文件形成之初，甚至须前移至电子文件管理系统设计阶段。

第二，电子文件数量激增要求采取批量鉴定方法。因运转周期缩短和形成成本降低，电子文件数量几乎呈指数级增长。纸质档案采用的逐份鉴定方法已不再适用于电子文件，电子文件批量鉴定需求由此产生。

第三，电子文件易修改的特性要求增加档案真实性鉴定。电子文件因为内容与载体的可分离性，导致文件内容易被修改，且修改痕迹无法被肉眼直接识别。纸质档案鉴定之所以被理解为价值鉴定，是因为纸质档案原件容易判断，且内容的真实可靠性得到默认，故鉴定仅需判定内容价值。而电子文件除需判定内容价值外，文件内容及形成过程的真实性在鉴定中首先须受到重视。

（二）电子文件时代的多角度鉴定观

20 世纪 80 年代以来，各国开始探索适应电子文件特点的鉴定理论，提出一些新的理论观点。虽然这些观点尚未成为成熟、系统的鉴定理论，但其中蕴含的思想内涵具有实践指导价值。

1. 适应电子文件载体特殊性——技术鉴定观

20 世纪 80 年代技术鉴定思想萌芽，技术验证成为电子文件鉴定的首要步骤。1984 年，法国档案学者哈罗尔德·瑙格勒首次明确提出电子文件双重鉴定思想，认为机读文件（电子文件的前身概念）鉴定包括文件所含信息鉴定（即内容鉴定）和文件技术状况鉴定（即技术鉴定）。在他看来，技术鉴定是电子文件鉴定“新的部分”，而且是“比内容鉴定更重要的部分”。

国外学者提出技术鉴定观，主要是针对电子文件载体的特殊性。相比纸质档案，电子文件鉴定虽也要以价值鉴定为中心，但若不能首先保证文件真实可靠、完整可读，电子文件鉴定即丧失意义。技术鉴定旨在判断电子文件信息的真实性、完整性、可读性以及文件载体性能的保证，再与内容鉴定相结合，共同达成鉴定文件真伪、保证文件完整可利用的最终目标。

2. 适应电子文件数量激增——自动鉴定观、智能鉴定观和批处理鉴定观

20 世纪 90 年代初，美国电子文件研究专家戴维·比尔曼提出自动鉴定思想，认为在电子文件时代，档案人员的鉴定对象并非文件，而是形成文件的业务和职能；他还指出，鉴定须在电子文件管理系统设计之时完成，即档案人员须参与电子文件管理系统设计，将鉴定功能嵌入管理系统，文件在管理系统中即能依托技术完成自动鉴定。

随着信息网络技术普遍应用于各类业务活动，电子文件数量急剧增长，鉴定工作量大大增加，电子文件自动鉴定的初始愿景进一步催生出鉴定智能化理念。进入 21 世纪，国外档案界开始探讨电子文件智能化鉴定。2004 年，加拿大学者特里·伊斯特伍德提出针对长期保存电子文件的鉴定模式；2008 年，阿根廷学者玛丽娅·埃斯特瓦综合借鉴文本挖掘、社会网络分析和可视化等技术手段，设计出适用于电子文件的智能鉴定方法。中国也有应用机器深度学习开展智能鉴定的研究。这些探索和研究催生出鉴定理论的新观点——智能鉴定观，目标是用技术手段解决电子文件数量激增带给档案鉴定的挑战。

作为电子文件数量激增带来的档案鉴定难题的另一个解决思路，20 世纪 80 年代末 90 年代初，批处理鉴定观受到推崇。其主要做法是，电子文件管理系统根据事先嵌入的文件分类与保管期限规定，将捕获的电子文件自动归入某一类别，并赋予其相应的保管期限，而不必逐件阅读和判断文件的价值。这种方法在工作效率方面远胜于纸质档案的逐件鉴定，又区别于以往的宏观鉴定论，故被称为“批处理鉴定观”，其核心目标是提高电子文件的鉴定效率。批处理鉴定也是宏观鉴定论的技术实现，不再把鉴定关注点放在内容上，而是依据文件形成的职能活动划分类别和保管期限。

3. 适应电子文件鉴定的核心要求——取证鉴定观

取证鉴定观源自以加拿大档案学者露西安娜·杜兰蒂主持的 InterPARES 项目为代表的文件身份鉴定学派的观点。该项目始于 1999 年，全称为“保障电子文件永久真实性国际合作项目”，致力于研究电子文件管理与保存的问题与挑战。文件身份鉴定学派强调从证据价值出发，认为不仅要鉴定电子文件的内容价值，还要鉴定电子文件的真实性。该学派通过将文件分解为文件形成者、文件内容的语言、文件内容的书写风格与文件生成后的注释等不同要素，将这些要素比照特定年代和地点的文件生成和保管规则，做出真实性鉴定。换言之，取证鉴定观是以判断法律证据的方法来考察电子文件是否可信以及是否可充当证据。

取证鉴定观主要是适应了电子文件鉴定的核心要求。档案鉴定本应包括鉴辨档案真伪和判别档案保存价值两种含义，电子文件信息易于修改的特性使得真实性鉴定的重要性和难度凸显。技术鉴定因此成为电子文件鉴定的补充和前提。取证鉴定观与技术鉴定观具有内在关联性，它借鉴法学和计算机等领域的成果，同时关注文件的真实性和保存价值，确保文件形成的合规性与可问责性。

国外学界也将取证鉴定观称为“新詹金逊鉴定观”。这是因为，取证鉴定观保留了英国档案学者詹金逊的部分观点，坚持档案人员的职责是“确保档案的证据价值神圣不可侵犯”；但其并未机械照搬詹金逊坚持“档案人员不参与鉴定”的行政官员决定论，相反将鉴定职责赋予档案人员，这与电子文件产生的现实环境更加符合。可见，取证鉴定观是适应电子文件时代的要求对詹金逊的行政官员决定论的扬弃，具有一定的积极意义。

第四节　档案利用服务理论

档案利用服务是基于不同主体对同一行为活动的不同称谓。档案利用主体是档案利用者或称档案用户，档案服务主体是档案部门或人员。档案利用服务是实现档案价值的基本途径，是兼承档案工作内外关系的重要环节。

一、档案利用服务理论的历史发展

档案利用服务理论是各国依据长期积累的实践经验，对档案利用服务原则和方法进行的科学总结。各国因历史和文化背景存在差异，对档案利用服务对象和目标、特征和要求的理解有所不同，因此档案利用服务理论的内容具有鲜明的本国特色，整体上经历了不断完善的过程。

（一）18 世纪末的“档案开放原则”

1632 年，意大利档案学者波尼法西奥的《论档案》最早论述档案馆的公开性，提出只有公开的档案才应由档案馆保存。基于档案对历史研究的重要价值，国外历史学界开始要求档案馆开放档案。中世纪后期，欧洲少数国家开始允许历史学家在限制条件下利用档案。波尼法西奥的观点推动了档案利用实践的初步发展，为档案开放原则奠定了思想基础。

18 世纪末，法国首创档案开放原则，标志着档案利用服务理论初步形成。1789 年，法国爆发资产阶级革命，随之开展的档案工作改革是资产阶级革命的组成部分。1789 年 8 月，法国国民议会选举法学家阿曼·卡缪担任国民议会档案馆首任馆长。卡缪最早提出档案开放原则，要求档案馆每天向公众开放，经国民议会讨论后，1790 年的《法国国家档案馆条例》规定“应公众之需，档案馆将每周开放三天”，法国公民可在开放日进入国家档案馆免费查阅档案，这是国家档案馆首次向公众开放。

1794 年，法国颁布档案工作的第一部根本大法《穑月七日档案法令》，明确将档案开放原则写入法律，并扩大其实施范围。该法第三十七条规定，“法兰西共和国的所有公民都可在规定时间和期限内，到所有档案馆申请免费查询文件，但不得借出。档案馆须采取适当措施保护文件，对于需要文件副本的请求，公民支付 15 苏费用后由档案馆寄送”。该法使档案开放原则从国家档案馆单独实施扩展为全法国所有公共档案馆普遍遵循的原则，是档案开放原则确立的标志。

部分历史学家在理论上阐述了档案开放原则。法国历史学家郎格鲁于 1898 年发文指出，档案开放原则的意义在于不仅改变了档案馆的性质，使其从机密机构变成公开机构，并且开创了档案利用新时代，使其从行政利用扩展到科学利用。但在近代时期，档案开放原则仍有一定的局限性。每周仅三天的开放日限制了公民利用档案的自由度，档案利用者多局限于学者，档案利用权概念仍未普及。

在法国档案工作改革的影响和推动下，欧洲国家也逐步接受和实行档案开放原则，使之逐步成为世界各国普遍遵循的基本原则。我国接受档案开放原则并展开学术研究较晚，20 世纪 80 年代初，随着改革开放的深入，国家档案局时任局长曾三提出，开放历史档案是当前档案馆工作的主要任务。1987 年首次颁布的《档案法》以法律形式固定了档案开放的方针。这一时期，我国学者围绕档案开放标准等具体问题展开研究。当前，我国的档案开放实践在理论研究指导下不断完善，2021 年实施的新《档案法》将档案封闭期由 30 年缩短至 25 年，并放宽对档案开放的限制，体现了我国档案开放原则的深化落实。随着技术环境变化和时代发展，档案知情权、隐私权、知识产权等相关问题也相继引发研究。

档案开放原则赋予公民利用档案的平等权利，被誉为"档案的人权宣言"。它让档案事业和档案馆的性质发生根本变化，国家档案馆开始真正成为服务社会公众的开放性文化事业机构，而不再是只为统治者、档案所有者等少数人服务的封闭性和世袭性机构。它确立的服务社会公众的宗旨是区别古代档案库与近代档案馆、古代档案工作与近代档案事业的根本标志之一。

（二）18 世纪末至 20 世纪中叶的"档案限制利用观"

18 世纪末，《穑月七日档案法令》在确立档案开放原则的同时，也规定公民必须在有限制、有监督的条件下查阅档案，近现代意义的档案利用限制由此产生。随后，各国在普遍实行档案开放原则的同时，也逐渐意识到如果对涉及国家安全或个人隐私的档案不加限制地随意开放，可能造成不良结果。

19 世纪至 20 世纪初，档案限制利用观被普遍接受并推行，各国依据封闭期制度对公众利用档案加以限制。封闭期制度是由国家法律规定的保护档案、维护国家和个人权利的一种制度。封闭期指由法律规定的文件从形成到开放利用的期限，也即档案的保密时限或档案保护期。不同性质和内容的档案有长短不同的封闭期。国外档案的封闭期主要分为 50 年甚至百年以上的特殊封闭期和 30 年左右的一般封闭期，直到第二次世界大战期间，档案利用仍被严格限制。

20 世纪中叶至 20 世纪末，档案限制利用观持续弱化。文件生命周期理论为档案利用限制的弱化提供了理论依据。1966 年，国际档案理事会召开"档案馆向学术界开放"特别大会，就档案开放问题达成"取消对档案的自由利用限制"共识。1968 年，第六届国际档案大会推动大多数国家采用 30 年封闭期制度，从理论上阐述了档案自由开放的必要性，为弱化档案限制提供了理论支撑。这一时期的代表学者为美国学者艾伦·赖特曼，他指出档案自由开放的本质是"开放档案的范围应最大化，档案保密的范围应最小化"，在档案开放过程中需关注利用自由与保护隐私的平衡。各国也不断完善档案开放的法律规定。美国《信息自由法》(1966) 及其修正案 (1974)，提出并深化了"信息权"概念，让档案利用权成为公众法定权利，让"信息权"逐渐深入人心，推动了档案限制利用观弱化。20 世纪末以来，国外档案界对档案利用限制的关注集中于个人隐私权领域。一些学者试图着眼于研究自由与隐私的平衡问题，研究如何在保护国家安全、个人隐私和商业秘密的基础上，确保公民利用公共档案的权利。

档案限制利用与档案开放原则存在此消彼长的关系，总体态势是档案限制利用持续弱化、档案开放自由度不断提高，并促进档案利用服务理论螺旋式上升与完善。档案限制利用可以维护档案形成者的利益，保障档案信息安全，维护国家安全、商业秘密和个人隐私。但它在一定程度上仍是档案特权思想的延续，过度限制不利于公众信息自由权的实现，既不利于学术研究开展，也不利于档案意识普及。

（三）20 世纪 80 年代的“档案利用类型观”

1980 年，第九届国际档案大会以“档案利用”为中心议题，首次从理论上总结出档案利用的三种类型，形成了档案利用类型观。大会提出，以利用目的作为分类标准，利用服务可分三种类型——学术利用、实际利用与普遍利用。

学术利用指用户利用档案进行学术研究，通过查找馆藏档案来获取和传播知识。瑞典档案学者丁·林德勒夫指出，学术利用是指研究者利用档案进行的学术研究活动。阿根廷国家总档案馆馆长加西亚·贝尔逊斯曾称学术利用是一种“推理性利用”。学术利用具有以下特点：用户主要是学术人员，以历史学者居多；用户人数占首位，尤以家（族）谱利用者居多；用户较熟悉馆藏，较少要求档案人员帮助；利用目的是学术研究，主要产生社会效益；利用档案数量多，尤其是专题类档案。

实际利用指用户利用档案满足实际工作需求，通过查找馆藏档案解决工作中的实际问题，是一种实用性利用。贝尔逊斯指出，实际利用主要发生在商业、公共行政管理、文化卫生等领域。如果说，学术利用主要与思想有关，那么实际利用则主要与行动有关。实际利用具有以下特点：用户多为行政管理人员、专业人员、技术人员等；用户不太熟悉馆藏，要求档案人员帮助较多；利用目的主要是解决工作中的实际问题；利用的时效性很强，往往希望立即满足需求。

普遍利用指档案馆向社会公众宣传档案，或是公众主动来馆参观或参加活动。普遍利用具有以下特点：用户多为社会公众，成分较为复杂；用户一般没有明确目的，往往出于兴趣或闲暇来到馆内；普遍利用可起到宣传档案、提高档案馆知名度、增强社会档案意识的作用，成为连接档案馆与社会大众的“桥梁”。

档案利用类型观是档案利用理论发展的重要成果，国内外丰富的档案利用服务实践和典型案例与这一理论观点相呼应。近年来，档案利用服务实践兼顾经济效益和社会效益，文化创意和文化休闲导向日趋明显，呈现蓬勃发展态势，为将丰富的实践经验上升至理论高度提供了坚实基础。

（四）20 世纪末的“档案休闲利用观”

各国档案馆开展休闲利用服务在一定程度上继承了“普遍利用”概念。2000 年第十四届国际档案大会第三次全体会议的主报告《档案在休闲社会中的作用》引发国际档案界集中探讨“休闲利用”，成为“档案休闲利用观”的起点。

普遍利用指“档案馆向普通公民宣传档案或是主动提供服务”，说明档案馆把无特定利用目的的普通公众也视作服务对象，以满足其兴趣或为其提供休闲场所。傅荣校指出，普遍利用与休闲利用的关系为，“普遍利用是休闲利用的基础和重要条件，休闲利用则是对普遍利用的继承和发展”，并将“休闲利用”定义为“人们在基本需求得到满足的前提下，利用自由时间去档案馆查询档案以满足个人的兴趣和爱好，达到休息消遣目的，并且提高自身素质的活动”。

随着社会文明程度与人民生活水平的提高，休闲的内容已从感官娱乐层面提升至精神文化层面，文化特征更突出，文化休闲逐渐成为公民生活的重要组成。档案由此发生变化——从保存信息的“珍宝”演变成“文化产品”，档案利用作为一种文化活动，发展成为休闲文化的组成部分。借助第十四届国际档案大会的推动，档案休闲利用实践活动在发达国家普遍展开，并卓有成效。档案资源开发和服务的文化创意和文化休闲导向日趋明显，很多档案馆基于馆藏开发文创产品和发展文化产业，立足档案馆的独特建筑风格、馆藏历史价值或地方人文特色等促进文旅融合，助力经济发展。丰富多样的档案休闲利用实践促进了档案利用观念的大众化。

休闲利用与普遍利用关联性较强，它们之间的主要差异如下：一是休闲利用的着眼点从档案馆向用户转移，即普遍利用强调档案馆的主导性，而休闲利用强调用户的主导性。二是休闲利用在利用目的、档案馆服务环境和内容方面的“文化休闲”色彩更突出，期望档案馆能像博物馆、图书馆一样，成为公众文化休闲活动的一种选择。三是休闲利用需要用户有较高的文化素质和档案意识，与之相对应，档案馆工作人员也应具备更高的专业素质和文化素养，了解用户的心理需求，满足其休闲需要和个性化需求。从档案的价值和作用角度看，档案休闲利用体现了档案的文化价值、休闲功能和情感作用，是“档案价值多元观”的表现之一。

（五）20世纪末至21世纪初的“档案服务社会化观”

档案服务社会化观是我国学者根据档案工作的社会化发展趋势总结的理论观点。其主要内容是档案服务呈现社会化特点和趋势，档案馆应在法律允许的前提下以有效方式为全社会提供档案服务，满足社会对档案的需求。

20世纪八九十年代，档案服务社会化观萌芽。孙嘉焯于1986年提出要改变档案工作的服务观念和方式，关注档案工作的社会性；丁志民于1988年提出社会性是档案的基本属性之一，这成为档案服务社会化的观念基础。21世纪头二十年，学界集中讨论档案服务社会化相关理论问题，档案服务社会化观初步形成。冯惠玲于2001年提出，档案馆亲近民众是政治民主化的生动体现，档案服务社会化成为必然趋势。学者们开始研究档案服务社会化的内涵、功能等问题，提出档案服务遵循全民服务原则、最大化开放原则、竞争与合作原则、效益原则和渐进性原则，提倡档案馆面向社会服务，企业档案室适当向社会开放。2010年至今，档案服务社会化理论观点逐渐成熟。黄霄羽于2013年辨析档案社会化服务与档案服务社会化的概念区别，指出后者是档案部门面向社会公众提供专业服务，档案服务社会化概念趋于明确。

在该理论指导下，我国档案服务社会化实践快速发展。有的档案部门注重民生服务，满足公众的利益需求，便民利民。2021年，郑州市人才交流服务中心档案服务事项App上线，实现了档案接收和转递等流动人员人事档案服务“一网通办”。有的档案部门开展文化服务，实现文化惠民。北京市档案馆于2021年举办“寻找档案中的北京中轴线”亲子活动，让儿童从馆藏里寻找北京中轴线的相关记录，宣传档案知识与古都文化。我国档案馆的服务社会化实践是对档案服务社会化观的实践应用和检验，反过来又可推动档案服务社会化观不断完善。

总之，档案服务社会化观是档案事业“社会模式”的重要特征与体现之一。它引导档案部门和人员树立社会意识，充分实现档案的社会价值，推动我国档案服务模式创新与升级，获得更广泛的社会认可与支持。

（六）21世纪初的“档案价值多元观”

美国加利福尼亚大学洛杉矶分校的安·吉利兰德教授在美国档案教育与研究学会2011年度会议上首次界定了档案多元论的内涵（具体内容见本章第六节），档案价值多元观是档案多元论的组成部分。它诞生于21世纪档案学领域容纳跨学科、跨机构、跨文化的多元视域背景，与解构主义和后现代主义等倡导保护多元文化、维护边缘群体权利的时代思潮密切相关。

档案价值多元观的狭义理解是指档案具有凭证价值、参考价值、记忆价值、数据要素价值等多元价值表现。在广义理解上，除了档案价值的不同划分角度外，可从多维度展开探讨：在档案价值判断方法上，有基于来源、内容、形成时间、职能等多种因素的导向；在档案价值实现途径上，有包括国家行政部门、经济市场、社会组织及公众在内的多元管理或治理主体加入档案工作流程；社会需求变化推动档案利用目的日益丰富，档案价值因此呈现多种多样的表现形态。

档案价值多元观的进步之处在于：第一，有利于丰富我国档案学研究的学术视角，从哲学、社会学、文化学、史学等不同学科或专业来理解和把握档案价值，扩展档案利用服务的理论内容。第二，有利于推动档案实践环境的多元化发展，包括多主体参与的档案工作模式、跨机构的馆际合作机制等。档案价值多元观旨在突出档案的第二价值，期望利用者的覆盖面更广泛、更多样，面向不同社会群体、不同组织机构保存或构建记忆。同时，档案价值多元观恰好顺应20世纪末以来兴起的图书馆、档案馆及博物馆文化机构联盟（LAM）趋势，不同类型的文化机构的合作机制有利于共同保存人类文化遗产，满足社会的文化需求，这一点与档案价值多元观承认社会丰富多样的利用需求的出发点基本一致。

二、档案利用服务理论的基本内容

虽然各国档案利用服务理论的论述角度与具体内容不尽相同，但它们存在一定的共性，通常涵盖三方面基本内容——规定档案利用服务对象、认识档案利用服务目标和理解档案价值形态。

（一）规定档案利用服务对象

档案利用主体是档案用户或档案利用者，档案服务主体是档案部门或人员。从利用与服务的关系而言，档案利用的主体也是档案服务的对象。在以上的档案利用服务理论观点中，档案开放原则、档案服务社会化观和档案限制利用观均包含对档案服务对象的规定和要求。

档案开放原则的提出，表明档案服务对象由特权阶级转变为全社会，包括一切政府机关、企事业单位、社会组织和团体以及普通公众。档案服务社会化观是对档案开放原则的继承，强调档案馆应以主动服务的姿态服务于社会各项事业的发展。档案限制利用观则规定了服务对象的利用权限，并通过设置封闭期，对档案利用者的利用行为加以限制。

档案利用服务理论旨在平衡档案开放与限制的关系。一方面，它强调档案利用权，视档案利用为全社会普遍享有的权利，突出档案馆的开放性。另一方面，它强调对利用行为的限制，在法律允许的范围内开放档案，以保障国家机密、商业秘密和个人隐私不遭泄露。开放与限制是档案利用服务领域始终共存的基本矛盾，档案利用服务理论体现了二者有机平衡的原则，档案部门既应最大限度地向社会开放，又应以适当限制降低档案公开的风险。

（二）认识档案利用服务目标

档案利用服务理论也体现了档案工作的服务目标。档案利用服务目标主要分为源自传统的服务行政目标和适应发展的服务社会目标，前者不断深化，后者不断拓展。

档案服务行政贯穿于所有的档案利用服务理论，是档案利用工作自奴隶社会以来的固有目标。档案在奴隶社会和封建社会中承担维护阶级利益、巩固王权统治的重要任务，近代以来，各国开始重视利用作为原始史料的档案服务于历史研究，实质上仍是借助档案的原始记录性巩固政权统治，档案内容中对本国、本地区治理经验、经典案例等的记述也成为档案资政服务的组成，行政界与政治、历史、人文等专业人士以及档案界联手开发档案，大大深化了档案服务行政的内涵和深度。

档案利用类型观和档案休闲利用观体现了服务社会目标的丰富和拓展。档案利用类型观将档案利用服务的目标细分为学术研究、解决实际问题、满足兴趣等。档案休闲利用观则进一步将利用服务的目标拓展至文化休闲，满足公众的精神文化需求。

学界对档案利用服务目标的研究与社会进步保持协同发展。如在民主政治背景下，注重研究档案知情权、档案服务国家治理等问题；在发展公共文化背景下，注重研究档案公共服务、文化惠民服务和档案文旅融合服务等问题，强化档案服务目标的社会性。

（三）理解档案价值形态

档案价值多元观的内容涉及对档案利用服务客体（即档案本身）价值形态的认识。档案鉴定理论与档案利用服务理论都涉及档案价值问题，前者的认知将在后者中得到实际应用。面对利用服务实践变革，档案利用服务理论深入探讨档案价值形态拓展和档案价值形态新增。

一方面是档案利用服务中档案价值形态拓展。档案价值的实现领域很广泛，包括行政、文化、教育和法律等领域。随着社会发展，档案行政价值拓展至行政问责的重要依据和社会治理的有力工具；档案文化价值拓展至档案文化创意产品开发和档案文化休闲利用；档案教育价值拓展至档案家国教育；档案法律价值拓展至成为公民维护合法权益的重要工具或依据。

另一方面是档案利用服务中档案价值形态新增。它是指学界尚未从理论角度系统概括，但现实工作已有体现的档案价值形态新表现。比如档案在经济建设中成为可增值的信息资源，允许甚至需要鼓励对之进行商业开发或增值开发，转化成经济效益；档案在个人的人文精神、人文素养的形成和发展过程中发挥作用，包括身份认同、人文关怀等；档案促进社会的稳定和发展，实现社会的诚信和谐、可持续发展，构建社会记忆；等等。

三、档案利用服务理论的发展特点

深入分析各国的档案利用服务理论对档案利用服务对象、目标以及档案价值形态认识的发展，可以发现两点规律性特征。

（一）档案利用服务对象逐渐扩展

主张档案利用服务对象的社会化是档案利用服务理论的重要发展。各个时期，各国学者对“由谁利用”“为谁服务”的问题均有探讨，有关认识呈现由局部到全面的特点。

档案开放原则首次肯定了档案向公众开放的思想，在一定程度上使档案馆由机密机构变为公开机构，档案限制利用观则是对档案开放原则的合理补充。至 20 世纪末，档案向社会公众开放已成为学界和业界的共识。从向社会开放的程度看，档案开放原则和档案限制利用观都存在一定的局限性：档案开放原则只是较局部、较粗放的开放，档案限制利用观尚未对社会公众的信息自由权做出明确维护。而当代的档案服务社会化观，既是对服务对象向全体社会公众扩展的明确，同时也强调这种扩展是一种动态进程，档案利用服务对象的覆盖范围日渐扩大是一种趋势。随着社会公众对档案的利用需求发生变化，学界对档案利用服务对象的认识必将更加全面。

（二）档案利用服务目标从单一到多元

对档案利用服务目标的认识是档案利用服务理论的主要内容之一。据档案利用服务理论观点的演变，从仅行政利用服务领域到学术、文化、休闲、教育、惠民利用服务等多个领域，在档案“由哪些领域利用”“为哪些领域服务”的认识方面呈现由单一到多元的显著变化。

在档案开放原则诞生前，已有档案向历史学家开放、服务历史研究的零星实践，档案开放原则出现后则在档案利用服务目标方面将单一的行政利用扩大到科学利用、学术利用的范畴；经过近两百年的理论发展，以档案利用类型观为代表，逐步形成档案可在历史研究、学术考证、行政参考、公共教育等方面发挥作用的观点，这是档案利用服务理论在利用服务目标方面的一大进步；此后的档案休闲利用观更是将利用服务目标拓展至社会各领域，包括但不限于文化创意、科普教育、建立身份认同、巩固民族情感、留存国家和社会记忆等；发展至今，档案价值多元观被普遍接受并逐步成为共识，使得在多领域推行档案利用服务目标的实现成为可能。

在档案利用服务目标方面，整体上呈现愈加丰富多元的发展特征，由侧重资政开始，逐步兼顾多个领域，档案馆的公共性和文化性被普遍接受，档案利用服务的社会化成为世界各国的发展趋势。社会档案意识不断增强，这是信息时代公众信息获取意识、信息权益意识等增强的表现，档案利用服务目标也将必然随之扩展、丰富，从而推动档案利用服务理论的深化。

第五节　文件连续体理论

文件连续体理论是由澳大利亚档案学者弗兰克·阿普沃德、苏·麦克米希等人于 20 世纪 90 年代提出并发展的文件管理（recordkeeping①）理论。该理论基于澳大利亚本土文件档案管理的传统与实践，并借鉴吸收戴维·比尔曼、特里·库克等学者提出的后保管思想及吉登斯的结构化理论建构而成，是文件管理的新范式。

一、文件连续体理论的形成背景

（一）基于证据及连续体的文件管理方法的回归

20 世纪 50 年代，时任澳大利亚联邦档案馆馆长的伊恩·麦克莱恩提出连续体思想雏形，动因源于文件是业务活动的证据及保存证据的重要性。然而，在 20 世纪 80 年代澳大利亚档案工作中，基于证据的文件管理方法被信息管理方法取代。20 世纪 90 年代，因政府部门在 80 年代出现的责任危机及腐败案件，加上电子文件管理的挑战，基于证据的、连续体的方法再次出现，国家档案馆的新型战略方向也回归到基于证据及登记室的方法。这种回归为文件连续体理论的形成提供了重要依据，阿普沃德特别强调文件连续体模型的目的是帮助完成文件管理中的证据要求这一最初任务，随后才扩展到其他领域。

（二）澳大利亚登记室传统的影响

受历史上曾是英国殖民地的影响，澳大利亚具有较悠久的登记室传统。虽然该传统在 20 世纪 80 年代后被抛弃，但它对澳大利亚文件管理的理论与实践，包括系列方法及文件连续体理论等具有重要影响。澳大利亚的登记室制度以卷为基础开展，即登记室收到或发出的每份文件都被归入一个案卷，所有文件被分为续文和新文两类，前者指与之

① “recordkeeping”是在文件连续体理念下产生的概念，意指由文件管理者及档案工作者为了现行的、管理的及历史的目的所执行的一系列相互交织的文件管理及档案管理的过程和活动。这一术语不仅融合了（现行）文件管理及档案管理，也包括了个人在日常生活及家庭、工作或社群组织及其他各种组织中所从事的个人或机构的文件管理活动。这一术语体现了文件连续体理论中的“连续体”这一核心思想，即文件管理是现行文件管理者、档案工作者及其他相关方作为一个整体一起合作进行的工作，而不是单一主体分阶段孤立开展的工作。而“record keeping”或“record-keeping”则是指狭义上的对现行文件的管理，是更为微观的、具体的、狭义上的现行文件管理即 records management，这两个术语是在文件生命周期理论下产生的概念，体现了文件及档案管理的阶段性。参见：MCKEMMISH S，UPWARD F，REED B. Records continuum model// BATES M，MAACK M. Encyclopedia of library and information sciences. New York：Taylor and Francis，2009：4447－4460.

前已有文件有特殊关联的后续文件，后者指针对新事项而产生的新文件，两类文件的处理方式和登记手续不同。对续文而言，若文件续用相关联已有文件的编号，会被直接发送给文件附件处理人员确认后，或归入登记室的已有案卷，或作为附件送至文件使用部门；若未引用文件编号，则由索引编制人员编制文件编号。如经文件附件处理人员确认不属于续文的，则按新文程序办理。新文由登记室的文件分类人员处理，文件分类人员负责确定案卷标题、确定文件下发部门、判断文件应编制在哪个主题索引下；随后文件被送至登记员处，登记员会将文件置于文件夹内建立新的案卷，给文件夹编号，写明标题和下发部门；然后，案卷被转交给索引编制人员，索引编制人员会根据文件分类人员提议的主题在卡片上进行著录；最后，文件被传递给相关部门。文件在机构各部门的流转过程都会被记录在登记卡片的背面，若文件直接在部门之间流转并处理，则会发送给登记室一张流转单，以记录和传达文件处理现况。在完成现行业务或业务流程暂时中止后，文件被送回登记室，由后验员审查，添加所需的附加索引条目，检查业务流程是否全部完成，通过查询保管期限表判断该案卷未来应被销毁还是在指定日期移交至档案保管机构。

登记室制度体现了对文件的前端控制和全程管理思想，而元数据著录包括著录文件的编号、主题、著录信息、流转单等，是实现上述思想的重要工具。该制度也实现了文件管理与业务流程的整合，文件管理被嵌入业务活动，并成为业务活动开展的组成部分。这些思想均被文件连续体理论吸收。

（三）文件系列方法及后保管思想的影响

在麦克莱恩思想的影响和指导下，20 世纪 60 年代澳大利亚联邦档案馆工作人员彼得·斯科特提出“系列方法”思想①，这被阿普沃德誉为文件连续体模型建构的基石。系列方法是对文件进行知识控制的方法，它的提出是因为澳大利亚之前采用的文件组合著录方法无法适应因政府机构频繁变动而产生的文件来源多重这一现实。文件系列方法将对文件形成者的著录信息与对文件自身的著录信息相分离，即对文件系列及其形成者分别著录，然后通过更广泛的相互参照体系与其他相关系列及其形成者相关联。这是一种多重背景著录的方法，使各形成者内部及之间潜在的丰富联系或关系得以建立，如在政府背景中，系列方法使跨越时间记录政府机构与其前任及继任者，以及与其下属和上级之间的关系成为可能；它也使系列能以多种方式与形成者及其他相关系列相关联，这些关联能在一份文件、一个机构或其职能的生命周期的任何阶段得以建立，由此，在系列体系框架里记录的任何文件、任何个人、任何组织机构及任何一种形式的业务或过程都能形成一个丰富的背景网，从而利于多种形式的研究或其他用途。因此，文件系列的力量来自背景的力量。而文件及其背景是不断发展和相互作用的，著录框架须足够灵活，以便容纳发展和相互作用，这正是系列方法有效的重要原因。特里·库克因此评价彼

---

① 见 SCOTT P J. The record group concept：a case for abandonment. The American archivist，1966，29 (4). 其中，斯科特对文件系列进行了说明，指出澳大利亚档案整理的层级包括三层：文件组合（类似于全宗）、文件系列、件或卷。而文件系列是由数字或其他特征控制的一组文件，它们处于同一系列数字或特征中，或不由数字或特征控制，只是来自同一积累或归档过程，具有类似的物理形状及信息内容。

得·斯科特是档案界后保管革命的奠基人。

随着20世纪90年代受后现代主义思潮的影响以及电子文件的出现，以特里·库克、戴维·比尔曼为代表的后保管主义者深入诠释了后保管思想，认为将来的档案工作不再是保管文件实体，而是把握形成结构和它们的动态功能及由此形成的文件之间的概念关系。这些思想也通过他们于1993年到访澳大利亚而对文件连续体理论的形成产生了影响。文件系列方法及后保管思想均强调文件管理不再局限于保管文件实体，而应更多地关注文件之间、文件与其形成和利用背景之间的关系，这些思想成为文件连续体理论的理论基础。

此外，20世纪90年代以来，随着澳大利亚民权运动的发展，社群档案特别是澳大利亚土著档案和记忆的保存成为澳大利亚政府及档案学界关注的焦点，这也促使文件连续体理论者进一步深化理论的包容性和多元性。

二、文件连续体理论的主要内容

文件连续体理论的内容主要通过文件连续体模型显示，模型共有四个轴、十六个坐标及四个维，提供了文件管理的多维视角（见图10-1）。

（一）解读文件连续体模型的“轴”和“坐标”

文件连续体模型的四个轴分别代表文件管理的四个重要主题——身份、证据、互动和文件管理存储器，每个轴上均有四个坐标。

第一，身份轴。即文件管理的行为主体，坐标包括个人、业务部门、组织机构和制度。其中，个人可能从属于特定业务部门，业务部门也可能从属于特定组织机构，而组织机构是整个社会制度的组成部分。

第二，证据轴。包括行为的痕迹、文件提供的证据、文件在机构记忆及集体记忆中的角色，坐标包括痕迹、证据、机构/个人记忆和集体记忆。

第三，互动轴。强调是在处理业务或履行职能的过程中形成文件，以及这些活动形成的文件之间各种关联的方式，坐标包括行为、活动、功能及目的。

第四，文件管理存储器轴。涉及存储人类活动信息记录的工具，坐标包括记录、文件、档案和档案集合[①]。其中，“记录”基于行为产生，包括内容、结构及形成背景等要素，但此时“记录”尚未与直接相关的业务、社会背景或其他相关记录建立关联。阿普沃德认为凡是记录均具有潜在的档案属性，因此他在模型中对“document”一词附加了“archival”进行修饰。而“文件”是“记录”被捕获进“系统”[②]，与其所记载的各种业

---

① 这四个术语是基于澳大利亚文件档案管理实践所形成的术语，而澳大利亚文件档案管理实践与中国文件档案管理实践存在差异，所以很难找到与这些术语完全对应的中文术语，在此暂且将这些术语翻译为意思最接近的中文术语。

② 这里的“系统”被宽泛地定义为整合了正式及非正式地将文件作为证据、记忆及可信信息来源的文件管理过程。参见：MCKEMMISH S. Recordkeeping in the continuum: an Australian tradition// GILLILAND A, MCKEMMISH S, LAU A. Research in the archival multiverse. Australia: Monash University Publishing, 2017: 139.

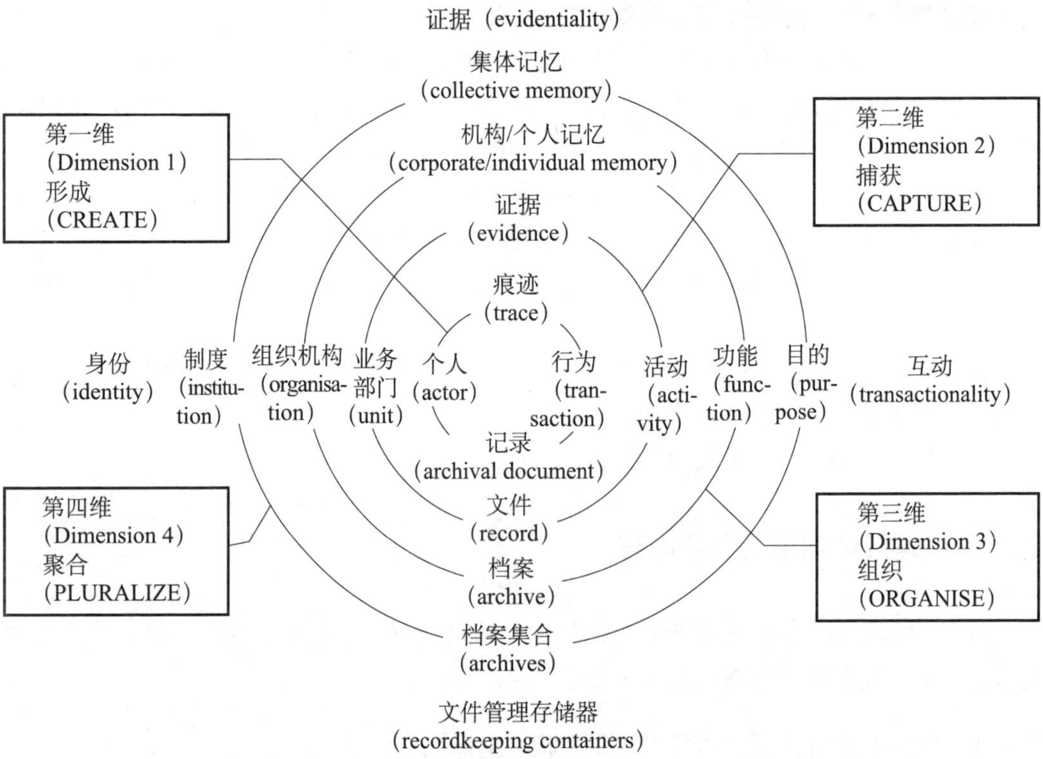

图 10-1 文件连续体模型

资料来源：MCKEMMISH S. Recordkeeping in the continuum：an Australian tradition// GILLILAND A，MCKEMMISH S，LAU A. Research in the archival multiverse. Australia：Monash University Publishing，2017：138.

务或社会背景及相关记录建立起关联，此时“记录”脱离其形成环境，作为“文件”可存在于不同的时空中，故阿普沃德特别强调模型中“record（s）”就其互动性和背景性而言是逻辑的而并非物理实体，连续体理论适用于所有文件，不论它们是纸质的还是电子形式的。这也说明文件连续体理论并非针对或只适用于电子文件，而是适用于任何形式文件管理的理论。“档案”是特定组织机构形成的具有档案价值的所有记录，是文件的集合。“档案集合”作为档案的复数形式，是指多个组织机构的档案集合体。

（二）解读文件连续体模型的“维”

文件连续体模型每个轴上的四个坐标相互关联，由此形成了四维——形成维、捕获维、组织维及聚合维。

第一，形成维。描述行为者个人层面的文件形成及保存行为，即行为者实施了某一行为，形成了记录，留下了行为的痕迹。

第二，捕获维。业务部门捕获行为者个人在业务活动中留下的记录，并将该记录与其直接相关的业务或社会背景及其他相关的记录建立关联，形成作为该部门业务活动证据的文件；行为者个人也可捕获其在社会活动中形成的记录，形成作为个人从事社会活动证据的文件。

第三，组织维。组织机构对各业务部门的文件进行整理、编目并保存，即形成了组织机构的档案，这些档案是机构的记忆；个人将其文件加以组织形成个人档案，即个人的记忆。这些记忆反映了特定组织机构或个人在社会中的功能，也即社会角色。

第四，聚合维。机构或个人的档案与其他机构或个人的档案聚合在一起，形成社会记忆，整体反映某一社会制度的概况、目的及功能等。

文件连续体模型的灵感来自吉登斯有关时空延伸的论述，模型的“维”充分体现了文件运动的时空延伸性：

自内向外看，文件连续体模型如涟漪般向外延展：第一维“形成维”可被视为文件运动时空延伸性的开始，这一维中的所有事物都处在形成过程中，行为者实施了行为，产生了“记录”，但记录的各种关联尚未建立。在第二维中，记录被捕获进“系统”，建立起各种关联，形成“文件”，此时“记录”从其最初的形成时空中脱离出来，可独立存在于其他时空，从而实现文件从其形成时空的延伸。如果文件被组织成为机构/个人记忆，就进入了第三维，即发生了更进一步的时空延伸，这也赋予文件在特定机构中更大的可获取性。当文件与其他机构的文件聚合构成集体记忆时，即第四维，文件即进入更广阔的系统或时空中，以建构、唤起及传播集体记忆，此时，文件能提供给更多的具有不同目的和需求的利用者利用。需要指出，这四维并非层次分明、顺向递进的，而是作为整体而存在。阿普沃德特别强调“维”并非界限，坐标也并非一成不变，当围绕文件的利用和控制的背景发生变化并产生新的行动时，文件在时空中具有多重生命，即文件可同时作为证据、机构/个人记忆，以及集体记忆而存在。

自外向内看，每个维可被视为级联区域，作为集体记忆的文件也可能螺旋式地向内回溯到文件的形成、捕获及组织，这也反映了文件运动的时空延伸性。另外，阿普沃德将“文件”置于“捕获维”也基于其所持的“文件并非中立物”的观点。文件是由相关主体“捕获”进入文件管理系统的，因此，对于同一社会活动，不同的社会主体可能会捕获并形成不同的文件，而不同的文件也同样会对其所依存的社会结构产生相应的形塑和诠释。

以上四维作为一个整体导致文件管理并非由文件管理者或档案管理者分阶段进行。文件连续体理论强调，文件管理人员应与相关人员合作，共同进行文件管理，每个社会主体都是文件管理者。

三、文件连续体理论的影响和发展

文件连续体理论作为文件管理的新范式，对文件管理产生了很大影响。20 世纪 90 年代，莫纳什大学基于连续体思想制定了“澳大利亚文件管理元数据模型”（Australian Recordkeeping Metadata Schema，RKMS），该模型已成为文件管理元数据国际标准 ISO 23081 第一部分的概念框架。而基于连续体思想制定的澳大利亚文件管理标准 AS 4390 也发展成了文件管理国际标准 AS ISO 15489。这些标准已被许多国家采纳，用以指导文件管理实践。

文件连续体理论的提出也激发了学界对“文件”“档案”等核心概念以及来源原则等理论的反思，促进了学科理论的发展。如阿普沃德指出，文件并不是自然形成和中立的，它们是某种社会权力结构造就的结果，而这些文件整体所再现的社会现实又会合理化既存的权力结构，进而巩固原有的社会结构；苏·麦克米希强调文件并不是一成不变的，“文件的内容与结构可被视为是固定的，但就其背景化而言，文件总是处在形成过程中”①；克里斯·赫尔利认为现代档案学理论与实践强调“单一文件形成者”，即认为文件形成者仅指将文件留存起来的组织或个人，而将文件形成活动中其他参与者视为具有非常有限的权利（主要是隐私及获取方面的权利）的文件客体，他提出了“共同形成者”“多重同时来源”“平行来源”及“档案参与模式”等连续体概念，主张将“文件客体”重新定位为“参与文件形成的能动主体”及“共同形成者”，以保护并实现他们的主体权利②。

文件连续体理论的终极诉求是建立一个自下而上的、可靠的文件保存体系，以完整保存集体记忆，促进社会民主发展。因此，该理论在发展中衍生出“参与式档案馆”③“档案自治”④ 等概念，主张文件的共同形成者有权参与文件鉴定、著录等工作，以共同建构更为完整的社会记忆。这些思想已经被运用于指导档案实践。

文件连续体理论仍处于不断的发展中，该理论在提出之初主要聚焦于政府机构的文件管理，之后其内涵不断发展，用于指导各种组织机构的文件管理及社会记忆的建构。新一代文件连续体理论被应用于不同场景，并形成了一些新的思想，如莉萨·吉本斯将该理论应用于作为证据的在线文化遗产管理，提出文化遗产连续体的五维模型，并将第一维重构为“共同形成维”⑤。

第六节　档案多元论

档案多元论是随着档案学的后现代转向而出现的思想，包括档案多元宇宙（archival multiverse）及档案多元主义（archival pluralism）等概念，这两个概念之间关系紧密。其中，“档案多元宇宙”更具基本性，是对一种事实或现象的描述；而“档案多元主义”是实现档案多元宇宙的方法，关注是否以及如何有意识地将多元性融入档案学的概念、实践及教育中。只有接受“档案多元宇宙”的基本思想并践行“档案多元主义”的方法，才能实现对差异与多元，以及对边缘群体和个体更好的理解、尊重与赋权。

一、档案多元论提出的背景

“多元宇宙”（multiverse）概念最早由美国哲学家威廉·詹姆斯于 1895 年提出，他

① MCKEMMISH S. Placing records continuum theory and practice. Archival science，2001，1（4）.

② HURLEY C. Parallel provenance：（1）what，if anything，is archival description? . Archives and manuscripts，2005，33（1）. HURLEY C. Parallel provenance：（2）when something is not related to everything else. Archives and manuscripts，2005，33（2）.

③ GILLILAND A J，MCKEMMISH S. The role of participatory archives in furthering human rights，reconciliation and recovery. Review for modern archival theory and practice，2014（24）.

④ EVANS J，MCKEMMISH S，DANIELS E，MCCARTHY G. Self-determination and archival autonomy：advocating activism. Archival science，2015（15）.

⑤ GIBBONS L. Culture in the continuum：YouTube，small stories and memory-making. Melbourne：Monash University，2014.

受东方宗教里的多个宇宙（multiple universes）概念的影响而提出此概念，并阐述了多元主义（pluralism）的思想。之后，多元宇宙概念被物理学、宇宙学及档案学等众多学科领域借用，多元主义思想在20世纪西方有关文化多元、族群多元及宗教多元的讨论中被援用。这些讨论对西方档案学界也形成冲击，促其探讨文化及社会史的多元方法对档案实践的影响。早在1978年，学者尼古拉斯·蒙塔托就建议档案工作者在族群日益多元化的社会重新思考档案保存实践。1985年，学者戴尔·梅耶论述了新社会史的多元方法及其对档案鉴定、整理、著录及参考的意义。特里·库克的宏观鉴定理论也被认为是在文化多元环境下建构更具全面性的馆藏的思想。以上均体现了不同学科的多元主义（包括文化多元主义、族群多元主义、历史多元主义）对档案学理论与实践的影响，但当时西方档案学界并未将多元主义视为档案专业概念。

进入21世纪，受后现代主义思潮影响，很多档案学者提出专业视角下的多元主义思想。弗恩·哈里斯、彼得森等学者深受解构主义思想，尤其是德里达的"他者"友爱思想影响，提出将文件、档案及价值的概念加以扩展，应包括非西方的认知方式。2002年，学者特里·伊斯特伍德提出档案鉴定的多元方法，强调多元社会需要档案体系的多元论。社群档案的研究者也提出，独立的草根组织是边缘群体质疑主流叙事并收集更具包容性的档案材料的重要途径。文件连续体理论的倡导者是推行多元思想的主要力量，他们将多元思想融入档案实践，如与土著社群合作建立著录系统，承认共同形成者、多重来源、平等来源等新概念。阿普沃德等人号召实践工作者要使"档案功能、文件管理实践及连续体模式多元化，以支持多样的证据范式及知识体系之间的共存与互动"，"接受并更好地支持多样的认知方式、多样的文件管理与归档方式、多样的文件形式"，他们将连续体方法总结为"将文件管理及归档过程与对档案功能的多维度及多元视角相整合"①，这里的"档案功能的多元视角"即考虑到文件过去、现在及将来的多重用途，允许对文件的不同界定并存。而多元宇宙这一概念也被他们采纳，用以描述"假定的一套多元的可能的宇宙"。档案多元宇宙不仅是作为根本不同的世界共存的背景被建构的，也是讨论，有时甚至是解决差异和冲突的模式。他们强调在档案多元宇宙中存在分歧的多样观点应被允许共存。因为多元宇宙是一个混杂的空间，充满比较、差异和分歧，也包括随之产生的不适。他们还强调，连续体作为看待现实的元视角，有助于对档案多元宇宙中的文件管理及档案职能进行想象。学者安·吉利兰德早在2000年就基于多样的档案实践，以及档案学学生的多元化，呼吁增强档案教育的多元性，借此设计的档案学研究生教育项目可满足当地不同社群的多样需求，并强化有差异的研究议题及专业领域。

但真正明确提出"档案多元宇宙"及"档案多元主义"概念，并对其内涵进行探讨始于2009年美国档案教育与研究协会年会有关档案教育的多样性及文化敏感性的研讨会。该研讨会由泰龙·霍华德和安·吉利兰德教授发起组织，来自不同国家的75位档案学教师及博士生参加了此次研讨会。与会者一致认为应使用"pluralism"而非"diversity"术语来指代档案教育的多元性，因为后者仍强调"我们"与"他们"的二元思维方

---

① UPWARD F，MCKEMMISH S，REED B. Archivists and changing social and information spaces：a continuum approach to recordkeeping and archiving in online cultures. Archivaria，2011（72）.

式，强调主流与少数或边缘群体的差异，只是简单地把少数或边缘群体理解为群体本身，而并未承认不同文化与群体之间的杂糅及复杂性和交叉性。而“pluralism”术语并未将任何一个社群或群体视为特权社群或群体，它承认需要揭示并处理大量的混乱状况及细微差别。使用“pluralism”术语也给予了各种视角，包括文化、种族、民族、宗教、社会经济立场、性别等以平等的立足点，并让人们认识到各种视角之间的交叉性。与会者还讨论了“archival multiverse”术语，一致认为此概念能使人产生共鸣，因为它涵盖了多元的证据文本、多元的记忆保存实践及机构、多元的机构及个人文件管理的动机、多元的社群视角及需求，以及档案工作者和档案学者准备参与的多元文化及法律建构等。

此次研讨会的参与者事后组成了档案课程多元化小组，并于 2011 年在《美国档案工作者》期刊上发表论文《面向档案多元宇宙的教育》[①]。这篇论文是探讨档案多元主义的理论特质及实践意义的开篇之作。该小组呼吁档案教育工作者重新思考档案及档案教育，更好地包容文化差异。他们提出了有待研究的几个核心问题：如何从由一种文化范式主导的档案宇宙转向档案多元宇宙？如何从二元对立的世界转向具有多元认知和实践方式及多元叙事共存的世界？如何接受不同社群之间可能存在不可通约的本体论和认识论，而且找到接受这一现实并在其中行动的方式？

二、档案多元论的主要内容

安·吉利兰德及档案课程多元化小组认为“档案多元宇宙”这一概念主要描述一种事实，即这个世界存在许多不同的，甚至不可通约的档案传统、概念与实践等。他们指出档案多元主义的核心是承认不同社群之间的不可通约的本体论和认识论，给予不同的视角以平等的地位，而这些视角可能并不是能充分协调的，因为它们在某些根本性方面是不同的。

美国档案学者米歇尔·卡斯韦尔将档案多元主义定义为：“承认并积极参与多样的、共存的档案现实，这些档案现实虽有根本的不同，却有同样有效的存在和认知方式。这些存在和认知方式在档案领域通常通过在界定、传递及解释证据和记忆时采用的不可调和的、相异的但仍可信的方式来显示。”[②] 她通过借鉴宗教多元主义的思想，提出档案多元主义的四原则：第一，档案多元主义并不仅仅是对现存档案差异的描述，而是也致力于与差异之间的互动；不仅鼓励和承认差异，还须进一步参与到差异中，这样才可能挑战传统的档案概念及程序。第二，档案多元主义有赖于积极了解不同于我们成长、教育及接受档案培训之地的记忆实践，要求把我们自己及我们的学生置于文化舒适区之外。第三，档案多元主义意味着增强对档案事业的责任，而非无动于衷，不去采取行动。第四，档案多元主义意味着培育包含批判性自我反省、讨论及对话的文化以促进持续的提升。她还特别指出，在建构档案多元主义概念时需要关注四个问题：一要警惕普遍性，

---

① Educating for the archival multiverse. The American archivist，2011（74）.

② CASWELL M. On archival pluralism：what religious pluralism（and its critics）can teach us about archives. Archival science，2013（13）.

即档案多元主义也是多元的；二要特别关注权力的不平等性；三要接受分歧，并在分歧中旺盛成长；四要对档案事业的发展拥有共同使命，虽然有时不可通约的差异会导致分裂，但不能以过分强调共性来稀释或压制差异。

综上，档案多元论的主要内容可被概括为：一是认为世界上存在许多不同的甚至不可通约的档案传统、概念与实践等，即存在档案多元宇宙；二是强调必须承认并尊重档案领域存在不同的本体论和认识论，即接受档案多元宇宙，并能将这些多元性整合到档案学理论、实践与教育中，积极地开展平等的对话、合作与交流，促进相互理解与包容，激发创新思想与实践。

三、档案多元论的影响和意义

档案多元论思想对西方档案学教育、档案学理论研究及档案实践产生了较大影响。

（一）对档案学教育的影响

西方档案学者呼吁应思考如何改革档案学课程以反映档案多元主义，以及如何更好地培养学生以便让其在日益多元化的社会里进行思考和行动。档案课程多元化小组构建了档案教育的多元框架，提出了八大目标：第一，档案理论与实践历史化和背景化；第二，扩充现有课程，聚焦核心档案概念与价值及其形成过程；第三，鼓励跨学科；第四，加强社群参与；第五，促进服务型学习；第六，博士教育多元化；第七，学生群体多元化；第八，确保多元主义和包容性成为档案学教育与研究的优先考虑。卡斯韦尔等人已将这一多元化框架应用于课程教学中，而随着档案课程多元化小组成员中的博士生毕业成为档案学专业教师，这一多元化框架也正在越来越多地被应用于档案学教育中。

（二）对档案学理论研究的影响

影响主要包括：一是创新研究视角。西方档案学者基于档案多元论对文件、档案等档案学基本概念及来源原则等传统理论进行反思，提出更具包容性、更多元的概念定义，并对“来源”进行新的阐释。二是丰富研究内容。与档案多元论密切相关的一些主题，包括社群档案、个人档案、档案行动主义、档案与社会公正等成为西方档案学界近年关注的焦点，研究内容更加丰富多样。三是转变研究方法论。档案多元论也促使档案学界引入后现代主义的研究方法论，包括建构主义、阐释主义、批判主义、女性主义等，对档案现象开展研究。

（三）对档案实践的影响

档案多元论也正在对西方档案实践产生积极影响，美国、澳大利亚、加拿大等众多国家的国家档案馆在档案实践中都在实施“参与”的理念和做法，通过赋权，让多元主体共同参与档案管理。加拿大国家图书档案馆提出的“全档案”（total archives）理念也体现了档案多元思想，该理念强调要将档案馆作为政府机构业务活动的证据保存者的官方角色与档案馆作为社会记忆和历史认同守护者的文化角色相整合，以建立视野更开阔、反映更广泛社会的档案馆。很多档案工作者也积极参与社群建档，成为社群建档的辅助者和支持者。与此同时，档案多元论也给档案工作实践带来很多挑战，促使档案人员思考一些新问题，比如：如何建构能反映不同本体论和认识论的档案著录体系？档案工作者如何运用多元主义建构与捐赠者、档案来源社群及用户之间的信任关系？对于可信证据、可问责性及公平的不同概念，如何通过不同情境的档案实践来予以说明？等等。

第七节　档案后保管理论

档案后保管理论是在后现代语境和数字环境下档案理论的变革和发展，主张档案馆从主要承担集中保管档案实体的职能向维护档案来源和有机联系、开展文件档案信息智能控制和知识服务转变，支持分布式保管和保管模式的多样化，深化文件档案一体化管理和连续性管理，拓展档案馆的职能与发展空间。

一、档案后保管理论的背景与探索

（一）产生背景

档案后保管理论源于对档案保管模式的新探索。关于档案保管的不同实践早已有之，主要表现为集中保管和分散保管两种模式，随着各国档案馆事业的发展，集中保管逐步成为主流模式。20世纪后半期，信息技术革命引发文件形态和数量的巨大变化，日益增多的电子文件使档案馆在长期保存方面遇到严峻挑战。由于文件格式和文件管理软硬件过时等原因，电子文件的真实、可靠、完整、安全与长期可读难以确保，一些国家接收进档案馆的电子文件出现了不可读取的现象，有关档案保管模式的问题再次被激活，引发了新一轮的理论研究和实践探索。

1981年，美国档案学者杰拉尔德·汉姆首次提出“后保管”概念。他在《后保管时代的档案战略》中指出：“社会记录、利用、存储信息的方式决定着档案工作，信息革命正将我们推入档案历史的新时期——后保管时代。”在他看来，在保管时代，档案数量较少，文件形成、存储和检索技术简单，档案工作者在决定档案命运方面扮演着消极被动的角色，仅看到保管材料的唯一性和保管职能，具有明显的内省倾向。后保管时代的特征是以分布式计算机环境为特色，每个个体都可成为自己的文件管理者。后保管时代的档案战略主要包括制定统一的接收规划、提供面向日益复杂化和分散化的馆藏的查询等，并建议通过合作、拓展、计划、研发等战略措施加强服务，承担更多新职责，在信息生成和管理过程中实现更多的档案介入。

对档案后保管理论的早期研究从应对档案馆电子文件长期保管的挑战出发，关注新技术环境中档案馆定位和职能的变革、档案馆所处环境以及与形成机构相互关系的变化、档案用户的需求变化、后现代思潮的影响等，这些因素的相遇叠加，孕育出档案后保管理论。

（二）争论和探索

档案后保管概念提出后，国际档案界对电子文件保管模式展开了深入讨论。聚焦于当机构电子文件失去现行价值后是由档案馆集中保管还是主要由文件形成机构自行保管，形成了英属哥伦比亚模式和匹兹堡模式——前者坚持档案馆集中式保管方式，后者支持分布式保管设想，双方都有各自的理论观点和实践探索。

英属哥伦比亚模式以加拿大英属哥伦比亚大学主持的 UBC 项目，以及以此为基础开展的 InterPARES 项目为基础，倡导非现行电子文件的集中保管。他们认为文件生命周期理论在电子环境中仍具有生命力，在文件生命周期的不同阶段，文件管理应有明确的职责分工，机构与档案馆应各司其职，共同保证文件的真实性和可靠性。电子文件管理同样经过形成机构和档案馆两个阶段，将具有档案价值的电子文件移交档案馆保存，以保证其真实性。

美国、加拿大、英国和北欧等国家和地区积极实践集中式保管模式，美国国家档案馆于 1988 年成立电子文件中心，接收联邦机构具有档案价值的电子文件，并负责鉴定、保存、内容控制和提供利用等工作，1998 年投入资金研究集中长期保存电子文件的可能性，2002 年研究电子文件档案馆（Electronic Records Archives，ERA）的系统功能需求，2005 年启动系统开发，2012 年投入使用，2015 年进入二期研发。ERA 的目标是捕获并长久保存美国联邦政府机关产生的各种类型、格式的电子文件，并使这些文件独立于其形成时的任何软件环境与硬件平台。该项目成为档案馆集中保管具有长久保存价值的电子文件的代表性实践。

匹兹堡模式以美国匹兹堡大学主持的"文件保管的功能需求"项目为基础，提出电子文件分布式保管模式，主张将电子文件保存在形成机构而非集中保管到档案馆。其代表人物戴维·比尔曼认为，在网络时代，如果档案馆能对档案文件实现智力控制，那么文件或用户在哪里并不重要。档案工作者应放弃实体保管而转向内容控制，通过监控文件和文件保管者来实现其保管的法律职责。澳大利亚一些学者认为，具有系统依赖性的电子文件脱离了生成它们的原始环境，由档案馆保管存在很多实际困难，档案馆通常无力承担软硬件设备和技术人员的配置，没有能力复制各机构的技术环境，因此文件管理不再是档案馆的特权，而应贯穿于文件连续体全过程。加拿大档案学者特里·库克认为，档案馆须重新进行职能定位，从保管基地转变为由众多形成者控制文件的中央信息中心。

澳大利亚国家档案馆、美国印第安纳大学、特拉华州档案馆等实践了分布式保管模式。1995 年，澳大利亚国家档案馆发布《管理电子文件：共同的职责》，明确政府机构和国家档案馆在电子文件分布式保管模式中各自的职责，要求电子文件一经形成即被维护和保存在形成机构的信息系统中，国家档案馆的主要职责是通过制定相关标准和提出专业建议来保证电子文件得到良好管理并加强智能控制，只有在某些特殊情况下才接收电子文件进馆保管。澳大利亚国家档案馆的文件分布式保管的做法被看作后保管模式的雏形。

澳大利亚国家档案馆在经过数年的分布式保管实践之后，再度选择集中式保管模式：2000 年颁布《联邦政府文件保管政策》，指出档案馆原则上将承担对所有具有档案价值的电子文件的保管责任，并开始建立数字文件长期保存理论框架和工作流程，开发应用软件。他们将这种转变的主要原因归结于技术的进步，指出此前的分布式保管模式是在国家档案馆不具备保管电子文件的技术和能力阶段最诚实的决策。

然而，单一的集中式保管并不能适应电子文件的复杂情况，2006 年澳大利亚文件与档案管理理事会制定政府档案分布式保管和管理模型，2015 年澳大利亚国家档案馆颁布新的“分布式保管政策”，这两个政策都提出了由电子文件形成机构、区域档案库或私人/社群组织保管电子文件这三种分布式档案保管模式，并强调国家档案馆的全程管控职责。至此，澳大利亚形成了以集中式保管为主、分布式保管为辅的混合保管模式，为档案后保管模式的发展做了进一步的实践探索。此后，很多国家出台了允许某些类型的档案分布式保管的政策规定。

二、档案后保管理论的核心思想

经过 40 年的研究和实践，档案后保管理论汇聚了越来越丰富和深刻的思想观点，涉及数字时代档案馆的责任、管理理念和方法等问题，实现了对传统档案保管理论的系统发展和超越。

（一）超越实体保管，关注背景与联系

档案后保管理论中包含的“以来源为中心，以知识为中心”指向文件、档案的背景信息、知识和有机联系。特里·库克认为：“后保管范式将传统理论对实体保管对象——实体文件的关注，转变为对文件、文件形成者及其形成过程的有机联系、目的、意图、相互关系、职能和可靠性的关注。”即：“从文件实体转向文件的形成过程；从分析个别文件的性质和特征转向更好地了解导致文件产生的业务职能、活动、任务、事务处理和工作流程。”数字时代实现知识服务的关键是将关注重点从档案实体转向档案来源，并重新定义来源概念，使之表明文件形成机关、形成目的、形成活动、形成过程、处理程序和职能范围等更宏观的背景情况，以便把档案放在更广泛的来源背景中加以审视，借助来源信息理解、提供并创造新的知识。

（二）超越保管地点，聚焦保管需求和能力

随着研究和实践的深入，各国档案学者关于保管场所的观点趋向务实和弹性化，主张长期保管是档案馆的核心业务和重要责任，同时支持和探索多种形式的分布式保管，强调档案馆的管控功能，对于分布式保管给予标准、规则、流程等方面的指导和监管。2005 年美国档案工作者协会编写出版的《档案与文件术语手册》将“档案后保管理论”词条释义为：“档案后保管理论是一种理念，它强调档案工作者将不再物理性地接收和保管文件，他们会对保存在文件生成者手中的文件进行管理性监督”，“档案后保管理论促

进了档案工作者由集中保管非现行文件的保管者角色向文件经理（records manager）角色的转换，主要针对分布式保存在各个生成机构的文件”①。档案工作者逐渐认识到，与其争论具有长久保存价值的电子文件必须放在哪里保管，不如判断哪里更具有长期保存各种类型文件的条件和能力，以及更能确保电子文件的真实、完整、可靠、安全与可用，档案工作者的角色要从保管者转向审计者和知识提供者。

（三）超越阶段性保管，在合作中走向连续

后保管理论强调电子文件管理的全程连续与贯通，淡化阶段性，注重整体过程，高度重视不同阶段管理者的合作以及管理活动的连续性。由于数字环境下文件与档案的边界日趋模糊，电子文件的来源信息大量存在于形成过程中，电子文件的真实、完整程度取决于全过程的管理和维护等原因，无论是采用集中式保管模式还是部分采用分布式保管模式，档案馆均需积极与文件形成者合作，将管理工作延伸接入文件生成流程和管理活动，形成连贯的管理体系。档案后保管思想从早期的文件连续管理思想中汲取精华，又反哺文件连续体理论成型，二者具有深层的契合，“超越保管，实现文件连续体”成为档案后保管理论的重要思想内涵。

（四）超越闭门保管，扩展档案的管理功能

保管是档案馆最古老、悠久的功能，近现代档案馆逐步扩展了档案的科学管理和利用功能，档案后保管理论阐释了档案馆转变定位、扩展职能的必要性与趋势。2015 年，澳大利亚档案学者阿德里安·坎宁安在《档案学百科全书》中对“档案后保管理论”词条的表述为：“后保管主义哲学宣称，档案的使命不应只局限于传统概念，即按照保管制度来管理档案馆藏，而应实施更为广阔和更具前瞻性的管理项目，包括扩展、合作和对分布式保管的记录和支持。”② 档案后保管理论强调档案馆在保管职能的基础上加强档案知识服务，履行监管和审计责任。档案工作者要从被动、消极地保管档案转变为积极地塑造档案，从实体保管员向知识提供者过渡，档案管理在职能扩展中逐渐实现从封闭向开放的转变。

三、档案后保管理论的意义和影响

档案后保管理论被各国档案学者称为一种新的理念、模式（范式）或革命，其兴起并影响档案实践的时期被称为后保管时代。后保管理论涉及档案观念、原则和实践，对于当今各国档案理论发展和策略选择具有指向性意义和长远影响。

（一）理论意义

第一，档案后保管理论在重新审视档案保管模式和方法的基础上，倡导以开放、多

---

① PEARCE-MOSES R. A glossary of archival and records terminology. Chicago：Society of American Archivists，2005.

② DURANTI L，FRANKS P C. Encyclopedia of archival science. New York：Rowman & Littlefield Publishers，2015：95 - 99.

元、扩展和连续的文件、档案管理理念，重新定义档案馆的职能、社会责任和档案工作者角色，为新技术环境下档案工作的更新定位、重塑形象和革新方法提供新方向、新思维和新支点，为档案工作的数字化转型、社会化拓展提供观念基础和理论支撑。

第二，档案后保管理论的主旨思想与19世纪发端并不断发展进化的来源原则，以及20世纪的职能思想、文件连续体理论等有着深刻的内在联系、脉络传承和理论递进。档案后保管理论以其开阔的视角和丰富的思想内涵，引发档案工作者和档案学者多方位的理论反思与创新，推动数字环境中档案理论的再建构，促生后现代档案学理论的萌芽和发展。

（二）实践影响

第一，促进电子文件保管模式的多样化。档案资源和利用需求的多样性促成保管主体的多元参与，21世纪以来，美国、澳大利亚、英国、加拿大、南非等国针对不同类型的电子文件，分别采用档案馆集中保管、形成机构分布保管以及第三方服务机构托管等多种方案，同时坚持国家档案馆对档案资源的最终管控责任。我国学者也开始探索集中与分布保管相结合的档案资源管控模式。多元保管模式在提升数字环境中的档案保管效果、降低保管成本、保证电子文件从支持业务需求到满足社会利用的全程价值实现方面发挥了显著作用。

第二，引发档案管理原则和方法的变化。比如以职能活动为依据的宏观鉴定被称为后保管鉴定法，注重描述档案背景和职能关系的著录方法被称为后保管著录法，这些方法都超越了传统的档案保管，被视为后保管模式的构成要素。

第三，推进档案馆功能的扩展。2007年以来，英国、澳大利亚、新西兰等国相继启动数字连续性计划和行动，推动政府机构数字信息的一体化运行，国家档案馆在其中扮演重要的甚至是领导角色。很多国家的档案部门更加关注对文件、档案流程和技术等关键要素进行整合，承担指导、审计、监督和支持服务的责任，实现档案馆对电子文件管理的前端介入，成为档案后保管理论的创新实践案例。

第八节　档案记忆观

“档案记忆”一词包括两层含义：一是强调档案是一种社会记忆、集体记忆，或者说承载了社会记忆、集体记忆，具有记忆属性；二是强调应发挥档案的记忆（资源）价值。档案记忆观主要是指从集体记忆、社会记忆视角对档案、档案工作及档案工作者的系统认知，同时还包括从档案学视角对集体记忆、社会记忆及其建构的独特认知。

一、档案记忆观的产生背景与发展历程

（一）产生背景

档案记忆观是20世纪90年代以来档案学基础理论的重要创新，其产生有着深刻的

理论背景和丰富的实践土壤。

在理论上，后现代主义思潮的兴起，深刻影响档案学理论。自 20 世纪 60 年代起，西方兴起的后现代主义思潮是对现代化价值观的反思、对工业文明弊端的批评、对当代社会问题的忧虑，也是人类对真实世界和未来社会的一种探索，渗透并影响到社会生活的各个领域。档案作为一种社会现象，档案工作作为一项社会性工作，档案学作为一门社会科学，也受到后现代主义思潮的影响。20 世纪 90 年代以来，在后现代主义思潮的冲击下，档案学者开始反思、批判传统档案观念，试图构建新的档案观念。他们抛弃希拉里·詹金逊关于“证据的神圣性”的信条，认识到档案除作为证据的作用之外还具有记忆的功能。他们思考档案与社会记忆、身份认同的关系，更加关注此前被忽视的弱势群体、边缘人群、少数种群的档案。他们主张，档案工作者应从被动的文件保管者转变为积极的知识提供者和社会记忆构建者。由此，一系列有关档案与社会记忆的论述逐渐产生。

在实践上，社会急剧变迁，使集体记忆受到关注，掀起记忆工程建设热潮。集体记忆是一个群体共同的精神财富和文化纽带，是人们共同的生存基础和力量源泉。是否拥有完整深刻的集体记忆，是判断一个民族生命力、创造力、凝聚力、向心力的基本标尺。20 世纪 90 年代以来，快速发展的经济社会和信息技术、大规模的城镇化和人口迁徙，导致“失忆”现象蔓延，构建集体记忆、获得身份认同，成为现代社会人们的重要需求。档案作为集体记忆的重要载体，开始备受关注。以联合国教科文组织的“世界记忆工程”为代表的一系列以保护和传承档案为目的的国家记忆工程、城市记忆工程、乡村记忆工程等蓬勃兴起。记忆工程的实施，为档案记忆观提供了实践需求。

（二）发展历程

1950 年，时任国际档案理事会主席、法国国家档案局局长夏尔·布莱邦在第一届国际档案大会上发言指出：“档案是一个国家、省、行政机关的记忆。”[①] 这是有关档案与记忆关系的最早论述。1996 年在北京召开的第十三届国际档案大会上，加拿大档案学者特里·库克在主报告中指出：“全世界的档案人员，仍然在建造记忆宫殿。”2011 年，库克进一步指出：“证据与记忆是档案这枚硬币的两面，彼此之间充满张力”；“档案认同已经历或正在经历四个范式或曰框架或曰心态的转移”，即证据、记忆、认同、社会/社群。[②] 2012 年，学者冯惠玲发表论文《档案记忆观、资源观与“中国记忆”数字资源建设》，倡议构建国家数字档案资源库——“中国记忆”，并将档案记忆观的基本观点归纳为：“档案是建构集体记忆重要且不可替代的要素；档案工作者有责任通过自身的业务活动积极主动地参与集体记忆的建构、维护与传承；档案工作者的观念、工作原则与方法对于集体记忆的真实、完整与鲜活产生正面或负面的影响。”2016 年学者丁华东出版《档案与社会记忆研究》，2017 年学者徐拥军出版《档案记忆观的理论与实践》，标志着档案记

① 黄坤坊．第一届国际档案大会（连载一）．档案，1995（1）．

② 库克，李音．四个范式：欧洲档案学的观念和战略的变化：1840 年以来西方档案观念与战略的变化．档案学研究，2011（3）．

忆观基本成型。

二、档案记忆观的思想内涵

（一）档案是建构社会记忆的不可替代的要素

首先，档案是社会记忆的一种重要形态。“社会记忆指社会群体在社会活动中所创造物质财富和精神财富的信息，以及对这些信息进行编码、存储和提取的过程的总称。它既是一种对象（客体），也是一个过程（主体作用于客体）。”① 档案是人类在社会活动过程中形成的副产品。作为一种固化信息，档案是保存社会记忆的工具与传播社会记忆的媒介。社会记忆的载体形式和传承方式有很多，包括各种社会文化实践（如风俗、节日、仪式、习惯等）和物质文化载体（如档案、图书、图片、雕塑、建筑、艺术品等）。其中，物质文化载体是实现社会记忆跨时空和跨群体传播的重要媒介。

其次，档案与社会记忆相互作用。一方面，档案对社会记忆具有建构作用。这里所说的“建构”是广义概念，包括通常所说的收集、保护、传承、展现、传播、控制、再现、强化等含义。相对于其他社会记忆的要素，档案凭借其本质属性——原始记录性，所建构的社会记忆更可靠、更真实。如冯惠玲所言：“在这个建构过程中，档案资源是一种经过沉淀的最基本、最稳定、最深层的要素，它给关注者提供事实、关联、依据和理性，通过这种方式浸入每一个时代的集体记忆当中。”② 另一方面，社会记忆对档案具有反作用。从某种意义上说，人类是为了保存和传承社会记忆的需要，尤其是突破人脑记忆的不准确性、难长久的限制，而制作文件、记录，形成档案的。社会记忆还影响档案的内容，即影响哪些东西能够成为档案。而且，由于档案受权力影响，掌握国家统治权和社会话语权的阶层决定哪些信息被记录、归档，哪些记忆被保存、利用。所以，档案内容不是客观、全面的，而是难免主观、片面。

最后，档案不等于社会记忆。档案作为人类社会活动过程中自然生成的副产品，并非为了后期被用作证据或是记忆而产生。因此，就像档案不等于证据本身而只能被用作证据一样，档案不等于记忆本身，档案通过社会的制度选择、思想认知和情感认同才成为社会记忆。

（二）档案工作是建构社会记忆的受控选择机制

第一，档案馆对社会记忆予以选择性保存。档案馆是保存个人记忆和社会记忆的最权威场所。例如，所罗门群岛的居民将其民族档案馆称为“属于记忆的房间”③。特里·库克曾用“记忆宫殿”来描述档案馆。同时，档案馆也是一种社会记忆建构的社会选择机制，因为档案馆须通过对档案的鉴定与筛选，按照现实需要，决定哪些历史事件需要保存，哪些历史事件不应存留，哪些要广为传播，哪些要严密封锁，从而形成一定的馆

---

① 徐拥军．档案记忆观的理论与实践．北京：中国人民大学出版社，2017：40.

② 冯惠玲．档案记忆观、资源观与“中国记忆”数字资源建设．档案学通讯，2012（3）.

③ FOOTE K E. To remember and forget：archives，memory and culture. The American archivist，1990，53（3）.

藏结构，遗留后世，确立档案的历史话语霸权地位，这实际上即为社会选择和框定了记忆的基本内容。而且，档案馆通过对馆藏档案的开放利用和传播，进一步发挥着对社会中的记忆过程进行搭桥、引导与控制的功能。

第二，档案馆对社会记忆的选择受权力控制。自古以来，档案都是国家权力的产物和象征。在古代中国，档案被“登于天府”“置之宗庙”“藏于金匮”①，被赋予神圣性和神秘性。在古代西方，档案被称为国家的“胸甲和灵魂”“君主的心脏、安慰和珍宝”②，体现了档案的统治武器、权力工具性质。直至今天，档案工作的国家、政治、权力属性仍被反复强调，不仅是档案馆在权力控制之下，选择性地建构社会记忆，整个档案工作也是建构社会记忆的受控选择机制。

（三）档案工作者是建构社会记忆的能动主体

第一，档案工作者参与“记忆”与“遗忘”。记忆总是伴随着遗忘而存在。档案工作者在选择和鉴定把哪些文件放入档案机构时，便已然参与到社会是“记忆”还是“遗忘”的建构中。如特里·库克所言：“主要的历史诠释行为并非发生在史学家打开档案盒之时，而是发生在档案工作者装盒之际。”③ 从此意义上说，档案工作者有意识或无意识地决定社会的哪些方面或哪些群体将会被未来记忆，其思想观念、工作原则和技术方法对社会记忆的真实、完整与鲜活产生正面或负面的影响，这些思想观念、工作原则和技术方法本身受到各种要素的影响，包括政治、法律、经济、文化、技术及个人经验的积累等。

第二，档案工作者应成为积极的社会记忆建构者。档案工作者在决定社会是“记忆”还是“遗忘”上扮演着重要角色。因而，越来越多的人呼吁档案工作者实现由“被动的文件保管者”到“积极的记忆构建者”的角色转变。档案工作者应抛弃“客观”“中立”“无偏见”的态度，更多关注普通民众，尤其是弱势群体、边缘人群、少数种群，为其收集、保管档案，留存、传承记忆。

（四）档案记忆促进身份认同

第一，身份认同是当代人的重要心理需求。身份认同是人的本性，作为社会的一员，人很自然地关心自己在社会中的“身份”。因为人们需要有所依托、有所归属，需要知道自己是谁、来自哪里、去往何方。20 世纪 70 年代末改革开放以后，中国的政治、社会、经济、文化环境急剧变化，人们身份认同的模糊性、流变性、多元性和不确定性大大增强，许多人陷入身份认同危机。因此，寻求身份认同成为当代人的重要心理需求。身份认同的本质即确认个体或集体在社会上的身份感、地位感、归属感和价值感。

第二，集体记忆是身份认同的力量之源。身份认同与集体记忆天然相连。特别是在现代社会，个体的存在和活动越来越紧密地镶嵌在集体的存在和活动之中。身份认同离

---

① 周雪恒．中国档案事业史．北京：中国人民大学出版社，1994：52－54.

② 韩玉梅，黄霄羽．外国档案管理．北京：中国人民大学出版社，1998：188.

③ 库克，李音．铭记未来：档案在建构社会记忆中的作用．档案学通讯，2002（2）.

不开集体记忆的支持，人们在对身份认同的追寻过程中往往会从集体记忆中汲取养分，以期从中获得归属感和安全感。或者说，社会成员在长期的共同实践中，形成了由经验、情感、信仰所共同组成的被称为“身份”的文化标识，这种“身份”是集体记忆的产物，故人们对于“身份”的追寻必然要诉诸集体记忆本身，通过完成对集体记忆的构建和强化以完成自己对身份认同的构建和强化。①

第三，档案通过建构集体记忆促进身份认同。档案具有记忆属性，是集体记忆的重要承载形式，能有效地参与集体记忆的构建、重构和强化。档案通过构建、重构和强化集体记忆来实现其认同价值。集体记忆是连接档案和身份认同的纽带，不仅使档案的身份认同价值成为可能，而且为公众获得身份认同提供了一条现实路径。档案作为原始记录，经过固化沉淀，以合规方式保存下来，可为人们寻求身份认同提供合法性凭证，深化和凝固身份认同。身份认同价值是档案的凭证属性和记忆属性综合作用的结果。

三、档案记忆观的理论价值与实践意义

（一）理论价值

第一，档案记忆观可深化对档案价值的认知。档案记忆观使得人们逐渐认识到档案除作为证据的价值之外，还具有记忆的功能，进而加深对档案价值的多维认知。近年来，档案的记忆价值、身份认同价值、情感价值等方面的价值也开始引起学界重视，丰富和深化了档案学基础理论。

第二，档案记忆观不仅能从社会学视角提供认识档案、档案工作的新的思维和认知，还能从档案学视域提供对社会记忆、集体记忆及其建构的独特认知，丰富和深化社会记忆理论。

第三，档案记忆观的提出，为人们在技术、经济飞速发展，社会、文化急剧变迁的当下中国，如何长久、有效地保护和传承中华民族集体记忆提供了新的思路。

（二）实践意义

档案记忆观的实践意义在于，可指导记忆工程的实施，提升档案机构的社会影响力。自1992年联合国教科文组织发起世界记忆工程以来，许多国家、地方和机构实施了各种记忆工程，以保护和传承包括档案在内甚至以档案为主体的文献资源，促进国家、地方或社区记忆的建构。1995年，我国由国家档案局牵头成立“中国世界记忆工程国家委员会”，加入世界记忆工程，并启动“中国档案文献遗产工程”。2002年，青岛市档案局（馆）率先提出实施“城市记忆工程”，拍摄、记录青岛市的著名历史遗存和重大活动，同时收集历史档案，进行网上展示。截至2021年年底，至少有133个地级以上城市或城区正式提出或实施了“城市记忆工程”。此外，浙江、山东、山西、福建等地的档案机构还在“城市记忆工程”的基础上，启动“乡村记忆工程”。档案记忆观可为上述各种记忆

① 加小双．当代身份认同中家族档案的价值．档案学通讯，2015（3）．

工程的实施提供科学的理论指导和方法指引，从而促使档案部门进一步拓展职能范围、创新业务工作，为传承集体记忆、服务社会公众做出更大贡献，这也有利于档案部门提高公众知名度和社会贡献力。

复习思考题

1. 简述来源原则的形成与发展历程。
2. 简述来源原则的基本内容。
3. 简述来源原则的理论意义和实践价值。
4. 简评“新来源观”。
5. 简述文件生命周期理论的基本内容。
6. 简述文件生命周期理论与文件连续体理论的关系。
7. 简述档案鉴定理论的历史发展。
8. 简述档案鉴定理论的基本内容与发展规律。
9. 简述档案利用服务理论的历史发展。
10. 简述档案利用服务理论的基本内容和发展规律。
11. 如何认识三态档案对象的保管本质？
12. 试述文件连续体理论的产生背景、主要内容及其在数字时代的价值。
13. 简述档案多元论的产生背景、主要内容及其对档案学教育与研究的影响。
14. 档案后保管理论的核心思想是什么？这一理论在当代的档案实践中有哪些影响？
15. 档案与社会记忆有什么关系？档案记忆观的思想内涵是什么？
16. 按照档案记忆观，档案馆和档案工作者应该怎样做？

第十一章
档案学的演进与发展

本章要点

- 回顾国内外档案学发展的历程。
- 总结国内外档案学发展取得的主要成就。
- 说明档案学研究对象与研究范围拓展的主要表现。
- 阐释档案学对其他学科内容的借鉴，详述档案学研究方法的发展。
- 论述档案研究范式的主要内容及档案范式转换的共性特征。
- 介绍档案学科分化独立与交叉融合的过程与表现。
- 探讨档案学研究中人文精神与科学精神的发展及两者的结合。
- 阐述档案学国际视野与本土情怀的表现。
- 阐述档案学术共同体的发展沿革与发展规律。

关键词

行政效率运动　档案学的发展趋势　档案教育
档案治理　档案学研究范式　学科分化独立
学科交叉融合　数字记忆　档案学术共同体

人类自从发明了文字、产生了国家，就有了档案，相应地就有了管理和利用档案的实践。有了管理和利用档案的实践，就会慢慢总结经验，进而上升为思想，经体系化形成档案学。现代科学意义上的档案学，在外国产生于19世纪的欧洲，在我国则产生于20世纪二三十年代。经过一个多世纪的演进，档案学发展已经取得诸多成果，立于学科之林。但总体上，档案学仍是一门年轻的科学，远未成熟，正在随着社会快速发展而不断地成长。

第一节　中国档案学的产生与发展

一、中国档案学的建设历程

我国档案学的产生与发展大体上经过了四个历史阶段：第一阶段——20世纪三四十

年代，这是我国档案学的产生与初步发展时期；第二阶段——20 世纪五六十年代，这是我国档案学的重构与渐进发展时期；第三阶段——20 世纪 70 年代末期至 90 年代中期，这是我国档案学的完善与繁荣发展时期；第四阶段——20 世纪 90 年代末期至今，这是我国档案学的创新与变革发展时期。下面我们将按照这四个阶段的划分，逐一对每个阶段档案学发展的基本情况进行概括性的介绍。

（一）档案学的产生与初步发展时期

中国有悠久的档案和档案工作历史，有关档案管理思想的孕育和萌芽同样也有悠久的历史。而将有关档案现象作为一个独立性的专门问题进行科学系统研究，则始于 20 世纪三四十年代。其具体表现是：

第一，“行政效率运动”，这是促使我国近代档案学思想产生的直接原因之一。1933 年，南京国民政府发起“行政效率运动”，目的是提高机关的办事效率，其主要内容之一就是文书档案工作的改革。在这场运动中，由行政效率研究会创办的机关刊物《行政效率》杂志，先后刊载了 60 多篇文书、档案工作方面的文章，从不同角度研究和总结了文书档案改革运动中的经验和教训，这对中国近代档案学思想的产生起到了积极的促进作用。

第二，史学界整理明清历史档案和学术研究的需要，也是促进我国近代档案学思想产生的重要原因。五四运动后，中国史学界开始关注近代史的研究。20 世纪 20 年代初，大内档案流散到社会，引起学术界关注。北京大学、故宫博物院等学术机构对整理明清历史档案非常重视。在对明清历史档案进行整理和研究利用的具体实践中，史学界对如何科学地整理和利用历史档案的经验教训也进行了总结和反思。20 世纪 30 年代，沈兼士、徐中舒、吴晗、郑天挺、方甦生等，撰写了不少论文，对明清档案的史料价值和档案整理与编目进行了有意义的探讨。如沈兼士在《文献馆整理档案报告》中所概括的三原则——“整理以不失原来之真相为原则，编纂以普通编目为原则，陈列以就文物之性质相互连贯照应为原则”，言简意赅，颇有见地[①]。从某种意义上说，中国近代档案学的某些思想，是通过总结、整理明清档案实践活动的经验获得的。

第三，近代意义上的档案教育的创立，对促进档案学思想的产生也起到了积极的推动作用。1938 年，国民政府教育部为了适应各级机关提高行政效率的需要，在私立武昌文华图书馆学专科学校创办了档案管理专科，前后共毕业 50 余人；1946 年 3 月，殷钟麒在重庆办了一所私立崇实档案学校，此外还有上海的中国档案函授学校，其他短训班、讲习班也不少。

1935 年 1 月，沈兼士在《清内阁库贮旧档辑刊序》中提出，“吾国研究档案学之著述，要不得不以此编为梯梲”[②]，这是目前已知的“档案学”一词在中国的最早记载。这一时期的研究涉及档案概念、档案行政组织、档案管理的原则和方法（其中档案分类研究尤为突出）、档案保护、档案人员的选拔等问题；出现了一批近代档案学者，也出版了

① 梁继红．中国近代“档案学”词源新考．档案学通讯，2010（5）.
② 吴宝康．档案学概论．北京：中国人民大学出版社，1988：318.

一批档案学专著和期刊。如 1935 年出版了周连宽的《县政府档案处理法》，1936 年出版了程长源的《县政府档案管理法》，1938 年出版了何鲁成的《档案管理与整理》，1940 年出版了龙兆佛的《档案管理法》，1942 年出版了秦翰才的《档案科学管理法》，1946 年出版了傅振伦的《公文档案管理法》，1947 年出版了黄彝仲的《档案管理之理论与实际》，1947 年出版了周连宽的《档案管理法》，以及 1949 年出版了殷钟麒的《中国档案管理新论》，等等。1935 年 5 月，《行政效率》杂志出版了档案专号；1935 年 10 月，故宫博物院文献馆出版了机关刊物《文献特刊》，这是我国史学界研究档案学的最早刊物。

这个时期档案学思想研究的特点是：第一，汇集了史学界、行政界、档案教育界三大领域的档案学研究成果；第二，档案学的研究领域还局限于文书档案管理、历史档案整理等方面；第三，档案学理论在很大程度上受到图书馆学的影响；第四，档案学带有明显的实践经验总结的性质。

（二）档案学的重构与渐进发展时期

1949 年中华人民共和国成立后，随着国家各项事业的建设和发展，我国国家规模的档案事业于 20 世纪 50 年代初开始起步，具有中国特色的档案学学科体系开始重新构建，中国档案学研究进入了一个新的发展时期。

1952 年，中国人民大学受中共中央委托创办档案干部专修班，成为新中国档案教育的开端，1955 年又创建历史档案系。1956 年，国务院颁布《关于加强国家档案工作的决定》，明确提出加强对档案学及其他辅助科目的科学研究工作，提高科学水平。同年，档案学被列入《一九五六——九六七年哲学社会科学规划纲要（草案）》中。正是在这个历史时期，我国摒弃了档案学是历史学的辅助科目的观点，开始强调档案学是一门独立学科，并且初步形成了不同于旧中国的崭新的学科体系。其主要成就表现在：档案学发展成为多门科学科目组合起来的独立学科，这些科目包括档案学概论、档案管理学、技术档案学、档案文献编纂学、档案文件保管技术学、文书学、中国档案史、外国档案史等。1958 年 12 月，国家档案局成立了档案学研究室，这是我国第一个专业档案科学研究机构。1951 年 5 月创刊的《材料工作通讯》，于 1953 年改名为《档案工作》，这是我国第一个专门以“档案”命名的期刊。苏联档案学教材在此期间也在我国大量翻译出版，1953 年出版的陆晋蘧所著的《档案管理法》一书，就是将学习苏联档案管理的先进理论和经验，同我国实际情况相结合进行研究的最初尝试。在此期间，以吴宝康先生等为代表的中国人民大学历史档案系肩负起研究档案学的重任，并通过集体的共同努力，确立了我国档案学的基本体系框架，其标志是他们编写的各种讲义和教材。与此同时，围绕起草新的档案工作法规文件和组建国家档案机构等项工作，学者们开展了关于档案概念的外延，档案管理原则，档案工作与国家建设、机关工作的关系等问题的研究活动，并发表了一批学术论文。20 世纪 60 年代，我国档案学的研究课题主要包括：档案形成规律和特点、档案工作的客观规律、档案利用工作与基础工作的关系、档案室与档案馆的性质与任务、文书立卷原则与方法、科技档案特点及其管理工作等理论性和实践性问题。

这个时期档案学建设的特点是：第一，档案学有了明确的理论指导思想，以马列主义为指导，注重对档案工作实践经验的提炼和概括。这使档案学的思想体系摆脱了过去的直接经验材料堆积的思维模式，以及把档案学作为单纯技术性科目来研究的成见，构建了初步的学科体系。第二，档案学开始以国家规模的档案事业为研究对象，而不是局限于档案室。第三，档案学建设借鉴了当时苏联档案工作的理论。

（三）档案学的完善与繁荣发展时期

1966—1976 年“文化大革命”时期，中国档案学的发展陷于停滞。1978 年党的十一届三中全会以后，中国进入了一个新的历史发展时期，包括档案事业在内的各项社会事业走上了恢复、整顿、发展和提高的道路。中国档案学发展也迎来了学科建设的黄金时期，开创了档案学研究的繁荣局面。推动这种繁荣局面出现的主要因素包括：

第一，在第二阶段档案学建设所取得的研究成果，为这个时期档案学理论研究的发展准备了必要的知识条件。

第二，档案事业的迅速发展为档案学理论研究创造了良好的实践基础，档案工作实践中出现了从宏观到微观的一系列新的问题，拓展了档案学的研究范围，深化了档案学的研究内容。

第三，宽松的学术环境、活跃的学术研究氛围，为档案学理论研究工作的开展提供了良好的社会环境条件，激发了研究者的积极性。

第四，中外学术交流的深入发展，使得档案学研究人员的视野更为广阔，获得了大量可供参照和借鉴的信息和经验。20 世纪 80 年代前，我国对国外档案工作的理论与实践的研究，主要集中在少数国家（如苏联等）。改革开放以来，档案界对国外档案工作和档案学理论的研究更为客观全面，促进了我国档案学研究科学水平的提高。

第五，我国档案教育的发展为档案学的发展提供了必要的智力条件。20 世纪 70 年代末期以来，许多高等学校开办了档案专业，学历教育的层次也随着社会发展的需要不断提高，为档案学界培养了一大批研究人才。此外，档案专业学会的成立和档案期刊的发展，也为档案学研究的深入提供了学术平台和园地。

档案学第三阶段的特点是：第一，档案学的新的分支学科不断建立，已有的分支学科内容不断完善，档案学的学科体系更加完整系统。第二，档案学除进行对传统内容的深入研究外，还开展了对档案学基本理论以及现代化档案管理原则、方法和技术的研究，并取得了可喜的学术成果，学科地位有所提高。第三，交叉性和综合性研究活跃。结合档案工作实际，综合利用档案学相关学科的最新研究成果，是这一时期档案学研究的又一个突出特点。如从过去研究单一的档案管理，转变为研究档案、图书、情报等文献的系统管理或信息管理等。第四，密切注意档案工作发展的时代脉动，及时发现和探讨新时期档案工作中出现的新问题。

（四）档案学的创新与变革发展时期

20 世纪 90 年代末以来，我国社会、经济、文化快速发展，尤其是信息技术革命深刻地改变着人类生活的方方面面。档案工作的外部环境、对象、内容、技术和方法，也随之发生巨大变化。尤其是电子文件的兴起，使档案工作从传统实体管理阶段跨入信息管理阶段，并向信息资源管理、知识管理方向发展。相应地，我国档案学发展进入一个创新和变革时期。其重要标志包括：一是1996年第十三届国际档案大会在北京召开，特里·库克的《1898年荷兰手册出版以来档案理论与实践的相互影响》主报告，为中国档案学者打开了更宏大的国际视野和社会视野。二是1997年冯惠玲完成了中国档案学首篇博士论文《拥有新记忆——电子文件管理研究》，从此掀起了中国电子文件研究高潮。三是1997年，国务院学位委员会和教育部颁布新的学科、专业目录，档案学被从历史学科的“历史文献学（含档案学）”调整到管理学科的“图书馆、情报与档案管理”。档案学彻底摆脱了历史学辅助学科的地位，作为一门独立学科融入广阔的管理学科领域。这个时期档案学研究的指导思想更加强调开放或扩展，档案学理论建设更加注重对相关学科研究成果的借鉴和吸收，以及对学科之间的边缘性问题的深入探讨和研究。

二、中国档案学建设的主要成就

中国档案学建设在20世纪90年代末以来取得了令世人瞩目的学术成就，主要表现在以下几个方面。

一是对档案学元问题的研究更深入。内容包括：进一步探索档案的本质属性与档案的价值等基本问题。在坚持档案的原始记录性、凭证价值这一本质属性和价值的基础上，更加关注档案的多元属性和价值，包括档案的记忆价值、情感价值、文化创意价值等。代表性著作如张斌的《档案价值论》、王英玮的《档案文化论》、刘耿生的《档案真伪论》、覃兆刿的《双元价值观的视野：中国档案事业的传统与现代化》、徐拥军的《档案记忆观的理论与实践》等。

二是档案学研究的领域和主题更加拓展。内容包括：从传统的历史档案、文书档案拓展至科技档案、企业档案、口述档案、少数民族档案、非物质文化遗产档案等，代表性著作如宫晓东的《企业档案管理体系的建设与运行》、周耀林的《非物质文化遗产档案管理理论与实践》等；从传统的纸质档案，拓展至电子文件、档案、数据，代表性著作如冯惠玲的《中国电子文件管理：问题与对策》、刘越男的《建立新秩序——电子文件管理流程研究》、钱毅的《档案数据库的规范和质量控制》等；从组织、机构的档案管理拓展到国家、社会的档案管理，从档案管理拓展至档案治理，从“对档案的管理”（档案的收集、整理、保管和利用）拓展到“基于档案的管理”（通过管理档案支撑业务流程、通过档案流支撑业务流），从档案管理拓展到信息资源管理、知识管理，代表性著作如徐拥军的《企业档案知识管理模式——基于双向视角的研究》、姚乐野的《走向知识管理与知识服务：数字档案馆建设研究》、王新才的《基于业务规则的档案信息资源管理》等。

三是档案学研究的视角和方法更加多元。许多相关学科的新概念、新思想、新技术、新方法开始应用于档案学研究中。如哲学、历史学、管理学、法学、社会学、传播学、信息科学等学科均为档案学理论研究提供了指导和灵感。其中，哲学视角下开展的档案哲学问题、后现代档案学理论研究，代表性著作如陈永生的《档案学论衡》、张辑哲的《维系之道——档案与档案管理》、胡鸿杰的《中国档案学的理念与模式》、黄霄羽的《魂系历史主义——西方档案学支柱理论发展研究》、丁海斌的《档案学的哲学与历史学原论》等；历史学视角下开展的历史档案整理、档案与文明关系、档案学史与少数民族档案管理研究，代表性著作如李财富的《中国档案学史论》、赵彦昌的《中国档案史专题研究》、丁海斌和陈凡的《中国科技档案史》、华林的《少数民族历史档案管理学》、陈子丹的《少数民族口述历史档案研究》等；管理学视角下开展的电子文件国家战略思想、档案治理理念、档案风险管理、档案知识管理、重大社会活动档案管理、档案全球化研究，代表性著作如冯惠玲的《电子文件管理国家战略》和《电子文件风险管理》、刘越男的《地方政府数字档案集中管理模式研究》、徐拥军的《国有企业境外档案监管体系研究》等；法学视角下进行的档案法规体系建设、《档案法》修订、法规遵从思考，代表性著作如张世林的《档案信息利用法律研究》、宫晓东的《“维系之道”的道之维系——档案法治论》、陈忠海等的《档案法立法研究》、蒋卫荣的《档案法的理论与实践》、连志英的《公民获取政府电子文件信息权利保障研究》等；社会学视角下对档案与社会记忆、档案与身份认同、档案与信任、档案与正义等的宏观审视，代表性著作如丁华东的《档案与社会记忆研究》、张全海的《世系谱牒与族群认同》等；传播学视角下对档案传播理论、档案社交媒体战略、社交媒体信息归档等问题的思考，代表性著作如胡燕的《走向公众——档案接受理论研究》等；信息科学视角下对电子文件管理系统、数字档案馆建设、数字档案资源长期保存、电子文件单套制单轨制、档案数据化、计算档案学、数字人文、新兴信息技术对于档案管理的影响等问题的思考，代表性著作如李泽锋的《数字档案馆建设与管理》、金波的《数字档案馆生态系统研究》等。

四是档案学的社会贡献度和实践指导力不断提升。为党和国家有关部门提供资政参考是档案学服务社会、服务实践的一大亮点，彰显了档案学的社会贡献度和实践指导力。仅“十三五”期间，我国档案学者的资政意见便被相关部门采纳 60 余次①，尤其是在《档案法》修订、档案法规制度起草、档案事业发展规划编制等过程中发挥了重要的智力支撑作用。主持和参与档案领域相关标准的起草、制定或修订也是档案学服务国家、服务实践的一大特色。一批档案学者参与了国际标准化组织档案/文件管理分技术委员会、国际电信联盟、全国信息与文献标准化技术委员会档案（文件）管理分技术委员会、全国档案工作标准化技术委员会的一系列标准的研制。此外，许多档案学者积极破解实践难题，主持或参与大量的党政机关、企事业单位委托研究课题，为档案工作的发展提供了有力的技术支持和方法指引。

五是档案学术共同体和交流平台不断扩大。截至 2020 年年底，全国已有中国人民大学、云南大学、上海大学、湘潭大学等 38 所高校设置博士研究生、硕士研究生、本科生等不同层次的档案学专业点，遍布全国 24 个省、自治区、直辖市②。这些高校成为中国档案学研究的主要机构。自 2001 年起中国人民大学举办过四届“中国档案学博士论坛”，自 2010 年起中国人民大学电子文件管理研究中心每年举办一届中国电子文件管理论坛，自 2013 年起高校档案学专业青年教师每年自发举办一届“全国高校青年档案学者学术论坛”。中国人民大学主办的《档案学通讯》和中国档案学会主办的《档案学研究》一直被

---

① 冯惠玲，连志英，曲春梅，等．回顾与前瞻：“十三五”档案学科发展调查和“十四五”档案学重点研究领域展望．档案学通讯，2021（1）.

② 同①.

列为中国社会科学引文索引（CSSCI）来源期刊和《中文核心期刊要目总览》收录期刊。这些论坛和期刊，成为中国档案学术交流的重要平台，对发展和繁荣中国档案学起到重要促进作用。

第二节　外国档案学的产生与发展

档案学理论研究发端于欧洲，自 20 世纪以来北美成为档案学理论研究的中心，苏联档案学对我国档案学产生过巨大影响。本节主要介绍欧美与苏联档案学的产生和发展的基本脉络。

一、欧洲档案学的产生与发展

（一）欧洲档案学的萌芽

一般认为，近现代的档案学思想萌芽于 16—18 世纪的欧洲。促使其产生的条件包括：

第一，社会制度的变革。16 世纪以后，欧洲一些国家的封建制度已经没落，资本主义制度逐步确立，在社会制度变革的推动下，欧洲一些国家的机构职能也发生了较大的变化。以往由国王办公厅掌管的各种国家事务，逐渐由陆续成立的外交部、军事部、国防部、殖民地部等专门性国家机关承担。随着工作业务的发展，文件和档案的数量迅速增加，催生了机关档案馆的产生。与此同时，在欧洲文艺复兴运动中，一些欧洲国家还涌现出了一批关注档案史料价值的专家学者，他们强烈要求解禁长期封闭的“密室中的档案”。这表明欧洲档案学赖以产生的社会制度条件和社会舆论条件已经具备了。

第二，档案工作的发展。欧洲许多国家的档案工作在 16 世纪以后得到了较大的发展。这主要表现为纸质档案数量不断增加，对管理纸草档案、羊皮纸档案的方法提出了新的挑战；机关档案馆不断发展，在管理纸质档案方面积累了一定经验；专职档案人员的数量不断增加，为档案学理论研究提供了人力资源条件。事实上，从 16 世纪中期始，欧洲一些国家的档案人员已经开始就档案学的一些基本理论问题开展研究，发表了一些文章，还有相应的学术著作问世。

17—18 世纪的欧洲档案学者的研究成果可以被归纳为以下几个方面：

首先，关于档案分类问题的研究成果。这方面的研究成果突出表现在“分类法的实质”方面，形成了“实用归纳法”和“合理演绎法”两种基本认识。

所谓实用归纳法，就是运用综合归纳的方法把各种档案划分为不同类别的方法，其实质是保持事由或主题的完整和一致。拉明根在他于 1571 年出版的两本著作中探讨了从上古时代积累下来的各种分类方法，针对他掌管的档案，提出了按君主、臣民、外交三大类划分档案的方法，使每一类都体现政权的某种职能。1632 年，意大利的波尼法西奥在《论档案》一书中提出了按地区、事由、时间顺序划分档案的方法，使分类有了层次结构，被后人称为“系统分类法”。德国的乔治·艾伯林进一步提出了开式和闭式文件划分方法。1692年，德国的木尔茨在《办公厅关于档案馆的权利》一书中把档案按中央机关的分支机构划分为教会统治、政治领导、司法事务、财政管理等类别，使分类方法有了新的发展。如果说前几种分类方法的实质是采用归纳法，从不同角度把档案归并为若干类别的话，那么，木尔茨的分类法已经包含有按来源分类的思想萌芽。

所谓合理演绎法，就是运用纯逻辑推理的方法把各种档案划分到预先拟定好的各个具体类别中。18世纪欧洲各国相继出现了外交部、财政部等大型中央机关，并逐步成立了自己的档案馆，收藏与本部门有关的前任机构的档案，以及在业务过程中形成的档案。欧洲档案人员注意到了这种变化，并试图制定一个各机关档案馆通用的门类齐全的分类法。1783年，德国萨克逊档案馆的档案人员卡尔·果特洛普·坤特在他写的《论总档案馆的建立》一书中，大胆地提出了制定一个适用于各机关的标准分类法的新设想。1799年，约翰·克里斯多夫的《实用古文书学》和弗里德利希·斯图斯的《论档案馆》两部著作分别出版。1800年，卡尔·弗里德利希的《见习档案员手册》一书出版。这三部书的作者继承并发展了坤特的思想，提出要预先拟定一个包罗万象的“系统分类方案”，使之适用于一切时代和一切行政机关的档案分类，在全国各档案馆通用。这种分类方案被人们称为“合理演绎法”。它与实用归纳法一样，都以问题为基础，都不能有效维护文件之间的历史联系，所不同的是，实用归纳法是概括性的，合理演绎法是纯逻辑推理性的。对于德意志国家数量庞大、十分分散而且互无联系的档案馆，通用分类方案只能是一种无法实现的设想而已。

其次，关于档案馆的性质和地位问题的研究成果。把档案馆的性质和地位作为一个理论问题进行探讨，始于16世纪中叶。1571年，拉明根在他的著作《综合报告——怎样才算是一个完美的登记室》和《登记室及其机构和管理》中首次试图从理论上阐明，为什么在机构系统中应当赋予登记室一个独立的地位。登记室的作用应当受到重视，登记室应当成为同国王办公厅、国王财务机构并立的第三个管理机构。波尼法西奥在《论档案》一书中发展了拉明根的思想，他明确提出了启用“档案馆”（Archiv）这个词来代替登记室，并且进一步论证了档案馆的性质，说明不能把档案馆包容在登记室之中。他主张档案馆的性质应当是公开的，只有可以公开的档案才应当归档案馆保存。这种公开的思想，第一次向自古以来赋予档案馆的机密性和封闭性提出了挑战。由于他的倡议，“档案馆”一词逐渐被世界各国接受和采用，在当代已成了西方语言中的通用词。

最后，关于档案价值和档案人员知识结构要求方面的研究成果。档案自古以来就受到历代统治者的重视，关系到国家和政权的安危。中世纪末期以来，欧洲各国档案学者从各个方面探索了什么是档案，以及保存档案的目的和档案的作用。他们提出，归档案馆保存的才是档案；保存档案是为了国家的实用利益，档案馆所藏档案的权威性在于它是最高主权者一切权力、利益和财产的文字依据；等等。至于对档案人员的要求，见之于书的论点是在1777年，德国档案学者斯皮斯出版了《论档案》一书，认为档案员不应当只是实行者和保管员，而应当具有广泛的科学知识，掌握法学、历史学和档案知识，还应涉猎历史学所有辅助学科的知识。

（二）欧洲档案学的形成

欧洲档案学理论的形成是在19世纪。法国档案改革使世界档案史进入了一个新的时期，也为欧洲档案学的形成奠定了坚实的基础。其主要标志是档案改革中提出并实践了档案学的以下三种思想理论。

第一，档案馆事业是国家的一项独立事业。法国于1790年成立的国家档案馆和地方档案馆，构成了法国档案资源的分级管理系统或层次结构系统，标志着世界范围内档案馆事业的开始。法国在大革命前就有近万个档案馆，仅巴黎就有400多个。这些档案馆都是各个部门的内部机构，档案管理活动是该部门职能活动的组成部分，对社会封闭。法国档案改革，首先使世界上有了第一个近现代意义上的国家档案馆，使档案保管机构从机关内部机构转变为国家档案管理机构；其次使中央和地方档案馆形成网络，成为档案馆系统，成为国家政权领导下的独立机关，有了真正的国家档案馆事业；最后使档案馆由只保管一个机关或部门的档案，转变为保管来源于各个国家机关、各个时代的档案，档案馆馆藏由来源的单一性变成了来源的多样性。意大利档案学家斯·皮斯托列茨在从社会经济与政治的历史联系中研究档案馆的起源时指出，法国档案改革为档案馆事业的全面发展提供了可能，关于档案馆的理论已包含在法国档案改革宣布的原则之中。

第二，档案事业要实行集中管理的原则。这是档案学的又一个基本理论。1790年法国国民会议决定成立国家档案馆时，只是想把分散在各处的档案集中起来加以保管，避免它们在大革命过程中被毁于一炬。这是法国档案集中管理原则的最初含义。随着改革的深入发展，以及地方档案馆的建立，1794年法国颁布了著名的《穑月七日档案法令》，肯定并进一步发展了集中管理档案的思想。档案法规定国家档案馆是中央级档案馆，地方档案馆作为国家档案馆设在地方的分馆，接受地方政权和国家档案馆的双重领导，这就使档案集中管理原则包含了档案事业集中管理的内容。档案集中管理原则的确立，是档案学形成的又一个重要标志，具有深远的意义。欧洲各国在19世纪几乎都效仿法国，通过档案改革建立了中央级的综合性档案馆和地方档案馆，分级集中管理具有全国意义和地方意义的不同时代的各种类型的档案。

第三，档案馆要实行向社会开放的原则。1790年法国国家档案馆成立时宣布该馆每周在规定的时间内向法国公民开放。1794年的档案法又正式规定各级档案馆都必须执行这一原则。这个原则体现了法国档案馆不仅要为政府服务，而且要为学术研究和普通公民服务的思想。档案开放原则的提出和实施，标志着档案馆性质的根本变化，档案馆由几千年来对社会封闭的机构，变成了向社会开放的机构。从此，利用档案只是少数统治阶层人物的特权的历史结束了。法国的档案开放原则受到各国的重视，被誉为“档案的人权宣言”。

上述三个基本理论和原则的提出和在法国档案事业中的运用表明，法国资产阶级档案改革使欧洲档案学从孕育中诞生。而法国档案改革及拿破仑战争或多或少地废除了法国、意大利、德国等欧洲国家之前存在的行政结构，档案的历史价值变得非常重要，由此也产生了设立专门学校以培养能阅读、翻译古老文件，理解古语言及古文字的档案工作者的需求。因此，19世纪欧洲国家设立了许多或独立或隶属于某一档案机构或大学的档案学校或学院，如1811年意大利那不勒斯设立了首个档案学校；1821年德国慕尼黑设立了档案教育学院，同年，法国巴黎设立了延续至今的档案学院。但这些档案学校或学院教授的并不是我们今天所认为的“档案学”，其重点在中世纪文件，教授的主要是古文书学、法律及制度史、哲学等课程。[①]

19世纪欧洲档案学研究的成就主要表现在：

一是档案学概念的提出进一步推动了欧洲档案学的形成。档案学作为一个学科概念，最早出现于19世纪初，受法国档案改革的影响，19世纪成了欧洲档案馆事业大改革的时代，学者开始来叩档案馆的大门。在这种情况下档案馆的发展方向是什么，成了档案人员，甚至史学工作者思考的课题。1804年，德国档案学家约瑟夫·奥格写了一本论述文书分类方法的著作《一种档案学理论思想》。之后在1806年，德国档案学者创办了《档案馆学和登记室学》杂志，第一次在刊物名称上出现了档案馆学的概念，但该杂志很快就夭折了。1834年他们又创办了名为《档案学、古文书学、历史》的杂志，然而仅出版了几期，就于1836年停刊，但档案学的问题在这些杂志上被广泛讨论。1885年，法国历史学家郎格鲁在巴黎出版的《国际档案馆、图书馆和博物馆》杂志第一期上发表了《关于档案馆的科学》一文，首次提出了档案学应当是一门独立科学的见解。1898年，郎格鲁又在《历史研究导论》(巴黎)上著文，发展了前一篇文章的论点。他指出，法国的档案改革，已使档案馆从旧制度下的机密机构，变成了实施开放原则的机构，已从法律上证明了封建君主权力的“武器库”变成了历史的“文献库”。作者阐述了关于档案学应当而且已经成为一门独立科学的思想。

二是对“事由原则”的否定及“尊重全宗原则”的确立。事由原则是档案的一种整理和分类思想，其特点是按照预先拟定的问题或主题类别划分和整理档案，保持档案之间的逻辑联系。事由原则的历史，可以追溯到上古时代把收文和发文分开保管的所谓“二元主义分类法”、中古时代的实用归纳法和合理演绎法、近代的卡缪-多努分类法和十进位分类法。在法国国家档案馆成立以前，事由原则被欧洲各国档案馆普遍用于档案的分类，使档案馆单一来源的馆藏井然有序。馆藏结构复杂和来源多种多样的法国国家档案馆，因沿用事由原则整理档案而破坏了档案自身的历史联系，使档案的管理和利用极为困难，对长期通用的事由原则产生冲击。法国档案部门为纠正这种分类法造成的混乱，对事由原则进行了否定，在总结经验教训的基础上找到了符合档案特点的分类原则——尊重全宗原则，主张近现代的国家档案馆整理档案必须以保持档案来源的一致为前提条件。尊重全宗原则的提出表明档案学的核心理论已经形成。这是档案学理论发展上的一个重大飞跃，具有划时代的意义。

三是“来源原则”的提出和传播。来源原则是档案馆把档案按其来源进行整理的原则。1881年，德国的档案人员提出了来源原则，强调档案馆的档案要按其组成部分的来源进行整理，每个机关的档案均应保持机关登记室赋予的顺序。这些原则被写入《国家机密档案馆档案整理条例》，并被传播至其他欧洲国家。1898年，荷兰档案学家出版了

① DUCHEIN M. The history of European archives and the development of the archival profession in Europe. The American archivist，1992，55 (1).

《荷兰手册》，将法国的尊重全宗原则、德国的来源原则，以及其本国的尊重档案结构原则、尊重原始整理顺序原则等思想进行整合，对来源原则进行了理论论证。来源原则的提出标志着现代意义上的档案学的形成。

四是对档案馆的社会性和地位的阐述。从 19 世纪初至 80 年代，以德国为代表的西欧各国档案学者对这些问题展开了讨论，并提出了一些新观点。讨论的问题主要集中在档案馆是否具有双重性质、档案馆与图书馆和登记室之间的界限等方面。德国档案学者冯·麦登认为，档案馆具有双重性质，既有为政权机关服务的性质，又有为科学研究机关服务的性质。德国另一位档案学者乔治·奥古斯特·巴哈曼于 1801 年提出，档案人员不是古董商，而是一个创造性的对国家生活有贡献的公务人员。他的任务是必须满足政治和科学两个方面的需要。德国档案学者奥古斯特·艾哈德认为，档案馆应当与图书馆、登记室划清界限。档案馆收藏的对象直接来自业务渠道，而图书馆完全不是。登记室保存的文件虽然是从业务活动中来的，但不是已经完成的，而是业务进行中要继续使用的。档案馆要永远和登记室保持密切联系，因为档案馆的档案是从业务和政治生活中生长出来的。

上述思想理论的提出，标志着欧洲档案学已经从萌芽状态走向了形成状态，并为以后欧洲乃至世界档案学理论的发展奠定了一个比较坚实的基础。

（三）欧洲档案学的发展

20 世纪前 30 年，是欧洲档案学的繁荣发展时期，这一时期的主要成就表现在以下几个方面。

第一，一批档案学经典著作问世。19 世纪末到 20 世纪 30 年代，一些欧洲国家的档案学者率先对法国档案改革中提出的一些理论问题以及档案整理和分类原则进行了系统研究，先后撰写和出版了一批档案学著作。其中最有代表性的档案学著作大多被列入 1964 年版的《英国大百科全书》。其中包括：

（1）荷兰的《荷兰手册》。该书由三位荷兰档案学者缪勒、斐斯和福罗英合著，1898 年于荷兰海牙出版，1920 年再版。《荷兰手册》约 13 万余字，分为六章，共一百个问题，论述了档案整理与编目的基本理论和实践。该书的精华部分是，作者系统而深刻地阐述了来源原则，提出了档案全宗的有机联系和不可分散的原则。《荷兰手册》由于它的理论和实践意义被誉为世界档案学名著，甚至被有的学者称为档案“圣经”。该书被译成多种文字传播到了世界上的许多国家。

（2）英国的《档案管理手册》。该书是英国研究档案工作理论与实践的第一部重要档案学专著，1922 年在英国牛津出版，1937 年修订再版，1966 年在伦敦重印。全书分四大部分，分别论述档案的定义和性质、档案工作者的职责等，档案的起源、发展以及档案的分类、整理和保管的规则，档案的筛选、销毁，档案的制作材料和登记室工作。该书作者是英国著名档案学家希拉里·詹金逊。该书提出尊重证据的神圣性的思想，也提出并使用“档案组合”概念作为档案整理和著录的基本单元。这部著作对英国档案工作理论与实践的发展，产生了很大影响。

（3）法国的《关于档案整理与编目和关于书面历史文献出版的实际建议》。该书于

1924 年出版，作者是法国档案学者弗尔尼埃。书中叙述了档案全宗与档案汇集的不同，认为在全宗定义中排第一位的是文件的历史意义和法律意义，还从理论上阐述了法国 1841 年的尊重全宗原则。

（4）意大利的《档案学》。该书是意大利的首部档案学著作，1928 年在都灵出版，1968 年再版。作者是意大利著名档案学家埃·卡萨诺瓦。该书着重关注四个问题：一是阐明了档案学及档案学的独立性问题；二是评述了荷兰档案学者关于档案人员职责的观点，指出应该考虑到档案在社会文化生活中的巨大作用；三是论证了登记室与档案馆的关系；四是阐述了档案的各种整理和分类方法，诸如年代—字序分类法、来源原则、十进位分类法等。该书作者是把影片、照片、录音档案管理纳入研究视野的少数人物之一。

第二，深入阐述了档案学的概念及其内容构成。自从法国历史学家郎格鲁于 1885 年首次提出档案学是一门独立科学之后，到 20 世纪 20 年代，学者们才开始更为深入地探讨什么是档案学，以及档案学应包括哪些内容，从而使档案学的学科建设进入了一个新的阶段。

1928 年卡萨诺瓦的《档案学》一书着重论述了关于档案馆的科学，指出关于档案馆的科学也可称为档案学。他把档案学划分为实用档案学和本来档案学。实用档案学又可称为“档案技术”，主要研究对档案本身的处理，包括档案的接收、保管、保护和修复等。本来档案学又称“真正档案学”，主要研究档案的整理、分类、排放、编目、鉴定等，研究档案的本质和类型，研究档案事业和档案科学的历史，研究档案的法律属性及档案的利用等有关档案权的问题。1938 年，法国档案学家查里·萨马兰出版了《档案总论》一书。在此书中，作者把档案学划分为档案经济学和档案学，其基本观点与卡萨诺瓦相一致。

第三，年龄鉴定论的提出和传播。到 19 世纪 60 年代，欧洲各国都把有无行政用途作为确定档案价值的主要标准，使以学术研究为目的的利用受到严重影响。英国较早注意到这种情况，于 1877 年做出规定：公共档案馆馆长只有权销毁 1715 年以后形成的无用文件。1898 年英国又规定：1660 年以前的档案一律禁止销毁。之后，德国提出对日期越早的档案处置应越慎重的看法。年龄鉴定论是德国档案学家迈斯奈尔在 1901 年制定的档案鉴定标准中提出的，其意义在于，它使档案鉴定工作的目的由销毁转向保护贵重档案，由注重实用价值转向既注重实用价值又注重历史价值。

19 世纪末至 20 世纪 30 年代，很多欧洲国家创办了档案学期刊，包括：德国档案学者于 1876 年创办了《德国档案杂志》，荷兰档案工作者协会于 1893 年创办了《荷兰档案杂志》，1897 年郎格鲁创办了《国际档案杂志》。此外，1929 年普鲁士档案局在柏林创办了档案学研究所。这些档案学期刊及研究机构的创建也促进了欧洲档案学理论研究的繁荣。

20 世纪 40—80 年代，欧洲档案学得到了进一步的发展和完善。其主要表现是又有一批档案学理论研究成果问世。如波兰档案学者卡林斯基撰写论文，阐述了“职能鉴定论”思想，即把机关职能作为确定档案价值的重要标准。这一时期的档案学理论著作主要有 1953 年德国出版的《档案学——欧洲档案工作的理论与历史》、1970 年法国出版的《档案手册——法国公共档案的理论与实践》、1983 年联邦德国出版的四卷本《档案学》、

1984 年意大利出版的《现代档案——理论与实践》等等。其中，德国档案学者布伦内克在其遗著《档案学——欧洲档案工作的理论与历史》一书中，较为翔实地阐述了“自由来源原则”和“档案体”这两种思想。这些档案学思想的基本内容，在本书第十章已有比较详细的介绍。

20 世纪 80 年代之后，北美成为档案学研究的重地，电子文件管理及后现代档案学理论和思想的研究成为北美档案学界关注的焦点，产生了一系列研究成果。

二、北美档案学的产生与发展

（一）北美档案学的产生

北美档案学的产生主要是基于史学的发展及欧洲档案学理论的引入。以美国为例，在 19 世纪 80 年代，史学在美国的大学已经成为一门专门学科，美国历史学家深受兰克史学的影响，引入了科学史学的概念，并于 1884 年成立了美国历史协会（the American Historical Association，AHA），其中一项重要工作是通过帮助各类档案馆进行互动，发展标准化的档案机构体系。在美国历史协会的努力下，美国国家档案馆于 1934 年成立，并促进了美国的档案教育与培训。1936 年，美国档案工作者协会（Society of American Archivist，SAA）成立，下设档案工作者培训委员会。1938 年，美国档案工作者协会创办了《美国档案工作者》期刊，发表了大量专业文献用于指导档案工作。1941 年，时任美国国家档案馆馆长梭伦·布克教授开设了第一门档案课程“档案与历史手稿”，主要的培训对象是美国国家档案馆的新员工。与此同时，政府机构在华盛顿也提供了各种档案培训项目。[①]

在此过程中，欧洲档案学理论和原则也被引进美国。早在 1909 年，在美国公共档案委员会召开的一次档案会议上，就有人指出，在美国档案管理上没有比把图书分类理论应用于档案实体更大的灾难了。为消除这种灾难，建议仿照欧洲各国的做法，把档案按照其产生机关进行分类，改变早期采用的事由原则。1910 年，美国历史协会派三名代表参加了布鲁塞尔的国际图书馆与档案馆大会，在此次大会上，《荷兰手册》所论证的来源原则被确立为档案学的重要原则，之后，这一原则在美国历史协会成员、各类州档案馆及历史协会的领导者中得以推广。1912 年，时任美国公共档案委员会主席维克特·帕尔特斯特提出，“来源”是对文件进行科学管理的唯一基础。1929 年，美国档案学者列兰德进一步介绍了欧洲的来源原则，指出体现行政实体的档案体应当是档案分类、整理和编目的出发点。1934 年美国国家档案馆成立后，正式把来源原则作为公共档案管理的基础，决定档案馆的档案以文件组合（record group）的形式进行管理。至此，美国档案学得以形成并逐步发展。

（二）北美档案学理论研究的发展

20 世纪 50—80 年代，北美档案学获得了迅速发展，出版了不少理论著作。如 1956

---

① BERNER R C. Archival education and training in the United States，1937 to present. Journal of education for librarianship，1981，22（1/2）.

年出版的《现代档案——原则与技术》（谢伦伯格）、1965年出版的《档案管理》（谢伦伯格）、1977年出版的《基本手册丛书——档案和手稿》之一（共5本）、1980年出版的《档案材料的整理与编目》（休·泰勒）、1982年后出版的《基本手册丛书——档案和手稿》之二（共7本）等等。北美国家档案管理的传统是按文件形成过程划分为文件管理和档案管理两部分，谢伦伯格所著《现代档案——原则与技术》一书中把文件管理和档案管理分成两编进行论证就是基于这种传统。美国在文件管理中又分公共文件管理和私人文件管理，管理公共文件是档案工作的范畴，管理私人文件属手稿管理，不属档案工作范畴。自20世纪70年代以来，随着档案作为第一情报源进入情报领域，美国档案学者才把手稿与档案的管理放在一起进行论述，如20世纪70年代后期以来出版的系列丛书全套12本的书名中都包括档案和手稿。

由于北美国家文件档案管理上的这种特点，他们除研究各国档案学的共同问题外，还形成了一些符合北美特点的理论，归纳起来主要有文件管理理论、档案整理理论、文件中心理论、档案价值鉴定理论等。

第一，文件管理理论。按北美国家的传统，文件管理是指机关和文件中心对文件的管理。以美国为例，美国认为文件管理发生在文件进档案馆之前。文件管理的任务是以最低廉的代价和最有效的方式使这些文件服务于它问世的目的，并在达到目的之后对它们做适当处理。这就是说，有效的文件管理是指文件从问世到移交给档案馆或销毁的全过程。谢伦伯格把文件管理的这种任务描述为帮助确定何种文件应该被送到某个文件中心的“炼狱”或“拘留所”待上一段时间，何种文件应该被打入火化炉的“地狱”，何种文件应该升入某个档案馆的“天堂”。美国的文件管理，主要是指文件中心的工作，文件管理的核心问题是如何减少利用者为索取信息所花费的时间。

1934年的美国《联邦文件法》规定，国家档案馆对联邦所有机关的文件管理享有视察权和有限的征集权。随着情况的变化，应该征集的各种文件已经集中到了国家档案馆，因此1950年美国重新颁布的《联邦文件法》中没有重提征集权。该法强调联邦各机关内的文件管理，包括对公务活动中制定、保存、分类和利用文件，由机关进行有效控制。档案部门负责对文件管理进行监督和指导，负责制定文件的分类原则和办法。

第二，档案整理理论。北美地区关于档案的管理，是指档案馆对文件的管理。谢伦伯格在他的《现代档案——原则与技术》一书中指出，档案管理的基本内容包括公共文件的鉴定、整理、保管、编目、出版和提供利用等问题，档案人员对由他管理的档案负有保存和提供利用的双重责任。美国档案馆整理档案必须遵守的基本原则是来源原则，国家档案馆的档案整理单元是文件组合。

北美地区的文件组合不同于欧洲。以美国为例，美国文件组合内的组成部分在数量上要多得多，在形式和性质变化上也多得多。这些做法都体现了北美各国档案部门对来源原则的应用。谢伦伯格认为，来源原则首先保护了文件的完整，反映了文件的来源和产生过程。其次，它有助于说明文件的重要性，因为个别文件只有同有关的文件联系起来才能够被人们充分理解，一旦文件脱离了它的群体，它作为文献证据的真正意义就会模糊不清，甚至完全丧失。最后，它在档案的整理、编目和提供利用等方面，提供了既经济又切实可行的指导方针。

第三，文件中心理论。文件中心在 20 世纪 40 年代最先出现于美国。第二次世界大战期间，美国军事机关的文件数量急剧增加，为了保存平时工作不常使用的文件，有些机关设立了临时性的文件库——机关文件中心。这种机构很快就显示出了它的生命力，并被迅速推广开来，世界上其他一些国家也陆续成立了文件中心。各国国情不同，文件中心也有不同的名称，英国称“过渡性档案馆”，法国称“进档案馆前的文件寄存处”，苏联称“机关联合档案室”，联邦德国称“中间档案馆”，加拿大等称“文件中心”，马来西亚称“文件服务中心”，等等。

文件中心是介于文件形成单位与档案馆之间的一种过渡性的文件保管机构，可以说是文件的中转站。对政府机关来说，文件中心保存的文件仍然是文件形成单位的财产，一般只为原机关提供利用。对档案馆来说，文件中心为档案馆馆藏档案提供了质量保证。政府文件中心大多归属于档案部门，是档案管理系统的组成部分。各机关在决定是否把文件送文件中心保存时，一般会考虑三个因素：使用频率、文件的特性和价值、保管设施。文件中心的设立促进了文件生命周期理论在美国的发展和应用。

第四，档案价值鉴定理论。谢伦伯格在《现代档案——原规与技术》一书中提出的文件的第一价值和第二价值理论，在美国档案鉴定中具有比较广泛的影响。此外，以弗兰克·博列斯为代表的一些人提出，鉴定标准应当包括情报价值、保管费用和对鉴定意见的审查等。

（三）北美档案学理论研究的繁荣

进入 20 世纪 80 年代，北美档案学界在电子文件管理及后现代档案学理论研究方面取得了一系列成果。

一是电子文件管理理论的发展。20 世纪 90 年代后，北美地区注重对电子文件管理理论的研究，取得了许多颇具影响的学术成果。相关论文主要发表在《美国档案工作者》杂志和加拿大的《档案》杂志上。这一时期出版的最具有代表性的学术著作是戴维·比尔曼所著的《电子证据——当代机构文件管理战略》（1994）一书。该书对电子文件管理的症结、电子文件管理政策与管理模式、系统软件的设计与应用、有关标准的制定与完善等问题，均做了比较全面的说明和阐述。该书研究了电子文件保管系统的功能需求，讨论了电子邮件管理、电子文件著录，以及从档案角度看信息系统标准的制定策略，对电子文件带来的挑战及应对策略等问题进行了深入阐述。

加拿大英属哥伦比亚大学的露西安娜·杜兰蒂于 1999 年发起的 InterPARES 项目也具有很大的国际影响力①。该项目持续了 20 年，主要是对电子文件的真实性保障及长期保存问题开展了一系列研究，共包括四个阶段：前两个阶段的主要目标是形成一套理论和方法，以确保在艺术、科学、电子政府活动中，在数据库及办公系统，以及动态的、互动的系统中所形成的数字文件能以准确、可靠的形式生成，并能以真实的形式进行短期或长期保存，以备其形成者及社会公众使用。这两个阶段的关键成果包括：政策框架，指导文件形成及保存机构政策的制定；形成者指南，为个人及小型实践社区数字材料的

① 该项目的成果详细可见其网站：www. interpares. org.

生成及维护提供建议；保存者指南，为档案机构的数字保存提供建议；基准及基线需求，为数字文件的真实性评估与维护提供真实性需求；文件格式选择指南，为文件格式、封装、编码体系的采用提供原则与标准；术语数据库，包括术语、字典及本体；两个文件保存模型、保存链模型（基于生命周期的概念）和业务驱动文件管理模型（基于连续体模型）；等等。第三阶段侧重于前两个阶段成果的实践应用，目标是使具有有限资源的公共及私人的档案机构及项目能够长久保存满足其利益相关方及社会需求的真实文件。这一阶段的主要成果包括成本-效益模型、伦理模型、教育模块及元数据应用概述。第四阶段，即 InterPARESTrust（ITrust），主要解决在线环境下文件/数据的生成、存储及保存所引发的信任问题。这一阶段的研究包括五个领域及五个跨领域。其中，五个领域是基础设施、安全、控制、获取及法律，五个跨领域是政策、社会、术语、教育及资源。

二是后现代档案学理论的发展。受后现代思潮的影响及社会运动的发展，20 世纪 80 年代后，北美地区的档案学者日益关注档案、档案工作中的权力问题，关注档案与社会之间的互动，形成了一系列后现代档案学理论。

第一，对“来源”加以反思。电子文件的出现促使北美档案学界对来源原则进行反思。1985 年，美国档案学者戴维·比尔曼和理查德·莱特在《档案》期刊上发表了《来源原则的力量》一文，提出来源是指文件的形式和职能，以及文件形成的背景[①]。1990 年，戴维·比尔曼又特别论述到只有这些虚拟文件的形成背景能让我们理解它们的内容，电子文件丰富了来源的概念，强化了来源与一个组织机构的使命、职能及其活动、事务之间的直接关系，而不是与这个组织机构各个部门之间的关系[②]。这一对来源的全新阐释被誉为对来源原则的重新发现，对当时的档案学界产生了很大影响，特里·库克在此基础上提出了“概念来源观”（也被称为“虚拟来源观”或“后现代来源观”），强调来源不再是基于结构主义的实体的形成机构，而是指形成文件的职能和过程，反映的是形成文件的背景[③]。与此同时，有学者提出了“并列来源”[④]、“种族来源”[⑤] 及“共同形成者”[⑥] 等观点，强调文件形成过程中的利益相关方也是文件的来源，应赋予他们共同形成者的地位和权利。

第二，提出后现代档案鉴定理论。20 世纪 80 年代后，北美档案学者提出了一些新的档案鉴定理论和思想。首先，提出了基于新来源的档案鉴定思想。其代表性观点是特

---

① BEARMAN D, LYTLE R. The power of the principle of provenance. Archivaria, 1985 (21).

② BEARMAN D. Multisensory data and its management//DURANCE C. Management of recorded information: converging disciplines. Miinchen, 1990: 111.

③ COOK T. What is past is prologue: a history of archival ideas since 1898, and the future paradigm shift. Archivaria, 1997 (43).

④ HURLEY C. Parallel provenance: (1) what, if anything, is archival description? . Archives and manuscripts, 2005, 33 (1). HURLEY C. Parallel provenance: (2) when something is not related to everything else. Archives and manuscripts, 2005, 33 (2).

⑤ WUEL J. Ethnicity as provenance: in search of values and principles for documenting the immigrant experience. Archival issues, 2005 (29).

⑥ GILLILAND A J. Contemplating co-creator rights in archival description. Knowledge organization: K O, 2012 (5).

里·库克提出的“宏观鉴定理论”[①]，强调对文件进行价值鉴定时应着眼于文件形成的背景和过程，包括文件形成机构的职能、业务活动，以及政府治理活动，即公民与政府之间的互动以及政府行为对公民的影响等。该理论既是新来源观在档案鉴定领域的体现，也是档案学由国家范式向社会范式转变的成果。宏观鉴定理论的提出深受德国档案学者汉斯·布姆斯于20世纪80年代提出的社会鉴定理论的影响。北美档案界还在基于背景的、以来源为中心的档案鉴定理论基础上提出了参与式鉴定思想，特里·库克特别指出档案鉴定的发展方向是让公众参与，以建构更具包容性的“全档案”（total archives）[②]。

第三，形成档案行动主义思想。档案行动主义认为形成文件的社会过程既不是中立的，也不是公平的，最终归档的文件是由个人及机构的价值判断、史学及意识形态趋势、不同的保管率及获取程度等进一步塑造的，社会的文献遗产并不必然反映整体的社会活动或经历，所保存的文件也并不总是服务于每个人的需求，档案法律与实践通常也并不包括多样的社会利益，因此，档案行动主义强调档案工作者、档案学者及其他利益相关者应积极参与文件的形成、捕获、著录及传播过程。安·吉利兰德和斯特凡纳茨总结了四种形式的档案行动主义[③]：（1）社群档案。这些档案是由那些基于阶层、种族、民族、性别、地区等自我认同为一个社群的人自下而上形成的。社群档案是对主流的档案馆未能记录特定社群的现实、未能保存那些社群成员认为重要的文件，或未能将其所收集的社群档案向社群提供充分利用的应对，其本身就是行动主义。（2）在政府资助的或其他主流的档案机构里从事的具有社会意识（social consciousness）的工作，包括档案工作者提供服务帮助个人完成有关未公开的文件的信息公开申请，或自己通过信息公开申请使一些文件进入公共领域，以及档案工作要实现“参与转向”，要将参与的理念和方法应用于档案鉴定、著录、获取等工作中。（3）研究行动主义，即利用公共文件挖掘被压迫或被遗忘的历史，使这些历史获得当代意义。（4）独立档案工作者从事的具有社会意识的工作，如参与社群建档实践，贡献他们的专业技能和知识。

第四，提出档案多元论。档案多元论包括“档案多元宇宙”及“档案多元主义”的内容，对这些思想的清晰阐述始于2009年美国档案教育与研究协会（AERI）年会有关档案教育的多样性及文化敏感性的研讨会。档案多元论主要强调承认并尊重在档案领域存在不同的本体论和认识论，即接受档案多元宇宙，将这些多样性整合到档案学理论、实践与教育中，积极地开展平等的对话、合作与交流，促进相互理解与包容，激发创新思想与实践。档案多元论对档案教育、科研与实践具有重要影响。

第五，形成档案后保管思想。美国档案学者杰拉尔德·汉姆于1981年首次提出了“后保管”概念，他把后保管时代的特征总结为以分布式计算机环境为特色，每个个体都可以成为他们自己的文件管理者。在这种情况下，档案工作者需要更主动及更多地干预。

---

① COOK T. Macroappraisal in theory and practice：origins，characteristics，and implementation in Canada，1950－2000. Archival science，2005（5）.

② COOK T. “We are what we keep；we keep what we are”：archival appraisal past，present and future. Journal of the society of archivists，2011，32（2）.

③ GILLILAND A，TEFANAC. Independent community archives：challenging the status quo of private and public archives. Atlanti，2018，28（1）.

他号召跨机构的档案项目合作，在信息生成和管理过程中实现更多的档案介入。① 我国档案学者冯惠玲等将档案后保管理论的核心思想总结为对实体保管、保管地点、闭门保管和阶段性保管的超越，推动全程连续和职能扩展，认为档案后保管理论体现了强烈的反思与重构意向，具有较强的方法论色彩②。

此外，自 20 世纪 80 年代以来，北美档案学与计算机科学、管理学、传媒学及数字人文项目等进行深度融合，催生了一些新的研究领域，包括计算档案学、档案与数字人文等，在这些领域也正在形成新的研究成果。

综上所述，北美地区的档案学理论研究在 20 世纪 50 年代以来取得了比较大的成就。其中的一些档案学理论不仅对北美地区档案事业的发展起到了重要的指导作用，也对世界范围内的档案学研究及许多国家的档案事业发展产生了广泛的影响。

三、苏联档案学的形成与发展

从 1917 年到 20 世纪 30 年代末期，苏联档案学研究主要取得了如下几个方面的成就。

（一）苏联档案学基本理论的诞生

苏联档案学的基本理论是十月社会主义革命后在列宁的亲自关怀下奠定基础的。1918 年 6 月 1 日列宁亲自签发了《关于改革和集中统一管理俄罗斯联邦共和国档案工作的法令》（以下简称“六一法令”），之后于 1919 年又签署了四项具体的档案法规文件：《关于接管 1914—1918 年战争期间被解散的旧军队档案的决定》（1919 年 3 月 27 日）、《省档案全宗条例》（1919 年 8 月 31 日）、《关于档案保管和销毁制度的法令》（1919 年 4 月 22 日）、《关于废除图书馆和博物馆所藏已故俄国作家、作曲家、艺术家和学者的档案私人占有权的法令》（1919 年 7 月 29 日）。在 1920 年 9 月 21 日，他还签署了《关于建立十月革命史和俄共党史材料收集和研究委员会的法令》，为建立苏共档案工作奠定了基础。所有这些法令和法规不仅是苏联档案建设的纲领性文件，也为苏联档案学的产生奠定了理论基础。具体体现在：

这些法令中关于把沙皇俄国的档案收归社会主义国家所有、建立统一的国家档案全宗的规定，是使苏联档案学在其形成之初就从原则上区别于西欧档案学的主要标志之一，在此基础上形成了国家档案全宗统辖下的全宗体系理论。法令中确立的集中统一管理档案原则，是苏联档案学的重要理论。有关建立全国最高档案行政领导机关、统一规划各级各类档案机构和档案馆馆藏建设的原则，推进了苏联档案管理体制建设。法令中关于档案鉴定销毁的规定，为苏联档案鉴定理论、原则和方法的形成奠定了基础。法令中关于档案查用制度的规定，是档案利用研究和档案馆性质研究的重要依据。

---

① HAM G. Archival strategies for the post-custodial era. The American archivist，1981，44（3）.

② 冯惠玲，加小双．档案后保管理论的演进与核心思想．档案学通讯，2019（4）.

（二）苏联档案学基本术语的形成

基本术语的形成是苏联档案学产生的又一个重要标志。苏联档案当局在 1925 年组织了一次全国性的档案学术大讨论，重点讨论档案术语问题，促进了苏联档案学基本术语的形成和统一。在讨论中围绕档案全宗的定义形成了两大学派：以莫斯科档案人员为首的一派，认为档案全宗是客观现实的反映，因此应以历史原则作为确定全宗定义的基础。以列宁格勒（今圣彼得堡）档案人员为首的一派则认为，档案全宗概念是一种思维活动的反映，因此应以逻辑原则作为确定全宗定义的基础。经过激烈争论，苏联最后采纳了莫斯科派的观点：档案全宗是在机关或个人活动过程中有机地形成的档案材料的总和。这个定义在苏联档案学史上被称为“莫斯科公式”。历史原则或历史联系原则在 20 世纪 60 年代以前一直是苏联档案学理论研究遵循的最重要和最基本的原则，贯穿学科研究的各个领域。

（三）首部档案学专著问世

《档案工作的理论与技术》是苏联档案学史上的第一部理论著作，出版于 1935 年。作者克雅捷夫是苏联著名的档案学家。全书分六个大问题，系统地总结了苏联档案建设的实践和档案学的基本理论问题。作者在序言中指出，档案学是一门具有独特作用的“历史学辅助科目”，表明苏联当时是把档案学作为历史学的分支学科来建设的。该书界定了苏联当时最常用的档案术语，阐述了机关文书处理部门、档案室、档案馆三者的关系，档案的管理方法，档案利用和科学查考工具的编制及文件的编辑出版，档案行政工作组织，等等。苏联档案学界对这本书给予了很高的评价，认为它是苏联档案学理论形成的主要标志之一。

（四）苏联档案学的发展

苏联档案学在 20 世纪 40—80 年代得到了进一步发展和完善。这一时期的代表性著作主要有《苏联档案工作理论与实践》（1966 年出版，1980 年修订）、《档案术语词典》（在这个书名下包括从 1968 年到 1982 年出版的苏联及南斯拉夫、波兰、民主德国的《简明档案术语词典》和 11 种文字对照的《社会主义国家现代档案术语词典》等）。另外，这个时期苏联在“国家档案全宗文件的分类理论”“档案全宗理论”“档案的整理与编目理论”“档案鉴定理论”等方面，也取得了较多的研究成果。

第一，国家档案全宗文件的分类理论。苏联把国家档案全宗的文件划分为三个层级。第一层级是整个国家档案全宗文件的分类，第二层级是档案馆范围内文件的分类，第三层级是档案全宗内文件的分类。

第二，档案全宗理论。从性质上说，它是国家档案全宗统辖下的全宗体系理论。苏联从 20 世纪 70 年代起，就从理论和实践上突破了绝对保持历史联系的提法。全宗不仅具有层次性，而且被分为广义概念和狭义概念。广义的全宗概念指全宗的属概念，即具有历史联系和逻辑联系的国家（档案馆）保存的档案文件综合体。在按全宗管理纸质文件时，主要采用历史方法，而在管理其他载体的文件时，主要采用逻辑方法。狭义的全宗概念是指全宗的种概念，包括机关档案全宗、个人档案全宗、联合档案全宗、档案汇集、科技档案综合体、其他各种载体的档案综合体等。

第三，档案的整理与编目理论。苏联和东欧一些国家认为，开发的目的是把档案整理有序，并编制必要的检索工具来满足社会对档案信息的利用需要，为领导决策、学术研究、文化教育及提供法律证据服务。

第四，档案鉴定理论。苏联规定，1811 年 6 月 25 日前形成的档案禁止销毁。为了统一鉴定标准，苏联在 1929 年第一次提出要编制档案保管期限表。但 20 世纪 40 年代以前，苏联却把档案鉴定限制在拣出无须保管的材料的狭义概念范畴中。20 世纪 50 年代后期，苏联开始对档案鉴定理论进行科学探索，1958 年编写的档案教材确定了档案文件的政治、科学和实际意义，规定了各类文件的保管期限，挑选出了应当永久保存和应当销毁的文件；20 世纪 60 年代中后期，改为“挑选出应归入国家档案全宗的文件”；1980 年又改为“挑选出归国家保存的文件”。从 20 世纪 80 年代开始，苏联提出档案全宗优化理论，采用定量分析方法，从数量与质量的关系上，解决如何保证国家档案全宗成分最优的问题。

尽管苏联已经成为历史，但苏联档案学理论曾经对我国的档案学理论产生过比较大的影响，回顾苏联档案学思想的产生与发展历史，对认识我国档案学中一些思想理论的渊源，依然具有不可忽视的现实意义。

第三节 档案学的发展趋势

随着社会环境的变化、档案工作的创新，当前档案学的发展呈现出一些新的特点或趋势，将在相当程度上影响未来档案学的整体进展。

一、档案学研究对象与研究范围的拓展

档案学的研究对象与研究范围是档案学研究的元问题，影响着档案学的发展走向。在社会环境和档案工作职能等多种因素的影响下，档案学的研究范围不断拓展，形成了更为广阔的研究领域。

（一）研究对象的拓展

只有明确研究对象的内涵与外延，才能展开具有针对性的研究工作。关于档案学研究对象的拓展，主要表现在以下方面。

第一，从实体档案到虚拟档案。数千年以来，档案的形成以载体与内容的高度统一为前提，信息通过书写、绘画、镌刻等形式固化于载体之上，形成了甲骨、简牍、木刻、纸张等形式的实体档案。对于实体档案的研究以载体为中心，注重实现实体的有序化管

理，注重实体管理空间的安全防护[①]。而随着信息技术的出现和发展，档案的形成发生历史性变化，以电子文件、数字档案等为代表的虚拟档案，成为档案学研究的新对象。虚拟档案的载体与内容不再具有高度的同一性，仅仅对载体进行集中统一管控不再能满足档案管理的需求，重点在于根据虚拟档案形成和发展的内在逻辑构建新的理论和方法。

第二，从档案到记录、文件、信息、数据与知识。在既有认知中，档案作为人类社会活动的原始记录，是档案学的基础研究对象；档案与文件在业务关系上具有紧密的承接关系，从民国机关行政效率运动中的文书档案连锁法，到数字环境下的文档一体化管理，两者之间的关联愈发密切，将文件纳入档案学的研究范围，是符合规律的必由之路；档案价值的实现由其形成机构逐渐向其他社会部门过渡，实际上是档案由发挥凭证价值向发挥信息价值转化的过程；随着档案管理数据化的进程，档案管理的基本颗粒也逐渐向数据过渡；档案不仅是重要的知识资源，也是组织实现知识管理的重要媒介，需要研究档案与知识的相互作用。档案学研究对象的融合与交叉，与对档案属性的认知拓展紧密关联，也在一定程度上体现出档案学研究的转型趋势。

第三，从官方档案到全社会档案。在古代西方，档案不是平民百姓的历史记录，而是“君主的心脏、安慰和珍宝”[②]。“在旧中国的档案中，基本上是帝王将相的历史记录，大量的普通百姓的历史记录被排斥在外，使大多数的历史档案有形而无神，有骨骼而无血脉肌肉毛发。”[③] 随着社会民主化程度的加深以及通信技术的进步，档案资源的组成也由官方档案主导向全社会档案变迁。档案不再只是社会公共活动的产物，而是同时兼顾来自非权力机关的个人与团体所产生的记录，囊括了个人档案、家庭档案、家族档案、社群档案、社会团体档案、非国有企业档案等范畴。

第四，从档案资源到文化遗产。长期以来，档案资源的开发与利用侧重于档案现实功效的发挥，随着国家文化建设的加强，提高文化软实力关系到“两个一百年”奋斗目标和中华民族伟大复兴中国梦的实现[④]。开拓文化纵深、促进文化遗产的继承是文化建设的重要任务，而档案的原始记录性正是保护文化遗产原始风貌的重点。因此，各国档案部门联合其他文化部门共同关注文化遗产问题，通过建档等手段促进文化遗产保护。《中华人民共和国非物质文化遗产法》第三条规定，“国家对非物质文化遗产采取认定、记录、建档等措施予以保存”[⑤]，体现出档案学关注范围向外扩展的发展趋势。

（二）研究范围的拓展

随着研究对象的拓展，档案研究范围也有所拓展，其研究主题更为丰富，档案被置于更加复杂的社会环境中进行审视。

第一，从档案系统到“档案-社会”或“档案-组织”大系统。长期以来，从档案概

---

① 钱毅．技术变迁环境下档案对象管理空间演化初探．档案学通讯，2018（2）.

② 韩玉梅，黄霄羽．外国档案管理．北京：中国人民大学出版社，1998：188.

③ 陈忠海．档案馆应该保存什么样的社会记忆．档案管理，2005（2）.

④ 习近平．习近平谈治国理政．北京：外文出版社，2014：160.

⑤ 中华人民共和国非物质文化遗产法．（2011-02-25）[2021-02-19]. http://www.gov.cn/flfg/2011-02/25/content_1857449.html.

念、档案价值到档案管理，档案学的研究范围主要聚焦于档案自身，在档案系统的范围内思考相关问题。但是脱离档案的形成环境探讨档案，并不能从本质上厘清相关问题。因此，研究者逐渐扩展研究视野，将档案置于“档案-社会”或“档案-组织”大系统下，将档案看作一个整体，以系统思维与视野综合探讨档案以及与之相关的各要素之间的联系。

第二，从档案管理到信息资源管理。档案管理模式强调档案的凭证价值与参考价值，为现行机关服务，档案管理的重心在于实现档案的有序化组织。随着社会各方面的发展，档案在不同维度上所具有的价值被不断发掘和实现，联合国教科文组织、国际档案理事会在 20 世纪 80 年代的一份报告中指出，“文件和档案是构成国家信息资源的基本要素和重要成分”[①]，档案作为一种重要的信息资源，能够以不同形式为社会各方面服务。从档案管理到信息资源管理的发展，能够加速适应数字转型的需求，实现档案资源的有效开发、利用。

第三，从微观档案工作到宏观档案事业。档案学研究的实践性极强，其起点是对档案管理活动的总结与提炼，随着档案数量增加，档案价值凸显，档案管理机制不断完善，如用以保管的档案馆室、用以规制的档案法规制度、用以培养专业人才的档案教育、用以跨国界交流的档案国际合作与交往、用以提升管理效率的档案科学技术研究等档案事业体系逐渐建立健全。从微观档案工作到宏观档案事业，也是档案学研究范围的一个实质性扩展。

第四，从档案事业管理到档案治理体系与全球档案治理。在治理语境下，档案学的研究范围呈现出新的变化。从档案事业管理向档案治理发展，突出强调了在档案机构之外，社会组织、公民等其他主体对于档案发展的重要作用，强调发挥各主体的能动性，实现档案治理体系与治理能力现代化。同时，档案治理逐渐成为国家治理体系的重要组成部分，全球档案治理是全球治理体系的组成部分。档案与文件管理为国家各项管理和业务活动的顺利开展提供基础性保障，是组织机构及个人履职、问责、维权、存史的重要证据和信息工具。[②] 全球档案治理有利于提升不同国家的档案管理水平，解决档案国际争端，实现档案工作的转型。

二、研究视角的多维与研究方法的综合

随着档案学愈发规范与系统，其研究视角愈发多维，研究方法走向综合，为档案学研究的发展提供了新视角、新方法、新工具。

（一）研究视角的多维

人类社会正经历前所未有的发展和剧变。社会环境的多元变化促使档案领域通过变

① 罗兹．档案管理和文件管理在国家信息系统中的作用的调研报告//中国档案学会外国档案学术委员会．文件与档案管理规划报告选编．北京：档案出版社，1990：276.

② 王玉珏，李子林，龙家庆，刘俊恒．中国参与全球档案治理：历程、挑战与策略．档案学研究，2019（1）.

革适应社会发展的需要。近年来，档案学理论研究开始朝多学科交叉研究方向发展，许多相关学科的新概念、新思想、新技术、新方法开始被应用于档案学研究中。档案基础理论和应用理论研究，都在多元视角的切入下取得了突破性进展，使档案学理论研究领域呈现百花齐放、兼纳百川之态势。

档案学对其他学科理论的借鉴有其必然性：第一，档案学具有内在的包容性。档案学是一门集科学性、技术性和人文性于一体的综合性或交叉性应用学科。这种学科性质决定了档案学研究视角的多样性。第二，档案学具有鲜明的社会性和实践性。社会实践的发展对学科理论和方法产生了新的多元要求，需要借鉴、引用其他学科的理论，使档案学研究更为扎实、深入和开阔。哲学、历史学、管理学、人类学、社会学、法学、传播学、信息科学等学科均为档案学理论的发展提供了有益的灵感和互补性知识。

多学科视角的切入，有利于档案观念和意识的更新，有利于档案管理的变革，有利于档案学思维方式与研究角度的创新，有利于档案学科的横向扩展与纵向深入，并与相关学科形成双向互动。例如，近年来，诸如历史学、法学、政治学等学科通过档案文献的整理与分析，研究本学科的专业问题，体现了档案作为一种研究资源的重要价值。加强档案学的跨学科合作，有利于彰显学科价值、强化学科地位。

（二）研究方法的综合

除了多维的研究视角，档案学研究方法更加综合。这既由于档案学借鉴了其他学科的研究方法，也与档案学研究趋向规范和科学、在研究领域内选取最适配方法的学科走向有关。

第一，定性方法与定量方法的综合。档案学基础理论的研究主要侧重于定性方法的适用，随着档案学研究的逐渐深入与复杂，定量方法的使用日渐普遍。研究问题既需要足够的数据支撑，也需要明确的性质定位，定性方法与定量方法的综合使用成为档案学研究的一大趋势。

第二，历史方法与逻辑方法的综合。档案学研究以历史方法为基础，档案学的重要原则——来源原则与全宗原则，正是在客观总结档案形成规律的基础之上得出的。但是随着档案学研究对象及研究背景的逐渐复杂，逻辑方法能够起到化繁为简、透过现象看本质的作用。

第三，实证主义、诠释主义与建构主义的综合。如实证主义应用于档案实际业务的开展，诠释主义应用于将实践过程总结为档案理论的研究，建构主义则面向复杂的现象，研究其演化过程与成因，建立理解和认知。不同的研究方法各有侧重，各有所长。

第四，档案学方法与其他学科方法的综合。随着档案学研究范围的扩展和深化，学科之间研究方法的借鉴也十分必要。如档案学借鉴历史学的历史研究法，形成了档案史研究领域以及历史主义研究方法；借鉴社会学的社会调查法，开展档案实践调查；等等。综合运用档案学方法与其他学科方法，能够立足档案学视域，拓展研究半径，提升研究水平。

三、研究范式的转换

“范式”一词最早来源于美国科学社会学者托马斯·库恩所提出的范式（paradigm）理论。库恩将范式概括为“一个科学群体所共有的全部承诺”①。档案学研究者将范式理论引入档案学界，探讨档案范式的概念与结构。加拿大档案学者特里·库克认为，可以把范式称为“思考档案的框架、档案心态或想象档案和档案管理的方法”②。目前，国内外档案界形成了关于档案范式的不同认知，本书将主要介绍四种范式理论，并归纳其特征。

（一）从档案保管范式到后保管范式

档案后保管范式的出现源于面向档案保管问题的探讨。信息革命引发了文件形态的历史性变革，电子文件数量的剧增为档案馆带来了巨大挑战，引发了档案界关于保管模式的争论，如何确保档案的真实、完整、安全和长期可读成为档案馆所面临的重大问题。在这一背景下，档案后保管范式应运而生。美国档案学者杰拉尔德·汉姆于1981年提出了档案后保管概念，经国际档案界数十年讨论而不断丰富，其核心思想是对传统保管模式的超越。

（二）特里·库克的四个范式理论

四个范式理论由特里·库克提出，是对西方档案理论与实践的系统总结与回顾，主要包括证据—记忆—认同—社会/社区四个部分。第一个范式是证据，档案的作用主要体现为对国家事务以及司法实践的证据作用，档案范式以守护这种“自然”的档案遗存证据为中心。进入第二个范式——记忆，档案主要的价值是为社会留存记忆，档案工作者从保管者变成积极的档案塑造者，试图观照学术研究，重视历史学者对档案的实际利用。第三个范式是认同，档案从支撑学术精英的文化遗产转变为服务于认同和正义的社会资源。档案工作者将自己的身份确定为：作为专家引领社会借助基于证据的共同记忆找到社会的认同。第四个范式是社会/社区，档案工作者放弃专家身份，与广大社群成员共建共享档案。档案工作者在这四个阶段中从被动的保管者相继转型为积极的中介人、社会活动家和社群活动推动者。这四个范式既有接替转移，也有新阶段对前者的部分保持。随着时代发展，档案范式不断调整，不断产生新的职能和内涵。

（三）从现代档案学范式到后现代档案学范式

后现代档案学范式肇始于后现代主义思潮的发展。自20世纪90年代以来，后现代主义实现了对档案学领域从本体论到认识论再到方法论的全方位渗透，一系列后现代档

---

① 库恩．必要的张力：科学的传统和变革论文选．北京：北京大学出版社，2004：288.

② 库克，李音．四个范式：欧洲档案学的观念和战略的变化：1840年以来西方档案观念与战略的变化．档案学研究，2011（3）.

案学理论（或研究主题）得以产生与发展，表明后现代档案学范式的出现。后现代档案学范式的理论内容十分丰富，包括档案记忆观、档案与身份认同、档案信任论、档案与社会正义、档案多元论、社群档案理论、档案情感价值理论、档案第五维度理论等。这些理论从不同维度丰富、充实了后现代档案学范式的思想内核。在后现代档案学范式中，研究对象逐渐泛化，研究范畴不断拓展，关注点逐渐由客观实体转向档案的形成意图。这就意味着，档案概念变得极具可拓展性，面向全体社会主体的档案系统逐渐形成。与此同时，后现代档案学范式的价值取向也由以往一元/二元的唯一性选择转向多元并存的无限可能，档案作为社会记忆产物与其他要素形成共振。后现代档案学范式的方法论由实证主义转向了批判/解释主义，多元研究方法得以应用于档案学研究中。

（四）范式转换的共性

目前学术界并未就档案范式的划分形成一致。这与档案实践在不同区域、不同环境下的差异性有关。虽然不同范式的内容不同，但也折射出一些共性：第一，档案学研究正处于转型时期，档案新范式的某些元素业已在旧范式中有所体现，旧范式与新范式间存在一定程度的继承关系。此时，不同观点交叉融合、相互碰撞方能产生适应时代发展的前沿观点。第二，价值评判的尺度愈发多元，难以用一套并行通约的标准进行判断，需兼容并包地面向不同维度的价值体系。第三，范式转换呈现出鲜明的社会化倾向，档案研究者与档案工作者开始关注档案社会价值的实现，而不再把档案仅仅看作国家统治的工具。第四，积极呼应信息时代的发展趋势，围绕数字转型，构建数字化、信息化背景下的档案发展路径，提升档案工作在新技术环境下的适应性。

四、学科的分化独立与交叉融合

在当今社会，分化独立与交叉融合是学科发展的必由之路，档案学科亦遵循这样的轨迹发展。

（一）档案学科的分化独立

早在远古时代，人类就开始通过各种方式进行信息记录，但是并未进行专门的区分。随着信息交流的频繁以及文献量的剧增，文献管理逐渐分化出图书、情报、档案等管理对象，并产生了以各自为研究对象的专门学科，档案学科也正是在这一背景下产生和发展的。

档案学科最初的学科建制并不完善，处于图书馆学或历史学范畴下。如在我国，20世纪50年代初，档案学被作为一门历史辅助科目来建设①。在美国，从20世纪三四十年代至70年代，档案教育是历史学的一个分支，并深受图书馆学的影响②。随着档案学科的日渐成熟，其有了特定的研究对象、研究方法与知识体系，开始分化成为一门独立学

① 金波，周枫．我国档案学专业高等教育的发展、艰辛与责任．档案学通讯，2018（2）．

② 陈琼．美国档案教育的历史与发展．档案与建设，2003（9）．

科。1998 年，我国对本科专业目录进行修订，档案学被从历史学门类调整到管理学门类下，作为独立的二级学科加以建设。而美国则通过制定专业标准、设置专业指南等途径增强档案学科的独立性与学科认同，将其从历史学与图书馆学的学科范畴中独立出来，其自身建制不断完善。

（二）档案学科的交叉融合

进入 21 世纪后，新技术革命与社会环境的巨大变革使学科间交叉融合的趋势愈发明显，新的学术问题无法仅依托单一学科的知识体系得到解决。档案学科也需要融入更广泛的学科体系，在学科碰撞与借鉴中获得新的学科增长点，提升学科价值。

档案学科向外交叉融合的前提，是对本学科优势与学科价值的把握。学界对信息资源的强烈需求，使得档案学科的学术价值不再停留在档案文献的被动服务，而更多关心文献信息内容的主动挖掘与提供①。档案所具有的原始记录性与凭证价值能够在最大限度上确保信息的真实性与可靠性，为档案学科融入其他学科体系提供了不可替代的基础性价值。如图书情报与档案管理（信息资源管理）、档案与数据科学、档案与公共管理、档案与工商管理、档案与文献遗产、档案与数字人文，均以关键性信息资源的供给为基础，对相关学科研究起到了重要的资源支撑作用。与此同时，档案学科也通过借鉴其他学科的理论与研究方法，以及归纳总结由学科交叉融合而得到的研究成果，开展关于本学科建设和发展的内在省思，拓展档案学研究领域，提升档案学科生命力。

五、人文精神与科学精神的并重

（一）人文精神的发展

人文精神是一种人类自我关怀，是对于人类自身品格与价值追求的肯定，对于人类所创造物质与精神文化的珍视。档案作为人类文明的结晶，自身蕴含着人类社会发展过程中的精神成果，因此人文精神是档案学研究的重要根基，档案学研究的诸多内容，也充分体现了人文精神。

第一，档案参与文化遗产保护。文化遗产是人类文明的珍贵财富，然而随着时代发展，文化遗产面临损毁和失去传承的危机。档案机构在现代信息技术辅助下，采取数字归档等手段，将文化遗产转换为数字文化形态，补充和辅助传统保护方式，建立适应数字时代的文化遗产保护机制②。

第二，档案参与集体记忆构建。法国社会学者莫里斯·哈布瓦赫认为："记忆是一种与他人相关的群体-社会现象。一个人的记忆需要他人记忆、群体记忆来唤起。"③ 档案作

---

① 徐拥军．图书情报与档案管理学科的分化与整合．档案时空，2019（12）．

② 谭必勇，徐拥军，张莹．档案馆参与非物质文化遗产数字化保护的模式及实现策略研究．档案学研究，2011（2）．

③ 哈布瓦赫．论集体记忆．上海：上海人民出版社，2002：60．

为传递记忆的重要手段，自然而然地参与到集体记忆的构建之中。档案记忆观的理论构想可概括为：档案是建构社会记忆的不可替代要素，档案工作是建构社会记忆的受控选择机制，档案工作者是建构社会记忆的能动主体，档案记忆促进身份认同①。

第三，档案参与人权保护。人权是人类所享有的人身自由及其他民主权利。第二次世界大战后，保护人权成为国际治理的重要原则之一，并作为联合国宗旨之一载入联合国宪章。由于战争、政权更迭、种族歧视等原因，现代社会仍频频发生侵害人权的事件，档案在维护受害者权益、保护人权方面做出了重要贡献。在事后追责所进行的国际审判中，记录侵害人权行为的档案材料往往成为法庭审判的重要证据。

第四，档案参与身份认同。档案包含人和人群的心理、行为和结果的记录和留存，必然涉及主体角色和类别归属等身份认同的基本信息，从而可能进入身份认同的过程之中。档案在多数情况下并不直接产生认同，而是通过参与建构、重建、强化集体记忆来实现身份认同②，具体而言，档案既是身份认同的判断依据，也是身份认同的结果，它构建了社会存在的逻辑性和合法性，从档案中可以透视当代认同的历史线索和现实凭据，获得心灵深处同其所同、异其所异，纵有源流、横有所属的信息基础③。

第五，档案参与公平正义。档案作为社会活动的原始记录，对于公平正义的实现具有两面作用，档案的存在能够促进法庭审判的胜利，而档案的缺席将导致证据的不足。在建立社会公平保障体系的过程中，档案是建立社会信任的重要基础和有力支撑，能够推动社会正义的实现，档案工作者则是实现社会正义的重要力量。

（二）科学精神的发展

科学精神是反映科学发展要求并内化作用于科学研究者的一种精神状态，是随着科学发展所形成的一种价值判断、基本认知与行为规范。科学精神的核心，是对科学发展方式的尊重以及科学研究过程的严谨。

目前，档案学研究已形成一套较为成熟的理论基础与学科体系；档案学的研究范式，逐渐由经验总结向科学研究发展；档案学研究者对于自身的研究问题，以及开展学术研究所需要的工具、研究方法和研究的预计成果能够进行可预测的规划；坚持定性方法与定量方法的结合，加强对研究结论的实践检验。这些特征正是科学精神作用于档案学研究的体现。科学精神作用于档案学研究还体现于对技术成果的应用，尤其是以人工智能、区块链、云计算、大数据为代表的现代信息技术成果从内在逻辑上推动了档案学研究的深化，对于档案基础理论与档案管理实践均有积极作用。

（三）人文精神与科学技术的有机结合

随着研究的逐渐深入，将人文研究与科学技术有机结合成为可能。在科学技术的辅助下，研究者能够通过多种方式挖掘人文研究的内核。借助数字技术的进步，海量研究

---

① 徐拥军．档案记忆观的理论与实践．北京：中国人民大学出版社，2017：92－103.

② CARON D J，KELLERHALS A. Archiving for self-ascertainment，identity-building and permanent self-questioning：archives between scepticism and certitude. Archival science，2013，13（2－3）.

③ 冯惠玲．当代身份认同中的档案价值．中国人民大学学报，2015，29（1）.

资源实现了汇集、组织与挖掘，实现了人工难以实现的效果。人文精神与科学技术有机结合的突出表现，一为数字记忆的传承，二为档案与数字人文研究。数字记忆是数字形态的文化记忆，携带文化记忆和数字信息的各种基因和特征，是将特定对象的历史文化信息以数字方式采集、组织、存储和展示，在网络空间承载、再现和传播的记忆形态①。如“北京记忆”项目综合运用多种数字技术与工具，按照北京历史文化特有的结构形态，通过数据库与网站建设，构建数字化的北京记忆。数字人文的研究方法是将数字技术应用于人文研究活动，通过将包括档案在内的人文信息借助各种数字化工具进行加工、统计、分析与挖掘等，处理人工无法识读的海量档案文献，发现隐藏于文本中的多样、深层的联系。如劳伦·克莱恩利用数字技术对美国前总统托马斯·杰斐逊的信件档案进行了分析，还原了其当政时美国黑人奴隶活动的基本情况②。档案与数字人文研究为人文精神与科学技术的结合提供了一个平台，不但将数字工具应用于人文研究，也为档案的知识创造提供了一条崭新的路径。随着人文精神在档案学研究中的深化以及科学技术的持续进步，两者将以更为多元的方式结合，为研究者提供更为丰富的视角，实现创新。

六、档案学的国际视野与本土情怀

（一）档案学的国际视野

档案学也存在很多全球共同的研究议题，如社会文化方面的档案与人类记忆、档案与身份认同等，管理方法方面的数字档案资源长期保存、档案著录、档案数据管理等。这些研究议题具有相似的理论基础与实践需求，需立足全球实践的基础开拓创新。用国际视野对相关研究主题进行跨文化交流，可以丰富档案学研究脉络，开拓研究视阈。

第一，积极对标国际先进。在全球范围内，积极对标国际先进、引入国际先进理论与实践有利于吸取档案学研究的先进经验，减少研究过程中可能经历的弯路。如通过借鉴澳大利亚的文件连续体理论与元数据管理实践，有利于建立涵括全程的电子文件管理体系，通过元数据著录标引体系保障电子文件管理的规范化。

第二，制定国际标准规范。制定一系列档案国际标准规范，有利于应对不同国家的研究者、实践者由于背景差异造成的低质低效管理和交流障碍。目前文件档案领域的国际标准逐步出台，形成体系，对于档案概念和管理规则等进行了抽象与规范。比如在文件、档案术语规范方面，《信息与文献　文件管理　第 1 部分：通则》（ISO 15489－1：2001，IDT）对记录、文件、文件管理等术语进行了定义③，为文件档案管理的国际交流与沟通打下了基础。

第三，参与全球档案治理。全球档案治理概念是“全球治理”概念框架下的衍生概念，指各国家、地区、组织机构间多元协同合作，以促进国际档案事业发展和国际档案

① 冯惠玲．数字记忆：文化记忆的数字宫殿．中国图书馆学报，2020，46（3）．

② KLEIN L F. The image of absence：archivalsilence，datavisualization，and James Hemmings. American literature，2013，85（4）．

③ 安小米，焦红艳．文件管理国际标准 ISO 15489. 城建档案，2002（2）．

问题解决的一系列活动，涉及全球档案工作网络搭建、国际档案法规及标准制定、档案学术理论研讨、档案业务环节优化、各国档案特色交流互通等核心内容[①]。全球档案治理有利于在全球范围内面向档案与档案管理问题达成共识，在人类命运共同体理念的指引下实现档案国际合作。

第四，参加国际档案会议与项目。国际档案会议是面向全球档案从业者进行学术与业务交流的平台，国际档案理事会先后确立了国际档案大会、国际档案理事会年会等常设会议机制，有利于各国根据本国实践参与档案议题的探讨，为档案问题的处理确立了国际准则。国际档案理事会及下设组织还根据档案实践需要设立了一些研究项目，参与此类项目可以使不同文化背景的学者联手解决档案事业发展中的重要问题。

（二）档案学的本土情怀

因国情不同，不同国家形成了具有本土特色的档案体系。不同的档案体系间不存在绝对的优劣之分，只存在是否适配本国实际情况之别。因此，档案研究者应以高度的责任意识立足于本土档案体系建设，打造本土的档案学派，形成本土的档案知识体系，对外彰显档案与档案工作的独特景观，对内凝聚档案学术共同体的本土力量。[②] 坚守档案学的本土情怀，不仅有利于传承本土档案传统，凝聚档案学术发展的核心力量，也有助于在国际舞台展示不同国家的特色经验和专业话语。

每个国家都有立足本土国情值得探讨的档案现象，各国档案学研究个性经过整合与提炼即可显示国际档案研究的共性。以我国为例，一些地区的档案机构利用各种官方和民间档案，打造了具有传承性的乡村记忆，这是在城市化进程中对乡村集体记忆进行建构的有益探索。在数千年的历史文化进程中，时间绵长的历史档案见证着华夏文明的演进与传承，种类丰富的少数民族档案见证着中华文明的和而不同的文化多样性，这些具有本土特色的档案现象，都具有充分的研究价值。

（三）国际视野与本土情怀的结合

国际视野与本土情怀是档案学研究的一体两翼，二者缺一不可。不具备国际视野，只注重本土情怀，便会坐井观天，忽视自身的差距与不足；不具备本土情怀，只关注档案学最新的国际成果，便会失去研究的根基与立足点，研究成果也将陷入虚无，难以与现实接轨。

一方面，运用国际先进经验探索本土化问题。由于本国实践有其特殊性，因此在学习借鉴的过程中，要思考国外理论或实践对于本土问题的适用性，避免两张皮现象。应从国际比较和远距离审视的角度，捕捉本土经验中具有独创性的概念和逻辑，加以理论化阐释，上升为兼有本土性和一定普适性的本土学术概念和理论框架[③]。

---

① 李子林，王玉珏，龙家庆，刘俊恒．国际档案理事会参与全球档案治理：特色、工具与成绩（1948—2018年）．档案学通讯，2019（5）．

② 徐拥军，熊文景．打造新时代中国档案学派的价值与路径．中国档案报，2019-06-18（3）．

③ 陈学飞，茶世俊．构建本土教育政策理论：目标、价值与研究路径．云南师范大学学报（哲学社会科学版），2012，44（2）．

另一方面，注重本土化研究成果的对外宣介。任何一国具有特色的档案实践，都是全球档案成果的重要组成部分，在注重国际经验“引进来”的同时，也要实现本土化研究成果“走出去”。随着档案国际交流日益频繁，越来越多的档案学者在国际档案会议或学术期刊中介绍面向本土的研究成果，这既是一种文化输出，也能促进跨文化档案研究的国际交流。

七、档案学术共同体的形成与发展

共同体既是库恩范式理论中关于人的要素，也是范式理论框架中其他要素的践行主体。库恩认为，共同体对科学范式有高度的信仰与认同，有对科学研究近似的价值观。档案学术共同体是指“致力于档案学学习、研究和实践的一群人，是档案科学的主体，是进行档案科学研究，拥有档案学范式的科学共同体”①。

（一）档案学术共同体的发展沿革

档案学术共同体的发展具有阶段性特征，具体而言可分为三大发展阶段：

第一阶段是初创期。18 世纪末到 20 世纪初形成的以阿曼·卡缪、皮埃尔·多努、H. 迈斯奈尔、萨缪尔·穆勒、约翰·斐斯、罗伯特·福罗英等为代表的西欧档案学术共同体②，以及 20 世纪三四十年代通过行政效率运动初创的以甘乃光、殷钟麒、何鲁成、周连宽、傅振伦等人为代表的近代中国档案学术共同体，均是初创期档案学术共同体的典型代表。这个阶段时间跨度较长，共同体成员的核心价值在于开始档案学的独立建制、档案事业的独立发展。共同体成员的身份背景较为复杂，来自不同部门，对于档案的理性认识来自长时间的档案实践工作，总体较为简单，尚未转换为系统性的理论知识。

第二阶段是发展期。在这一时期，档案学术共同体基于前期成果，形成了对于档案与档案现象更为丰富的认知，开始了真正学术意义上的档案学研究。发展期的档案学术共同体既有一定的档案基础理论储备，也有丰富的档案实践经验。他们逐渐深化了对档案与档案工作的认识，对档案学特有的研究对象与研究特点形成了一定认知。他们将古典档案学理论发展至顶峰，并逐渐开始现代档案学研究。在这一时期，档案工作面临的社会环境不断变化，在档案学术共同体内部分为不同的学派，围绕不同的学术观点展开了激烈的学术辩论。如以詹金逊等人为代表的古典档案学派与以谢伦伯格等人为代表的现代档案学派的不同观念，哥伦比亚学派与匹兹堡学派就电子文件分散/集中保管问题进行的辩论，等等。

第三阶段是繁荣期，这一时期一直延续至今。繁荣期的档案学术共同体出现了明显的分化，形成了高校学术共同体以及实践部门学术共同体，也因此出现了部分理论研究者脱离实际、部分实践工作者缺乏理论支撑的情况。新时期的档案学研究所面临的社会环境更为复杂，信息技术不断发展，后保管时代加速到来；对传统与经典理论进行批判

① 陈祖芬．论档案学共同体的责任．档案学通讯，2007（2）.
② 张盼．浅析外国档案学术共同体的沿革．档案，2014（4）.

与反思，后现代方法与观点愈发普遍。共同体成员以档案学为本体，兼收并蓄其他学科的知识体系，为档案学研究开辟了更为广阔的视野。这一时期，档案学术共同体的国际化发展成为显著趋势，随着国际档案理事会以及区域性档案组织的发展，越来越多的研究者借助这些平台交流合作，也有许多跨国学术联盟，如档案教育与研究联合会（AERI）等逐渐形成并发展，为档案学术共同体的进一步发展做出了一定贡献。同时，国家性的档案学术共同体机制愈发成熟，如在我国，每年召开的教育部高等学校档案学专业教学指导委员会年会与每两年召开的全国档案工作者年会已经成为国内档案学术共同体交流的重要渠道。

（二）档案学术共同体的发展规律

档案学术共同体在数百年的演化变迁过程中，呈现出以下规律：

第一，档案学术共同体的价值取向愈发多元。现代档案学研究，在对研究对象的挖掘和研究对象与社会的连接方面都取得了丰富的成果。因此，档案学术共同体的研究主题与内容愈发分散，呈现出人文取向、管理取向、技术取向①以及将不同取向加以整合的特征。分散的研究主题暗含学术共同体多元化发展的价值取向。

第二，从观点之争到档案社会价值的关注。随着档案学研究的发展，原则上的共识逐渐达成，具体问题的观点争论有所淡化。档案学术共同体放大了研究半径，将研究视野转向档案学研究与社会环境的交互，致力于档案社会价值的实现。如档案教育与研究联合会开始关注档案如何促进反身份歧视、气候变化、社会公平正义、资源权力的再分配、历史叙事的民主化、社群的可持续发展等议题的发展。

第三，档案学术共同体的全球化发展。越来越多的研究者走出国门，参与档案学研究的国际交流，开展跨地域、跨语种、跨文化研究，有利于扫清文化、语言、术语、政策法律等障碍，实现多样性发展。他们以发展的眼光审视差异，扩大研究视阈，将研究主题置于全球发展的宏观背景下思考。

第四，档案学术共同体的交流平台多样化。随着信息通信技术的成熟与各种非民间组织的发展，各种线上线下渠道大大丰富了档案学术共同体的交流路径。在我国，中国档案学会是档案学术共同体汇集的重要组织，高校青年档案学者学术论坛是青年档案学者交流的重要平台，此外，还有以《档案学通讯》《档案学研究》为代表的学术期刊平台，以“档案那些事儿”为代表的社交媒体平台，它们都起到了拓宽沟通渠道、促进学术交流的重要作用。

复习思考题

1. 中国档案学发展可分为哪几个阶段？各个阶段有何特点？
2. 试述 20 世纪 90 年代中国档案学发展取得的主要成就。
3. 试述 20 世纪 80 年代北美档案学发展取得的主要成就，以及为什么自 20 世纪 80

① 丁华东，张燕．论档案学的三大研究取向及其当代发展．档案学通讯，2019（6）．

年代起北美成为国外档案学研究重地。

4. 苏联档案学对我国档案学的影响主要表现在哪些方面？其中积极的作用有哪些，不利的影响有哪些？

5. 试述档案学研究对象与研究范围拓展的主要表现。

6. 试述档案学对不同学科的成果借鉴及其表现。

7. 如何认识档案学研究所采用的方法更为综合？

8. 如何理解特里·库克的四个范式理论？

9. 试析档案学科交叉融合的主要方向。

10. 档案学科的人文精神主要体现在哪些方面？

11. 档案学如何面对发展迅速的信息技术革命？

12. 如何实现档案学研究国际视野与本土情怀的结合？

13. 档案学术共同体的发展有哪些规律？

本书主要参考文献

一、著作、教材

1. 邹家炜，董俭，周雪恒．中国档案事业简史．北京：中国人民大学出版社，1985.

2. 吴宝康．档案学理论与历史初探．成都：四川科学技术出版社，1986.

3.《当代中国》丛书编辑部．当代中国的档案事业．北京：中国社会科学出版社，1988.

4. 吴宝康．档案学概论．北京：中国人民大学出版社，1988.

5. 何嘉荪．档案管理理论与实践．北京：高等教育出版社，1991.

6. 陈兆祦．文件论与档案管理．北京：中国档案出版社，1993.

7. 周雪恒．中国档案事业史．北京：中国人民大学出版社，1994.

8. 陈永生．档案学论衡．北京：中国档案出版社，1994.

9. 陈永生．档案工作效益论．北京：中国档案出版社，1995.

10. 陈兆祦，王德俊．档案学基础．北京：中国档案出版社，1995.

11. 韩玉梅．外国现代档案管理教程．北京：中国人民大学出版社，1995.

12. 张辑哲．维系之道：档案与档案管理．北京：中国档案出版社，1995.

13. 唐成连，黄友牛．当代中国档案职业道德概论．北京：中国档案出版社，1995.

14. 陈兆祦，和宝荣．档案管理学基础（修订本）．北京：中国人民大学出版社，1996.

15. 吴宝康．论新时期档案学与档案事业．北京：中国档案出版社，1997.

16. 国家档案局，中央档案馆．第十三届国际档案大会文件报告集．北京：中国档案出版社，1997.

17. 王英玮．档案文化论．北京：中国人民大学出版社，1998.

18. 陈智为．档案行政学．北京：中国人民大学出版社，1999.

19. 任遵圣．档案与社会．北京：中国档案出版社，1999.

20. 陈忠海．档案鉴定的理论与实践．北京：中国档案出版社，1999.

21. 姜之茂．档案馆理论与实践新探．北京：中国档案出版社，2000.

22. 张斌．档案价值论．北京：中央文献出版社，2000.

23. 韩玉梅，黄霄羽．外国档案管理．北京：中国人民大学出版社，1998.

24. 姆博．将不能替代的文化遗产返还其创造者：联合国教科文组织总干事的呼吁．北京：北京燕山出版社，2001.

25. 黄霄羽．外国档案工作纵横论．北京：中国档案出版社，2002.

26. 杨小红．中国档案史．沈阳：辽宁大学出版社，2002.

27. 李国庆．数字档案馆概论．北京：中国档案出版社，2003.

28. 陈兆祦，和宝荣，王英玮．档案管理学基础．北京：中国人民大学出版社，2005.

29. 王英玮．专门档案管理．北京：中国人民大学出版社，2004.

30. 黄霄羽．魂系历史主义：西方档案学支柱理论发展研究．北京：中国人民大学出版社，2006.

31. 丁海滨，陈凡．中国科技档案史．沈阳：东北大学出版社，2007.

32. 朱玉媛．档案学基础．2 版．武汉：武汉大学出版社，2008.

33. 丁海斌，方鸣，陈永生．档案学概论．沈阳：辽宁大学出版社，2012.

34. 马林青．基于职能的文件分类：理论、方法与实践．杭州：浙江大学出版社，2014.

35. 黄霄羽．档案社会化服务研究．北京：中国人民大学出版社，2016.

36. 冯惠玲，刘越男．电子文件管理教程．2 版．北京：中国人民大学出版社，2017.

37. 徐拥军．档案记忆观的理论与实践．北京：中国人民大学出版社，2017.

38. 金波．档案学导论．上海：上海大学出版社，2018.

39. 徐拥军．吴宝康学术年谱．北京：中国人民大学出版社，2018.

40. 风笑天．社会研究方法．5 版．北京：中国人民大学出版社，2018.

41. 黄霄羽．外国档案事业史．4 版．北京：中国人民大学出版社，2019.

42. 国家档案局档案馆（室）业务指导司．机关档案管理．北京：中国文史出版社，2020.

43. 国家档案局经科司．企业电子文件归档和电子档案管理试点案例集（管理系统卷）．北京：中国文史出版社，2021.

44. 霍尔顿，沃尔什．经典扎根理论：定性和定量数据的应用．北京：北京大学出版社，2021.

45. SCHELLENBERG T R. Modern archives：principles and techniques. Chicago：University of Chicago Press，1956.

46. JENKINSON H. A manual of archive administration. Oxford：Clarendon Press，1922.

47. MCKEMMISH S，PIGGOTT M. The records continuum：Ian Maclean and Australian archives first fifty years. Clayton：Ancora Press，1994.

48. PEARCE-MOSES R. A glossary of archival and records terminology. Chicago：Society of American Archivists，2005.

49. HARRIS V. Archives and justice. Chicago：SAA，2007.

50. LUCIANA D，PATRICIA C F. Encyclopedia of archival science. Maryland：Rowman & Littlefield，2015.

51. GILLILAND A，MCKEMMISH S，LAU A. Research in the archival multiverse. Australia：Monash University Publishing，2017.

52. WILLIAMSON K，JOHANSON G. Research methods：information，systems，

and contexts（2nd edition）. MA：Chandos Publishing，2017.

53. LOWRY J. Displaced archives. New York：Routledge，2017.

二、参考论文

1. 吴体乾．国家档案保护、归属和继承问题的三个国际公约．档案学研究，1991（1）.

2. 徐玉清．档案工作者职业道德准则．中国档案，1996（11）.

3. 冯惠玲．档案技术革命带来的理论思考．中国档案，1997（1）.

4. 库克，刘越男．电子文件与纸质文件观念：后保管及后现代主义社会里信息与档案管理中面临的一场革命．山西档案，1997（2）.

5. 朱江．论国家散失档案的收集．上海档案，1998（3）.

6. 张启安．文件中心的理论和实践．档案学通讯，1998（4）.

7. 冯惠玲．电子文件时代新思维《拥有新记忆：电子文件管理研究》摘要之六．档案学通讯，1998（6）.

8. 张辑哲．论综合性档案馆的社会功能的综合性．北京档案，1998（6）.

9. 吴品才．谈商业性文件中心建立的必要与可能．上海档案，1997（6）.

10. 陈浦如．关注档案事务所发展．中国档案，1999（9）.

11. 陈作明．论档案．档案学研究，2000（3）.

12. 汉姆，刘越男．后保管时代的档案战略．档案，2000（6）.

13. 岳宗福．尹湾简牍与汉代地方文书档案．档案与建设，2000（8）.

14. 黄霄羽．北美档案界对来源原则的“重新发现”．档案学通讯，2001（2）.

15. 杨小红．西周甲骨档案略论．档案学通讯，2002（1）.

16. 库克，李音．铭记未来：档案在建构社会记忆中的作用．档案学通讯，2002（2）.

17. 黄霄羽．文件生命周期理论在电子文件时代的修正与发展．档案学研究，2003（1）.

18. 黄霄羽．论来源原则与文件生命周期理论的宏观区别与深层联系．档案学通讯，2003（2）.

19. 傅荣校．档案鉴定理论发展规律论．档案学通讯，2003（6）.

20. 陈子丹．傣族贝叶档案略论．档案学通讯，2004（2）.

21. 黄霄羽．詹金逊与谢伦伯格鉴定观的比较及其对当前鉴定理论的影响．档案学通讯，2004（5）.

22. 杨晓虹．西周金文档案的新发现及其学术价值．档案学通讯，2005（2）.

23. 冯惠玲．档案信息资源在国家经济社会发展中的综合贡献力．档案学研究，2006（3）.

24. 陈祖芬．论档案学共同体的责任．档案学通讯，2007（2）.

25. 章燕华．电子文件保管模式研究：历史、机理与路径．浙江档案，2008（11）.

26. 肖秋会，杨青．欧洲档案利用限制的历史与现状．中国档案，2010（1）.

27. 梁继红．中国近代“档案学”词源新考．档案学通讯，2010（5）.

28. 黄霄羽．国外档案利用服务社会化的理论认识和实践特点．档案学通讯，2010（6）.

29. 库克，李音．对数字时代来源原则的反思．档案学研究，2011（1）.

30. 库克，李音．四个范式：欧洲档案学的观念和战略的变化：1840 年以来西方档案观念与战略的变化．档案学研究，2011（3）.
31. 潘未梅．宏观鉴定实践的先驱：荷兰 PIVOT 项目研究．档案学通讯，2011（5）.
32. 冯惠玲．档案记忆观、资源观与“中国记忆”数字资源建设．档案学通讯，2012（3）.
33. 李财富，杨静．中外档案服务社会化的比较研究．档案学研究，2013（1）.
34. 闫静．法律·伦理·制度：也谈档案开放利用中的隐私保护与限制．档案学通讯，2014（4）.
35. 安小米，郝春红．国外档案多元论研究及其启示．北京档案，2014（11）.
36. 冯惠玲．当代身份认同中的档案价值．中国人民大学学报，2015，29（1）.
37. 侯衡．中西方档案开放理论比较研究．浙江档案，2015（1）.
38. 丁海斌．档案价值论．档案学研究，2015（5）.
39. 加小双，安小米．数字档案资源建设中的参与式图景．档案学研究，2016（2）.
40. 李敏．档案封闭期的演变历程及特点．档案学通讯，2016（2）.
41. 赵志强．“档案”词源考辨．档案学通讯，2016（4）.
42. 冯惠玲，刘越男，马林青．文件管理的数字转型：关键要素识别与推进策略分析．档案学通讯，2017（3）.
43. 王玉珏，张晨文，陈洁．美国国家档案馆公众教育服务的发展．档案学研究，2017（5）.
44. 连志英．一种新范式：文件连续体理论的发展及应用．档案学研究，2018（1）.
45. 钱毅．技术变迁环境下档案对象管理空间演化初探．档案学通讯，2018（2）.
46. 冯惠玲，加小双，李毅卓．关于离散档案处理的历史发展与国际动向．档案学通讯，2018（4）.
47. 刘越男．区块链技术在文件档案管理中的应用初探．浙江档案，2018（5）.
48. 李子林．国外档案多元论的发展及其启示．档案学研究，2018（6）.
49. 冯惠玲．走向单轨制电子文件管理．档案学研究，2019（1）.
50. 吕文婷．文件连续体理论的澳大利亚本土实践溯源．档案学通讯，2019（3）.
51. 冯惠玲，加小双．档案后保管理论的演进与核心思想．档案学通讯，2019（4）.
52. 李子林，王玉珏，龙家庆，刘俊恒．国际档案理事会参与全球档案治理：特色、工具与成绩（1948—2018 年）．档案学通讯，2019（5）.
53. 丁华东，张燕．论档案学的三大研究取向及其当代发展．档案学通讯，2019（6）.
54. 加小双．档案社会化：内涵、表现与影响．北京档案，2019（6）.
55. 冯惠玲，数字记忆：文化记忆的数字宫殿．中国图书馆学报，2020：46（3）.
56. 徐拥军．新修订《中华人民共和国档案法》的特点．中国档案，2020（7）.
57. 钱毅．在“三态两化”视角下重构档案资源观．中国档案，2020（8）.
58. 全国企业档案信息资源开发利用优秀案例汇编．中国档案，2020.
59. 冯惠玲，连志英，曲春梅，等．回顾与前瞻：“十三五”档案学科发展调查和“十四五”档案学重点研究领域展望．档案学通讯，2021（1）.
60. 蔡盈芳．数据管理业务与档案融合管理研究．档案学研究，2021（3）.
61. 沈蕾，吴晓红．帐簿说视角下的清代“档案”概念新探．档案学通讯，2021（4）.

62. 刘娜．大科学工程档案的特点及其价值研究．北京档案，2021（7）.

63. SCOTT P J. The record group concept：a case for abandonment. The American archivist，1966，29（4）.

64. BEARMAN D，LYTLE R. The power of the principle of provenance. Archivaria，1985（21）.

65. FOOTE K E. To remember and forget：archives，memory and culture. The American archivist，1990，53（3）.

66. COOK T. The concept of the archival fonds：theory，description，and provenance in the post-custodial era// EASTWOOD T. The archival fonds：from theory to practice. Toronto：Bureau of Canadian Archivists，1992.

67. UPWARD F. Structuring the records continuum-part one：postcustodial principles and properties. Archives & manuscripts，2016.

68. COOK T. What is past is prologue：a history of archival ideas since 1898，and the future paradigm shift. Archivaria，1997（43）.

69. UPWARD F. Modelling the continuum as paradigm shift in recordkeeping and archiving processes，and beyondöa personal reflection. Records management journal，2000，10（3）.

70. COOK T. Archival science and postmodernism：new formulations for old concepts. Archival science，2001，1（1）.

71. EASTWOOD T. Reflections on the goal of archival appraisal in democratic societies. Archivaria，2002（54）.

72. HURLEY C. Parallel provenance：（1）what，if anything，is archival description? . Archives and manuscripts，2005，33（1）.

73. HURLEY C. Parallel provenance：（2）when something is not related to everything else. Archives and manuscripts，2005，33（2）.

74. CUNNINGHAM A. Digital curation/digital archiving：a view from the national archives of Australia. The American archivist，2008，71（2）.

75. GILLILAND A J，MCKEMMISH S. Pluralising the archives in the multiverse：a report on work in progress. Review for modern archival theory and practice，2011（21）.

76. UPWARD F，MCKEMMISH S，REED B. Archivists and changing social and information spaces：a continuum approach to recordkeeping and archiving in online cultures. Archivaria，2011（72）.

77. Educating for the archival multiverse. The American archivist，2011（74）.

78. CARON D J，KELLERHALS A. Archiving for self-ascertainment，identity-building and permanent self-questioning：archives between scepticism and certitude. Archival science，2013，13（2-3）.

79. COOK T. Evidence，memory，identity，and community：four shifting archival paradigms. Archival science，2013（13）.

80. CASWELL M. On archival pluralism：what religious pluralism (and its critics) can teach us about archives. Archival science，2013 (13).

81. GILLILAND A J，MCKEMMISH S. The role of participatory archives in furthering human rights， reconciliation and recovery. Review for modern archival theory and practice，2014 (24).

82. EVANS J，MCKEMMISH S，DANIELS E，MCCARTHY G. Self-determination and archival autonomy：advocating activism. Archival science，2015 (15).

三、学位论文

1. 薛匡勇．档案馆论．北京：中国人民大学，2000.

2. 吴丽娜．新时期档案开放问题研究．成都：四川大学，2006.

3. 饶圆．档案服务社会化研究．北京：中国人民大学，2009.

4. 宋魏巍．职能鉴定法研究．北京：中国人民大学，2013.

5. 加小双．当代身份认同中家族档案的价值．北京：中国人民大学，2014.

6. 王向女．档案鉴定理论演化规律研究．北京：中国人民大学，2017.

7. 闫静．1949 至 1966 年的中国档案学：作为一门独立学科的创建．北京：中国人民大学，2018.

8. 王岑曦．来源原则历史源流新探．南京：南京大学，2018.

9. 李孟秋．社群档案建设对档案理论与实践的影响．北京：中国人民大学，2019.

10. GIBBONS L. Culture in the continuum：YouTube，small stories and memory-making. Melbourne：Monash University，2014.

四、网络资源

1. 关于国家对国家财产、档案和债务的继承的维也纳公约．[2021-08-02]. https://legal. un. org/avl/pdf/ha/vcssrspad/vcssrspad _ c. pdf.

2. HISTORY. [2021-08-10]. https://www. ironmountain. com/cn/en/about-us/history.

3. International Council on Archives. ICA annual report 2020. [2022-01-07]. https://www. ica. org/en/ica-annual-report - 2020.

后　记

抱着对读者十二分的歉意终于完成了《档案学概论》的修订，因为与第二版相隔时间较长，本版修订幅度较大，所以把修订的主要情况放在前言中介绍了。希望本书不负时间，不负期待，尽可能反映学术前沿，具有时代气息。

第三版编写组由老中青七位学者参与，力求集思广益，各扬所长。本书第一章，第九章第一、二、三节，第十章第五、六节，第十一章第二节由连志英执笔；第二章、第三章、第十章第七节由冯惠玲执笔；第四章，第六章第一、二节，第七章，第十章第八节，第十一章第一节、第三节由徐拥军执笔；第五章、第九章第四节由马林青执笔；第六章第三节由钱毅执笔；第八章由加小双执笔；第十章第一至四节由黄霄羽执笔；全书由冯惠玲统稿。本书是在第一版、第二版的基础上修订完成的，第三版中包含前两版作者的贡献，在此谨向他们致谢（前两版第一章，第十章第一节、第五节由张辑哲执笔；第二章、第三章由冯惠玲执笔；第四章、第五章、第六章由周毅执笔；第七章、第八章、第九章由王英玮执笔；第十章第二、三、四节由黄霄羽执笔）。第三版新增内容较多，各位执笔者尽可能全面系统地介绍阐释，初稿篇幅较大，为方便读者阅读计，主编做了文字压缩，留下了一些未尽之意，读者希望全面深入了解有关内容时，可以阅读其他相关教材和本书所附参考文献。

衷心感谢《档案学概论》前两版读者、师生对于本书修订提出的宝贵意见，感谢中国人民大学出版社盛杰女士的悉心编辑和良多建议，欢迎读者的任何批评指正。

主编

2022 年 3 月

中国人民大学出版社　管理分社

教师教学服务说明

中国人民大学出版社管理分社以出版工商管理和公共管理类精品图书为宗旨。为更好地服务一线教师，我们着力建设了一批数字化、立体化的网络教学资源。教师可以通过以下方式获得免费下载教学资源的权限：

★ 在中国人民大学出版社网站 www.crup.com.cn 进行注册，注册后进入“会员中心”，在左侧点击“我的教师认证”，填写相关信息，提交后等待审核。我们将在一个工作日内为您开通相关资源的下载权限。

★ 如您急需教学资源或需要其他帮助，请加入教师 QQ 群或在工作时间与我们联络。

中国人民大学出版社　管理分社

教师 QQ 群： 648333426（工商管理）　114970332（财会）　648117133（公共管理）
教师群仅限教师加入，入群请备注（学校＋姓名）

联系电话： 010-62515735，62515987，62515782，82501048，62514760

电子邮箱： glcbfs@crup.com.cn

通讯地址： 北京市海淀区中关村大街甲 59 号文化大厦 1501 室（100872）

管理书社　　人大社财会　　公共管理与政治学悦读坊